普通高等教育案例版系列教材

供护理学类专业使用

案例版

中医护理学

主　编　李明今　衣运玲

副主编　陈　东　韩新荣　闫玉慧　姜军作

编　委　（按姓氏笔画排序）

王丽萍（湖南医药学院）

付　裕（齐齐哈尔医学院）

衣运玲（大连医科大学）

闫玉慧（毕节医学高等专科学校）

李明今（延边大学）

吴松花（延吉市中医医院）

张建华（大连医科大学）

陈　东（海南医学院）

苗　冲（甘肃医学院）

柳振宇（延边大学）

姜军作（大连医科大学）

袁亚美（安徽中医药大学）

韩新荣（内蒙古医科大学）

穆葆慧（长春中医药大学）

科学出版社

北　京

郑 重 声 明

为顺应教学改革潮流和改进现有的教学模式，适应目前高等医学院校的教育现状，提高医学教育质量，培养具有创新精神和创新能力的医学人才，科学出版社在充分调研的基础上，首创案例与教学内容相结合的编写形式，组织编写了案例版系列教材。案例教学在医学教育中，是培养高素质、创新型和实用型医学人才的有效途径。

图书在版编目（CIP）数据

中医护理学 / 李明今，衣运玲主编. —北京：科学出版社，2018.1

ISBN 978-7-03-055181-8

Ⅰ. ①中… Ⅱ. ①李… ②衣… Ⅲ. ①中医学–护理学–医学院校–教材 Ⅳ. ①R248

中国版本图书馆 CIP 数据核字（2017）第 270168 号

责任编辑：周 园 / 责任校对：郭瑞芝

责任印制：李 彤 / 封面设计：陈 敬

科学出版社 出版

北京东黄城根北街 16 号

邮政编码：100717

http://www.sciencep.com

北京虎彩文化传播有限公司 印刷

科学出版社发行 各地新华书店经销

*

2018 年 1 月第 一 版 开本：787×1092 1/16

2023 年 1 月第六次印刷 印张：15 1/4

字数：440 000

定价：59.80 元

（如有印装质量问题，我社负责调换）

前　言

中医护理学是中医药学的重要组成部分，是中国传统文化的重要组成部分，是一门具有自然科学与社会科学属性的综合性应用学科。随着健康观念及医学模式的改变、社会的进步及中医护理事业的发展，中医护理内容不断丰富和完善；中医护理技术以“简、便、廉、验”的特点日益受到人们的青睐。中医护理队伍不断壮大，中医护理教育迅猛发展。在我国“健康中国”战略背景下，随着《中华人民共和国中医药法》的实施，中医护理学必将以强大的生命力，为全人类的健康和世界医学的发展做出巨大贡献。

中医护理学作为高等护理院校护理学专业的一门重要的专业课程，其课程目标是使学生树立中医护理理念，掌握中医护理的基本理论、基本知识和基本技能，能运用中医护理理论和技术为护理对象辨证施护，培养学生的创新精神和中西医结合护理综合实践能力。

本教材编写根据我国对高等护理教育教材建设的要求，适应现代护理教育模式，以就业为导向，紧跟研究生入学考试和国家执业护士资格考试案例分析的命题方向，坚持突出“三基、五性、三特定”原则，理论与实践相结合，案例与教学内容相结合，继承与创新相结合，突出中医护理特色，以中医护理为线索，做到理论适当够用、技能规范实用、内容深入浅出、编排循序渐进，内容和体例上力求体现科学性、继承性、专业性、实用性、简明性和创新性，从而达到培养高素质、创新型和应用型护理人才的培养目标。

本教材主要内容包括绪论、中医护理基本理论、方药基本知识、中医护理基本知识、中医护理基本技术、常见病证辨证施护、实践指导等，并配套有笔记与复习考试指南，教学 PPT 课件等增值服务项目等。以顺应高等护理教育发展趋势，满足多种教学方法与手段的需要，培养学生的自主学习能力。本教材供 4 年制本科护理学专业学生使用。

本教材在编写过程中，得到了大连医科大学、延边大学附属中医医院等参编院校的大力支持及众多老师的帮助，在此一并表示衷心的感谢。

由于我们水平有限，编写教材的经验不足，难免有疏漏之处，恳请各院校师生和广大读者提出宝贵意见，以便不断完善。

编　者

2017 年 8 月

目　　录

第一章　绪论……1
　第一节　中医护理学的发展概况……1
　第二节　中医护理学的基本特点……7
第二章　中医护理基本理论……12
　第一节　阴阳五行……12
　第二节　藏象学说……20
　第三节　气、血、津液……32
　第四节　经络腧穴……37
　第五节　病因病机……64
　第六节　诊法……71
　第七节　辨证……81
第三章　方药基本知识……86
　第一节　中药基本知识……86
　第二节　方剂基本知识……94
第四章　中医护理基本知识……104
　第一节　辨证施护概述……104
　第二节　病情观察……108
　第三节　用药护理……110
　第四节　情志护理……121
　第五节　饮食护理……125
　第六节　生活起居护理……128
　第七节　体质调护……132
第五章　中医护理基本技术……141
　第一节　针刺法……141
　第二节　灸法……148
　第三节　拔罐法……152
　第四节　耳穴压籽法……154
　第五节　穴位推拿法……157
　第六节　刮痧法……167
　第七节　敷药法……171
　第八节　涂药法……174
　第九节　热熨法……175
　第十节　熏洗法……177
　第十一节　贴敷法……179

第十二节 中药保留灌肠……180
第十三节 中药离子导入……182
第六章 常见病证辨证施护……184
第一节 内科病证辨证施护……184
第二节 外科病证辨证施护……201
第三节 妇科病证辨证施护……206
第四节 儿科病证辨证施护……213
实践指导……222
实践一 人体经脉模型观察……222
实践二 常用腧穴定位……222
实践三 病情观察……223
实践四 中药煎煮法……223
实践五 诊法……223
实践六 灸法……224
实践七 拔罐法……225
实践八 耳穴压籽法……225
实践九 穴位推拿法……226
实践十 刮痧法……227
实践十一 敷药法……227
实践十二 热熨法……228
实践十三 熏洗法……229
实践十四 中医体质辨识……230
实践十五 常见病证辨证施护……231
参考文献……232
中英文索引……233
参考答案……237

第一章 绪 论

【学习目标】

掌握 中医护理学的基本特点及其内涵。

熟悉 中医病、证、症的区别与联系。

了解 中医护理学的发展概况；中医四大经典的学术成就。

中医护理学是中医药学的重要组成部分，是中国传统文化的重要组成部分，是一门具有自然科学与社会科学属性的综合性应用学科。中医护理学以中医理论为指导，结合预防、养生保健、康复等疗法，用中医护理技术对患者、亚健康及健康人实施护理，以达到恢复健康、减轻痛苦、预防疾病、促进健康的目的。

中医护理学历史悠久，内容丰富。随着健康观念及医学模式的改变、社会的进步以及中医护理事业的发展，中医护理内容不断丰富和完善，并逐步成为一门独立的学科；中医护理技术以“简、便、廉、验”的特点正日益受到人民群众的青睐，中医护理队伍不断壮大，中医护理教育迅猛发展。在我国“健康中国”战略背景下，随着中医药法的实施，中医护理学并将以强大的生命力，为全人类的健康和世界医学的发展做出巨大贡献。

第一节 中医护理学的发展概况

中医护理学是中华民族在长期的生产和生活实践中认识生命、维护健康、战胜疾病的宝贵经验总结，是中国传统优秀文化的重要组成部分。由于中医学具有医护合一的特点，导致长期以来中医护理学未能形成独立的学科体系，中医护理知识亦散见于历代医家的著作当中。中医护理学的形成与发展经历了一个漫长的历史时期。

一、古代中医护理学的形成与发展

（一）远古时期

从有了人类开始，就有了卫生保健活动。早在商周以前的远古时期，我们的祖先为了生存和繁衍，在生产和生活实践中，在与自然界进行斗争中，为了免受风寒和猛兽的侵袭，开始出现了早期的医疗和保健活动。例如，皮肤损伤会用舌头去舔或用溪水冲洗；骨折会用树枝固定；身体疼痛会触摸、按压；用树叶、兽皮遮体，构木巢居；有了火以后，会将食物煮熟后食用，这是饮食卫生的最早起源。原始人类经过长期的实践，对一些动植物的营养、药效及毒性有了初步的认识，并加以利用，从而本能地产生了卫生保健、解除病痛的简单方法，这即是中医护理的起源。

（二）夏商周时期

夏商周时期，随着经济、社会和文化的不断发展促进了中医护理知识与技术的积累和提高。人们的保健意识有了进一步提高，在环境卫生和个人卫生方面有了较大的改善。

在卫生保健、药物和针灸的应用方面已有了较大进步。人们开始讲求个人和环境卫生，已经形成了洗澡、洗脸、洒扫处所、除虫灭鼠、设置便所和畜圈等卫生习惯，以预防疾病，并开始有意识避开传染源，开启了隔离防护的先河；人们认识到疾病与四时节气的关系，如《周礼·天官》记载“春时有消首疾，夏时有痒疥疾，秋时有疟寒疾，冬时有漱上气疾”；逐步意识到食物对防治疾病的作用，如《周礼·天官》记载“以五味、五谷、五药养其病”，并对药物的性味、作用及毒性有了初步了解，而且开始以“五气”“五味”推论药物的作用，为后世的中药配伍及用药禁忌提供了理论依据；了解到七情刺激能损伤人体的脏腑而发病，如《周礼·天官》提出“喜、怒、哀、乐、爱、恶、欲之情，过则有伤”；开始使用金属的刀、针等原始医疗工具和酒剂疗伤。这一时期人们最早积累的卫生保健知识为中医护理学的形成奠定了坚实的基础。

知识链接

名医扁鹊

扁鹊（公元前407—前310年），汉族，姬姓，秦氏，名越人（秦越人），又号卢医，春秋战国时期的渤海莫人。扁鹊是中医学的开山鼻祖，创造了望、闻、问、切的诊断方法，奠定了中医临床诊断和治疗方法的基础。扁鹊学医于长桑君，尽得其传。他医术高超，世人敬他为神医，借用上古神话的黄帝时神医“扁鹊”的名号来称呼他。扁鹊看病行医有“六不治”原则：一是依仗权势，骄横跋扈的人不治；二是贪图钱财，不顾性命的人不治；三是暴饮暴食，饮食无常的人不治；四是病深不早求医的不治；五是身体虚弱不能服药的不治；六是相信巫术不相信医道的不治。

（三）秦汉时期

中医护理学理论体系的形成经历了一个漫长的历史时期。秦汉时期，《黄帝内经》（以下简称《内经》）、《难经》、《伤寒杂病论》和《神农本草经》这中医四大经典的问世，标志着中医护理学理论体系初步形成。此时期，随着社会的剧变以及自然科学的发展，中医药知识不断积累，为中医护理学的形成与发展奠定了理论基础。学术百家争鸣，出现了众多专业医生及医学专著。

1.《内经》 是我国现存最早的一部医学总集，包括《素问》和《灵枢》两大部分，共18卷，162篇，约成书于战国至秦汉时期。它全面总结秦汉以前的医学成就，充分体现中医学整体观念和辨证施治的两大基本特点，初步确立中医学独特的理论体系。它对人体的生理、病理、诊断、治疗、护理、养生、预防等进行系统的阐述，其中《素问》包括脏腑、经络、病因、病机、病症、诊法、辨证、治则、针灸和中药治疗等内容；《灵枢》包括经络、腧穴、针具、刺法及治疗原则等内容。《内经》还详细论述中医护理的理论和技术，包括中医护理的基本原则、病情观察、生活起居护理、饮食护理、情志护理、服药护理，以及针灸、导引、推拿、热熨、熏洗等护理技术。

在生活起居护理方面，强调人与自然的关系，主张人们生活起居应顺应四时气候，避免疾病的发生，如提出“四时者，万物之始终也，生死之本也，逆之灾害生，从之则疴疾不起”，指出“春夏养阳，秋冬养阴”“衣服，亦欲适寒温，寒无凄怆，暑无出汗”的季节养生方法。在饮食护理方面，强调饮食应有所节制，否则损伤正气，而且用药以攻邪，邪衰当用饮食来调补。如提出“谷肉果菜，食养尽之，无使过之，伤其正也”“毒药攻邪，五谷为养，五果为助，五畜为益，五菜为充，气味合而服之，以补益精气”；还提出五脏病变的饮食禁忌，说明饮食护理的重要性，如“肝病禁辛，心病禁咸，脾病禁酸，肾病禁甘，肺病禁苦”。《内经》论述的饮食调护理论与方法，对后世中医饮食护理具有一定的指导意义。在情志护理方面，认为不良的情致刺激可以诱发或加重疾病，指出“怒则伤肝，喜则伤心，思则伤脾，悲则伤肺，恐则伤肾”；在护理患者时，重视情志护理，强调对患者应态度和蔼，避免出言刻薄、态度生硬，以加重病情。如提出护理患者要“告之以其败，语之以其善，导之以其便，开之以其苦”；这些对中医情志护理的形成起到了重要的作用。在中医护理技术方面，提出了针灸、导引、推拿、热熨、熏洗等不同的护理方法，如“形乐志苦，病生于脉，治之以灸刺；形乐志乐，病生于肉，治之以针石；形苦志乐，病生于筋，治之以熨引；形苦志苦，病生于咽喉，治之以百药；形数惊恐，经络不通，病生于不仁，治之以按摩醪药。”《内经》最早提出了中医特色的五音疗法，详细记载了结合宫商角徵羽等五音调式特性与五行、五脏的辨证关系来防治疾病的内容。此外，在中医临床护理方面，论述了某些病症的护理要点，如肺病禁寒饮寒食寒衣；脾病禁温食饱食，湿地濡衣；消渴病中消证不可服膏粱芳草石药。

2.《难经》 原名《黄帝八十一难经》，作者不详，托名秦越人撰，约成书于西汉末期至东汉之间，全书共3卷，分81难。本书是继《内经》之后的又一部中医经典著作。该书针对《内经》的中医学理论，进行释疑解难，归纳为81个问题，其内容包括脏腑、经络、脉诊、阴阳、五行、腧穴、针灸，以及三焦、命门、奇经八脉等理论疑难问题。论述问题以基础理论为主，包括一些病证，同时也丰富了中医护理的内容。该书内容精要，对经络、命门、三焦的论述对《内经》的基础理论有所发展。

3.《神农本草经》 又名《神农本草》，简称《本草经》或《本经》，是我国现存最早的药物学专著，标志着中国药学的诞生，系统地总结了我国秦汉以前的药学知识和用药经验，为中药学和方剂学的发展奠定了基础。本书撰人不详，"神农"为托名，该书共3卷，载药365种。创立了四气、五味等中药药性、用药七情、君臣佐使的组方配伍原则及辨证用药等药物学理论，并根据药物的毒性大小，将中药分为上、中、下三品。本书所记载的药物疗效真实可靠，至今仍是临床常用药。所论药物适应病症达170多种，并对用药剂量和时间均有具体规定。该书还总结了丸、散、汤、酒、膏等基本剂型。

4.《伤寒杂病论》 是东汉末年著名医家张仲景所著，由《伤寒论》和《金匮要略》两部分组成，是我国医学史上最有影响的一部临床医学巨著，标志着中医学辨证施治理论体系的确立，同时也开创了中医辨证施护的先河。全书内容理、法、方、药齐备，确立了六经辨证和脏腑辨证两大理论体系。书中记载的汗、吐、下、和、温、清、消、补等八法及其护理内容构成了中医护理的重要原则，同时它详细论述了中医用药护理和饮食护理，并提出五脏病食忌、四时食忌、冷热食忌、妊娠食忌及合食禁忌等，对桂枝汤、大青龙汤、大承气汤、五苓散等诸多方剂提出用药调护要求。该书还记载了多种中医护理操作技术，如首创了药物灌肠法和舌下给药法，例如，治疗阳明病津液耗竭、大便硬结的"蜜煎导方"及猪胆汁灌肠法；治咽痛的含咽法、坐药法及渍脚法；治狐惑病的熏洗法、烟熏法，在急救护理方面，最早提出了口对口人工呼吸救治自缢的方法。这些方法的提出充分反映了东汉时期的中医护理发展水平。

5. 华佗 后汉三国时期名医，是我国外科和保健体操的奠基人。他发明了酒服麻沸散全身麻醉行外科手术，并指导家属进行术后护理，为中医外科护理学的发展做出了卓越贡献。他模仿虎、鹿、熊、猿、鸟5种动物的动作姿态，创立了"五禽戏"，将体操与医护结合起来，认为"人体欲得劳动，但不当使极耳。动摇则谷气得消，血脉流通，病不得生，譬如户枢终不朽也"，开创了中医康复护理的先河。

（四）晋隋唐时期

晋隋唐时期是中医护理理论及临床专科护理全面发展的时期。随着医学专科化的发展，出现了众多中医名家及其代表医著，从而促进了中医护理理论体系的进一步发展，总结出许多专科护理经验。

1.《脉经》 晋代王叔和所著，是中国现存最早的脉学专著，全书共分10卷98篇。本书首次将脉象归纳为24种，并全面系统地描述了诊脉的理、法，以及每一种脉象的体状、搏动征象和临床意义等，丰富了中医诊断学的内容，使脉学系统化。本书确立了寸口诊脉法，首创"三部九候"及脏腑分配原则，为护理人员诊脉观察病情提供了理论依据。

2.《肘后备急方》 东晋葛洪所著，原名《肘后救卒方》，简称《肘后方》。是我国第一部临床急救手册，是成书较早影响深远的集急救、内、外、妇、五官、传染病、骨伤、精神等临床各科之大成的中医方书。全书共8卷70篇。它反映了我国晋以前的医方及医疗发展成就。它不仅记载了夹板（竹筒）固定骨折的方法、烧灼止血法、颞颌关节脱位口内整复方法，还对临床各科提出了详细的护理要求，如对内伤大出血患者，提出应禁食禁水，保持安静，避免活动和情绪波动等；对腹水患者，提出饮食护理"勿食盐，常食小豆饭，饮小豆汁，鲤鱼佳也"。

3.《刘涓子鬼遗方》 南北朝时期龚庆宣所著，是我国现存最早的一部外科专著。该书记载了腹部外伤肠管脱出者还纳术的注意事项，提出应保持环境清洁、安静，注意外敷药的干湿适中，及时更换。

4.《诸病源候论》 隋朝巢元方等编撰，是中医学第一部病因病机、证候学专著。该书详细论述了 1729 种病候的病因病机、临床表现及诊断方法，记载了大量的有关病情观察，以及妇产科、儿科、外科等疾病的中医护理方法。

该书记载通过脉象、肤温等对温热病患者进行病情观察，如"凡皮肤热甚，脉盛燥者，病温也"。在妇产科方面，记载了北齐徐之才的"十月养胎法"，强调妇女妊娠期间，应注意饮食起居和情志护理，如"饮食精熟""无食腥辛之物""居必静处""坐无邪席，立无偏倚""无妄喜怒，无得思虑"等。书中还记载了乳痈的护理方法。在儿科方面，认为"小儿始生，肌肤未成，不可暖衣，暖衣则筋骨缓弱，宜时见风日，若都不见风日，则令肌肤脆软，便易损伤"，主张小儿"天和暖无风之日，令母将抱日中嬉戏，数见风日，则血凝气刚，肌肉硬密，堪耐风寒，不致疾病，若常藏在帏帐之内，重衣温暖，譬如阴地之草木，不见风日，软脆不任风寒"，强调小儿应多进行户外活动，增强体质，防治疾病。在外科方面，重视术后护理，介绍了外科肠吻合术后患者的饮食护理，指出"当作研米粥饮之，二十余日，稍作强糜食之，百日后，乃可进饭耳。饱食者，令人肠痛决漏。"

5.《千金方》 唐代著名医学家孙思邈所著，包括《备急千金要方》和《千金翼方》两部分。本书系统总结了唐以前的中医学理、法、方、药及临床各科诊疗和护理成就，代表了盛唐时期的中医学发展水平。

孙思邈开创了中医伦理学之先河，他重视医德，告诫医护人员要有高度的同情心和责任心，对患者要一视同仁，一切为患者着想。《千金方》首创了世界医学史上最早的葱管导尿术，如"凡尿在胞中，为胞屈僻津液不通，以葱叶尖头纳入阴茎中深三寸微用口吹之，胞胀津液大通便愈"，比 1860 年法国人发明的橡皮管导尿术早了 1200 多年。在妇产科护理方面，详细叙述了妊娠期、分娩期、产褥期的护理，强调妊娠期妇女应"居处简静"，要"调心神，和情性，节嗜欲，庶事清静"；对于产后护理指出"妇人产后百日以来，极须殷勤，不要纵心犯触及便行房"。在儿科护理方面，记载了许多小儿饮食调护和预防疾病的护理方法，如婴儿的衣食沐浴、新生儿口腔护理、窒息的抢救等方法，为后世中医儿科护理的发展奠定了基础。

6.《外台秘要》 唐代王焘所著，共 40 卷，编为 1104 门，载方 6000 有余，是重要的中医著作之一。本书搜集保存了大量初唐及唐以前的医学文献，凡书中引用书籍都详细注明出处，为研究中国医疗技术史及发掘中医宝库提供了极为宝贵的资料和考察依据。该书开创了我国护理记录的先河。书中详细论述了新生儿断脐、沐浴、包裹、哺乳的护理方法，还记载了伤寒、疟疾、天花、霍乱等传染病病情观察的内容和方法，如对黄疸病的病情观察指出"每夜小便里浸少许帛，各书记日，色渐退白则差"，并指出了传染病患者的护理探视禁忌，如"不得家有死丧或污秽之人来探"等。

知识链接

人工免疫法的先驱——人痘接种术

我国首先发明人工免疫疗法——人痘接种术。晋代葛洪的《肘后备急方》第一次描写了天花的症状及流行情况。明代郭子章《博集稀痘方》、李时珍《本草纲目》均记载了用（白）水牛虱和粉做饼或烧灰存性和粥饭服下，以预防天花的方法。清代朱纯嘏《痘疹定论》中记载的有关人工种痘的故事是我国典籍上有关种痘的最早记载。清初俞茂鲲《科金镜赋集解》中，记载了种痘的确切年代为明朝隆庆年。16 世纪下半叶，我国发明种痘术，17 世纪已推广到全国，而且技术已相当完善。清吴谦等编著的《医宗金鉴·幼科种痘心法要旨》中介绍有痘衣法、浆法、旱苗法、水苗法等 4 种痘法。我国发明的人痘接种法，不但有效地保障了儿童的健康，而且不久流传到国外，对世界的保健事业也做出了重要贡献。

（五）宋金元时期

宋金元时期是中医学史上一个重要的转折时期，学术争鸣，流派层出，出现了许多著名的专科医家和医学专著，对中医药学的发展产生了重要影响，也使中医护理学得到了全面发展。

1.《三因极一病证方论》 宋代陈无择著，是一部病因学著作。全书 18 卷，180 门，载方 1500 余首。该书提出的“三因学说”是系统总结宋代以前的病因理论，对后世病因学的发展产生了深远影响。书中将病因分为内因、外因和不内外因等三大类。内因为外感六淫，外因为内伤七情，不内外因为饮食、虫兽、跌打损伤、金疮、中毒等。本书同时为开展中医辨证辨因护理提供了方法。

2. 金元四大家 金元时期，学术争鸣，学派蜂起，其中最具代表性的医家是被后世称为金元四大家的刘完素、张子和、李东垣、朱丹溪。刘完素为寒凉派，创立“火热论”，认为“六气皆从火化”，主张用寒凉药清热泻火，代表医著有《素问玄机原病式》；张子和为攻下派，创立“攻邪论”，主张病由邪生，治病重在用汗、吐、下三法祛邪，并将针灸、导引、推拿及熏洗等中医护理技术应用于临床护理中，代表医著有《儒门事亲》；李东垣为补土派，创立“脾胃论”，认为“内伤脾胃，百病由生”，主张有病与无病均须调理饮食，代表医著有《脾胃论》，书中记载了脾胃病情志护理、饮食与用药宜忌，以及生活起居护理等方面的内容和方法，并强调情志护理的重要性；朱丹溪为滋阴派，创立“相火论”，认为人体“阳常有余，阴常不足”，主张治病重在补益脾胃，独创了滋阴降火护理法，要求人们清心寡欲、以保真阴，代表医著有《格致余论》，书中总结老年保健护理及疾病饮食调护方法，提出“老人内虚脾弱，阴亏性急……脾弱难化而则食已而在饱，阴虚难降则气郁而成疾”，认为“物性之热者，炭火制作者，气之香辣者，味之甘腻者，皆不可食”。

3.《小儿药证直诀》 宋代钱乙所著。书中论述了小儿的生理、病理特点，从饮食、喂养、生活起居、用药等方面详细阐述了儿科护理的方法，如“小儿易为虚实，脾虚不受寒温，服寒则生冷，服温则生热”。

4.《饮膳正要》 元代忽思慧编撰，是一部饮食营养学的代表医著。该书除阐述各种饮馔的烹调方法外，更注重阐述其性味与补益作用，强调饮食与营养卫生的关系。书中记载了大量的饮食养生宜忌，列举了妊娠、乳母的食忌及养生避忌等饮食调护内容。

（六）明清时期

明清时期，由于哲学研究成果众多，加之医家临床经验不断丰富，中医药学提出了许多新的发明和创见，使中医学理论体系向纵深发展。受此影响，中医护理积累了丰富的临床经验，尤其是在温病护理方面成就突出。中医护理逐步走向独立和完善，其发展最典型的特点是出现护理专篇。

1.《景岳全书》 明代著名医家张景岳所著。《景岳全书·妇人规》专篇论述妇女的生活护理，并指出孕妇“过于安逸者，每多气血壅滞，常致胎气不能转动”“如妊娠胎气伤动者，凡跌仆、怒气、虚弱、劳倦、药食、误犯、房室不慎、皆能致之”，从生活起居、环境、饮食等方面对产妇的护理提出具体要求。

2.《本草纲目》 明代著名医药学家李时珍所著。本书共载药 1892 种，是一部集我国 16 世纪以前药物学研究之大成的鸿篇巨制。书中详细记载了各种药物疗法和用药注意事项。其中有关中医用药护理、饮食护理的方法及注意事项，为中医护理的发展做出了重要贡献。

3.《温疫论》 明代著名温病学家吴又可所著。吴又可创立“戾气学说”，为温病学说的形成奠定了理论基础。书中详细记论述了温病的护理措施，如提出焚烧沉香、檀香等药物进行空气消毒。本书主张温病饮食护理应本着循序渐进的原则，以清稀易消化为宜，如“大病之后，客邪新去，胃口方开，凡微之气，所当接续，多与早与迟与，皆非所宜，宜先与粥饮，次糊引，次糜粥，循序渐进，先后勿失其时”。

4.《温热论》 清代著名温病学家叶天士所著。该书创建了温热病的卫气营血辨证纲领，首创察舌、验齿、辨斑疹等观察病情方法，主张察舌象以辨疾病预后，如“舌上生芒刺者，皆是上焦热极也，当用青布拭冷薄荷水揩之，即去者轻，旋即生者险矣”。本书记载了蒸气消毒的护理技术，还重视老年护理。

5.《温病条辨》 清代吴鞠通所著，共6卷，为清代温病学说的重要代表著作之一。该书在系统总结清代众多温病学家成就的基础上，建立了有别于伤寒的温病学理论体系，创立了三焦辨证理论体系，该辨证理论体系与张仲景伤寒六经辨证、叶天士温热卫气营血辨证理论互为羽翼。书中阐述了温病的饮食调护原则，并根据病情制订了具体的食谱，如用雪梨浆护理温病的口渴症状。

6.《侍疾要语》 清代钱襄编著，是我国第一部中医护理学专著。该书记载了生活起居护理、饮食护理和老年护理的内容和方法，记录的“十叟长寿歌”，从饮食、起居、锻炼、修养等方面介绍了10位百岁老人延年益寿、防治疾病的经验，补充了中医老年护理的理论知识。

二、近现代中医护理学的发展

鸦片战争以后至新中国成立以前，中国沦为半殖民地半封建社会，社会巨变，西方文化传入中国，中西文化的交融促成了中西医学结合。中医理论的发展出现两个发展趋势：一是收集整理和继承前人的学术成就，并提供了众多适宜的中医护理技术，如《理瀹骈文》；二是出现中西医学汇通，采用科学技术手段研究中医，逐步形成中医理论的科学化倾向。中西汇通学派以唐宗海、朱沛文、恽铁樵、张锡纯为代表。这一时期，随着中医办学的不断发展及中医医院的陆续创办，中医护理队伍亦逐渐壮大。北京协和医科大学和齐鲁大学医学院附设的护士学校，在中国影响较大。

新中国成立后，在党的中医政策指导下，中医事业得到了蓬勃发展，中医护理学日趋完善，逐渐形成了既有完整理论性、又有系统科学性的一门独立学科。中医护理教育得到快速发展。

1. 中医院及科研机构相继建立 1954 年，首先在北京成立了中医研究院，随之在全国各省建立了中医院、中医学院及中医科研机构，并为中医病房配备了中医护理人员，从而结束了中医医护不分的局面。

2. 中医护理教育跨越式发展 1958 年，南京中医学院创办了中医护士学校；20 世纪 70 年代，许多省市中医院校陆续开办了中医护士班和中医护理短期培训班，推动了中医护理及科研的发展；1985 年，北京中医学院成立中医护理系，创建了中医学史上首个中医护理大专班，1999 年以后，全国各中医院校相继创办了中医护理学专业，开始招生培养护理本科学生。至今，全国已有多所中医院校开始本科护理学专业。2003 年以后，开始发展中医护理研究生教育，使中医护理人才培养层次不断得到提高。高素质的中医护理人才源源不断充实到中医护理临床、教学和科研岗位中，中医护理队伍整体结构日趋合理。

3. 中医护理理论体系不断完善 1958 年，江苏省中医院出版了新中国成立后的第一部中医护理专著《中医护病学》；1983 年，北京中医研究院出版《中医护理学》，系统总结了中医护理经验；上海中医学院附属医院编写了《中医内妇儿科护理》和《中医外科护理》等中医护理专著。随后，我国又陆续出版《中医辨证护理学》《中医标准护理计划》《常见病中西医结合护理健康指导》；2010 年，国家中医药管理局颁布了《中医医院中医护理工作指南》《中医护理常规技术操作规程》等，为中医护理专业发展提供了可遵循的质量标准。

4. 中医护理学术交流日趋活跃 1984 年，第一次召开全国中医、中西医结合护理学术交流会，随后，全国各省市相继成立了各级中医、中西医结合护理学术委员会。各级学术委员会搭建的学术交流平台为开展中医护理学术研究创造了条件，从而极大地促进了中医护理学科专业的发展。中医护理学术氛围日趋浓厚，科研整体水平不断增强，中医护理理论体系日臻完善。中医护理学的整体观与现代护理学的整体护理观念不谋而合，中医护理学也汲取现代医学发展的新知识、新技术，在实践中结合中医护理的自身特点，不断总结中西医结合的护理经验，使中医护理学向科学化、规范化、系统化发展。中医护理技术以其“简、便、廉、验”等特点，日益受到国际护理界的高度重视，而且中医药的国际交流为中医护理实现国际化创造了条件。许多国家的护理代表团先后来我国参观考察，借鉴中医护理的经验。随着中医护理国际交流不断深入，中医护理日益受到国际护理界的青睐，中医护理在国际上日渐发挥着重要的作用。

第二节 中医护理学的基本特点

中医护理学理论体系的基本特点，一是整体观念；二是恒动观念；三是辨证施护。

一、整体观念

整体观念（concept of wholism）是指观察分析和研究处理问题时，注重事物本身所存在的统一性、完整性和联系性。中医学非常重视人体的统一性、完整性，内在脏腑组织器官之间，生理、心理功能活动之间，以及人与自然界之间的相互联系。这一整体观念贯穿在中医学对生理、病理、诊法、辨证、治疗、养生、护理等各个方面的理性认识中。中医护理学的整体观念主要体现在人体自身的整体性和人与自然、社会环境的统一性。

1. 人是一个有机的整体 中医学认为，机体的整体统一性是以五脏为中心，通过经络系统，把六腑、五体、五官、九窍、四肢百骸等全身组织器官组合成一个有机的整体，并通过精、气、血、津液的作用，完成机体统一的功能活动。五脏代表的是整个人体的5个功能系统，人体所有的组织器官都可以纳入这5大系统之中，其整体性体现在5个方面。

（1）形体结构上：人体是由若干脏腑组织器官等组成，这些脏腑组织器官是相互连通的，每个局部都是整体的一个组成部分，与整体在形态结构上有着密切的联系。

（2）基本物质上：组成各脏腑组织器官并维持其功能活动的物质是统一的，包括精、气、血、津、液等，这些物质分布并运行于全身，以完成统一的功能活动。

（3）功能活动上：组织结构上的整体性和基本物质的统一性，决定了不同功能活动之间密切联系，互根互用，协调制约，相互影响。如古人强调"形与神俱""形神合一"，认为人的正常生命活动是心理和生理功能的有机融合。

（4）病理变化上：人体的局部和整体是辨证统一的。某一局部病变，往往与全身脏腑、气血、阴阳的虚实盛衰有关，能反映人体整体的病理状态。如通过观察舌、脉及体表一些部位的变化，来判断内在脏腑的病变及全身的功能状态。

（5）诊治与护理上：对于局部病变，主张从整体出发加以调治。如因肝开窍于目，目疾常调治肝以奏效。《素问·阴阳应象大论》记载病生于左边的可以通过调理右边来取效，病属于阳的可以着重治阴以获愈。

在机体的整体性中，心占据主导地位，靠心的整合和主宰，各个系统才体现出统一协调的整体性。《素问·灵兰秘典论》指出 "主（心）明则下安……主不明则十二官危"。人体各脏腑组织器官之间的关系极其复杂，中医学借助阴阳五行学说，以"阴平阳秘"、"亢则害，承乃制，制则生化"等理论宏观地来说明各脏腑功能之间相互滋生、制约、消长、转化等错综复杂的调控机制。正是凭借这种机制，各脏腑组织器官之间维持着协调平衡，从而使整体处于生化不息的稳定状态。

2. 人与环境的统一性 中医学认为人与外界环境有着物质的同一性，外界环境的变化可以直接或间接地影响到人的功能活动，迫使机体做出相应的反应。其统一性具体体现在两大方面，一是自然环境对功能活动的影响；二是社会环境对功能活动的影响。

（1）人与自然环境的统一性：中医学认为人是自然界进化的产物，自然环境中存在着人类赖以生存的必要条件。自然环境对人的功能影响涉及诸多方面，如人的功能活动也与季节气候的变化相适应。在四时气候的规律性变化影响下，人体与自然界的生物相同，亦表现出春生、夏长、长夏化、秋收、冬藏等相应的生理性适应过程。《灵枢·五癃津液别》曰："天暑衣厚则腠理开，故汗出……天寒则腠理闭，气湿不行，水下留于膀胱，则为溺与气"。又如随着季节变化常可发生一些季节性很强的多发病、流行病。如《素问·金匮真言论》记载"春善病鼽衄，仲夏善病胸胁，长夏善洞泄寒中，秋善病风疟，冬善病痹厥"。此外，一些慢性宿疾，在气候剧变或季节交换的时候复发或加剧，如慢性咳嗽、哮喘、痹证等。一年四季中，青少年的生长发育速度不一，春夏身高的增长速度明显快于秋冬，这与中医学所说的机体活动有"春生夏长、秋收冬藏"特点不谋而合。人的脉象随着季节气候的变化，在功能上产生适应性调节，而出现"春弦、夏洪、秋毛、冬石"的不同变化。昼夜的阴阳变化也对人产生一定的影响。其规律性更替，同样使人体内阳气的活动呈现出规律性的昼夜波动。这一变化趋势与现代生理学研究所揭示的体温日波动曲线十分吻合。现代时间生物学的研究还证实几乎体内所有的功能活动都有着似昼夜的节律。昼夜的变化对疾病过程也有一定的影响。一般疾病，大多是白天病情较轻，傍晚加甚，夜间最重。这是因为昼夜间自然界阳气的变化，致使人体内的阳气也相应表现出朝始生、午最盛、夕始弱、夜半衰的改变，从而影响到邪正争斗，病情呈现出旦慧、昼安、夕加、夜甚的发病规律。

地理区域是自然环境中的一个重要因素。中医学认为地理环境的差异，包括与地理环境有关的地域性气候和人文地理、风俗习惯等的不同，也可在一定程度上影响人们的生理功能和心理活动。如江南多湿热，其居民腠理多稀疏，体格多瘦削；北方多燥寒，居民腠理多致密，体格偏壮实。中医体质学研究结果也证实了这一点，而且越是濒海，经度越大，痰湿体质的人越多。可见，人生活在不同的地理环境中，长期受环境的影响，在功能上逐渐表现出某些适应性变化。一旦环境突然改变，许多人初期都感到不太适应，甚至会患病，但经过一定的时间，大多数人是会逐渐适应。

（2）人与自然环境的统一性：人生活在社会之中，社会环境的不同，也形成了人身心功能上的差异。中医学强调社会地位的不同，可造成身心功能上的众多差异。现代居民中医体质调研结果提示，工人、农民、知识分子和干部等不同社会群体之间，中医体质的确存在着一些差异。社会环境不是一成不变的，剧变的社会环境对人的身心功能影响更大。《素问·疏五过论》指出："故贵脱势，虽不中邪，精神内伤，身必败亡。始富后贫，虽不伤邪，皮焦筋屈，痿躄为挛。"而且把民多疾病归因于政治腐败。可见，良好的社会环境及给予人有效的社会支持，形成融洽的社会关系，使人身心愉悦；反之，恶劣的社会环境，可使人身心疲惫，产生诸多不良情绪，继而罹患疾病。

总之，中医学认为人与天地相应，受外界环境的影响，不完全是消极的、被动的，有时也可以是积极的，主动的。人类不仅能主动地适应环境，而且能在一定程度上改造自然，以更好地适应环境变化，从而提高健康水平，减少疾病。由于人与外界环境是统一的，在临床诊治与护理过程中，应遵循因时、因地、因人制宜的原则。

二、恒动观念

恒动观念（concept of dynamics） 恒动，就是不停顿的运动、变化和发展。恒动观念是指在分析研究人的生命、健康和疾病等问题时，应持有运动的、变化的、发展的观点，而不可拘泥一成不变的、静止的、僵化的观点。中医学认为：一切物质，包括整个自然界，都处于永恒无休止的运动之中，"动而不息"是自然界的根本规律。《素问·六微旨大论》指出："夫物之生从于化，物之极由乎变，变化之相薄，成败之所由也……成败倚伏生乎动，动而不已，则变作矣"。一切事物的发生、发展、变化和衰亡，都根基于运动，是运动过程所产生的。故动与静，是物体运动的两种不同形式。《素问·天元纪大论》曰："动静相召，上下相临，阴阳相错，而变由生也"。

阴阳五行学说中的运动不息的基本思想是中医理论体系中的恒动观念的重要组成部分。中医理论用阴阳来概括自然界相互关联的事物和现象的对立双方，认为阴阳之间存在着相互滋生、对立制约、消长转化的关系，双方始终处于彼此消长的不断运动状态，绝无静止不变之时。还以五行学说论述自然界一切事物的起源、特性及不同事物之间的相互联系。五大系统之中存在着相生相克关系，而且这种生中有克，克中有生的状态不是静止的，而是始终处于运动变化中，并在运动中获得协调与统一。

中医学认为自然界生化万物及人体维持自身生命活动均有赖于恒动不休。朱丹溪在《格致余论·相火论》中指出“天主生物，故恒于动；人有此生，亦恒于动”。人的一生中，机体的功能活动也经历着发展演变过程。《灵枢·天年》将这一过程大致归纳为“人生十岁，五藏始定，血气已通，其气在下，故好走。二十岁，血气始盛，肌肉方长，故好趋。三十岁，五藏大定，肌肉坚固，血脉盛满，故好步。四十岁，五藏六府十二经脉，皆大盛以平定，腠理始疏，荣华颓落，发颇斑白，平盛不摇，故好坐。五十岁，肝气始衰，肝叶始薄，胆汁始減，目始不明。六十岁，心气始衰，若忧悲，血气懈惰，故好卧。七十岁，脾气虚，皮肤枯。八十岁，肺气衰，魄离，故言善误。九十岁，肾气焦，四藏经脉空虚。百岁，五藏旨虚，神气皆去，形骸独居而终矣。”可见人的生理功能始终是处于运动、发展和变化过程中的。五脏六腑的生理功能特点都建立在脏腑之气的运动变化之上。如在心气的推动下，心脏一刻不停地进行着收缩和舒张运动，并将血液输送到全身，故主血脉是心的主要生理功能之一。脾是以健运不息为其特征的，脾气充沛，脾的运化水谷和运化水液功能正常，则机体的消化吸收功能和水液代谢过程才能正常；反之，脾失健运，机体会出现多种病理表现。气是构成人体和维持人的生命活动的基本物质之一，具有极强的活动能力，无处不到，始终处于运动之中，时刻激发和推动着人体的各种生理活动。气的这种运动包括升、降、出、入四种基本形式。《素问·六微旨大论》云：“非出人，则无以生长壮老已；非升降，则无以生长化收藏。是以升降出人，无器不有”，“出人废则神机化灭，升降息则气立孤危”。人体的生命活动就是气的运动变化过程。气的运行失常，人便处于病理状态。如《灵枢·营卫生会》云：“营在脉中，卫在脉外，营周不休，五十而复大会。阴阳相贯，如环无端。卫气行于阴二十五度，行于阳二十五度，分为昼夜，故气至阳而起，至阴而止”，指的是卫气行于脉外，营气行于脉中，一昼夜共周身循行 50 圈而无止息，如环无端。就卫气而言，白天循行于体表较浅部位，夜晚则循行于体内较深处。若卫气运行失于通利，则表现出白天精神不振，夜间失眠等病理情况。血的主要功能是营养和滋润全身脏腑组织，而这些功能，只有在循行过程中才得以发挥。局部血液循环一旦变慢或者停滞，即可导致瘀血的产生，而引发疾病。津液亦如此，在各个脏腑的参与下，津液在体内处于不断运动变化的过程中，摄入、输布和排泄之间维持着动态平衡，一旦津液输布运行失常，即将引起痰饮、水湿、肿胀等种种病证。因此运动不息也是脏腑气血津液的生理特点。生命在于运动，生命在于生化不息，生命在于动有常度。而且人生命的错综复杂性的运动运动变化有规律可循。如在自然界月相变化的影响下，人的多方面功能活动呈现出一个由低落到高涨再到低落的有规律的发展变化过程。这一运动变化规律已被国内外关于心理和生理功能的实验调研结果所证实。

中医学不只强调应以恒动观念来认识人的生理，更强调以此来把握患者的疾病过程及病理变化。从病因作用于机体到发病，机体一直在与致病因素进行着斗争。疾病本身也处于不停的发展变化之中，表现出发展变化的一定阶段性。如《伤寒论》中，依据外感热病错综复杂的证候表现及其演变趋势，对外感热病的发展变化规律进行归纳总结，提出了六经辨证。叶桂分析归纳温病发展变化的规律，提出了卫气营血辨证。此外，中医学还重视同一阶段病证所发生的细微或显著的变化。如同属外感伤寒的太阳病证，在不同时间段，病证均会发生明显的变化。因此，诊治护理疾病必须以恒动观念为指导，不断把握患者出现的新情况、新变化，随时校正理法方药及护理，以期药与证、护与证相合，取得良好疗效。而不可拘泥于一时之结论，以致贻误病情。

总之，中医学对于生理和病理过程中恒动现象的论述，可以概括为三大类型：一是各脏腑器官，包括气血津液各自所存在的生理或病理上的运动变化特点，这些运动变化各具特色；二是受自然因素影响，生理和病理方面所表现出的周期性波动，这类“动”往往以“振荡”、“涨落”为基本形式；三是可存在于人的整个一生，或者以某病的全过程为周期的发展与变化，这些“动”，往往表现出类似抛物线型的规律。

三、辨证施护

辨证施护（planning nursing according to diagnosis） 辨证施护是中医护理疾病的基本原则，也是中医护理学的基本特点之一，包括辨证和施护两大方面。

中医学中“病”“证”“症”三个概念有着本质的区别。所谓“病”是对疾病发展全过程的特点与规律的概括，有明确的病名，如中风、积聚、崩漏等。所谓“证”，即证候，是指机体在疾病发生发展过程中的某一阶段病理特性的概括，包括病因、病位、病性、邪正盛衰、疾病转归等，并涉及患者的年龄、体质等自身因素和自然、社会环境等外界因素。所谓“症”即症状，是指疾病的具体临床表现，如咳嗽、头痛、腹泻等。一个疾病可有数个证候，而一个证候又可见于多个疾病之中。如感冒可出现风寒证、风热证等，风寒证候可见于感冒、咳嗽、喘证等疾病中。一个证候可由数个症状构成，同一种病可以有不同的本质特点，更可以有不同的发展阶段。因此，证比单纯的症状或病名都更能够全面、深刻、确切地揭示疾病变化的本质。证候比症状更全面、更深刻、更正确地揭示了疾病的本质。

辨证是运用望、闻、问、切四诊，收集病史、症状、体征等病情资料，在中医理论指导下，经过分析、综合、推理、判断，揭示疾病本质，确定证候的过程。辨证的过程就是对患者做出正确、全面判断的过程，并找出主要矛盾的过程。施护是根据辨证结果确定护理原则给予恰当护理的过程。辨证施护不是对症施护，也不是对病施护，辨证和施护是密不可分的 2 个阶段，辨证是施护的依据，施护是辨证的目的，护理效果是检验辨证是否正确的客观标准。因此，辨证施护是理论和实践的有机结合，是理（中医理论）、法（治疗原则、大法）、方（方剂）、药（中药）在临床上的具体运用，是指导中医护理临床工作的基本原则。

中医认识和护理患者、是既辨病又辨证。辨证着眼于证的分辨，如见初起恶寒、发热、头身痛、脉浮的患者，初步诊断为感冒。但由于病因和机体反应性质不同，又常表现有风寒感冒和风热感冒等不同的证候，只有正确分析感冒的证候类型，才能采取恰当的施护措施。如属风热感冒，则“热者寒之”，室温宜低，以减轻患者心烦、口干之症，饮食宜给绿豆汤、西瓜、藕汁等清热生津辛凉之品。可见，辨证施护既区别于那种不分主次、不分阶段、只知一方一药护一病的护理方法，又不同于见痰祛痰、见血止血、头痛医头、脚痛医脚的对症护理方法。

在临床护理工作中经常可以见到一种病包括几种不同的证，又看到不同的病在其发展过程中可以出现同一种证，在护理时可在辨证施护原则的指导下，采用“同病异护”和“异病同护”的方法处理之。

“同病异护”是指同一种病，由于发病的时间、地区及患者机体反应性不同，或处在不同的发展阶段，所表现的证候不同，施护的方法亦不同。以感冒为例，如果冬季感冒，服药护理时中药宜温热服，给予生姜红糖水等热饮以助药力，服药后覆盖衣被，助其周身微微汗出，以达汗出表解的功效。又如风温，在发病的不同阶段，施护方法也各异。风温初起，邪在卫分，病位在表，宜用发汗解表的护理原则；邪热入气分时，由于病邪由表入里，护理应用清法，在室温、饮食、服药等方面均应采取清、凉的措施；对高热不退者，可采用物理降温法；当热入营血时，护理宜清热凉血，并预防并发症的发生；当热病后期、余热未尽时，护理重在“调”，通过调养使病症得到痊愈。

“异病同护”是指不同的病，在其发生发展过程中，由于出现相同病机和证候，因而可采用同一方法护理。如脱肛、子宫下垂等，是不同的病，但如果证型均为中气下陷，就都可采用升提中气的护理方法，可用苡仁粥、茯苓粥等益气健脾之品；注意休息，避免疲劳，以培育中气等。

总之，中医护理主要着眼于病机和证的不同。由于“证”实质上代表着病机的（疾病发生、发展与转化的机制）特点，故“同病异护”“异病同护”的关键在于病机之异同。相同的病机和证，代表着相似的主要矛盾，可采用基本相同的护理方法，不同的病机和证提示疾病本质不同，要采用不同的施护措施。故有“证同护亦同，证异护亦异”的说法。

（李明今）

思 考 题

1. 奠定了中医学理论基础的医学著作是：
A.《黄帝内经》 B.《伤寒杂病论》 C.《千金方》
D.《本草纲目》 E.《外台秘要》
2. 中医护理学的基本特点主要是：
A. 阴阳五行与脏象经络 B. 整体观念与辨证施护
C. 以五脏为主的整体观 D. 望闻问切与辨证论治
E. 辨证求因与审因论治
3. 忽思慧所著的食疗专著是：
A.《饮膳正要》 B.《食疗本草》 C.《救荒本草》
D.《备急千金要方·食治》 E.《汤液本草》
4. 最早提出了三因致病说的著作是：
A.《黄帝内经》 B.《伤寒论》 C.《金匮要略》
D.《三因极一病证方论》 E.《诸病源候论》
5. 我国发明了预防天花的人痘接种术是在：
A. 隋代 B. 唐代 C. 宋代 D. 元代 E. 明代
6. 医疗体育的奠基人是：
A. 孙思邈 B. 张仲景 C.华佗 D. 李时珍 E. 王清任
7. 我国医学史上，开创临床辨证施护先河的著作是：
A.《黄帝内经》 B.《肘后备急方》 C.《诸病源候论》
D.《伤寒杂病论》 E.《医林改错》
8. 中华护理学会中医、中西医结合护理学术委员会成立于：
A. 1979 年 B. 1993 年 C. 1984 年 D. 1995 年
E. 1989 年
9. 首创酒服麻沸散作为外科手术的麻醉剂的医家是：
A. 张仲景 B. 华佗 C. 孙思邈 D. 葛洪 E. 钱乙
10. 关于《脾胃论》的内容，说法错误的是：
A. 患者当保持清静，精神愉快 B. 宜常服淡渗利尿之方药
C. 不宜吃酸、咸、苦、辛等食物 D. 切忌大喜大悲等情志剧烈变化
E. 患者应注意饮食卫生，饮食定时定量

第二章　中医护理基本理论

【学习目标】

掌握　1. 阴阳五行学说的基本概念及内容。2. 脏腑的组成及主要生理功能。3. 六淫、七情的性质和致病特点。4. 腧穴的概念、人体常用腧穴的定位方法。

熟悉　1. 阴阳五行学说在中医护理学中的应用、藏象学说的基本概念及特点。2. 痰饮、瘀血的致病特点。3. 经络学说的基本概念及基本理论。4. 气与血的概念、生成、运行、功能。5. 气的分类。6. 津液的概念、生成、功能、输布与排泄。7. 气、血、津液之间的关系。8. 四诊的主要内容及方法。9. 八纲辨证的辨证要点。

了解　1. 脏腑之间的关系。2. 不内外因的致病特点。3. 经络学说的内涵。4. 人体常用腧穴的主治。5. 脏腑辨证的基本内容。

第一节　阴阳五行

案例 2-1

王某，女，48 岁。2014 年 10 月 20 日初诊。主诉头痛、头晕、失眠 8 年。病史：5 年前因与同事争吵，情志不遂而发病。病起时头痛剧烈，面红面赤，烦躁易怒，夜卧不安，口苦，便干，尿黄。到医院测血压 170/120mmHg，诊断为“高血压”，用西药治疗症状缓解，但未坚持用药。近 2 年来，头晕头痛时作，痛势绵绵，头重脚轻，耳鸣健忘，五心烦热，口干咽燥，心悸，失眠多梦。检查：舌红，苔薄黄干，脉弦细数，血压为 160/115mmHg。

问题

1. 请运用事物的阴阳属性理论，判断本例患者属阴证还是阳证。
2. 请运用事物的五行属性理论，判断本例患者症状和体征的五行属性。
3. 请列举患者的症状或体征加以说明。

阴阳五行，是阴阳学说和五行学说的总称，是古人用以认识自然和解释自然现象的一种世界观和方法论，属于我国古代唯物论和辩证法哲学范畴。在中医学的发展过程中，阴阳五行逐渐渗透到中医学理论体系的各个方面，用以阐述人体的生理和病理变化，指导疾病的诊断、治疗和护理等，成为中医学的理论工具和说理方法，是中医学理论体系中的重要组成部分。

一、阴阳学说

阴阳学说（Yin-yang theory），是研究阴阳的内涵及其运动变化规律，并用以阐述事物的发生、发展和变化的古代哲学理论，是古代朴素的对立统一理论。阴阳学说认为，世界是物质的，物质世界是阴阳二气对立统一的结果。由于阴阳二气的相互作用，促进了宇宙中万物万象的发生、发展和变化。正如《素问·阴阳应象大论》所说：“阴阳者，天地之道也，万物之纲纪，变化之父母，生杀之本始，神明之府也。”

我国古代的医学家在长期的医疗实践中，将哲学中的阴阳学说广泛运用于医学领域，以说明人类生命的起源、人体的组织结构、生理功能和病理变化，并指导疾病的诊断、治疗和护理等。由此，形成了中医学的阴阳学说。

（一）阴阳的概念

1. 阴阳的含义　阴阳（Yin and Yang）是对自然界相互关联的事物或现象对立双方属性的概括，含有对立统一的意思。它既可代表两个相互对立又相互联系的事物或现象，如天地、水火、日月等，又可用来分析一个事物内部相互对立又相互联系的两个方面，如人体中的气血、脏腑、经络等。

阴阳最初的含义是朴素的，仅指日光的向背，即向日为阳，背日为阴。后来随着观察面的扩展，阴阳的含义逐渐被引申扩大，如向日光处温暖、明亮；背日光处寒冷、晦暗。于是古人就把光明与黑暗、温暖与寒冷分属阴阳。通过不断的引申，把自然界所有相互对立又相互联系的事物或现象，如天地、上下、内外、左右、昼夜、水火、升降、动静、男女等都划分为阴与阳两个方面。这时的阴阳不再特指日光的向背，而成为概括具有相对属性的事物或现象的抽象概念，如《灵枢·阴阳系日月》云："阴阳，有名而无形"。

2. 阴阳属性的划分　事物或现象的阴阳属性，是根据自然界相互关联的事物或现象对立双方的性质、动态、位置、发展趋势等因素来划分的。《素问·阴阳应象大论》曰："水火者，阴阳之征兆也"，即古人在长期的生活实践中发现，水与火的特性最具有阴阳的代表性。水性寒凉而趋下为阴，火性温热而炎上为阳。因此，水与火也就成了划分阴阳属性的参考标准，把类似于火的特性的事物归属于阳，把类似于水的特性的事物归属于阴。即凡是剧烈运动的、外向的、上升的、温热的、明亮的、轻清的、兴奋的，统属于阳的范畴；相对静止的、内守的、下降的、寒冷的、晦暗的、重浊的、抑制的，统属于阴的范畴。

将这种区分事物和现象阴阳属性的方法引入医学领域，则认为对人体具有推动、温煦和兴奋等作用的物质和功能，统属于阳；对人体具有滋润、凝聚和抑制等作用的物质和功能，统属于阴。如以气血而言，气是无形的、功能的，对人体有兴奋作用，为阳；血是有形的、物质的，对人体有滋润作用，为阴。现将事物或现象的阴阳属性归纳如下（表 2-1）。

表 2-1　事物的阴阳属性归纳表

属性	空间	时间	季节	温度	湿度	亮度	重量	事物状态
阳	天、上、外、左	昼	春夏	温热	干燥	明亮	轻	功能、升动、兴奋
阴	地、下、内、右	夜	秋冬	寒凉	湿润	晦暗	重	物质、降静、抑制

3. 阴阳的特性　包括相关性、普遍性、相对性、可分性和规定性等。

（1）相关性：阴阳学说认为，阴阳所分析的事物或现象，必须是处在同一范畴、同一层次、同一交点上，也就是说是相关的。如以寒热而言，寒为阴，热为阳。没有寒，也就无所谓热；以性别而言，男为阳，女为阴，没有男，也就无所谓女。不相关联的事物或现象，则无法划分其阴阳属性，如天与男、左与上、寒与地等。

（2）普遍性：阴阳学说认为，阴阳普遍存在于一切事物和现象之中，自然界一切事物或现象，都包含有阴阳相互对立的两个方面，如动与静、水与火、寒与热等。事物或现象的发生、发展和变化，都是阴阳二气对立统一的结果。如《素问·阴阳应象大论》所说"阴阳者，天地之道也，万物之纲纪，变化之父母，生杀之本始，神明之府也"。

（3）相对性：阴阳学说认为，事物的阴阳属性不是绝对的，而是相对的。随着特定条件的改变，对事物或现象阴阳属性的划分也将改变。即原来属阴的可转属为阳，原本属阳的又可转属为阴。如在一年四季中，春天相对冬天来说温暖属阳，而相对夏天来说寒凉属阴。如在疾病发展过程中，属阳的热证可以转化为属阴的寒证，属阴的寒证可以转化为属阳的热证。

（4）可分性：阴阳学说认为，阴阳具有无限可分性。即阴阳之中还可以再分阴阳，永无止境，以至无穷。以昼夜而言，昼为阳，夜为阴；而上午和下午相对而言，上午阳气渐旺为阳中之阳，下午阳气渐衰为阳中之阴。以人体而言，腑为阳，脏为阴。而五脏中，心肺居上为阴中之阳，肝脾肾居下为阴中之阴；如《素问·阴阳离合论》所云："阴阳者，数之可十，推之可百。数之可千，推之可万。万之大不可胜数，然其要一也"。

（5）规定性：阴阳学说认为，阴阳也具有绝对性。即阴阳属性的不可变性，如划分阴阳的标准是不可改变的。以水与火而言，水不管多热，相对于火，仍属阴；火不论多弱，相对于水，仍然属阳。其他如天与地、日与月、上与下、左与右、升与降、动与静、男与女、兴奋与抑制、亢进与衰退等，其属性都具有不可变性，也就是说事物的阴阳属性，在某种意义上又是绝对的。

（二）阴阳学说的基本内容

阴阳学说的基本内容可概括为交感互藏、对立制约、互根互用、消长平衡和相互转化等5个方面。

1. 交感互藏 是指阴阳二气在运动中相互感应和交合，也即相互发生作用。阴阳交感是自然界万物得以产生和变化的根源和动力。如在自然界，天之阳气下降，地之阴气上升，阴阳二气交合感应，就形成了云雾、雷电、雨露等。风和雨顺，自然界万物得以化生。在人类，男女媾精，阴阳相合，新的生命得以诞生。正如《素问·阴阳应象大论》所云："阴阳者，万物之能始也"。

阴阳互藏，是指阴阳双方任何一方都包含着另一方，即阴中有阳，阳中有阴。阴阳互藏是阴阳二气交感合和的动力根源，《素问·六微旨大论》云"天气下降，气流于地，地气上升，气腾于天。故高下相召，升降相因，而变作矣"。就是说天气虽在上，但内含地之阴气，故天气能下降于地；地气虽居下，但内寓天之阳气，故地气能上升于天。阴阳互藏是阴阳双方相互依存，相互为用的关系基础，也是阴阳消长与阴阳转化的内在依据。

2. 对立制约 是指属性相反的阴阳双方之间存在着相互对抗、相互排斥和相互制约的关系。阴阳对立制约的结果，就是使事物取得了动态平衡。如自然界春夏秋冬四时气候周而复始的变化，正是由于阴阳二气的相互对抗和制约。春夏之所以温热，是因为春夏阳气上升，抑制了寒凉之气；秋冬之所以寒凉，是因为秋冬阴气上升，抑制了温热之气。

阴阳的对立制约，不仅参加了自然界一切事物的发展变化，同时也贯穿于人体生命过程的始终。如就人体功能而言，功能亢奋为阳，功能抑制为阴，正是由于二者相互制约，从而维持人体功能的动态平衡，即人体正常的生命状态。故《素问·生气通天论》云："阴平阳秘，精神乃治"。如果这种动态平衡遭到破坏，就会导致疾病的发生。如《素问·阴阳应象大论》云："阳胜则阴病，阴胜则阳病"。

3. 互根互用 是指阴阳双方具有相互依存，互为根本的关系。阳依存于阴，阴依存于阳，任何一方都不能脱离对立的一方而单独存在，阴阳双方都以对方的存在为自己存在的前提。如上为阳，下为阴，没有上，也就无所谓下；热为阳，寒为阴，没有热，也就无谓寒。阴阳互用，是指阴阳双方具有相互滋生、促进和助长的关系，如人体之气无形属阳，血有形属阴，气能生血、行血和摄血，血能载气和养气，故称"气为血之帅，血为气之母"。

阴阳的互根互用，是自然界事物的普遍规律。如果由于某种原因导致了这种关系受到破坏，一是会导致"孤阴不生，孤阳不长"，甚至导致"阴阳离决，精气乃绝"；二是会出现阴阳互损的异常变化，最终导致阴阳俱损，如以人体的功能和物质而言，功能为阳，物质为阴。人体功能衰退，则会导致生命物质匮乏；营养物质不足，也会导致生命活动衰退。故《素问·阴阳应象大论》云："阴在内，阳之守也；阳在外，阴之使也"。

4. 消长平衡 是指阴阳在不断的消长运动变化中维持着相对的平衡。消长是指事物的盛衰变化，平衡是指协调稳定的状态。阴阳学说认为，自然界任何事物在一定时间、一定限度内，相互对立的阴阳双方，始终在不断地进行消长变化，以保持事物的相对动态平衡，推动事物正常的发生、发展和变化。阴阳消长变化在于阴阳之间存在着对立制约与互根互用的关系。

以四时气候变化而言，从冬末至春至夏，气候由寒转暖变热，即是阴消阳长的过程；由夏末至秋至冬，气候由热转凉变寒，即是阳消阴长的过程。以人体的生理功能而言，各种功能活动（阳）与营养物质（阴）之间，也不断地处于阳长阴消和阴长阳消的运动变化之中。如果这种消长超过一定的限度，不能维持相对的平衡。就会出现阴阳的偏盛偏衰，在自然界会出现异常的气候变化，在人体则呈现“阴盛则阳病”或“阳盛则阴病”的病理状态。

5. 相互转化　阴阳的转化，是指对立着的阴阳双方，在一定条件下，可各自向其相反的方向转化，即阴可以转化为阳，阳转化可以为阴。如果说阴阳消长是一个量变过程的话，阴阳转化则是在量变基础上的质变。也就是说，事物的运动变化发展到了极点，事物的阴阳属性就会发生变化。即《素问·阴阳应象大论》所云“重阴必阳、重阳必阴”“寒极生热，热极生寒”。“重”和“极”，就是阴阳转化的条件。

如自然界的气候，炎热到极点，夏至则阴生。寒冷到极点，冬至则阳生。在疾病的发展过程中，也不乏由实转虚、由虚转实、由表入里、由里出表等阴阳转化的例子。如热邪壅肺的患者，表现为高热、面红、脉数有力，属于阳热实证。若热邪极盛，耗伤正气，而突然面色苍白、四肢厥冷、脉微欲绝，就是由阳热实证转化为阴寒虚证。其中，热毒极盛即是阴阳转化的条件。

（三）阴阳学说在中医护理学中的应用

阴阳学说是中医护理学理论体系中的一个重要组成部分，贯穿于中医护理学理论体系的各个方面，用来说明人体的组织结构、生理功能、病理变化，并有效指导疾病的诊断和治疗。

1. 说明人体的组织结构　人体是一个有机的整体，它的组织结构既是有机联系的，又可以划分为相互对立的阴阳2个部分。人体脏腑组织结构的阴阳属性，就部位而言，上部为阳，下部为阴；体表为阳，体内为阴；背为阳，腹为阴；肢体外侧为阳，内侧为阴。以脏腑来说，六腑属阳，五脏属阴。五脏之中，心肺居上属阳，肝脾肾居下属阴（表2-2）。具体到每一脏腑，又可再分阴阴，如心有心阴、心阳，肾有肾阴、肾阳。就气血而言，气属阳，血属阴。气之中，卫气循行脉外为阳，营气循行脉内为阴。所以《素向·宝命全形论》云：“人生有形，不离阴阳”。

表2-2　人体结构的阴阳属性划分表

属性	人体部位	脏腑组织
阳	上部、体表、背部、四肢外侧	六腑、络脉、气、皮毛
阴	下部、体内、腹部、四肢内侧	五脏、经脉、血、筋骨

2. 说明人体的生理功能　中医学认为人体正常的生命活动，是阴阳双方保持协调平衡的结果。人体的生理功能主要体现在阴精（物质）与阳气（功能）的对立统一关系中。人体的阴精是阳气的物质基础，精能化气，以推动、调节、控制机体各种功能的发挥；人体的阳气是阴精的能量表现，阳气运动，以激发机体各种功能并促进阴精的化生。也就是说，没有物质就无以产生生理功能，而生理活动的结果，又不断促进物质的新陈代谢。人体功能与物质的关系，就是阴阳相互依存、相互消长的关系。所以《素问·生气通天论》云：“阴平阳秘，精神乃治”。

3. 说明人体的病理变化　疾病的发生，主要是正气和邪气相争，阴阳失去了相对的平衡，出现偏盛偏衰的结果。邪气有阴邪、阳邪之分，正气包括阴精和阳气两个部分。病邪侵入人体，可出现阴阳偏盛的病理变化，阳邪致病，可以使阳偏盛而阴伤，从而出现热证；阴邪致病，则使阴偏盛而阳伤，从而出现寒证，如《素问·阴阳应象大论》云：“阳胜则热，阴胜则寒”。人体的正气不足，就会出现阴阳偏衰的病理变化，阳气虚不能制阴，则出现虚寒证，阴精亏虚不能制阳，则出现虚热证，如《素问·调经论》云：“阳虚则外寒，阴虚则内热”。若机体明阳双方虚损到一定的程度，常可导致对方的不足，而出现阴损及阳或阳损及阴的病理变化，最终引起阴阳两虚。

4. 指导疾病的诊断　疾病发生、发展的根本原因是阴阳失调，所以尽管疾病的临床表现错综复杂、变化多端，但都可以用阴阳加以概括。故《素问·阴阳应象大论》云："善诊者，察色按脉，先别阴阳"。可见临床诊断病症，关键是要分清明阳，只有这样才能执简驭繁，抓住疾病的本质。例如，以色泽分阴阳，则色泽鲜明者为阳，色泽晦暗者为阴。以声息分阴阳，则声高有力者属阳，声低气怯者属阴；以证分阴阳，则表证、热证、实证为阳，里证、虚证、寒证为阴。以症状分阴阳，则发热恶热者为阳，恶寒喜暖者为阴。以脉象分阴阳，则浮、数、实等脉为阳，沉、迟、虚、涩等脉为阴。

5. 指导疾病的治疗 由于疾病发生的根本原因是阴阳失调，因此，调整阴阳，补其不足，泻其有余，恢复阴阳的相对平衡，就是治疗疾病的基本原则。故《素问·至真要大论》云："谨查阴阳所在而调之，以平为期"。阴阳偏盛，表现出亢奋有余的病理变化，治疗宜用"损其有余"的原则。阴阳偏衰，表现出衰退不足的病理变化，治疗宜用"补其不足"的原则。即阳盛者泻其热，阴盛者祛其寒；阳虚者补其阳，阴虚者养其阴，从而使失调的阴阳，恢复协调平衡的状态。如阴阳互损，表现出阴阳两虚的病理变化，治疗宜用"阴阳双补"的原则。如寒证用温热药、热证用寒凉药、虚证用滋补药、实证用攻下药等治疗方法，都是在调整阴阳这一基本原则指导下确立的。

6. 指导养生防病 养生（health preservation），指保养生命，养生的目的是保持健康、防病延年，而养生的关键则是善于调整阴阳。人生活在自然界，与自然环境息息相关，外界环境中的阴阳消长，势必影响人体内阴阳的变化。人要想身体健康，就必须遵循自然界的阴阳变化规律，即"法于阴阳"，使人体的阴阳与春夏秋冬四时的阴阳变化相适应，以保持人与自然界阴阳变化的协调统一。如《素问·四气调神大论》所云："圣人春夏养阳，秋冬养阴"。即是说春夏季节要保养阳气，秋冬季节需固护阴精，以顺应四时、调节阴阳，维持人体内外环境的统一，达到养生防病延年的目的。

7. 归纳药物的性能 中药的性能，是中医药理论对中药作用性质和特征的高度概括，其内容主要包括四气、五味、升降浮沉等。四气（four properties），又称四性，是指药物所具有的寒、热、温、凉 4 种药性。中药的五味（five-kind flavors），是指中药具有的有酸、苦、甘、辛、咸 5 种基本的滋味，其中，甘味药包含有"淡"味，酸味中包含有"酸"味。升降浮沉（action of lifting、lowering、floating and sinking）是指药物在人体内的作用趋向。中医治疗疾病，就是根据阴阳的偏盛偏衰，确定需要的治疗原则，再结合药物的阴阳属性和作用，选择相应的药物，使人体恢复到阴阳平衡的状态。而药物的四气、五味和升降浮沉等性能，都可以用阴阳来概括说明（表 2-3）。

表 2-3 药物性能的阴阳属性归纳表

属性	四气	五味	升降浮沉
阳	温、热	辛、甘、淡	升、浮
阴	寒、凉	酸、苦、咸	降、沉

二、五行学说

五行学说，是研究木、火、土、金、水 5 种物质的概念、特性及其运动变化规律，并用以阐释自然界万物发生、发展、变化及其相互关系的一种古代哲学思想。五行学说属于我国古代唯物论和辩证法范畴，它认为自然界各种事物的发生、发展和变化，都是这 5 种物质不断运动和相互作用的结果。五行学说来源于生活实践，逐渐渗透到中医学中，与中医学的基本理论和临床实践结合，用以阐释人体的形态结构、生理功能、病理变化及其与外在环境的相互联系，成为指导疾病的诊断和防治的一种中医学独特理论和方法。

1. 五行的概念 五行（five elements），是指木、火、土、金、水 5 种物质及其运动变化。"五"，指木、火、土、金、水5种基本物质，它是构成自然界万物的最基本元素；“行”，指5种物质的运动变化。

人类在长期的生活实践中逐渐认识到，木、火、土、金、水5种物质之间不是孤立地存在着，而是处于相互滋生、相互制约和不断的运动变化中，木、火、土、金、水的运动变化促进了自然界事物的资生、发展和变化。

2. 五行的特性 是古人在长期的生活和生产实践中，从对木、火、土、金、水5种物质的直接观察和朴素认识的基础上，进行抽象而逐渐形成的理性概念。《尚书·洪范》曰：“水曰润下，火曰炎上，木曰曲直，金曰从革，土爰稼穑”。

（1）木的特性：本曰曲直。曲，即屈，直，即伸。曲直，是指树木的枝条具有生长、柔和、能屈又能伸的特性，引申为凡具有生长、升发、条达、舒畅等性质或作用的事物和现象，均归属木。

（2）火的特性：火曰炎上。炎，即热；上，上升。炎上，是指火具有炎热、上升、光明的特性，引申为凡具有温热、升腾、光明等作用或性质的事物和现象，均归属于火。

（3）土的特性：土爰稼穑。爰通曰，稼稻，是指农作物的播种与收获。春种曰稼，秋收曰穑。万物土中生，土为万物之母，引申为凡具有生化、承载、受纳等性质或作用的事物和现象，均归属于土。

（4）金的特性：金曰从革。从，即顺从；革，变革。从革，是指金具有刚柔相济之性。金质地沉重而坚硬，即可做兵器用以杀戮，但又有顺从人意而更改的柔和之性，引申为凡具有沉降、肃杀、收敛、洁净等性质或作用的事物和现象，均归属于金。

（5）水的特性：水曰润下。润，滋润；下，即向下。润下，是指水具有滋润和向下的特性，引申为凡具有寒凉、向下、滋润、闭藏等性质或作用的事物和现象，均归属于水。

3. 事物属性的五行归类 五行学说依据五行的抽象特性，通过取象比类和推演络绎的方法，将自然界中的事物和现象进行分类，分别归属于木、火、土、金、水五大类，每一类事物和现象之间都有着相同或相似的特定属性，保持一定的联系。如以方位配五行，日出东方，与木之升发特性相类似，故东方归属于木；南方炎热，与火的特性相类似，故南方归属于火，这就是取象比类法。如以五脏、六腑、五官、五体、五志配五行，如肝属木，肝与胆相表里，肝主筋，在窍为目，在志为怒，在液为泪，因此可推演胆、筋、目、怒、泪皆归属于木，这就是推演络绎法。

中医学在天人相应思想的指导下，以五行为中心，以空间结构的五方、时间结构的五季、人体结构的五脏为基本框架，将自然界的各种事物和现象以及人体的生理病理现象，按其属性进行归类，从而将人体的生命活动与自然界的事物和现象联系起来，形成了联系人体内外环境的五行结构系统，以此说明人体的整体性以及人与自然环境的统一（表2-4）。

表2-4 事物属性的五行归类表

自然界							五行	人体						
五音	五味	五色	五化	五气	五方	五季		五脏	五腑	五官	五体	五志	五液	五脉
角	酸	青	生	风	东	春	木	肝	胆	目	筋	怒	泪	弦
徵	苦	赤	长	暑	南	夏	火	心	小肠	舌	脉	喜	汗	洪
宫	甘	黄	化	湿	中	长夏	土	脾	胃	口	肉	思	涎	缓
商	辛	白	收	燥	西	秋	金	肺	大肠	鼻	皮	悲	涕	浮
羽	咸	黑	藏	寒	北	冬	水	肾	膀胱	耳	骨	恐	唾	沉

4. 五行学说的基本内容 包括五行的相生、相克、相乘、相侮等。五行学说是以五行的相生相克，来说明事物之间的相互滋生和制约的关系，以五行的相乘、相侮，来探索事物间协调平衡被破坏后的相互影响。

五行相生、相克代表事物和现象之间的正常关系，五行相乘、相侮代表五行相克关系失常时，事物或现象之间的异常关系。在人体，相生、相克，属于正常的生理状态，相乘、相侮属于异常的病理状态。

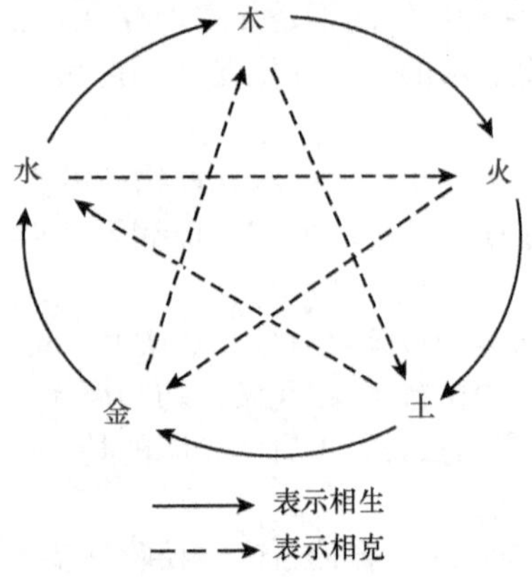

图 2-1　五行相生相克示意图

（1）相生与相克：相生（mutual generation），是指木、火、土、金、水五行之间存在着有序的资生、助长和促进的关系；相克（restriction），是指木、火、土、金、水五行之间存在着有序的克制、抑制、制约的关系。五行相生的次序是：木生火，火生土，土生金，金生水，水生木；相克的次序是：木克土，土克水，水克火，火克金，金克木（图 2-1）。

在五行相生关系中，任何一方都具有“生我”“我生”两方面的关系。生我者为母，我生者为子，故相生关系又称为“母子”关系。以木为例，“生我”者为水，故水为木之母；“我生”者为火，故火为木之子。

在五行相克关系中，任何一方都具有“克我”“我克”两方面的关系。克我者为我所不胜，我克者为我所胜，故相克关系又称为“所胜”与“所不胜”关系。以火为例，“克我”者为水，故水为火之所不胜；“我克”者为金，故金为火之所胜。

（2）相乘与相侮：相乘（subjugation），是指五行中某一行对其所胜一行的过度克制；相侮（reverse restriction），是指五行中某一行对其所不胜一行的反向克制。五行相乘次序与相克次序是一致的，即木乘土、土乘水、水乘火、火乘金、金乘木。五行相侮次序与相克次序是相反的，即木侮金、金侮火、火侮水、水侮土、土侮木（图 2-2）。

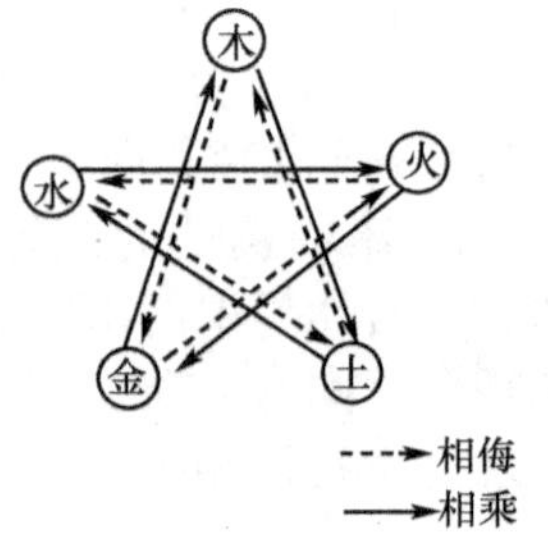

图 2-2　五行相乘相侮示意图

导致五行相乘的原因有两种情况，一种是“太过”，因五行中某一行过度亢盛，对其所胜一行克制太过，使其虚弱。以木克土为例，木过度亢盛，而土虽不虚，但难以承受木的过度克制，称“木旺乘土”。一种是“不及”，因五行中某一行过度虚弱，难以抵御其所不胜一行的正常克制，而更加虚弱。以木克土为例，如果土自身不足，木虽处于正常水平，但土难以承受木的克制，导致木克土的力量相对强盛，称“土虚木乘”。

5. 五行学说在中医护理学中的应用　主要是用五行的特性，分析人体脏腑组织器官的功能及相互关系，并借助五行的相生相克相乘相侮规律，分析五脏之间的生理联系和病理影响，并用于指导疾病的诊断与防治。

（1）说明五脏的生理功能及其相互关系：五行学说将人体的五脏分别归属于五行，并用五行的特性说明五脏的生理功能。木具有生发、条达等特性，而肝喜条达恶抑郁，具有疏泄功能，故肝归属木；火具有温热、炎上等特性，而心有推动血行、温养全身的功能，故心归于属火；土具有生化、承载等特性，而脾主运化，为气血生化之源，故脾归属于土；金有清洁、肃降等特性，而肺以清肃和通降为顺，故肺归属于金；水具有滋润、下行等特性，而肾藏精、主水、主纳气，肾阴为阴液的根本，故肾归属于水。

五行学说用五行的生克制化理论，来说明五脏生理功能的内在联系。肾水之精以养肝，肝木藏血以济心，心火之热以温脾，脾土运化水谷以充肺，肺金清肃下行以助肾，这就是五脏相互滋生的关系。肺金之清肃下行，可抑制肝木升发太过，肝木之条达，可疏泄脾土的壅滞；脾土之运化，可制止肾水的泛滥，肾水之滋润，可防止心火的亢盛，心火之温热，可制约肺金清肃太过，这就是五脏相互制约的关系。五脏之间的生克关系说明，每一脏在功能上即有他脏资助，而不至于虚损，又有他脏制约，而不致过亢，从而维持着五脏之间的协调平衡。

（2）说明五脏病变的相互影响：五行学说用五行的乘侮及母子相及关系，来说明疾病的传变规律和五脏病变的相互影响。"母病及子"和"子病及母"，是相生关系的传变。如脾属土，肺属金，土能生金，土为金之母，金为土之子，若脾气虚弱，气血生化无源，以致肺气不足，脾肺气虚，即属"母病及子"；心属火，肝属木，木生火，木为火之母，火为木之子，若心火亢盛，引动肝火，以致心肝火旺，即属"子病及母"。

"相乘"和"相侮"，是相克关系的传变。相乘是相克太过而为病，如肝属木，脾属土，木能克土，若木气过亢，或脾气亏虚，皆可导致肝气横逆，可犯胃乘脾，形成肝胃（脾）不和证，即属木乘土；相侮是反向克制而为病，如肺属金，肝属木，金能克木，若肝过于旺盛，可上逆影响肺金，形成肝火犯肺的木火刑金证，即属木侮金。

（3）指导疾病的诊断：五行学说用于疾病的诊断，主要是根据五行的配属关系及其生克乘侮规律，来确定五脏病变的部位，判断病情进展和疾病的预后。五行学说把五脏与五色、五音、五味等以五行分类归属联系起来，推断和概括疾病的传变规律。人体是一个有机的整体，当内脏有病时，可以反映到体表相应的组织器官，使之出现色泽、声音、形态、脉象等方面的异常。如面色青，喜含酸，脉弦，其病多在肝；面色红，口味苦，脉洪数，多为心火亢盛；脾虚患者，若面见青色，为木来乘土，是肝亢乘脾。心脏病患者，若面见黑色，为水来乘火，多为肾水凌心。

（4）指导疾病的治疗：五行学说指导疾病的治疗，主要表现在控制疾病的传变、确定治则治法、指导脏腑用药、指导针灸取穴和情志疾病的治疗等。

1）控制疾病的传变：如肝气太过时，每多犯其脾胃，故治疗时除疏肝平肝之外，还应健脾护胃，以防肝病传至脾胃。故《难经·七十七难》云："见肝之病，则知肝当传之于脾，故应先实其脾气"，即属控制疾病的传变。

2）确定治则治法：根据五行学说确定的治则和治法，有相生和相克关系的不同。"虚则补其母"和"实则泻其子"是根据相生规律确定的治则，"补母"适用于母子关系的虚证，"泻子"适用于母子关系的实证。根据"虚则补其母"确立的治疗方法，常用的有滋水涵木法（滋肾养肝法）、培土生金法（补脾养肺法）、金水相生法（滋养肺肾法）、益火补土法（温肾健脾法）等。根据"实则泻其子"确立的治疗方法，常用的有肝火泻心法、利水祛痰法、心火泻胃法等。

"抑强"和"扶弱"，是根据相克规律确定的治则。临床上多用于因为相克关系紊乱而出现的乘侮病证，主要有相克太过、相克不及和反克（即相侮）之不同。根据相克规律确定的治疗方法，常用的有抑木扶土法（疏肝健脾法）、佐金平木法（泻肝清肺法）、培土制水法（温肾健脾法）、泻南补北法（滋阴降火法）等。但是，根据五行的相生相克规律确定的治疗原则和方法，并非适用于所有疾病，不能生搬硬套，必须根据具体病情辨证论治。

3）指导脏腑用药：根据五行归类法，中药的五色、五味和人体的五脏都分属于五行，从而使药物与五脏有了对应关系。如青色、酸味入肝；赤色、苦味入心；黄色、甘味入脾；白色、辛味入肺；黑色、咸味入肾。临床上可根据不同脏腑的病症，选择不同颜色和味道的药物，也可以结合饮食之五味调护疾病。如肝阴不足，可多食酸以补之；脾胃湿热，当少用或忌用甘味；肾虚水泛，当少食咸以防之。

案例 2-1 分析讨论

1. 根据事物的阴阳属性理论，本例患者属阳证。因为凡是剧烈运动的、外向的、上升的、温热的、明亮的、轻清的、兴奋的，统属于阳的范畴。

2. 根据事物的五行属性理论，本例患者的症状和体征属火。因为火具有炎热、上升、光明的特性。

3. 本例患者有头晕头痛、头重脚轻、耳鸣健忘、五心烦热、口干咽燥、心悸、失眠多梦、舌红、苔薄黄干、脉弦细数等症状或体征，为肝肾阴虚、肝阳偏亢，皆属于热和火。

4）指导针灸取穴：五行的生克乘侮规律，还可以指导针灸选穴。如治疗脏腑的虚证时，根据“虚则补其母”的原则，可用补法针刺母经的穴位。而治疗脏腑的实证时，根据“实则泻其子”的原则，可用泻法针刺子经的穴位。如治疗肝经的虚证时，可用补法针刺肾经的经穴；治疗肝经的实证时，可用泻法针刺心经的经穴。通过补虚泻实，以调整阴阳，恢复脏腑的正常功能。

5）指导情志疾病的治疗：情志与脏腑同归属于五行，利用五行生克乘侮的规律，可以指导情志疾病的治疗。如怒伤肝，导致肝气上逆，根据五行中的“金克木”，则悲可胜怒，可用使其悲伤的方法来治疗；思伤脾，导致气机郁结，根据“木克土”，则怒胜思，可用使其发怒的方法来治疗。这种利用情志之间的相互制约关系，来治疗精神疾病的方法，就是所谓的“以情胜情”法。

总之，阴阳五行学说作为古代的唯物论和辩证法思想，对中医学理论体系的形成和发展具有重要的作用，是学习中医及相关学科必须理解和掌握的内容。但阴阳五行学说毕竟是古代的哲学思想，限于当时的历史条件，还不可能形成完备的医学理论，况且一切事物都是发展变化的。所以我们必须辩证地看待它，既要肯定它的实用价值，也不能否定它的局限性。

第二节　藏象学说

案例 2-2

吴某，男，60 岁。10 多年前在一次劳累后偶感心前区不适，1 年前开始经常感到心悸、气短、乏力。近 2 周来自觉心悸不安加重，出现胸闷气短，神倦乏力，头晕，动则益甚，纳差，大便不实，日行 1～2 次。舌淡苔白，脉弱无力。

问题

1. 本案例属于哪一脏的病变？
2. 简述藏象的概念，阐述中医学藏象与西医学中的脏有何区别和联系？
3. 五脏与六腑的生理特点如何？

藏象（state of viscera）是中医学特有的概念，“藏”是指隐藏于体内的脏腑，“象”是指表现在体外的现象。藏象学说（viscera-state theory）是中医学阐述脏腑的生理功能、病理变化及相互关系的理论学说。古人对身体长期观察知识的积累、哲学思想的影响、临床经验的总结是藏象学说形成的基础。

脏腑（Zang and Fu 或 viscera）包括五脏、六腑、奇恒之腑。五脏，即心、肝、脾、肺、肾，其主要生理功能是化生和贮藏精气，“藏精气而不泻，故满而不能实”。六腑，即胆、胃、小肠、大肠、膀胱、三焦，其主要生理功能是受盛和传化水谷，“传化物而不藏，故实而不能满”。奇恒之腑，即脑、髓、骨、脉、胆、女子胞，其功能类似于五脏，而形态却类似于六腑。

藏象学说虽然以一定的解剖学知识为基础，但主要是在中国古代哲学思想的指导作用下，通过整体观察，“以象测藏”而探知内脏的情况。因此，藏象学说中的脏腑，不单纯是一个解剖学的概念，更重要的是概括了人体某一系统的生理和病理学概念。中医藏象学说中，一个脏腑的生理功能可能包含着现代解剖生理学中几个脏器的生理功能；而现代解剖生理学中一个脏器的生理功能，亦可能分散在中医藏象学说的几个脏腑的生理功能之中。

一、五　脏

五脏（five zang organs）指心、肝、脾、肺、肾。在经络学说中，心包络也为脏，故有六脏之说。

（一）心

心（heart）居于胸中，两肺之间，膈膜之上，外有心包护卫。心为阳中之阳，五行中属火，与小肠相表里。心对整个人体生命活动起着主宰的作用，故称为“君主之官”、“生之本”、“五脏六腑之大主”。

1. 主要生理功能

（1）心主血脉：心气推动血液在脉中运行，流注全身而发挥营养和滋润作用。心、脉、血组成一个循环于全身的系统，心起主导作用。因为只有心气才能推动血液的运行，使血液流行，脉管搏动，全身五脏六腑、形体官窍才能得到血液的濡养，以维持生命活动，所以《素问·痿论》说：“心主血脉”。

血液在脉中正常运行必须具备三个条件：第一，脉管必须通畅；第二，血液必须充盈；第三，心气必须充沛。有了这三个条件，血液就能在全身正常的运行，三个条件缺少任何一个，都可能产生病变。

心主血脉功能的外在表现，主要在面色、舌色、脉象、心胸部的感觉等方面。心主血脉功能正常，则面色红润有光泽，舌色淡红，脉和缓有力节律正常，胸部舒畅。如果主血脉的功能异常则：①心火旺盛见面色红赤，舌尖红，脉数，心中烦热；②心血亏虚见面色淡白无华，舌色淡白，脉细无力，心跳加快（心悸）；③心血瘀阻见面色晦暗，舌色紫暗或有紫斑，脉涩或结代，胸前区憋闷刺痛。

（2）心藏神：心具有主宰和协调人体一切生理活动和心理活动的功能。无论生理活动还是心理活动，都是由五脏六腑尤其是五脏共同完成的，都是人体的生命活动。在这些生命活动中，心起着主宰作用，故历代医家称心为“君主之官”，五脏六腑之大主。若心神正常，人体各部分功能互相协调；若心神不明，人体各部分功能紊乱，即发生疾病。人的精神意识思维活动是在心主宰下五脏共同参与完成的。

心主血脉与心藏神相互影响，心主血脉是心藏神的基础，而心藏神则是心主血脉的主宰。

2. 心与体、窍、志、液的关系

（1）在体合脉，其华在面：脉是指血脉。心主身之血脉，其含义已如前述。华，是光彩之义。其华在面，即是心的生理功能是否正常，可以由面部的色泽变化显露出来。由于头面部的血脉极其丰富，如《灵枢·邪气藏府病形》曰：“十二经脉，三百六十五络，其血气皆上于面而走空窍”，所以心气充沛，血脉充盈，则面部红润而有光泽，反之，心之气血虚则面色淡白，血瘀则面色青紫，故《素问·五藏生成篇》说：“心之合脉也，其荣色也”。

（2）开窍于舌：舌为心之外候，舌为心之苗。舌的味觉功能和言语功能有赖于心主血脉和心藏神的功能。舌的色泽可以直接反映心主血脉的功能，舌的运动可以反映心藏神的功能。心有病，可以从舌反映出来。

（3）在志为喜：心与喜的情绪有密切关系。喜为机体对外界良性刺激的反应，故喜一般是有益于心主血脉和心藏神功能的。但喜乐太过，可使心神涣散不收，注意力难以集中，甚至心神错乱、精神失控或异常等，所以中医认为“喜伤心”。

惊，对心神不利。如《素问·举痛论》云：“惊则心无所依，神无所归，虑无所定，故气乱矣”，故曰“惊则气乱”。心神不宁亦易惊，故《小儿药证直诀》中明确指出：“惊为心病”。

（4）在液为汗：心与汗有密切关系。由于心主宰人体的精神情志活动，因此将精神情志因素引起的汗液归于心。因心主血脉，血与汗都和津液有关，汗之有无可以影响到血液，故称“汗为心之液”。

案例 2-2 分析讨论

1. 本案例属于心的病变。

2. “藏”是指隐藏于体内的脏腑，“象”是指表现在体外的现象。中医学中，一个脏腑的生理功能可能包含着现代解剖生理学中几个脏器的生理功能；而现代解剖生理学中一个脏器的生理功能，亦可能分散在中医学说的几个脏腑的生理功能之中。

3. 五脏的主要生理功能是化生和贮藏精气；六腑的主要生理功能是受盛和传化水谷。

附：【心包络】

心包络，简称心包，又称为膻中，是包在心脏外面的包膜，具有保护心脏的作用。在经络学说中，手厥阴心包经和手少阳三焦经相为表里，故心包络也被称为脏。在藏象学说中，心包络乃心之外围，有保护心脏的作用，故外邪侵袭心脏时，首先使包络受病。

（二）肺

肺（lung）居胸中，左右各一。肺为阳中之阴，五行属金，与大肠相表里。肺为气之本。在脏腑中肺位置最高，故为“华盖”。肺系通过鼻与外界相通，易受邪气侵袭，不耐寒热，被称为“娇脏”。

1. 主要生理功能 肺气的运动主要表现为宣发、肃降两种形式。宣发是肺气向上、向外的运动，肃降是肺气向下、向内的运动。肺的各种生理功能，无不是通过肺的宣发，肃降实现的。通过肺的宣发，排除体中的浊气；将津液输布全身，外达皮毛；宣散卫气；并将代谢后的津液化为汗液排出体外；将会聚于肺的血液重新输送到全身。通过肺的肃降，吸入自然界的清气；将津液向下布散，代谢后成为尿液；并使全身的血液会聚于肺。在生理情况下，肺的宣发和肃降相互配合，在病理情况下相互影响。

肺的生理特性是清肃，即肺有肃清其本身和呼吸道内异物，以保持肺和呼吸道洁净通畅的特性。肺的清肃特性是保证肺气正常宣降的重要条件。

（1）主气、司呼吸：肺为五脏中与气关系最密切的脏。肺吸入的清气是人体之气的来源之一，肺的呼吸运动对全身气机运动起重要的调节作用。肺司呼吸，肺是体内外气体交换的场所，人体通过肺的宣发、肃降运动实现机体与外界环境之间的气体交换，宣发则呼出浊气，肃降则吸入清气，宣降正常则呼吸调匀。肺主气和肺司呼吸密不可分。

（2）通调水道：肺具有疏通调节水液运行的通道（三焦），从而推动水液的输布和排泄的作用。肺通过宣发运动，水液向上、向外布散全身并外达皮毛，代谢后以汗的形式由汗孔排出。通过肃降运动，水液向下、向内输布，代谢后经肾的气化以尿的形式贮存在膀胱，而后由前阴排出。由于肺的位置最高，又在水液代谢中发挥重要作用，故称“肺为水之上源”。若肺失宣散，水液不能外达皮毛腠理，则出现无汗或水肿等症。若肺失肃降，水液不能下输膀胱，则出现小便不利、水肿等症。

（3）宣散卫气：是指肺通过其宣发运动，将卫气宣散全身，以发挥卫气护卫肌表、温养全身、调节汗孔的作用。若肺气不宣，卫气不能外达，则出现恶寒、无汗等症。若肺气虚弱，无力宣发卫气，则出现怕冷、出汗、容易感冒等卫气不足的情况。

（4）朝百脉，主治节：朝百脉是全身的血液都通过百脉会聚于肺，经肺的呼吸进行吐故纳新，将富有清气的血液通过百脉输送到全身。肺朝百脉是肺气宣发肃降运动的具体体现，也证明肺有助心行血的功能。血液运行以心气推动为基本动力，但亦有赖于肺气的宣发和肃降运动。若肺气壅塞，可导致心的血脉运动不畅，甚至血脉瘀滞，出现心悸胸闷、唇舌青紫等症。在治疗上，治疗心血瘀滞，除用活血化瘀药物外，还要用行气、益气的药物，以提高疗效。

主治节是指肺对全身起着治理调节的作用。肺主气而调节全身气机，肺司呼吸而调节呼吸运动，肺朝百脉而助心行血和调节血的运行，肺宣降而调节津液的代谢。因此主治节是对肺主要生理功能的高度概括。

2. 肺与体、窍、志、液的关系

（1）在体合皮，其华在毛：在体合皮，是指全身的皮肤都归属于肺；其华在毛，是指肺具有润泽皮毛的作用，肺的生理功能是否正常可以反映在毛发上。皮毛为一身之表，有防御外邪、调节津液代谢、调节体温和辅助呼吸的作用。肺的生理功能正常则皮肤、毛发光泽，抵御外邪能力较强。

（2）开窍于鼻：鼻与肺直接相通，是气出入肺的通道，鼻的通气和嗅觉都必须依赖于肺气的功能。所以肺气宣畅则呼吸平和、嗅觉灵敏。若肺失宣肃则鼻塞、呼吸不利、嗅觉失灵。此外，肺部疾病也常因外邪经鼻入侵所致。

（3）在志为悲（忧）：肺与悲或忧的情志有密切关系。悲与忧均是机体对不良刺激的情绪反应，两者都可以影响肺的宣发和肃降运动，进而损伤肺气。如悲忧过度则出现呼吸气短等肺气不足的现象，故中医认为“悲忧伤肺”。反之，当肺气虚弱时，机体对外来不良刺激的耐受性下降，容易产生悲忧的情志变化。悲和忧两者虽然不同，但同属肺的情绪变化。

（4）在液为涕：鼻为肺之窍，涕为鼻的分泌液，有润泽鼻窍的作用，肺的生理功能正常与否能从涕的变化中反映出来。若肺寒则鼻流清涕；若肺热则鼻流黄浊涕；若肺燥则鼻干燥。

（三）脾

脾（spleen）位于中焦，在膈之下。脾为阴中之至阴，五行属土，与胃相表里。脾为气血生化之源，为后天之本。脾与胃为“仓廪之官”。

1. 主要生理功能

（1）主运化：运，即转运输送；化，即消化吸收。脾具有把水谷化为精微，并将精微物质吸收异输布至全身的生理功能。脾的运化功能包括运化水谷和运化水液两个方面。

运化水谷是指脾对饮食物的消化，以及对精微物质的吸收和输布作用。①脾帮助胃肠将饮食物消化分解成精微和糟粕两部分；②脾帮助胃肠道吸收水谷精微；③把吸收的水谷精微运送到全身。正因为脾具有消化饮食，化生、吸收和转输水谷精微的生理功能，而水谷精微又是人自出生以后维持生命活动所需营养物质的主要来源，也是生成气血的主要物质基础，所以说脾为后天之本，气血生化之源。若脾运化水谷的功能正常，才能为化生精、气、血、津液提供足够的养料，则脏腑、经络、四肢百骸、筋肉皮毛等组织都能得到充分的营养，而进行正常的生理功能。若脾运化水谷的功能减退，则饮食不能很好地消化，水谷精微不能很好地吸收和输布，就会出现腹胀、便溏或完谷不化、食欲不振、倦怠、消瘦等症状。

运化水液是指脾有吸收、输布水液，防止水液在体内停滞的生理功能。人体摄入的水液须经过脾的吸收和输送，以布散全身而发挥滋润、濡养作用。脾能将人体多余的水液及时输送给肺和肾而化为汗液和尿液排出体外。脾运化水液功能正常，既能使全身各部分得到水液充分的滋养，又能防止水液在体内发生不正常的停留。若脾运化水液功能减退，必然导致水液不能布散而在体内停滞，产生水、湿、痰、饮及水肿等病理变化。

（2）主升清：升，即上升之意。脾气的运动特点，以上升为主，故曰：“脾气主升”。清，是指水谷精微。脾主升清包括两方面的含义，即向上输送水谷精微和维持脏器位置的恒定。脾气上升将水谷精微向上输送至心、肺、头、目，并通过心、肺化为气血而营养全身。若升清不足，则头目失养，出现头晕目眩、神疲乏力、腹胀泄泻等症。脾气上升可维持内脏位置的相对恒定。若升举无力，中气下陷，则出现内脏下垂、久泄脱肛等症。

（3）主统血：统，即统摄、控制之意。脾有统摄血液在脉内运行且不使其逸出脉外的生理功能。脾主统血实际上是气的固摄作用，脾的运化水谷功能健旺则气血旺盛，气的固摄力强，血液不会逸出脉外。脾的运化水谷功能减弱则气血不足，气的固摄力弱，就会导致出血。由于脾统血，所以临床上多将气虚不能摄血的便血、尿血、崩漏等下部出血，以及肌衄等出血称为脾不统血。脾不统血多以肌衄及下部的出血为主。

2. 脾与体、窍、志、液的关系

（1）在体合肉，主四肢：在体合肉是指脾与四肢和全身肌肉关系密切。脾的升清和散精作用将水谷精微输送到人体的四肢，以维持四肢的正常活动。同时全身的肌肉也要依靠脾运化和输送的水谷精微来营养，肌肉才能发达、健壮有力。脾气健运则四肢和肌肉营养充足，表现为四肢活动灵活敏捷，全身肌肉强壮有力。若脾失健运则四肢和肌肉营养不足，表现为四肢倦怠，全身肌肉痿软无力。

（2）开窍于口，其华在唇：饮食口味及食欲与脾的运化功能有密切关系，如脾健运则食欲旺盛。若脾失健运则口淡无味、不思饮食，或出现口甜、口腻等异常感觉。其华在唇，是指口唇的色泽是否红润，不但是全身气血状态的反映，也是脾生理功能状态的反映。

（3）在志为思：脾脏与思的情志有密切关系。思虑太过往往会影响脾的运化和升清功能，从而出现不思饮食、脘腹胀满、头痛眩晕等症。

（4）在液为涎：脾开窍于口，与口中涎液有密切关系。涎有助于食物吞咽和消化。脾的运化功能正常则津液上注于口而为涎，但涎不溢出口外。若脾的功能异常，导致脾胃不和则涎液分泌增加，出现口涎自出等现象。

（四）肝

肝（liver）位于胁下。肝为阴中之阳，五行属本，与胆相表里。肝为罢极之本，魂之处，血之藏，筋之宗。肝又称为“将军之官”。

1. 主要生理功能

（1）主疏泄：疏，即疏通；泄，即发散。所谓肝主疏泄，是指肝具有保持全身气机疏通畅达、通而不滞、散而不郁的作用。肝主疏泄的功能，反映了肝脏主升、主动、主散的生理特点，是调畅全身气机、推动血液和津液运行的一个重要环节。肝的疏泄功能对人体的影响，主要表现在以下5个方面。

1）对气机的影响：肝主疏泄可以调畅气机，使气机疏通、畅达、升发。血液的运行、津液的输布、脏腑的功能活动及经络的通利，都依赖于气机的畅达。如果肝失疏泄导致气机郁滞不畅，出现胸胁、少腹胀痛不适，称为肝气郁结，进而还可形成瘀血、瘤积、臌胀等状况。

2）对脾胃运化功能的影响：脾胃对饮食物的消化及将水谷精微吸收转输，将糟粕排出体外的功能，是以脾的升清和胃的降浊，即脾胃的气机升降来概括的。脾胃气机疏通畅达，脾升胃降之间协调，才能使饮食物的消化运动正常进行，而脾胃的升降是全身气机的一个组成部分。肝的疏泄功能正常，全身气机疏通畅达，有助于脾升胃降和两者之间的协调。可见，肝的疏泄功能是脾胃气机疏通畅达，脾升胃降的一个重要条件。肝疏泄功能异常，若影响脾的升清则见腹痛、飧泄，称肝脾不和；若影响胃的和降则见嗳气、呃逆、呕吐、恶心、脘腹胀痛，称肝胃不和。

3）对情志的影响：情志活动主要是心神的生理功能，但亦与肝的疏泄功能密切相关。这是因为正常的情志活动，主要依赖于气血的正常运行；情志异常对机体生理活动的主要影响，也在于干扰正常的气血运行。故肝主疏泄功能之所以能影响人的情志活动，实际上是由肝主疏泄，调畅气机，促进血液运行的生理功能所派生的。肝主疏泄可以调节情志，肝的疏泄功能正常则气机调畅、气血和调，心情开朗舒畅。若肝失疏泄，气机郁滞不畅，情志郁闷、压抑称“因病致郁”。情志活动异常，导致气机失调，也能影响肝的疏泄功能。在人的情志中，对肝主疏泄影响最大的是怒，正所谓“怒伤肝”。郁闷或郁怒，情志不得发泄，可导致气郁、气滞使肝气郁结，进而影响脾胃升降，导致肝脾不和或肝胃不和，可称为“因郁致病”。

4）对胆的影响：胆位于肝之短叶之间，与肝相连。胆囊内贮胆汁，胆汁注于肠中，有助于小肠化物的作用。胆汁来源于肝，为肝之余气所化，而胆汁泄注于小肠，又有赖于气机的调畅。所以胆的活动，以及胆汁的分泌与排泄，实际上取决于肝主疏泄的功能。肝主疏泄可以调节胆汁分泌和排泄，胆汁的排泄有赖于肝的疏泄功能，也有赖于气机的调畅。肝的疏泄功能正常则胆汁分泌排泄正常，否则，胆汁的分泌、排泄则不畅，常出现口苦、胁痛、食欲缺乏、黄疸等症。

5）对男子排精、女子月经的影响：男子的排精、女子的月经和肝的疏泄功能也有密切的关系。肝主疏泄可以调节男性排精、女子行经，肝的疏泄与肾的封藏相互合作协调，可使男子排精和女性月经正常。若肝失疏泄则出现排精不畅或经行不畅等症。

综合肝主疏泄的功能表现，其中对全身气机的影响是最根本的，其他作用都是在此基础上而派生的。

（2）藏血：肝有贮藏血液、调节血量和防止出血的生理功能。肝可以将一定量的血贮存于肝内，以供机体各部分活动需要，同时营养肝脏自身，使肝体柔和。肝对人体各部分的血量分配起调节作用，运动状态下则血运于诸经络，安静状态下则血归于肝脏。肝调节血量的功能，是以贮藏血液为前提的。如果肝贮藏血液不足，必然会影响其调节血量的功能。肝有使血液收藏于脉内而使血液不逸出脉外的作用，以防止出血。如肝气虚弱，收藏无力或者肝火旺盛，灼伤脉络，迫血妄行，都可使肝藏血的功能失职，从而导致各种出血，如吐血、衄血、咯血、月经过多、崩漏等，临床称为“肝不藏血”。

2. 肝与体、窍、志、液的关系

（1）在体合筋，其华在爪：在体合筋是指肝脏与全身的筋有密切关系。其华在爪，是指爪甲的情况可以反映肝的生理功能。筋附于骨而聚于关节，筋和肌肉的收缩和张弛关系到人的运动，而筋又有赖于肝血的滋养。肝血充足，筋有所养，则肢体运动灵活有力。若肝血不足则筋失所养，肢体运动不利，甚则手足震颤，肢体麻木。由于肝血亏虚而筋骨活动无力，容易疲劳，故称“肝者罢极之本”。爪即爪甲，包括指甲和趾甲，肝血的盛衰可影响爪甲的荣枯，肝血充足则爪甲红润光亮，否则，爪甲色枯软薄且易折裂。故有“爪为筋之余”之说，认为爪是筋的延续，需要依赖肝血的滋养。

（2）开窍于目：肝的经脉上连目系，肝与目的关系密切。肝的功能是否正常，可以从目反映出来，而目又有赖于肝血的濡养。如肝的阴血不足则两目干涩、视物不清或者夜盲；肝火上炎则目赤肿痛，甚至生翳；肝阳上亢则目眩头晕；肝风内动则目斜上视；肝经风热则目赤痒痛，等等。

（3）在志为怒：怒是机体对不良刺激的一种反应，是情绪激动的一种情志变化，肝与怒的情绪变化关系十分密切。如肝火上炎、肝阳亢盛者往往急躁易怒。大怒导致肝气上逆，甚则气血溢于头部而突然昏厥，故怒伤肝。

（4）在液为泪：肝开窍于目，泪从目出，肝与泪有密切的关系。在正常情况下，泪液滋养眼睛而不外溢。但在病理情况下，肝的病变可以从泪的分泌情况表现出来。如肝的阴血不足则两目干涩；肝经有风热时则目眵增多、迎风流泪等。

（五）肾

肾（kidney）位于腰部，在脊柱两侧，左右各一。肾为阴中之阴，五行中属水，与膀胱相表里。肾为封藏之本，先天之本，精之处。肾又被称为“作强之官”“水脏”等。

1. 主要生理功能

（1）藏精：肾对精气有封藏的生理功能，不使精气无故流失，为精气在体内发挥其生理功能创造良好的条件。精是构成人体和推动人体生命活动的基本物质，有广义和狭义之分。广义的精，泛指一切精微物质。狭义的精，是指肾中所藏之精。肾中所藏之精，一是来源于父母的生殖之精称“先天之精”；二是来源于饮食物的水谷之精称“后天之精”。两者相互交融，合为一体，藏于肾中，统称肾精。肾精与肾气是同一物质的两种状态。一般认为，肾精是有形的，肾气是无形的。肾气聚则为肾精，而肾精散则为肾气，肾精和肾气相互转化，相辅相成，可分而不离，合称为肾中精气。肾藏精的功能，依赖于肾气的闭藏（亦称“封藏”）作用和激发作用的协调。其中，最主要是依赖于肾气的闭藏作用。肾气的封藏作用使精藏于肾中而不会妄泄，以保证肾精能充分发挥其各种生理效应。肾中精气在人体内的生理作用主要有两个方面。

1）促进机体的生长发育和生殖：人体的生长发育包括先天和后天两个阶段。从父母生殖之精形成胚胎到出生以前，人在母体内的生长发育依靠先天之精的作用和母体提供营养从而形成完整的个体。人出生后，由于先天之精得到后天之精的不断充养，肾中精气发展到一定阶段，人体就产生出一种被称为“天癸”的物质，“天癸”的产生标志着性机能的成熟，具备了生殖能力。在机体生长壮老已的自然规律中，与肾中精气及其天癸盛衰密切相关，并以齿、骨、发的生长状况，作为观察精气盛衰和判断机体所处阶段的标志。

2）调节机体的代谢和生理活动：这一调节作用是通过肾阴和肾阳来实现的，肾阴和肾阳是肾中精气所含的两种相反相成的功能。肾阳主要有促进机体温煦、运动、兴奋和化气的功能，肾阴主要有促进机体滋润、宁静、制约阳热和成形的功能。古代医家称肾阳为“真阳”“元阳”，称肾阴为“真阴”“元阴”，并认为全身脏腑经络及组织器官的阳和阴都根于肾阳和肾阴。肾阳促进全身之阳，肾阴加强全身之阴。肾阴肾阳的平衡对人体阴阳平衡起着非常重要的调节作用。肾阴肾阳的作用相反，相互制约，对人体的代谢和功能起着调节作用。正常情况下，肾阴肾阳是相互平衡的，以维持人体的正常生理理活动。若任何一方偏盛或偏衰，都会导致阴阳不平衡而引起疾病。

由于肾阴和肾阳是五脏阴阳的根本，所以肾阴和肾阳的盛衰，会导致五脏阴阳的盛衰；相反，任何脏腑阴阳的虚衰；日久都会引起肾或肾阳的不足，临床上称之为“久病及肾”，无论人体任何部位的阴虚或阳虚，日久皆会导致肾阴或肾阳的不足。

（2）主水：肾有主持和调节人体津液代谢的生理功能。津液的代谢包括津液的生成、输布和排泄过程，有肺、脾、肾、肝、胃、小肠、大肠、膀胱、三焦等脏腑的参与，也有皮肤、鼻、前后阴等体窍的参与，肾阴和肾阳对参与整个津液代谢过程中的各个器官都有调节作用。肾脏本身就是津液代谢所必须经过的一个重要环节。肾阳主开，肾阴主合，肾的阴阳协调平衡则开合有度，水液排出才正常。若肾的阴阳失去平衡则开合失调，水液排出异常。肾阳对水液具有蒸腾气化作用，当水液通过肾脏时，肾阳会将水液中大部分蒸腾气化，重新回到全身，而将小部分代谢后的废液化为尿液，向下注入膀胱排出体外。肾的蒸腾气化对水液具有升清降浊的作用。若肾阳虚弱，无力气化，可出现尿少、尿闭、水肿等症；若肾阳虚弱，不能固摄，亦可出现小便清长、夜尿增多等症。

（3）主纳气：肾摄纳肺所吸入的清气，有助于肺保持吸气深度，防止呼吸浅表的生理功能。肾主纳气的功能是肾主封藏功能在呼吸运动中的具体表现，其物质基础乃是肾中之精气。肾中精气充沛，则封藏摄纳有力，肺的吸气才能维持深度。如肾中精气不足，则封藏摄纳无力，肺的吸气表浅，或呼多吸少，动则气喘，临床称肾不纳气。

2. 肾与体、窍、志、液的关系

（1）主骨生髓，其华在发：主骨生髓是指肾脏与骨、髓有密切关系；其华在发是指发的生长有赖于精和血的滋养。由于肾藏精，肝藏血，精血相互转化，故又有“发为血之余”之说。髓是肾中精气所化生，肾中精气的盛衰会影响骨髓、脊髓和脑髓的充盈和发育，进而影响智力发育。骨的生长发育有赖于骨髓的充盈并对其提供营养。如肾中精气充盈则能充养骨髓，骨骼生长发育正常。否则，骨髓空虚，骨骼生长发育受到影响，可见小儿囟门迟闭，骨软无力，以及骨质疏松、脆弱易折。若肾精不足，腰膝酸软，牙齿松落故有“齿为骨之余”之说。

（2）开窍于耳和二阴：肾与耳、二阴有密切的关系。耳的听觉灵敏与否有赖于脑髓的充养，而脑髓则为肾中精气所化。如肾中精气充盈则脑髓充盈，耳得所养则听觉灵敏。若肾中精气虚衰则脑髓虚衰，耳失所养则听力减退，或见耳鸣、甚则耳聋等。二阴指前阴和后阴，其功能的实现依赖肾的气化，因此肾开窍于二阴，如尿频、遗尿、尿闭等与肾气化功能失常有关。肾阴不足时则肠液枯涸而便秘，肾阳虚损则气化无权而阳虚便秘或阳虚泄泻，肾的封藏失司则可见久泄、滑脱等。

（3）在志为恐：恐是一种恐惧和害怕的情志活动，是机体对不良刺激的一种反应，肾与恐的情绪变化有密切的关系。肾藏精而居下焦，恐则气下，气迫于下而下焦胀满，甚至遗尿，因此认为恐伤肾。

（4）在液为唾：肾与唾液有密切的关系。唾为肾精所化之液，循肾经而上行于舌。肾阴不足、肾精亏虚则多有咽干、口燥、唾液分泌不足的表现。若平时多唾或久唾，则易耗伤肾中精气。所以唐代孙思邈认为常以舌抵上腭，待津唾渗出至满后再咽下，可以养肾精。

二、六　　腑

六腑（six Fu-organs）是胆、胃、小肠、大肠、膀胱、三焦的合称。《素问·五藏别论》云："六腑者，传化物而不藏，故实而不能满也。"六腑多为囊状管腔性器官，共同的生理功能特点是受盛和传化水谷，"泄而不藏，实而不满"。

（一）胆

胆附于肝，肝与胆有经脉相络属。胆居六腑之首，又为"奇恒之腑"。胆的主要生理功能有贮存与排泄胆汁，主决断。

1. 贮存和排泄胆汁　《灵枢·本输》曰："胆者，中精之府"，内藏胆汁。胆汁味苦，色黄绿，由肝之余气所化生，汇集于胆，泄于小肠，参与饮食物的消化，是脾胃运化功能得以正常进行的重要条件。胆的排泄功能是依靠肝的疏泄功能来调节的。如肝的疏泄正常则胆汁排泄通畅，脾胃就能健运。若肝的疏泄失常则胆汁排泄不利，脾胃运化无力，可出现胁下胀痛、食欲减退、腹胀泄泻等症。如胆汁随肝气上逆则可见口苦、呕吐黄绿色苦水等症。如胆汁随肝气横逆则可外溢于肌肤，出现黄疸。

2. 主决断　胆与人的勇怯及决断能力相关。如胆气虚则惊悸、虚怯、善太息、数谋虑而不能决断等。

总之，胆的主要生理功能是贮存和排泄胆汁。胆汁直接有助于饮食物的消化，故为六腑之一；又因胆本身无传化饮食物的生理功能，且藏胆汁，与胃、肠等腑有别，故又属奇恒之府。

（二）胃

胃位于腹腔上部，上接食管，下通小肠，又称胃脘。胃分上、中、下三部分，分别称上脘、中脘、下脘。胃和脾被称为"仓廪之官""后天之本"。胃又被称为"太仓""水谷之海""水谷气血之海""五脏之本"等。胃的主要生理功能有主受纳，腐熟水谷；主通降，以降为和。

1. 主受纳、腐熟水谷　受纳，是接受、容纳的意思。腐熟，是饮食物经过胃的初步消化，形成食糜的意思。胃接受、容纳饮食物，并对饮食物进行初步消化形成食糜。食糜经胃下传于小肠，其精微物质由脾的运化而营养全身。故称胃为"太仓""水谷之海"。机体气血津液的化生，都需要依靠饮食物的营养，故又称胃为"水谷气血之海"。胃的受纳和腐熟功能必须与脾的运化功能相互配合，才能使饮食物化为水谷精微，化生气血而供养全身。中医所说的胃气，实际上包括脾与胃的功能。胃气之盛衰有无，直接关系到人体的生命活动及其生死存亡。临床上诊治疾病，亦十分重视胃气，常把"保胃气"作为重要的治疗原则。

2. 主通降，以降为和　饮食物经胃腐熟形成食糜以后，还必须由胃下行入小肠进一步消化吸收。胃的通降和胃的受纳关系十分密切，胃不受纳则无以通降，胃不通降则不能受纳。如胃失和降则不仅影响食欲，而且可因浊气上泛而出现口臭、脘腹胀满、腹痛、便秘等症。如胃气上逆还可出现嗳气、呃逆、恶心、呕吐等症。胃以降为和，胃必须通降才能与脾的升清保持协调平衡，才能保证消化系统生理功能活动的正常进行。此外，胃的通降还影响小肠将食物残渣下输于大肠，以及大肠传化糟粕的生理功能。

（三）小肠

小肠位于腹中，上口与胃相接，下口与大肠相连。小肠被称为“受盛之官”。小肠主要的生理功能有受盛化物，主泌别清浊。

1. 主受盛化物 小肠主受盛，即接受，以器盛物的意思。说明小肠是接受经胃初步消化之饮食物的盛器。化物，具有彻底消化、化生精微的意思。主化物，即指经胃初步消化的饮食物，在小肠内必须有相当时间的停留，以利于进一步彻底消化，将水谷分化为精微与糟粕两部分。如小肠受盛和化物的功能失常，则可见腹胀、肠鸣、腹痛或者泄泻等症。

2. 主泌别清浊 泌，即分泌；别，即分别。清，指水谷之精微；浊，指食物之糟粕。所谓泌别清浊，即小肠将消化后的水谷精微与食物残渣分开，并将水谷精微吸收，由脾转输于全身，将食物残渣下输大肠，同时吸收大量的水液，“小肠主液”就是指这一作用。小肠泌别清浊的机能正常，则水液和糟粕各走其道而二便正常。如果小肠泌别清浊的机能失常，清浊不分，水液归于糟粕，就会导致水谷混杂而下，水液在粪便内大量排出，出现便溏泄泻、小便短少等症状。对于这种病症，临床上常采用利小便的方法来治疗，并将此治法称为“利小便所以实大便”，又称为“利前阴而实后阴”。小肠泌别清浊的生理功能实际上是脾升胃降功能的衍生和具体体现。

小肠受盛化物和泌别清浊的功能，在水谷化为精微的过程中起十分重要的作用。实际上即是脾胃升清降浊功能的延伸和具体体现，因此，小肠功能失调，既可引起浊气在上的腹胀、腹痛、呕吐、便秘等症，又可引起清气在下的便溏、泄泻等症。

（四）大肠

大肠居于腹中，上口与小肠相接，下口紧接肛门。大肠主要的生理功能是传化糟粕、主津。大肠被称为“传道之官”。

1. 传化糟粕 大肠接受小肠下传的食物残渣，再吸收其中的水分，形成粪便后传送至大肠末端，由肛门排出体外，故大肠又称为“传道之官”。大肠传导功能与胃的和降、肺气肃降、肾的气化有密切关系。如胃失和降、肺失肃降、肾的气化不利都能影响大肠传化糟粕的功能。大肠传化糟粕的功能失常则出现排便异常。

2. 大肠主津 大肠可以吸收水液。如大肠吸收水液功能异常，则会出现泄泻、便溏或便秘等症。如大肠津亏则见大便秘结等症，如大肠湿热则见里急后重、下利脓血等症。

（五）膀胱

膀胱位于小腹中央，被称为“州都之官”等。膀胱的主要生理功能是贮尿和排尿。实现膀胱贮尿功能必须依赖肾气的固摄功能，如肾气不固则膀胱不约，可见遗尿，甚则小便失禁。膀胱的排尿功能依赖于肾和膀胱的气化作用，如气化失司则排尿不畅，甚至出现癃闭现象。

（六）三焦

三焦（Triple energizer）是上焦、中焦、下焦的总称，为六腑之一。三焦的概念有两个，一是指六腑之一，即脏腑之间和脏腑内部的间隙互相沟通所形成的通道。在这个通道中运行着元气和津液，所以气的升降出入、津液的输布与排泄，都有赖于三焦的通畅。二是单纯的部位概念，即膈以上为上焦，膈至脐为中焦，脐以下为下焦。三焦又被称为“决渎之官”“孤腑”等。

三焦主要的生理功能有通行元气，运行水液。三焦通行元气指三焦作为元气的通道使根于肾的元气充沛全身，以推动、激发各脏腑组织器官的功能活动。《难经》称三焦为“元气之别使”，三焦通利则元气畅通，全身气的升降出人运行正常。

三焦运行水液指全身水液的输布代谢虽然是在许多脏腑共同作用下完成的，但必须以三焦为通道。如三焦水道不通，则肺、脾、肾等脏腑调节水液的功能难以实现。“三焦气化”就是指三焦对水液代谢具有协调平衡的作用。三焦运行水液的功能和通行元气的功能是相互关联的，气行则水行，气停则水阻。反之，水聚则气滞，水行则气行。

三焦有部位划分的概念。上焦指横膈以上，功能特点是宣发、布散，即心肺输布水谷精微和气血的功能，称“上焦如雾”；中焦指横膈以下至脐上，功能特点是“泌糟粕，蒸津液”，即脾升胃降的运化功能，称“中焦如沤”；下焦指脐以下部位，功能特点是排泄糟粕和尿液，即膀胱、大肠等排尿和传导的功能，称“下焦如渎”。

三、奇恒之腑

奇恒之腑指脑、髓、骨、脉、胆与女子胞（习惯上指女子胞，但男女皆有“胞”。“胞”在男子是指精室，又称精宫）。奇恒之腑在形态上中空与六腑相似，在功能上主藏而与五脏相似。因其似腑非腑，似脏非脏，故被称为奇恒之腑。这里仅介绍脑、髓与女子胞。

（一）脑

脑，位居于颅腔之内，由髓汇集而成，被称为髓海。它与全身骨髓有密切的联系。脑的主要生理功能有主精神活动，主感觉运动，主生命活动。脑被称为“元神之府”“精明之府”。

1. 主精神活动　脑为精髓汇聚之处，脑是精神的发源所在，李时珍在《本草纲目》中云：“脑为元神之府”。

2. 主感觉运动　脑与听觉、视觉、嗅觉及思维、记忆、言语等功能的关系，早在《灵枢·海论》中就指出“髓海不足”则可出现“脑转耳鸣”“目无所见”等症。清代汪昂在《本草备要》中有“人之记忆，皆在脑中”的认识。清代王清任在《医林改错》中对脑与思维、记忆和视觉、听觉、嗅觉、言语的功能等做了较为详细的记载。

3. 主生命活动　脑是一个与生命攸关的重要器官。《素问·刺禁论》曰：“刺头，中脑户，人脑立死”。

（二）髓

髓存在于骨骼内、脊柱内、脑内，故有骨髓、脊髓、脑髓之分，三者同为肾中精气所化生。髓充盈着骨骼、脊柱和脑，发挥着各自的功能。髓的主要生理功能有充养骨骼、濡养脑髓、化生血液。

1. 充养骨骼　髓居于骨骼之中，不断滋养着骨骼。由于髓是肾中精气所化生，髓充养骨骼实际上是肾中精气的功能。

2. 濡养脑髓　髓上通于脑，“脑为髓之海”，髓在滋养骨骼的同时，不断向上濡养脑，使脑发挥正常的功能。髓濡养脑髓的功能是肾中精气功能的具体体现。

3. 化生血液　肾藏精，精可以化为髓，精充则髓满，肾精可以转化为血液，故髓是血液化生之源。

（三）女子胞

女子胞，位于小腹部，在膀胱之后，直肠之前，呈倒梨形，又被称为“胞宫”“子宫”。女子胞主要的生理功能有主月经和孕育胎儿。

女子胞的生理功能是一个复杂的过程，主要与天癸、冲任二脉、心肝脾三脏等有密切的关系。天癸是肾中精气发展到一定阶段的产物，是促进生殖器官发育和维持生殖机能的物质。天癸的至与竭直接取决于肾中精气的盛衰。因此，肾中精气充盈是维持正常月经和孕育胎儿的基本条件。冲脉和任脉同起于胞中，冲为“血海”，任主胞胎，其盛衰受天癸的调节，而天癸又受肾中精气的调节。因此，只有冲任二脉气血充足并且脉道通畅，月经才能正常，女子胞才有养育胎儿的作用。心、肝、脾三脏对全身血液的产生和运行具有调节作用，心主血脉，肝主藏血，脾主运化而生血且又主统血。“女子以血为本”，月经的来潮和胎儿的孕育，都离不开血的运行和濡养。

四、脏腑之间的关系

人体是一个统一的有机整体，它是由脏腑、经络、形体和官窍所构成的。各脏腑、组织、器官的功能活动不是孤立的，而是整体活动的一个组成部分，它们不仅在生理功能上存在着相互制约、相互依存和相互为用的关系；而且脏腑之间是以经络为联系通道，在气血津液环周于全身情况下，使各脏腑组织形成了一个非常协调和统一的整体。脏腑之间在生理和病理上有着密切的联系。脏腑之间的关系主要有脏与脏的关系、腑与腑的关系、脏与腑的关系。

（一）脏与脏的关系

脏与脏的关系是指五脏之间的相互关系。以下仅说明五脏中两两之间的关系。

1. 心与肺 心与肺的关系主要表现为气和血的关系。气是血液运行的动力，血液是气运行的载体。肺主宣发肃降和“朝百脉”，能促进心行血的作用。心气的推动和肺气的辅助是血液正常循行的必备条件，正常血运又能维持肺主气功能的正常进行，积于胸中的宗气是连接心之搏动和肺之呼吸的中心环节。若心肺功能失调，人体就会出现心血瘀阻、胸闷、咳喘等气血运行失调的表现。

2. 心与脾 心与脾的关系主要表现在血液的生成和运行两个方面。心主血，脾统血，脾又为气血生化之源，故心与脾的关系至为密切。脾运化水谷而生成血液的初始物质，即水谷精微，并将其上输于心，在心气作用下才能化赤而为血。血液的运行既需要心气的推动，又需要脾气的约束。心脾功能正常，人体血液才充足，并正常行于脉中而不外溢。脾气健旺，脾的统血功能正常，则血行脉中，而不逸出于脉外。若心脾功能异常，常相互影响，如思虑过度，不仅暗耗心血，且可影响脾的运化功能；若脾气虚弱，运化失职，则气血生化无源，则可导致血虚而心无所主。若脾不统血而致血液妄行，也会造成心血不足。以上种种，均可出现失眠、健忘、心悸、纳呆、便溏等心脾两虚的病症。

3. 心与肝 心与肝的关系主要表现在血液及精神情志两个方面。心主行血，既需要肝藏血提供物质保障，又需要肝之疏泄协助推动；心行血正常，肝才有血可藏。心肝功能正常，人体血液运行才能正常。反之，则相互影响，如常见的心肝血虚证、心肝血瘀证等。人体的精神情志既由心所主，又受肝主疏泄的调节。两者关系正常，气血运行平和，则精神情志安和，反之，则易出现心烦失眠、急躁易怒或悲忧善虑、抑郁不快等表现。

4. 心与肾 心与肾的关系主要表现为“心肾相交”和“精神互用”两个方面。人与自然界相通应，自然界水火升降规律是在上者宜降，在下者宜升，升已而降，降已而升。故人体心、肾之间也是心火下降温肾水，使肾水不寒；肾水上升制约心火，心肾平衡，则心火不亢，心肾这种正常协调的关系称为“心肾相交”或“水火既济”。如失其平衡，则“水火失济”，或称“心肾不交”，易出现失眠、男子遗精、女子梦交等症。精能生神，神能御精，所以心与肾之间还存在着精神互用的关系。

5. 肺与脾 肺与脾的关系主要表现在气的生成与水液代谢两个方面。肺司呼吸摄纳自然界清新的清气与脾运化饮食物化生水谷之气在胸中结合而成宗气。肺脾功能正常，人体宗气生成充足，进而促进血行、协助呼吸，故有“肺为主气之枢，脾为生气之源”之说。临床常见的肺脾气虚证，即是肺脾功能障碍影响了气的生成而致。脾主运化水液，将人体水液上输于肺，肺通过宣降而布散全身，可见肺脾在水液代谢上的相互关系和重要性。如关系失调，可见痰饮、水肿等病变，故有“脾为生痰之源，肺为贮痰之器”之说。

6. 肺与肝 肺与肝的关系主要体现在人体气机升降的调节方面。肝气以升为主，升于左，肺气以降为主，并由右肃降。肝升肺降，升降协调，对全身气机的调畅起着重要的调节作用。病理状态下，常可相互影响，如肝郁化火，或肝气上逆，肝火上炎，可耗伤肺阴，使肺失肃降，而出现咳嗽、胸痛、咯血等肝火犯肺证，即五行学说所说的“木火刑金”或“木旺侮金”。另一方面，肺热壅盛，也可耗损肝阴，致肝阳过亢，而出现头痛、易怒、胁肋胀痛等肺病及肝的表现。

7. 肺与肾　肺与肾的关系主要表现在水液代谢、呼吸运动及阴阳互滋三个方面。肺为水之上源，肾为主水之脏，肺的肃降和通调水道功能有赖于肾的蒸腾气化。反之，肾之主水亦有赖于肺的宣发肃降和通调水道功能。肺肾协调，全身水液代谢正常。如肺肾功能失调，常出现咳逆、水肿等病变。在呼吸方面，肺肾相互为用，人体呼吸才有深度，呼吸正常，故有"肺为气之主，肾为气之根"之说。肺之阴阳与肾之阴阳相互资助、相互为用，病理上亦相互影响。

8. 肝与脾　肝与脾的关系主要表现在饮食物的消化和血液调控两个方面。肝主疏泄，调畅气机，协调脾胃升降，并能化生和排泄胆汁，从而促进脾胃对饮食物的消化。临床上常见的肝脾不调证，即是肝病影响脾对饮食物的消化。脾能将饮食物化为水谷精微，提供血液生成的初始物质，保障血液来源充足，使肝藏血和疏泄功能正常。脾统血、肝主疏泄，促进血液运行。肝脾协调，不仅血液化生充足，而且运行正常。

9. 肝与肾　肝与肾的关系主要表现在肝血肾精相互转化，肝主疏泄与肾主封藏的相反相成和肝肾阴阳息息相通等方面。肝血肾精之间可以相互资生，相互转化，故有"肝肾同源"、"精血同源"之说。如肾精亏损可致肝血不足、肝血不足可致肾精亏损等。肝主疏泄，肾主封藏，两者可以相互制约、相互协调，调节男子排精或女子月经来潮。若两者失去平衡和调节，则可出现排精和月经方面的种种病变。肝肾阴阳之间息息相通，若肾阴不足则不能滋养肝木，出现肝阳上亢的病理变化。肝阴不足则可累及肾阴，出现相火妄动的病理变化。肝火亢盛也会下劫肾阴，形成肾阴不足的病理变化。

10. 脾与肾　脾与肾的关系主要表现在先天与后天的关系。脾的运化功能有赖于肾阳的温煦，肾藏精有赖于脾运化的水谷精微的充养。如肾阳不足则脾阳亏虚，脾阳久虚则损及肾阳，出现腹部冷痛、下利清谷，或五更泻、水肿等症。

（二）脏与腑之间的关系

脏与腑之间的关系主要是指脏腑之间的阴阳表里的关系。由于脏为阴、腑为阳，脏为里、腑为表，由于经络的相互络属，脏腑之间形成了阴阳表里的密切联系。

1. 心与小肠　心与小肠通过经络相互络属构成表里关系，两者关系主要通过病理现象反映出来，如心火可以下移小肠，出现尿少、尿赤、尿痛等症。小肠有热也可上炎于心，出现心烦、舌赤、口舌生疮等症。

2. 肺与大肠　肺与大肠通过经络相互络属构成表里关系。肺的肃降有助于大肠的传导，大肠的传导又有助于肺的肃降。如大肠实热则腑气不通，影响肺的肃降，出现胸满咳喘等症。而肺失清肃则津液不能下行，出现大便秘结等症。

3. 脾与胃　脾与胃通过经络相互络属构成表里关系。在生理上，两者相互协调配合。脾主运化而胃主受纳，脾主升清而胃主降浊，脾喜燥恶湿而胃喜润恶燥。两者阴阳相合，纳运协调，升降平衡，燥湿相济，共同完成饮食物的传化过程，故合称为"后天之本"。在病理上，两者相互影响，如脾为湿困则运化失司，影响胃的受纳和降，出现恶心、呕吐、食少、腹胀等症；如胃失和降则食滞胃脘，影响脾的运化升清，出现泄泻、腹痛、头晕、目眩等症。

4. 肝与胆　胆附于肝，由经络互相络属构成表里关系。胆汁来源于肝之余气，胆贮存和排泄胆汁，依靠肝的疏泄。肝失疏泄则影响胆汁的分泌与排泄，胆汁排泄不畅则影响肝的疏泄。肝病常波及胆，胆病亦影响至肝。临床上常出现肝胆火旺、肝胆湿热等肝胆同病的情况。

5. 肾与膀胱　肾与膀胱通过经络相互络属构成表里关系。膀胱的贮尿和排尿功能有赖于肾的气化固摄，肾气充足则膀胱开合有度。若肾气不足则膀胱失约，出现尿频、尿失禁等症，也可导致膀胱气化不利，出现小便不畅、尿少，甚至癃闭等症。

（三）腑与腑的关系

腑与腑之间的关系是指六腑之间相互联系和相互配合的关系。腑与腑的关系主要体现在六腑对饮食物的消化、对水谷精微的吸收，以及对糟粕的排泄过程中。

饮食入胃，经胃的受纳、腐熟成为食糜，通过胃的通降把食糜下传小肠。经过小肠进一步消化和泌别清浊，水谷精微经脾转输全身发挥营养作用，无用的水液渗入膀胱，食物残渣下传大肠。进入大肠的食物残渣，经燥化后成为粪便，由大肠的传导作用排出。由小肠渗入膀胱的水液，经肾的气化而成尿液排出体外。胆排泄胆汁注入小肠以助消化，三焦则为水液运行的通道。因此，六腑在生理上是相互联系的。整个六腑的功能是以通为特点。

六腑之间在病理上相互影响，任何一腑功能失常，都会影响整个消化系统对饮食物的消化、吸收和排泄，出现各种病变。如大肠传导失司，腑气不通，影响胃的通降，则胃气上逆，或胃失和降。胃气上逆，影响大肠的传导，均可出现恶心、呕吐、腹胀、便秘等症。

第三节　气、血、津液

气、血、津液是构成人体和维持人体生命活动的基本物质，既是脏腑、经络、形体、官窍进行生理活动的物质基础，也同时是脏腑功能活动的产物。

一、气

（一）气的含义

气（Qi）是人体内活力极强的不断运动的极精微物质，是构成人体和维持人体生命活动的基本物质之一。气运行不息，推动和调控人体内的新陈代谢，从而维系生命的进程。如果气的运动停止，则意味着生命活动的终止。气的含义有二：一是指物质之气，即维持生命活动的精微物质；二是指功能之气，即人体脏腑组织机能活动的动力。

（二）气的运动

1. 气机的概念　气的运动称为气机（functional activities of Qi）。气作为构成和维持人体生命活动的极细微物质，在人体内不断运动，凭借极强的活力而运行全身，从而发挥其生理功能，推动和激发人体各种生理活动的正常变化。

2. 气运动的基本形式　人体之气的运动形式可概括为升、降、出、入四种基本形式。所谓升，是指气自下而上的运行；降，是指气自上而下的运行；出，是指气由内向外的运行；入，是指气自外向内的运行。《素问·六微旨大论》曰："非出入，则无以生长壮老已；非升降，则无以生长化生藏。是以升降出入，无器不有。"

人体内气机的升与降、出与入是既互相对立又互相统一的矛盾运动。从整个机体来看，气机的升与降，出与入之间必须协调平衡，只有这样，人体气机的运行才能正常，脏腑也才能发挥正常的生理功能。因此，气机升降出入的协调平衡是保证生命活动正常进行的重要前提。一方面，气必须有通畅无阻的运动；另一方面，气的升降出入诸多运动形式之间必须保持平衡协调。只有如此，气才能维持正常的"气机调畅"的状态。

3. 气运动的生理意义　气的升降出入运动是人体生命活动的根本，人体脏腑、经络、形体、官窍的生理活动必须依靠气的正常运行才能得以实现，即人整个生命活动都离不开气的升降出入运动，气机调畅是维系人体各种生理功能正常化的重要条件。例如，精、血、津液必须依赖气的运动才能在体内不断地运行以濡养全身；先天之精气、水谷之精气和从自然界吸入的清气也都必须经过气的升降出入才能输布全身发挥其生理功能。人与自然环境之间的联系也同样离不开气的运动，如清气的吸入、浊气的呼出、机体内水液的正常代谢都是气运动的集中体现。气的升降出入运动一旦停息，就意味着生命活动的终止。如《素问·六微旨大论》云："出入废则神机化灭，升降息则气立孤危。"

4. 气机失调　当气机失常即气的升、降、出、入之间失去协调平衡时称之为"气机失调"（Qi

disorder)。气机有诸多运行方式故而气机失调也有多种表现形式。如果气的升、降、出、入运行受阻时，称作“气机不畅”；若受阻较甚以至于局部气机阻滞不通时，称为“气滞”(Qi stagnation)；气的上升太过或下降不及时，称为“气逆”(reversed flow of Qi)；气的上升不及或下降太过时，称为“气陷”(Qi collapse)；气的外出太过而不能内守时，称为“气脱”(Qi exhaustion)；气不能外达而郁结闭塞于内时，称为“气郁”或“气结”(Qi stagnation)，甚至“气闭”(dysfunction of Qi activity)。

(三)气的功能

1. 推动作用　气的推动作用是指气的激发和推动功能。人体的生殖、生长、发育，以及脏腑、经络、组织器官的生理活动，还有血的生成、运行，津液的生成输布和排泄都有赖于气的激发和推动。

2. 温煦作用　气的温煦作用是指气的温煦、熏蒸作用。气是人体热量的来源，其温煦作用能维持人体正常体温，促进血和津液的运行及脏腑组织器官的生理机能。

3. 防御作用　气的防御作用体现在两个方面：一是能护卫全身的肌表，防御外邪的入侵。二是邪气入侵后发生了疾病，正气与之进行斗争，驱邪外出或战而胜之，防止邪气对机体的进一步损害，促进健康的恢复。

4. 固摄作用　气的固摄作用是指气对于体内血、津液、精等液态物质所发挥的固摄、保护和控制的作用，从而可以防止这些物质无故流失以保证它们在体内发挥正常的生理功能。

5. 营养作用　气的营养作用是指气为机体脏腑功能活动提供营养物质的作用。其具体体现在以下三个方面：其一，气血是维持全身脏腑经络机能的基本物质，而水谷精微是化生气血的物质基础。因此，水谷精气为全身提供生命活动所必需的营养物质。其二，气通过卫气以温养肌肉、筋骨、皮肤、腠理；通过营气化生血液，以营养五脏六腑、四肢百骸。其三，气通过经络之气起到输送营养，濡养脏腑经络的作用。故《灵枢·脉度》曰：“其流溢之气，内溉脏腑，外濡腠理”。

6. 气化作用　由于气的运动而产生的各种变化称为气化(Qi functional activity)。实质上，气化就是体内物质新陈代谢的过程，是物质转化和能量转化的过程。在中医学中，气化实际上是指由人体之气的运动而引起的精气血津液等物质与能量的新陈代谢过程，是生命最基本的特征之一。气的气化作用既能促进饮食物转化为水谷精微，然后再化生为气、血、津液；又能促使精、气、血、津液的相互转化，还能促进津液经过代谢转化成汗液和尿液，还可促进食物残渣转化为糟粕；气的生成与代谢，包括化为能量、热量及生血、化精、化神，并分化为脏腑之气和经气等皆属气化的具体体现。《素问·阴阳应象大论》曰：“味归形，形归气；气归精，精归化；精食气，形食味；化生精，气生形……精化为气”等，就是对气化过程的高度概括。

(四)人体之气的分类与分布

1. 元气(primordial Qi)　又名原气、真气、真元之气、生气，为生命本始之气。

(1)生成：元气根于肾，其组成以肾所藏的精气为主，依赖于肾中精气所化生，又赖后天水谷精气之培育。

(2)分布：元气发于肾间(命门)，通过三焦，沿经络系统和腠理间隙循行全身，内而五脏六腑，外而肌肤腠理，无处不到，以作用于机体各部分。

(3)主要功能：元气是构成人体和维持人体生命活动的最基本物质，有推动人体的生长和发育，温煦和激发脏腑、经络等组织器官生理功能的作用，为人体生命活动的原动力。

2. 宗气　宗气(pectoral Qi)在胸中积聚之处，称为“上气海”，又称为“膻中”。宗气为后天之气运动输布的本始。

(1)生成：宗气是由水谷精微和自然界的清气所生成。饮食物经过脾胃的受纳、腐熟化生为水谷精气，水谷精气赖脾之升清而转输于肺，与由肺从自然界吸入的清气相互结合而成。

(2)分布：宗气积聚于胸中，贯注于心肺之脉。其向上出于肺，循喉咙而走息道，经肺的作用而布散于胸中上气海。

（3）主要功能：一是走息道而司呼吸：宗气上走息道，推动肺的呼吸，所以凡是呼吸、语言、发声皆与宗气有关。二是贯心脉而行气血：宗气贯注于心脉之中，帮助心脏推动血液运行，所以凡气血的运行、心搏的力量及节律等皆与宗气有关。宗气充盛则脉搏和缓，节律一致而有力。反之，则脉来躁急，节律不规则，甚至微弱无力。《素问·平人气象论》曰："胃之大络，名曰虚里，贯膈络肺，出于左乳下，其动应衣，脉宗气也。"虚里穴发于左乳下，相当于心尖冲动的部位，可以依据此处搏动的强弱来测知宗气之盛衰：若其搏动正常，是宗气充盛之象；若其搏动躁急，引衣而动，是宗气大虚；若其搏动消失，是宗气亡绝之象。目前临床上则多以脉象测知宗气的盛衰。由于宗气助心行血，所以宗气不足则易产生血行瘀滞的病理变化。

3. 营气 是血脉中具有营养作用的气，故称为营气（Ying-Qi）。由于营气行于脉中，而又能化生血液，故常"营血"并称。营气与卫气相对而言，属于阴，故又称为"营阴"。

（1）生成：营气是由来自脾胃腐熟运化的水谷精气中的精粹部分和肺吸入的自然界清气相结合所化生。

（2）分布：营气分布于血脉之中，通过十二经脉和任督二脉而循行于全身，贯五脏而络六腑。

（3）主要功能：一是化生血液：营气经肺注入脉中，成为血液的组成成分之一。《灵枢·邪客》曰："营气者，泌其津液，注之于脉，化以为血。"二是营养全身：营气循脉流注全身上下内外，流行于中而滋养五脏六腑，布散于外而浇灌皮毛筋骨。

4. 卫气 有护卫、保卫之义。卫气（Wei-Qi）与营气相对而言，是行于脉外之气属于阳，故又称"卫阳"。其性慓疾滑利，活动力强，流动迅速。

（1）生成：卫气同营气一样，也是由水谷精微和自然之气所化生。

（2）分布：卫气行于脉外，内而胸腹脏腑，外而皮肤肌腠及分肉，无所不到。

（3）主要功能：一是防御作用：既可抵御外邪的入侵，又可驱邪外出。二是温养作用：对肌肉、皮肤等的温养，可以使肌肉充实，皮肤润滑；保持体温，维持脏腑进行生理活动所适宜的温度条件。三是调节控制肌腠的开合、汗液的排泄，以维持人体内环境与外环境的平衡。

二、血

血（blood），是循行于脉管内而富有营养的红色液态物质，是构成人体和维持人体生命活动的基本物质之一。脉（Mai）是血运行的管道，血通过脉管循行于全身，所以脉又称为"血府"。脉起着约束血液运行的作用，血液循脉运行周身，内至脏腑，外达肢节，周而复始。如因某种原因，血液在脉中运行迟缓涩滞，停积不行则成为"瘀血"（blood stasis）。若因外伤等原因，血液不在脉中运行而逸出脉外，则形成出血则成为"离经之血"。离经之血若不能及时排出或消散，则变为瘀血。离经之血及瘀血均已失去血液的正常生理功能。

（一）影响血生成的因素

血主要是由营气和津液所组成，营气和津液都来源于脾胃所化生的水谷精微，所以生成血的最基本物质是水谷精微，《灵枢·决气》指出："中焦受气取汁，变化而赤，是谓血。"另外，肾精也是化生血液的基本物质。由于精血同源，故精血之间存在相互资生，相互转化的关系。如果肾精充足可不断化生新血。

（二）血的功能

1. 濡养作用 血通过在脉中循行不断地对全身各脏腑组织器官起着濡养和滋润作用，以维持各脏腑组织器官发挥生理功能，保证生命活动的正常进行。

2. 神志活动的物质基础 血是机体精神、意识、思维等神志活动的物质基础。当人体血气充盛，血脉调和时则精神充足、神志清晰、感觉灵敏、思维敏捷。反之，若血液亏虚、血行异常时，都可能出现不同程度的精神情志方面的病症，如精神疲惫、健忘、失眠、多梦、烦躁、惊悸、甚至神志恍惚、谵妄、昏迷等。

3. 运载作用 血中含有人体所需要的各种营养成分，通过气的推动作用而周流全身，运载精气、津液等物质以滋养全身各部，所谓“血能载气”。如果血的运载功能失职，则会发生一系列的病变，如水肿、贫血等。

（三）影响血运行的因素

血液之所以能够在脉中正常循行，必须满足三个条件：一是血液充盈，寒温适度；二是脉管畅通；三是心肺肝脾等脏腑功能正常，特别是心功能正常尤为重要。即依靠心气的推动，肺气的宣降，肝主疏泄对气机的调节，脾统血和肝藏血的共同固摄。任何一脏的病变，都可使血行失常，而导致疾病的发生。

三、津 液

津液（body fluid）是体内正常水液的总称，也是构成人体和维持人体生命活动的基本物质。一般认为质地较清稀、流动性大，主要分布于体表皮肤、组织、肌肉和孔窍等部位，起滋润作用的，称之为津；其质地稠浊、流动性小，主要灌注于骨节、脏腑、脑、髓等组织，起濡养、滑利作用的，称之为液。津液之间可以互相转化，在病理状态下又可互相影响，伤津可以耗液，耗液也可伤津，故常津液并称。

（一）津液的生成、输布和排泄

1. 津液的生成 津液的生成主要与脾、胃、小肠、大肠等脏腑的生理活动有关。胃主受纳腐熟，“游溢精气”而吸收饮食水谷的部分精微。小肠泌别清浊，将水谷精微和水液大量吸收后并将食物残渣下送大肠。大肠主津，在传导过程中吸收食物残渣中的水液，促使糟粕成形为粪便。胃、小肠、大肠所吸收的水谷精微及水液，均上输于脾，通过脾气的转输作用布散到全身。体现了“饮入于胃，游溢精气，上输于脾，脾气散精”的津液生成过程。所以，津液来源于胃对饮食水谷的受纳腐熟，经小肠的分清别浊、大肠吸收部分水液，以及脾的运化、肺的宣发，生成体内所需要之津液。

2. 津液的输布 津液主要通过脾运化水湿，上输于肺，肺宣发上至头目诸窍，通过肃降而通调水道，下输至肾，经肾的气化水液作用，使清者重新吸收利用，浊者形成尿液下输膀胱。

另外肝主疏泄，调畅气机，气行则水行，推动津液的输布环流。整个过程以三焦作为水液的通道来共同完成水液输布代谢。

（1）脾气散精：脾对津液的输布作用，一方面脾将津液上输于肺，通过肺的宣发肃降，再得以将津液布散全身。另一方面，脾也可以将津液直接向四周布散至全身各脏腑。若脾失健运，津液输布代谢障碍，水液停聚，或为痰饮，或为水肿，胀满痞塞。故《素问·至真要大论》曰：“诸湿肿满，皆属于脾。”

（2）肺主行水：肺主宣发肃降，通调水道。肺接受脾转输来的津液，一方面通过宣发，将津液向身体外周体表和上部布散，一方面通过肃降，将津液向身体下部和内部脏腑输布，并将脏腑代谢后产生的浊液向肾和膀胱输送，故称“肺为水之上源”。肺气的宣发与肃降，对水液的输布通路有疏通和调节作用，体现了“肺主行水”的生理功能。如若肺气宣发肃降失常，则水液输布的道路无法保持畅通，津液运行障碍而发为痰饮，甚则水肿。

（3）肾主水：肾为水脏，对津液输布代谢起着主宰作用。一方面是指肾气对人体整个水液输布代谢具有推动和调控作用。另一方面，肾脏本身也是参与津液输布的一个重要环节。由脏腑代谢产生的浊液，通过肺气的肃降作用向下输送到肾和膀胱，经过肾气的蒸化作用，将其中的清者重新吸收而参与全身水液代谢，浊者被化为尿液排出人体。这一升清降浊作用对维持整个水液输布代谢的平衡协调具有重要意义。

（4）肝主疏泄：肝主疏泄，调畅气机，气行则水行，保持了水道的畅通，促进了津液输布的通畅。若肝失疏泄，气机郁结，往往影响津液的输布，水液停滞，产生痰饮、水肿及痰气互结的梅核气等病症。

（5）三焦决渎：三焦是水液和诸气运行的共同通路。三焦的通利保证了津液在体内正常地流注布散。若三焦水道不利，也会导致水液停聚引发多种病症。

3. 津液的排泄 津液通过肺的宣发化为汗液，通过呼气亦呼出少量水液，肺气肃降以通调水道，肾的气化作用使代谢后的水液下输膀胱，形成尿液，排出体外。大肠排出粪便时，也随糟粕带走一些残余的水分，正常情况下粪便中所含水液的量很少。

（二）津液的生理功能

1. 滋润濡养 津液是液态物质，有着较强的滋润作用。津液中含有营养物质，又有着丰富的濡养作用。由于津的质地较清稀，其滋润作用较明显，而液的质地较浓稠，其濡养作用较明显。布散于体表的津液能滋润皮毛肌肉，渗入体内的能濡养脏腑，输注于孔窍的能滋润鼻、目、口、耳等官窍，渗注骨、脊、脑的能充养骨髓、脊髓、脑髓，流入关节的能滋润骨节屈伸等。若津液不足，机体失去滋润与濡润的作用，则会使皮毛、肌肉、孔窍、关节、脏腑以及骨髓、脊髓、脑髓的生理活动受到影响，甚至相关脏腑组织的生理功能也可能失常。

2. 化生血液 津液在营气的作用下，共同渗注于脉中，化生为血液，以循环全身发挥滋润、濡养作用。

3. 调节阴阳平衡 津液的代谢，对调节机体阴阳平衡至关重要。

4. 排泄废物 津液在代谢的过程中，能把人体代谢的产物通过汗、尿等形式排出体外，从而维持各脏腑的正常气化。如果这一功能失常，就会出现因代谢产物潴留而产生病理变化。

5. 运载全身之气 津液作为气的载体，在机体由于汗、吐、下而丢失大量津液时，气也会随之脱失，故有“吐下之余，定无完气”“大汗亡阳”之说。

四、气、血、津液的关系

（一）气与血的关系

1. 气对血的关系

（1）气能生血：体现在两个方面。一是气化作用，气化可促进脾胃从饮食物中摄取水谷精微以化生为血，故气化为血液生成提供原动力。二是气是生成血的原料之一，即营气、津液和肾精是血液的组成成分。气能生血主要指气是生成血的原料之一，并可促进血的生成。因此，如果气充足则机体生血的功能增强，血液充盈；气虚则生血的功能减弱，易致血虚。临床上治疗血虚的病变，常以补气药配合补血药使用以取得较好疗效，即是源于“气能生血”的理论。

（2）气能行血：指气的推动作用是血液运行的动力。血液的运行有赖于心气、肺气的推动及肝气的疏泄。因此，气若充盛加之气机调畅，气行则血行，血就能够正常运行。反之，气虚或气机郁滞不通则不能推动血液运行，均可产生血瘀的病变。

（3）气能摄血：血液能正常循行于脉中离不开气的固摄作用，气能摄血主要体现为脾的统血功能。若脾气充足，发挥统摄作用使血行脉中而不致逸出脉外，从而保证了血液的正常运行及其濡养功能的发挥。如若脾气虚弱，失去统摄，往往导致各种出血病变，临床上称为“气不摄血”或“脾不统血”。

气能生血、行血和摄血的 3 个方面体现了气对于血的统帅作用，故称“气为血之帅”。

2. 血对气的关系

（1）血能生气：指气的充盛及其功能的正常离不开血的濡养。血虚患者往往兼有气虚的表现即源于此。

（2）血能载气：是指气存于血中，赖血之运载而运行全身。大失血患者因气的同时大量丧失往往出现气涣散不收、漂浮无根的气脱病变，称为“气随血脱”。

血能生气与血能载气，体现了血对于气的基础作用，故称“血为气之母”。

（二）气与津液的关系

1. 气对津液的关系　气与津液相对而言，气属阳，津液属阴，气与津液的关系相似于气与血的关系。

（1）气能生津：气是津液生成的主要物质和动力。津液来源于水谷精微，在津液生成的气化过程中，脾胃之气起着重要的作用。脾胃之气充盛，则人体化生津液充足。反之则因化生津液力量减弱，导致津液不足的病变，治疗时可采取益气生津的治疗法则。

（2）气能行津：津液在体内输布、运行及排泄都是通过气化来实现的，故气化是津液在体内正常输布、运行及排泄的动力。

（3）气能摄津：气的固摄作用可以防止体内津液无故地大量流失，从而维持津液量的恒定。

2. 津液对气的关系

（1）津能生气：津液在输布过程中受到各脏腑阳气的蒸腾温化以化生为气，并为气提供营养。因此，津液亏耗也会引起气的不足。

（2）津能载气：津液是气运行的载体之一。因此，津液的丢失必导致气的损耗。清代尤在泾《金匮要略心典·痰饮》记载：“吐下之余，定无完气。”因此，临床中使用汗法、下法和吐法时，应中病即止。

（三）血与津液的关系

津和血之间又可相互渗透，相互转化。津液渗入脉管中，成为血液的主要组成部分；血的一部分渗于脉外，又转化为津液，故有“津血同源”之说。

1. 血对津液的关系　脉中血液可以渗出脉外而化为津液，以濡润脏腑组织和官窍。其中，津液可化为汗液排泄于外，故又有“血汗同源”“夺血者无汗”“衄家不可发汗”和“亡血家不可发汗”之说。

2. 津液对血的关系　津液是血液化生的组成部分，当脉外津液不足时不能再用放血或破血疗法，以防血液和津液的进一步耗伤，故 “夺汗者无血。”

总之，津液进入脉中与营气结合，便化生血液；血液中的津液与营气分离而渗出脉外，便化为津液。

第四节　经 络 腧 穴

案例 2-3

患者，女，42岁，下背部疼痛3个月，加重2天。3个月前始觉下背部疼痛，烦躁易怒，活动后疼痛不减，因工作原因，未予治疗。近2天，患者疼痛明显加重，坐立不安，影响工作和生活，遂前来就诊。现下背部疼痛，伴体倦乏力、食欲不振、烦躁不安，右胁部闷胀，舌红，苔薄白，脉弦细。既往有“胆囊息肉”病史。经穴诊查时发现压痛点在“胆俞”。中医诊断为“胆胀”，证型为气滞血瘀型。

问题

1. 胆俞的定位是什么？
2. 胆俞的定位用了哪些骨度分寸？
3. 胆俞位于哪条经脉？此经脉与哪两条经交接？其走向如何？

一、经　　络

经络（meridians and collaterals）是经脉（meridian）和络脉（collateral）的总称，是人体运行气血、联络脏腑、沟通肢节、贯穿上下的通路。它是人体组织结构的重要组成部分。《灵枢·经脉》云："经络者，所以决生死，处百病，调虚实，不可不通。" 表明经络在维护人体健康中的重要作用。"经"指经脉，有路径的含义，它贯穿上下，沟通内外，是经络系统的主干，较粗大，纵行于人体的深部；"络"指络脉，有网络的含义，它是经脉别出的分支，较细小，纵横交错，遍布于人体的浅部。

经络内属于脏腑，外络于肢节，沟通脏腑与体表，将人体的脏腑、器官、孔窍及皮肉筋骨等组织紧密地联结成一个有机的整体，是人体运行气血、营养全身的路径。它是人体各部分功能保持相对平衡和协调的保障。

（一）经络系统组成

经络系统由经脉、络脉及其连属组织组成，内属脏腑，外连筋骨、肌肉、肢节和皮毛，包括十二经脉、奇经八脉、十五络脉、浮络、孙络、十二经筋、十二皮部（图 2-3）。

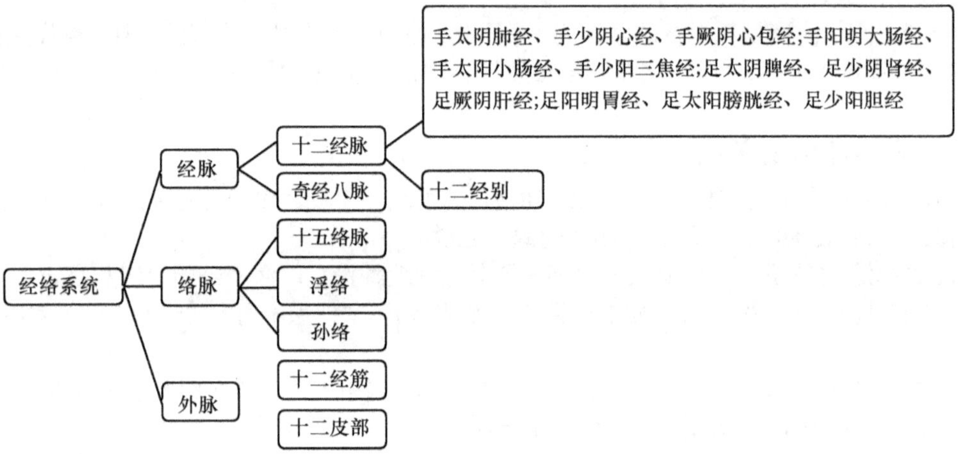

图 2-3　经络系统的组成

（二）经络各组成部分

1. 十二经脉（twelve regular meridians）　十二经脉，又称十二正经，是经络系统的主体部分，包括手三阴经（手太阴肺经、手厥阴心包经、手少阴心经）、足三阴经（足太阴脾经、足厥阴肝经、足少阴肾经）、手三阳经（手阳明大肠经、手少阳三焦经、 手太阳小肠经）、足三阳经（足阳明胃经、足少阳胆经、足太阳膀胱经）。

（1）十二经脉的命名：是根据内属的脏腑、分布于手或足，以及分布部分的阴阳性质而定的。各经都以其所属脏腑的名称，依据脏为阴、腑为阳，内侧为阴、外侧为阳的阴阳学说理论，将循行于手与足的经脉分别命名为手足三阴、三阳经。如循行于上肢内侧面，内属于肺脏的手太阴肺经；循行于上肢外侧面，内属于大肠腑的手阳明大肠经；循行于下肢内侧面，内属于脾脏的足太阴脾经；循行于下肢外侧面，内属于胃腑的足阳明胃经等。

（2）十二经脉的走向规律：十二经脉沿着一定方向循行，相互衔接，彼此沟通。其循行走向规律是手三阴经从胸走手，手三阳经从手走头，足三阳经从头走足，足三阴经从足走胸腹。

（3）十二经脉的交接规律：十二经脉相互衔接时，阴经与阳经是表里经在四肢末端交接，如手太阴肺经与手阳明大肠经在食指交接，足阳明胃经与足太阴脾经在足大趾交接；手足阳经的同名经在头面部交接，如手阳明大肠经与足阳明胃经相接于鼻旁，手太阳小肠经与足太阳膀胱经在目内眦相接，手少阳三焦经与足少阳胆经相接于目外眦；手阴经与足阴经在胸腹部交接，如足太阴脾经与手少阴心经交接于心中。

知识链接

子午流注歌诀

寅时气血注于肺，卯时大肠辰时胃，巳脾午心未小肠，膀胱申注酉肾注，戌时包络亥三焦，子胆丑肝各定位。

案例 2-3 分析讨论

1. 足太阳膀胱经与手太阳小肠经和足少阴肾经交接，从头走足。

（4）十二经脉的分布规律：十二经脉两侧对称分布于人体的头面、躯干和四肢，其在体表的分布规律是六条阴经分布于四肢的内侧和胸腹，即手三阴经分布于上肢的内侧面，足三阴经分布于下肢的内侧面；六条阳经分布于四肢的外侧和头面、躯干，即手三阳经分布于上肢的外侧面，足三阳经分布于下肢的外侧。手足三阳经在四肢的排列规律为阳明在前，少阳在中，太阳在后。手足三阴经在四肢的排列规律为太阴在前，厥阴在中，少阴在后。注意一点不同的是足三阴经在内踝上 8 寸以下的位置，其排列次序是厥阴在前，太阴在中，少阴在后。

（5）十二经脉的表里关系：十二经脉内属于脏腑，阴经属脏，阳经属腑。脏与腑有表里相合的关系，阴经与阳经有表里络属的关系，即手太阴肺经与手阳明大肠经相表里，手少阴心经与手太阳小肠经相表里，手厥阴心包经与手少阳三焦经相表里；足太阴脾经与足阳明胃经相表里，足少阴肾经与足太阳膀胱经相表里，足厥阴肝经与足少阳胆经相表里。互为表里的阴经与阳经在胸腹腔内有络属关系，在体表通过经络沟通加强联系，形成了六对“表里相合”的关系，在生理上互相配合，病理上互相影响。

（6）十二经别（twelve divergent meridians）：是十二经脉别出，走向胸腹、头面的重要支脉，多从四肢肘膝关节以上的正经别出（离），经过躯干，深入体腔与相关的脏腑联系（入），再浅出体表上行头项部（出），在头项部，阳经经别再合于本经经脉，阴经的经别合于其表里的阳经经脉（合）。每一对表里经别组成一“合”，十二经别共组成“六合”。十二经别的循行特点，常用“离、合、出、入”来概括。其功能主要是加强了十二经脉与体内深在的脏腑和头面之间的关系，使十二经脉中的阴经与头部发生了联系。

2. 奇经八脉　奇经八脉（eight extraordinary meridians），因其与十二正经不同，既不直属脏腑，又无表里配合关系，“别道奇行”，故称“奇经”，共有八条，总称奇经八脉，包括任脉、督脉、冲脉、带脉、阴维脉、阳维脉、阴跷脉、阳跷脉。

奇经八脉中的任脉、督脉、冲脉皆起于胞中，同出会阴，故有“一源三歧”之说。其中督脉行于腰背正中，上至头面，能总督一身阳经，故称“阳脉之海”；任脉行于胸腹正中，上抵颏部，能总领一身阴经，故称“阴脉之海”；冲脉与足少阴肾经相并上行，环绕口唇，十二经脉均与其有交汇，故称为“十二经脉之海”，亦称“血海”。因任、督二脉各有其循行的部位和所属腧穴，故元代滑寿将其与十二正经相提并论，合称为十四经。

带脉起于胁下，环腰一周，有调节所有纵行经脉的作用。阴维脉起于小腿内侧，沿下肢内侧上行，至咽喉与任脉会合，主一身之里。阳维脉起于足跗外侧，沿下肢外侧上行，至项后与督脉会合，主一身之表。阴跷脉起于足跟内侧，随足少阴等经上行，至目内眦与足太阳、阳跷脉会合。阳跷脉起于足跟外侧，伴足太阳等经脉上行，至目内眦与阴跷脉会合，入属于脑，沿足太阳经上额，于项后会合于足少阳经。阴跷脉阳跷脉主司肢体的运动和眼睑开合。

奇经八脉的主要作用是沟通十二经脉之间的联系，对十二经脉气血有着蓄积和渗灌的调节作用。当十二经脉及脏腑气血旺盛时，奇经八脉能蓄积十二经脉外溢之气血；当人体功能活动需要增加时，奇经八脉又能将其储蓄的气血渗灌供应给十二经脉。奇经八脉与肝脏、肾脏及女子胞、脑、髓等奇恒之腑的关系较为密切，在对相应脏腑的生理调节上有重要作用。

3. 十五络脉（fifteen collaterals） 浮络、孙络：络脉（collateral）是由经脉分出网络全身各个部位的分支，以十五络脉为主。十五络脉是由手足三阴、三阳经在腕踝关节上下各分出一支络脉，加上部任脉之络、督脉之络及脾之大络共同组成，又称十五别络。浮络是络脉中浮行于浅表部位的分支。孙络是从十五络脉中分出最细小的分支。十五络脉中十二经脉的络脉从本经络穴别出后，均走向相表里的经脉，即阴经别走于相表里的阳经，阳经别走于相表里的阴经。任之大络散布于腹部而下行；督之大络散布于腰背部而上行；脾之大络别出后散布于侧面胁肋部。它们具有沟通表里经脉之间的联系，统帅浮络、孙络，起灌渗气血以濡养全身的作用。

4. 十二经筋和十二皮部 十二经筋（twelve aponeurotic system）是十二经脉所联系的筋肉系统，是十二经脉的外周连属部分。经筋具有约束骨骼、屈伸关节、维持人体正常运动功能的作用。十二皮部（twelve dermal parts）是十二经脉功能活动反映于体表的部位，也是络脉之气散布之所。其分布区域，是以十二经脉在体表的分布范围划分的。

（三）经络的作用

1. 联络脏腑，沟通内外 人体是由五脏六腑 、四肢百骸、五官九窍等构成的复杂有机体，其各部位有不同的生理功能，但又共同维持着有序的整体活动，彼此间的联系配合，有赖于经络系统的联系、沟通。《灵枢·海论》有：“夫十二经脉者，内属于脏腑，外络于肢节”之浅。由于十二经脉以其固定的络属关系、规律的循行流注，以及其分支的纵横交错，内外上下沟通，将人体的脏腑组织器官有机地联结，使人体形成了一个内外、表里、左右 、上下彼此紧密联系、协调统一的整体。

2. 运行气血，营养周身 经络系统以其沟通脏腑内外，联络表里上下的特点，将气血运行至全身。《灵枢·本脏》中：“经脉者，所以行血气而营阴阳，濡筋骨，利关节者也”一句明确指出人体的气血是通过经络的输注，渗透灌注于脏腑组织，布散全身，维持机体的生命活动的。

3. 抗御病邪，保卫机体 由于经络系统有行气血、营阴阳的作用，气血充实，阴阳平衡，经络通畅则外邪不得入侵。《素问·刺法论》有：“正气存内，邪不可干”之说。此正气靠经络系统运行气血的功能分布全身，协调平衡。

（四）经络理论的临床应用

经络学说是中医理论的基础部分，在临床中有广泛的应用，如阐释病理、引导疾病诊断、指导疾病防治等。

1. 阐释病理变化 在疾病的情况下，病邪会沿经络传导，因而经络有反映病候的功能。病邪可通过经络由表达里，或由里达表。外邪入侵，可由经络从浅入深，内及脏腑；脏腑之病可沿着经络的通路反映到体表。《素问·皮部论》云：“邪客于皮则腠理开，开则邪入客于络脉，络脉满则注于经脉，经脉满则入舍于府藏也。”它指出病邪可由皮部传入络脉，再传入经脉，直至脏腑。

2. 引导疾病诊断 因经络有固定的循行部位和脏腑络属，可以反映所属脏腑的病证，因而在临床上可用于引导疾病的诊断。如头痛，可根据经脉在头部的循行分布而辨别何经之病，前额痛者多与阳明经有关，侧头痛者多与少阳经有关，后头与项部痛者多与太阳经有关，巅顶痛者多与督脉、厥阴经有关。

3. 指导疾病防治 经络学说常用于指导疾病的治疗与预防。针灸、推拿治病主要是通过针刺与艾灸等刺激体表腧穴，以疏通经络，调节人体脏腑气血的功能，从而达到治疗疾病的目的。其选穴以经络理论为基础，即某一经络或脏腑有病，便选用该经或该脏腑的所属经络或相应经脉的远部腧穴来治疗。如循经取穴的“四总穴歌”所曰“肚腹三里留，腰背委中求，头项寻列缺，面口合谷收”。药物治疗中的引经药的应用，也是基于经络理论。在疾病的预防上，自古以来就有用调理经络的方法来预防疾病的，如保健灸法。《素问 · 阴阳应象大论》有“邪风之至，疾如风雨，故善治者治皮毛，其次治肌肤，其次治筋脉，其次治六腑，其次治五藏。治五藏者，半死半生也。”其对疾病的早期治疗与预防重大疾病有深刻的认识，其理论基础也是经络理论。

二、腧　穴

腧穴（acupoint）是机体脏腑经络气血输注于体表的特定部位，腧与“输”义同，有输注、转输的含义；“穴”即指孔隙、空窍、凹陷之处。它是针灸、推拿、刮痧、拔罐等中医治疗方法的作用点。在历代文献中，腧穴又有“节”“会”“气穴”“孔穴”“穴道”“气府”“骨空”“穴位”等不同的名称。腧穴通过经络，内连脏腑，外通肌肉、皮肤。脏腑的病变可通过经络在体表的腧穴上有所反应，因此，临床可通过对体表腧穴的刺激，调节人体内在的脏腑、经络、气血，从而达到防病治病的目的。

（一）腧穴的分类

1. 十四经穴　简称经穴（meridian point）。它是指分布于十二经脉和任、督二脉循行路线上的腧穴，共计 361 个。经穴的特点是既有具体的名称，又有固定的位置，不仅可以反映本经经脉及其所属脏腑的病证，也有可能反映本经脉所联系的其他经脉、脏腑之病证。

2. 经外奇穴　简称奇穴（extra point）。它是指那些虽然有具体的名称和固定的位置，但不归属于十四经脉的经验效穴。这类腧穴常常对某些病证有着特殊的疗效，但主治范围相对比较单一。

3. 阿是穴　它是指以压痛点为穴，即所谓“以痛为腧”，又称“天应穴”或“不定穴”。现代的“阳性反应点”也是可称为阿是穴（ashi point）。这类腧穴既无具体的名称，又无固定的部位，病变部位附近者居多，也可在距离病变部位较远的位置。

（二）腧穴的作用与主治规律

1. 腧穴的作用

（1）近治作用：又称为“局部作用”，是所有腧穴的共同特点，是指腧穴都能治疗其所在部位及临近组织、器官、脏腑、经络的病证。如眼部周围的睛明、攒竹、承泣、四白、太阳、球后等腧穴皆能治疗眼病；耳部周围的耳门、听宫、听会、翳风等穴都可用来治疗耳病；而胃脘部的上脘、中脘、下脘、建里、梁门等穴则均能治疗胃部不适。

（2）远治作用：又称为“循经作用”，是指腧穴，尤其是位于四肢肘膝关节以下的十二正经腧穴，不仅能够治疗其所在局部的病证，而且还能治疗本经循行所过的远隔部位组织、器官的病证，有的甚至具有影响全身的作用。如合谷穴不仅能治疗手部及上肢的病证，而且还能治疗头面部的病变；太冲穴则既能治疗足部及下肢的疾病，又能治疗肝胆部及头部的病证；十二井穴可以治疗发热、昏迷等全身性疾病。

（3）特殊作用：包括腧穴的双向良性调整作用和腧穴相对特异性的治疗作用两个方面。临床实践证明，针刺某些腧穴，对于机体所处的不同病理状态具有双向良性调整作用，如心动过速时，针刺内关穴可以使心率下降；心动过缓时，针刺内关穴则又可使心率加快。其调节后的心率都在正常范围之内。腧穴相对特异性的治疗作用是指某些腧穴可以特异性的治疗某种病症。如针刺少泽穴可以通乳，艾灸至阴穴可矫正胎位，针刺陶道穴可以截疟，针刺四白穴可治疗胆道蛔虫，四缝穴治疗疳疾等。

2. 腧穴的主治规律　十四经穴作为腧穴的主体部分，其主治作用有一定规律。本经腧穴能治疗本经病，表里经腧穴能相互治疗表里两经的经脉、脏腑病，邻近经穴能配合治疗局部病。

（三）腧穴的定位

1. 解剖标志定位法 又称自然标志定位法，是指根据人体表面的自然解剖标志来取穴的方法，其中包括固定标志定位法和活动标志定位法两种。

（1）固定标志定位法：是指利用五官、毛发、爪甲、乳头、肚脐、骨节的凸起及凹陷等位置固定不移的体表解剖标志来取穴的方法。如在鼻尖处取素髎穴，两眉中间取印堂穴，眉头取攒竹，肚脐正中取神阙穴，乳头正中取乳中穴，腓骨小头前下方凹陷取阳陵泉穴等。

（2）活动标志定位法：是指利用皮肤、肌肉、关节等随活动而出现的皱纹、凹陷及空隙等体表解剖标志来取穴的方法。如张口取耳门、听会和听宫穴；闭口取下关穴；屈肘时在肘横纹头取曲池穴；上臂外展时，在肩峰外侧缘的两个凹陷处取肩髃和肩髎穴；拇指跷起时，在拇长和拇短伸肌腱之间的凹陷处取阳溪穴等。

2. 骨度折量定位法（proportional bone measurement） 是指以患者自身的骨节为主要度量工具，来折量其周身各部的长短、大小，作为定穴标准的取穴方法，古称“骨度法”。全身各部主要骨度分寸见表 2-5、图 2-4。

表 2-5 常用骨度分寸表

部位	起止点	长度	度量法	说明
头部	前发际至后发际	12 寸	直量	如前发际不明，从眉心至第 7 颈椎棘下为 18 寸（即眉心至前发际 3 寸，第 7 颈椎棘突至后发际 3 寸） 用于头部腧穴的选取
胸背部	胸剑联合至脐中	8 寸	直量	用于胸腹部腧穴的选取
	脐中至耻骨联合上缘	5 寸	直量	
	两乳头之间	8 寸	横量	
腰背部	第 1 胸椎至骶尾联合	21 椎	直量	背部直量，计数棘突，两肩胛骨下角相当于第 7 胸椎棘突下，两髂嵴约平第 4 腰椎，量取时两手下垂 用于腰背部腧穴的选取
	肩胛骨内侧缘至后正中线	3 寸	横量	用于足太阳膀胱经腧穴的选取
上肢部	腋前皱襞至肘横纹	9 寸	直量	用于手三阴经、手三阳经腧穴的选取
	肘横纹至腕横纹	12 寸	直量	
下肢部	耻骨联合上缘至股骨内上髁上缘	18 寸	直量	用于足三阴经、足三阳经腧穴的选取
	胫骨内侧髁下缘至内踝尖	13 寸	直量	
	股骨大转子至膝中	19 寸	直量	
	膝中至外踝尖	16 寸	直量	

3. 指寸定位法 是指被取穴者用本人手指所规定的分寸来折量取穴的方法。常用的有以下三种（图 2-5）。

（1）中指同身寸：是指被取穴者中指完全屈曲，中指中节两横纹之间的距离作为 1 寸。

（2）拇指同身寸：是指被取穴者拇指指间关节的宽度作为 1 寸。

（3）横指同身寸：是指当被取穴者食指、中指、无名指和小指并拢时，中指近端指间关节横纹水平的四指宽度作为 3 寸，又称“一夫法”。

4. 简便取穴法 临床上还有些穴位可以采用一些简便取穴的方法。如折耳廓向前，两耳尖连线的中点是百会穴；让自身两手的虎口交叉，一手食指搭向另一手桡骨茎突之上，食指尖下的凹陷处即为列缺穴；人体直立，双手自然下垂，中指指尖处为风市穴；沉肩屈肘，于平肘尖处取章门穴等。这些方法皆是长期临床实践经验的积累和总结。

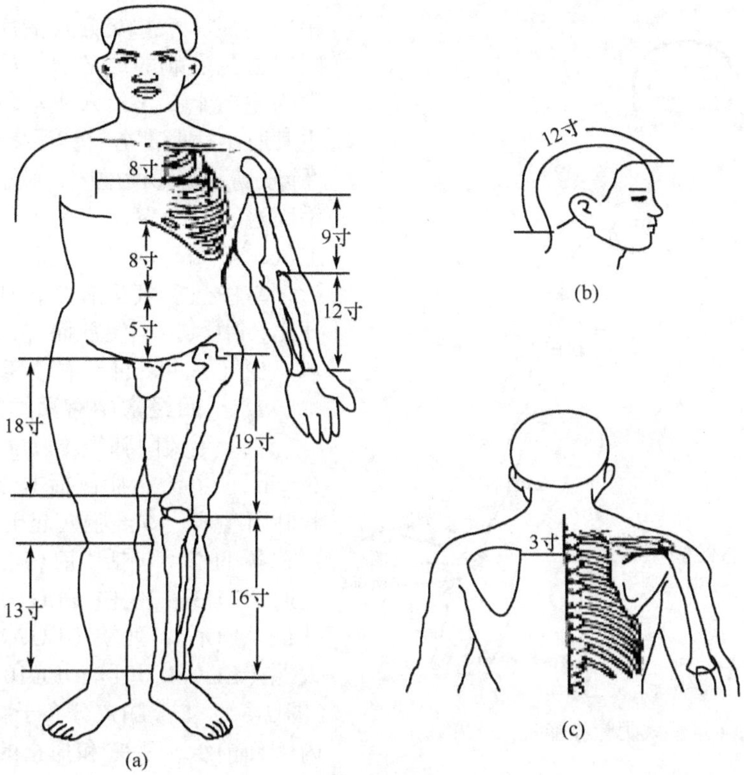

图 2-4　骨度折量定位法

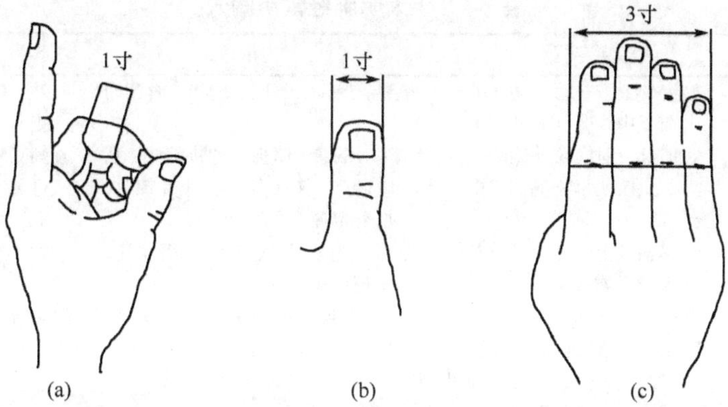

图 2-5　指寸定位法

案例 2-3 分析讨论（续）

2. 胆俞的定位用的骨度分寸有：肩胛骨内侧缘至后正中线之间为 3 寸（取连线中点），第 1 胸椎至骶尾联合共计 21 椎。

（四）常用腧穴

常用腧穴多为特定穴，因其具有特殊的治疗作用而在临床中被广泛应用。如十二经脉中的五输穴，在《难经·第六十八难》中有："井主心下满，荥主身热，俞主体重节痛，经主喘咳寒热，合主逆气而泄"。其他如郄穴治疗急性病症。原穴、背俞穴、募穴、下合穴以治疗相应脏腑疾病为主。络穴有一穴通两经的特点，可以治疗表里两经病症。八会穴治疗脏、腑、气、血、筋、脉、骨、髓

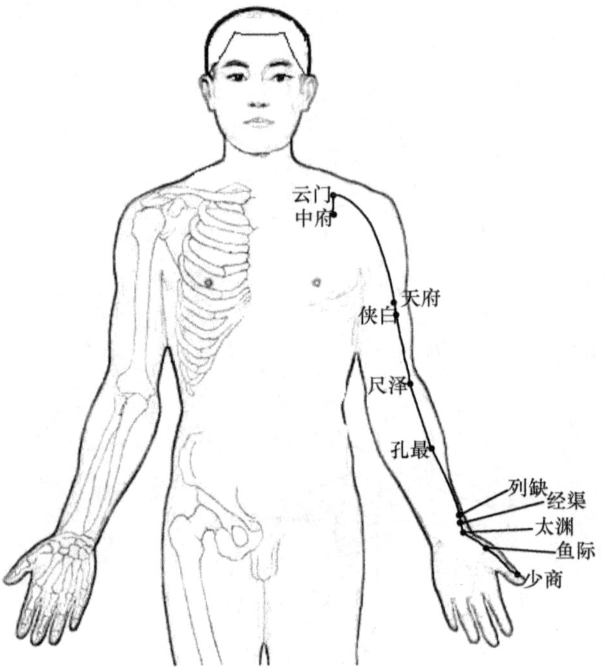

图 2-6 手太阴肺经腧穴

相应病症。八脉交会穴治疗奇经病症。其他则以常见疾病的局部取穴或阿是穴或经外奇穴为主。十二正经穴主治包括是动则病和是主某所生病两部分，如手太阴肺经是动则病："肺胀满，膨膨而喘咳，缺盆中痛，甚则交两手而瞀，此为臂厥。是主肺所生病者，咳，上气，喘喝，烦心，胸满，臑臂内前廉痛，厥，掌中热。气盛有余，则肩背痛，风寒，汗出，中风，小便数而欠，气虚，则肩背痛寒，少气不足以息，溺色变"。

1. 十四经穴中常用腧穴

（1）手太阴肺经（lung channel of hand-Taiyin）：主治病症包括本经变动出现的病证和肺所生病。本经腧穴起于中府，止于少商，左右各 11 穴，包括中府（LU1）、云门（LU2）、天府（LU3）、侠白（LU4）、尺泽（LU5）、孔最（LU6）、列缺（LU7）、经渠（LU8）、太渊（LU9）、鱼际（LU10）、少商（LU11）（图 2-6）。本经腧穴分布于胸部外上方，上肢内侧面前缘，手掌和拇指的桡侧。本经常用腧穴及主治病症如下所述（表 2-6）。

表 2-6 手太阴肺经常用腧穴

名称	特定穴属性	定位	主治	操作及注意事项
中府	募穴	胸壁外上方，第 1 肋间隙，前正中线旁开 6 寸	咳嗽，胸闷，气喘，胸痛，肩背痛	向外斜刺或平刺 0.5～0.8 寸，禁止向内深刺，防止伤及肺脏
尺泽	合穴	在肘部，肘横纹外侧端，肱二头肌肌腱桡侧凹陷中	咳嗽，喘息，咯血，胸胁满痛，咽喉肿痛，善呕，心烦，小儿惊风，肘臂挛痛	直刺 0.5～0.8 寸，或点刺出血，可灸
孔最	郄穴	在腕横纹上 7 寸，尺泽穴与太渊穴连线上	咯血，衄血，咽喉肿痛，肘臂挛痛，痔疮便血	直刺 0.5～1.0 寸，可灸
列缺	络穴	在前臂，腕横纹上 1.5 寸，拇短伸肌腱与拇长展肌腱之间，桡骨茎突上方凹陷中	伤风，咳喘，咽喉肿痛，偏正头痛，项强，口㖞，牙痛	斜刺或平刺 0.3～0.5 寸，可灸
经渠	经穴	在前臂前区，腕掌侧远端横纹上 1 寸，桡骨茎突与桡动脉之间	咳嗽，气喘，胸痛，咽喉肿痛；手腕痛	左手拇指指甲固定桡动脉于尺侧，右手持针沿左手拇指指甲边缘进针，直刺 0.3～0.5 寸。不灸
太渊	输穴，原穴	在腕掌侧，腕横纹桡侧，桡动脉的桡侧凹陷中	咳嗽、气喘等肺系疾患，无脉症，腕臂疼痛	左手拇指指甲固定桡动脉于尺侧，右手持针沿左手拇指指甲边缘进针，直刺 0.3～0.5 寸。禁直接灸
鱼际	荥穴	在手外侧，第 1 掌骨桡侧中点赤白肉际处	咳嗽，咯血，哮喘；发热，咽干，咽喉肿痛，失音；小儿疳积，乳痈；掌中热	直刺 0.5～0.8 寸。可灸。治小儿疳积可用割治法
少商	井穴	拇指桡侧，距指甲角 0.1 寸处	咽喉肿痛，鼻衄，咳嗽，发热，昏迷，癫狂	浅刺 0.1 寸或点刺出血

（2）手阳明大肠经（large intestine channel of hand-Yangming）：主治病症包括本经经气异常出现的病症和津所生病两部分。本经从手走头，起于商阳，止于迎香，左右各 20 穴，包括商阳（LI1）、二间（LI2）、三间（LI3）、合谷（LI4）、阳溪（LI5）、偏历（LI6）、温溜（LI7）、下廉（LI8）、上廉（LI9）、手三里（LI10）、曲池（LI11）、肘髎（LI12）、手五里（LI13）、臂臑（LI14）、肩髃（LI15）、巨骨（LI16）、天鼎（LI17）、扶突（LI18）、口禾髎（LI19）及迎香（LI20）（图 2-7）。本经腧穴主要分布在上肢背面桡侧、肩颈及面部。本经常用腧穴及主治病症如下所述（表 2-7）。

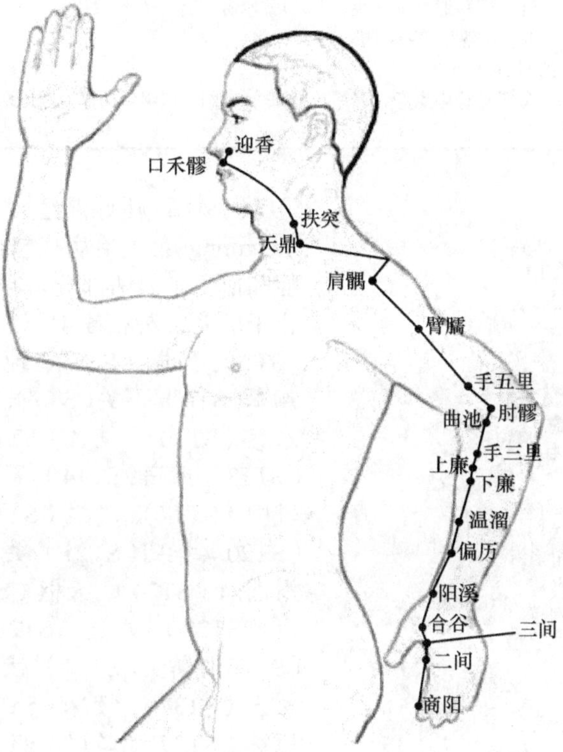

图 2-7　手阳明大肠经腧穴

表 2-7　手阳明大肠经常用腧穴

名称	特定穴属性	定位	主治功效	操作说明
商阳	井穴	食指桡侧端，距指甲角 0.1 寸	咽喉肿痛，热病，中风，昏迷，鼻衄，耳鸣，耳聋，齿痛	浅刺或点刺出血
二间	荥穴	在手指，第 2 掌指关节桡侧远端赤白肉际处	鼻衄，齿痛，咽喉肿痛，目痛，口眼㖞斜；热病	直刺 0.2～0.3 寸，可灸
三间	输穴	在手指，第 2 掌指关节桡侧近端赤白肉际处	齿痛，咽喉肿痛；腹胀，肠鸣；嗜睡	直刺 0.5～0.8 寸，可灸
合谷	原穴	在手背，手背一、二掌骨之间，约平第二掌骨中点处	头痛，目痛，齿痛，咽喉肿痛，鼻衄，耳聋，痄腮，牙关紧闭，口㖞，热病，无汗，多汗，腹痛，便秘，经闭，滞产，上肢不遂、疼痛	直刺 0.5～1.0 寸，可灸
阳溪	经穴	在腕区，腕背侧远端横纹桡侧，桡骨茎突远端，手拇指向上翘起时，当拇短伸肌腱与拇长伸肌腱之间的凹陷中	手腕痛；头痛，目赤，齿痛，咽喉肿痛，耳鸣，耳聋	直刺 0.5～0.8 寸，可灸

续表

名称	特定穴属性	定位	主治功效	操作说明
偏历	络穴	在前臂，腕背侧远端横纹上3寸，阳溪与曲池连线上	耳鸣，耳聋，目赤，鼻衄，喉痛；手臂酸痛；腹部胀满，水肿	直刺或斜刺 0.5～0.8寸，可灸
温溜	郄穴	在前臂，腕背侧远端横纹上5寸，阳溪与曲池连线上	肠鸣腹痛；疔疮；头痛，面肿，咽喉肿痛；手臂酸痛	直刺0.5～1寸，可灸
曲池	合穴	在肘区，屈肘成直角，当肘横纹外端与肱骨外上髁连线的中点	热病，瘾疹，瘰疬，头痛，目痛，齿痛，咽喉肿痛，腹痛，吐泻，月经不调，上肢不遂，手臂肿痛	直刺1.0～1.5寸，可灸
肩髃	交会穴	肩峰端下缘，三角肌上部中央。肩平举时，肩部出现两个凹陷，前方的凹陷中	肩臂挛痛不遂，瘾疹，瘰疬	直刺或向下斜刺 0.8～1.5寸
迎香	交会穴	在面部，鼻翼外缘中点旁，鼻唇沟中	鼻塞，鼻衄，口㖞，面痒，胆道蛔虫症	斜刺或平刺0.3～0.5寸

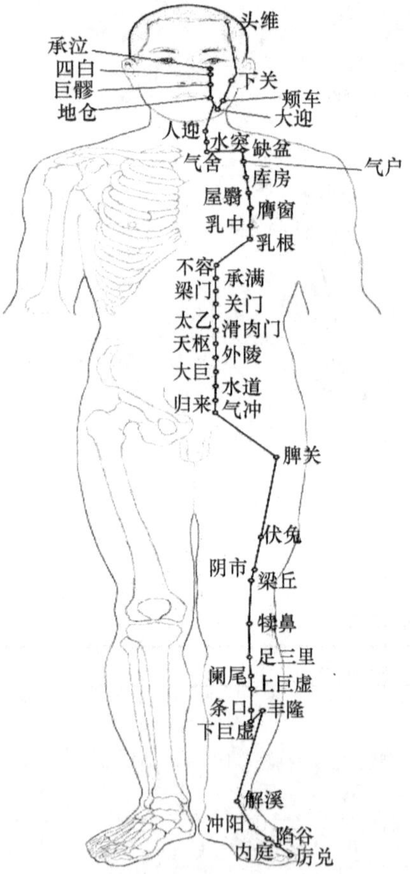

图 2-8 足阳明胃经腧穴

（3）足阳明胃经（stomach channel of foot-Yangming）：主治病症包括本经经气异常出现的病症和血所生病两部分。本经从头走足，起于承泣，止于厉兑，左右各45穴，包括承泣（ST1）、四白（ST2）、巨髎（ST3）、地仓（ST4）、大迎（ST5）、颊车（ST6）、下关（ST7）、头维（ST8）、人迎（ST9）、水突（ST10）、气舍（ST11）、缺盆（ST12）、气户（ST13）、库房（ST14）、屋翳（ST15）、膺窗（ST16）、乳中（ST17）、乳根（ST18）、不容（ST19）、承满（ST20）、梁门（ST21）、关门（ST22）、太乙（ST23）、滑肉门（ST24）、天枢（ST25）、外陵（ST26）、大巨（ST27）、水道（ST28）、归来（ST29）、气冲（ST30）、髀关（ST31）、伏兔（ST32）、阴市（ST33）、梁丘（ST34）、犊鼻（ST35）、足三里（ST36）、上巨虚（ST37）、条口（ST38）、下巨虚（ST39）、丰隆（ST40）、解溪（ST41）、冲阳（ST42）、陷谷（ST43）、内庭（ST44）、厉兑（ST45）（图 2-8）。本经腧穴主要分布在头面部、颈侧部、胸腹部、下肢前外侧面及足背部。本经常用腧穴及主治病症如下所述（表 2-8）。

表 2-8 足阳明胃经常用腧穴

名称	特定穴属性	定位	主治功效	操作说明
承泣	交会穴	目正视，瞳孔直下，当眼眶与眼球之间	目赤肿痛，流泪，夜盲，口眼㖞斜	左手拇指向上轻推眼球，紧靠眶缘缓慢直刺0.5～1寸，不宜提插，以防损伤血管致血肿

续表

名称	特定穴属性	定位	主治功效	操作说明
四白		在面部，眶下孔处	目赤肿痛，眼睑瞤动，近视，口喎，面痛，胆道蛔虫症，头痛，眩晕	直刺 0.5～1.0 寸，可灸
地仓	交会穴	口角旁 0.4 寸	口喎，流涎，三叉神经痛	斜刺或平刺 0.5～0.8 寸
颊车		下颌角前上方 1 横指凹陷中，咀嚼时咬肌隆起的最高点处	口眼喎斜，齿痛，颊肿，口噤不语	直刺 0.3～0.5 寸，或向地仓方向平刺 0.5～1.0 寸
下关	交会穴	在面部，颧弓下缘中央与下颌切迹之间凹陷中	口喎，齿痛，面痛，耳鸣，耳聋	直刺或斜刺 0.5～1.0 寸
天枢	小肠的募穴	在腹部，横平脐中，前正中线旁开 2 寸	腹胀，腹痛，便秘，泄泻，痢疾，月经不调，痛经	直刺 1.0～1.5 寸，可灸
梁丘	郄穴	在股前区，髌底上 2 寸，股外侧肌与股直肌肌腱之间	膝肿痛，下肢不遂；急性胃痛，乳痈，乳痛	直刺 1～1.2 寸，可灸
足三里	合穴 胃的下合穴	在小腿外侧，外膝眼下 3 寸，胫骨前嵴旁开 1 横指处	胃痛，消化不良，腹胀，腹痛，泄泻，便秘，咳喘，心悸，气短，头晕，失眠，膝痛，下肢痿痹	直刺 1.0～2.0 寸，可灸
上巨虚	大肠下合穴	在外膝眼下 6 寸，足三里穴下 3 寸	肠中切痛、肠痈、泄泻、便秘，下肢痿痹	直刺 1.0～2.0 寸
下巨虚	小肠下合穴	上巨虚穴下 3 寸	小腹痛，泄泻，痢疾，下肢痿痹，乳痈	直刺 1.0～1.5 寸
丰隆	络穴	在小腿外侧，外踝尖上 8 寸，胫骨前嵴外 2 横指处	咳嗽，哮喘，痰多，头痛，眩晕，癫狂痫，下肢痿痹	直刺 1.0～1.5 寸，可灸
解溪	经穴	在踝区，踝关节前面中央凹陷中，拇长伸肌腱与趾长伸肌腱之间	下肢痿痹，足背肿痛，踝关节病；头痛，眩晕，癫狂；腹胀，便秘	直刺 0.5～1 寸，可灸
冲阳	原穴	在足背，第 2 跖骨基底部与中间楔状骨关节处，可触及足背动脉	胃痛；口眼喎斜，面肿齿痛；癫狂痫；足痿无力	避开动脉，直刺 0.3～0.5 寸，可灸
陷谷	输穴	在足背，第 2、3 跖骨间，第 2 跖趾关节近端凹陷中	面肿，水肿；足背肿痛；肠鸣腹痛；热病，目赤肿痛	直刺或斜刺 0.3～0.5 寸，可灸
内庭	荥穴	在足背，第 2、3 趾间，趾蹼缘后方赤白肉际处	咽喉肿痛，齿痛，鼻衄，口喎，热病，腹胀，腹痛，便秘，痢疾，足背肿痛	直刺或向上斜刺 0.5～1.0 寸，可灸
厉兑	井穴	第 2 趾外侧指甲角旁 0.1 寸	鼻衄，齿痛，咽喉肿痛，腹胀，热病，失眠，癫狂	浅刺 0.1 寸

（4）足太阴脾经（spleen channel of foot-Taiyin）：主治病症包括本经经气异常出现的病症和脾所生病两部分。本经从足走腹，起于隐白，止于大包 21 穴，包括隐白（SP1）、大都（SP2）、太白（SP3）、公孙（SP4）、商丘（SP5）、三阴交（SP6）、漏谷（SP7）、地机（SP8）、阴陵泉（SP9）、血海（SP10）、箕门（SP11）、冲门（SP12）、府舍（SP13）、腹结（SP14）、大横（SP15）、腹哀（SP16）、食窦（SP17）、天溪（SP18）、胸乡（SP19）、周荣（SP20）、大包（SP21）（图 2-9）。本经腧穴主要分布于足大趾内侧、下肢内侧及胸腹部外侧。本经常用腧穴及主治病症如下所述（表 2-9）。

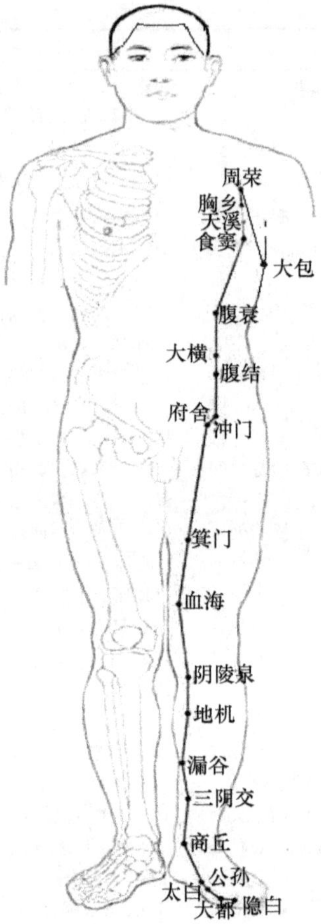

图 2-9 足太阴脾经腧穴

表 2-9 足太阴脾经常用腧穴

名称	特定穴属性	定位	主治功效	操作说明
隐白	井穴	足大趾内侧，趾甲角旁约 0.1 寸	腹胀，便血，尿血，月经过多，崩漏，癫狂，多梦，惊风	浅刺 0.1 寸或点刺出血
大都	荥穴	在足趾，第 1 跖趾关节远端赤白肉际凹陷中	腹胀，胃痛，呕吐，腹泻，便秘；热病，无汗；体重肢肿，心痛，心烦	直刺 0.3～0.5 寸，可灸
太白	输穴，原穴	在跖区，第 1 跖趾关节近端赤白肉际凹陷中	肠鸣，腹胀，腹泻，呕吐，胃痛，痢疾，便秘；体重节痛	直刺 0.5～0.8 寸，可灸
公孙	络穴，八脉交会穴	在跖区，第 1 跖骨底的前下缘赤白肉际处	胃痛，呕吐，腹痛，腹胀，腹泻，痢疾；心烦失眠，嗜卧	直刺 0.5～1 寸，可灸
商丘	经穴	在踝区，足内踝前下方，舟骨粗隆与内踝尖连线中点的凹陷中	腹胀，腹泻，便秘，黄疸；足踝痛；癫狂，小儿癫痫，怠惰嗜卧	直刺 0.3～0.5 寸，可灸
三阴交	交会穴	在小腿内侧，内踝尖上 3 寸，胫骨内侧缘后际	月经不调，崩漏，经闭，带下，不孕，滞产，遗精，阳痿，小便不利，遗尿，腹胀，肠鸣，泄泻，便秘，眩晕，失眠，下肢痿痹，脚气	直刺 1.0～1.5 寸，可灸
地机	郄穴	在小腿内侧，阴陵泉下 3 寸，胫骨内侧缘后际	痛经，崩漏，月经不调；食欲不振，腹痛，腹泻；小便不利，水肿	直刺 1.0～1.5 寸，可灸

续表

名称	特定穴属性	定位	主治功效	操作说明
阴陵泉	合穴	在小腿内侧，胫骨内侧髁下缘凹陷中	腹胀，泄泻，黄疸，水肿，小便不利或失禁，遗精，阴茎痛，妇人阴痛，带下，膝痛	直刺 1.0～2.0 寸，可灸
大横	交会穴	在腹部，脐中旁开 4 寸	腹痛，腹泻，便秘；蛔虫病	直刺 1.0～2.0 寸，可灸
大包	脾之大络	腋中线上，第 6 肋间隙中	气喘，胸胁痛，全身疼痛，四肢无力	斜刺或向后平刺 0.5～0.8 寸

（5）手少阴心经（heart channel of hand-Shaoyin）：主治病症包括本经经气异常出现的病症和心所生病两部分。本经从胸走手，起于极泉，止于少冲，左右各 9 穴，包括极泉（HT1）、青灵（HT2）、少海（HT3）、灵道（HT4）、通里（HT5）、阴郄（HT6）、神门（HT7）、少府（HT8）、少冲（HT9）（图 2-10）。本经腧穴主要分布在腋窝、上肢掌侧面的尺侧及小指的桡侧。本经常用腧穴及主治病症如下所述（表 2-10）。

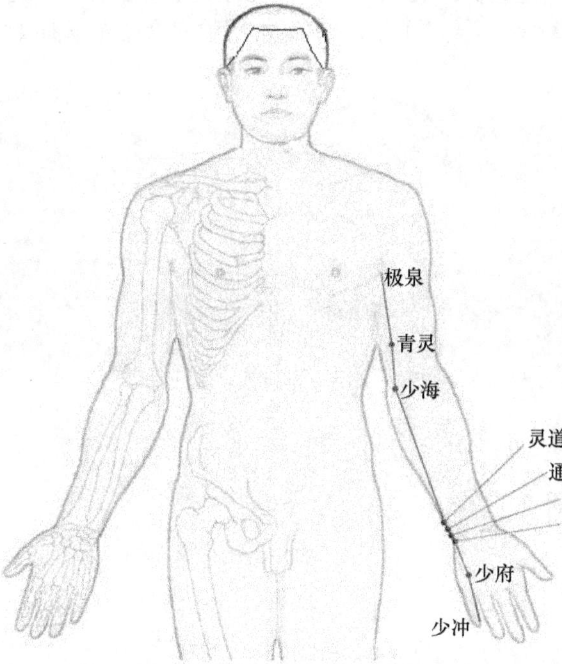

图 2-10　手少阴心经腧穴

表 2-10　手少阴心经常用腧穴

名称	特定穴属性	定位	主治功效	操作说明
极泉		在腋窝正中，腋动脉内侧	胁痛，心痛，上臂内侧痛	避开动脉，直刺或斜刺 0.3～0.5 寸
少海	合穴	在肘前区，横平肘横纹，肱骨内上髁前缘	心痛，痫证，腋胁疼痛，肘臂挛痛麻木，手颤，瘰疬	直刺 0.5～1 寸，可灸
灵道	经穴	在前臂前区，腕掌侧远端横纹上 1.5 寸，尺侧腕屈肌腱的桡侧缘	心痛，心悸；暴喑；肘臂挛痛，手指麻木	直刺 0.3～0.5 寸，可灸
通里	络穴	在前臂前区，腕掌侧远端横纹上 1 寸，尺侧腕屈肌腱的桡侧缘	心悸，怔忡、舌强，暴喑，腕臂痛	直刺 0.3～0.5 寸，可灸

续表

名称	特定穴属性	定位	主治功效	操作说明
阴郄	郄穴	在前臂前区，腕掌侧远端横纹上 0.5 寸，尺侧腕屈肌腱的桡侧缘	心痛，惊悸；吐血，衄血，骨蒸盗汗；暴喑	直刺 0.3～0.5 寸，可灸
神门	输穴，原穴	在腕前区，腕掌侧远端横纹尺侧端，尺侧腕屈肌腱的桡侧缘	心烦、心痛、惊悸、健忘、失眠、痴呆、癫狂痫	直刺 0.3～0.5 寸，可灸
少府	荥穴	在手掌，横平第 5 掌指关节近端，第 4、5 掌骨之间	心悸，胸痛；小便不利，遗尿，阴痒痛；小指挛痛，掌中热	直刺 0.3～0.5 寸，可灸
少冲	井穴	在手小指的末节桡侧，指甲根角侧上方 0.1 寸	癫狂，昏迷，热病；心悸，心痛；胸胁痛	浅刺 0.1～0.2 寸；或点刺出血，可灸

（6）手太阳小肠经（small intestine channel of hand-Taiyang）：主治病症包括本经经气异常出现的病症和液所生病两部分。本经从手走头，起于少泽，止于听宫，左右 19 穴。包括少泽（SI1）、前谷（SI2）、后溪（SI3）、腕谷（SI4）、阳谷（SI5）、养老（SI6）、支正（SI7）、小海（SI8）、肩贞（SI9）、臑俞（SI10）、天宗（SI11）、秉风（SI12）、曲垣（SI13）、肩外俞（SI14）、肩中俞（SI15）、天窗（SI16）、天容（SI17）、颧髎（SI18）及听宫（SI19）（图 2-11）。本经腧穴主要分布在小指、手掌及上肢背面的尺侧，肩胛、颈部及面部。本经常用腧穴及主治病症如下所述（表 2-11）。

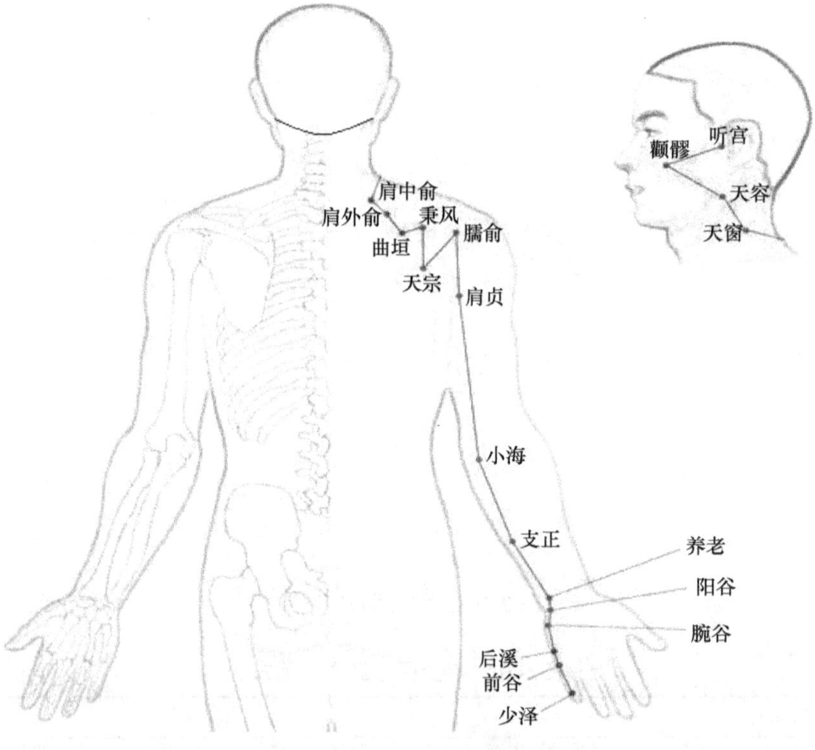

图 2-11　手太阳小肠经腧穴

表 2-11　手太阳小肠经常用腧穴

名称	特定穴属性	定位	主治功效	操作说明
少泽	井穴	手小指尺侧指甲角旁约 0.1 寸	头痛，咽喉肿痛，乳痈，乳汁少，热病，昏迷	浅刺 0.1 寸或点刺出血
前谷	荥穴	在手内侧，第 5 掌指关节尺侧远端赤白肉际凹陷中	头痛，耳痛，耳鸣，咽喉肿痛；乳汁不足；热病	直刺 0.2～0.3 寸，可灸

续表

名称	特定穴属性	定位	主治功效	操作说明
后溪	输穴	在手内侧，第 5 掌指关节尺侧近端赤白肉际凹陷中	头项强痛，急性腰扭伤，目赤，耳聋，咽喉肿痛，盗汗，疟疾，热病，癫狂痫	直刺 0.5～0.8 寸，或向合谷穴方向透刺，可灸
腕骨	原穴	在腕部，第 5 掌骨底与勾骨之间的赤白肉际凹陷中	头项强痛，耳鸣，目翳；黄疸，消渴，热病，疟疾；指挛，腕痛	直刺 0.3～0.5 寸，可灸
阳谷	经穴	在腕后区，尺骨茎突与三角骨之间的凹陷中	头痛，目眩，耳鸣，耳聋；热病，癫狂痫；腕臂痛	直刺 0.3～0.5 寸，可灸
养老	郄穴	在前臂后区，腕背横纹上 1 寸，尺骨头桡侧凹陷中	目视不明，面痛；头痛项强，肩、背、肘、臂酸痛，急性腰痛	以掌心向胸姿势，直刺或斜刺 0.5～0.8 寸，可灸
支正	络穴	在前臂后区，腕背侧远端横纹上 5 寸，尺骨尺侧与尺侧腕屈肌腱之间	头痛项强，目眩；热病，癫狂；肘臂酸痛	直刺或斜刺 0.5～0.8 寸，可灸
小海	合穴	在肘后区，尺骨鹰嘴与肱骨内上髁之间的凹陷中	肘臂疼痛，癫狂痫	直刺 0.3～0.5 寸，可灸
听宫	交会穴	在面部，耳屏正中与下颌骨髁突之间的凹陷中	耳鸣，耳聋，聤耳，齿痛，癫狂痫	微张口，直刺 0.5～1.0 寸

（7）足太阳膀胱经（urinary bladder channel of foot-Taiyang）：主治病症包括本经经气异常出现的病症和筋所生病两部分。本经从头走足，起于睛明，止于至阴，左右各 67 穴，包括睛明（BL1）、攒竹（BL2）、眉冲（BL3）、曲差（BL4）、五处（BL5）、承光（BL6）、通天（BL7）、络却（BL8）、玉枕（BL9）、天柱（BL10）、大杼（BL11）、风门（BL12）、肺俞（BL13）、厥阴俞（BL14）、心俞（BL15）、督俞（BL16）、膈俞（BL17）、肝俞（BL18）、胆俞（BL19）、脾俞（BL20）、胃俞（BL21）、三焦俞（BL22）、肾俞（BL23）、气海俞（BL24）、大肠俞（BL25）、关元俞（BL26）、小肠俞（BL27）、膀胱俞（BL28）、中膂俞（BL29）、白环俞（BL30）、上髎（BL31）、次髎（BL32）、中髎（BL33）、下髎（BL34）、会阳（BL35）、承扶（BL36）、殷门（BL37）、浮郄（BL38）、委阳（BL39）、委中（BL40）、附分（BL41）、魄户（BL42）、膏肓（BL43）、神堂（BL44）、譩譆（BL45）、膈关（BL46）、魂门（BL47）、阳纲（BL48）、意舍（BL49）、胃仓（BL50）、肓门（BL51）、志室（BL52）、胞肓（BL53）、秩边（BL54）、合阳（BL55）、承筋（BL56）、承山（BL57）、飞扬（BL58）、跗阳（BL59）、昆仑（BL60）、仆参（BL61）、申脉（BL62）、金门（BL63）、京骨（BL64）、束骨（BL65）、足通谷（BL66）及至阴（BL67）（图 2-12）。本经腧穴主要分布在面部、头项部、背腰部及下肢后外侧部。本经常用腧穴及主治病症如下所述（表 2-12）。

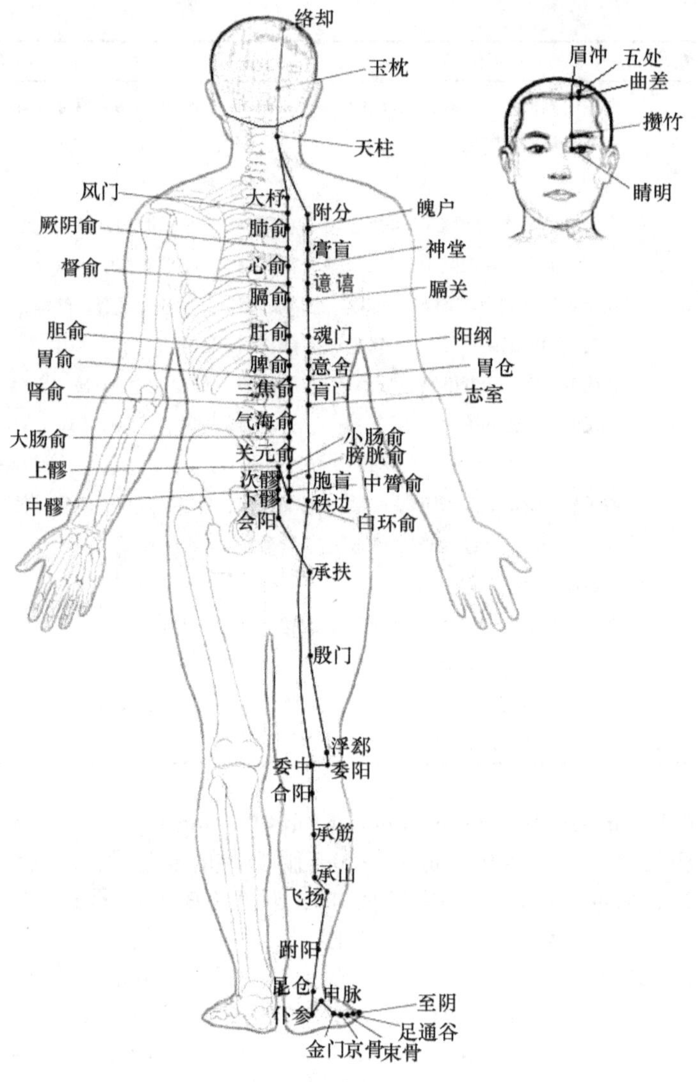

图 2-12　足太阳膀胱经腧穴

表 2-12　足太阳膀胱经常用腧穴

名称	特定穴属性	定位	主治功效	操作说明
睛明	交会穴	在面部，目内眦内上方眶内侧壁凹陷中	目赤肿痛，迎风流泪，夜盲，色盲，近视，急性腰痛	嘱患者闭目，操作者一手将眼球向外侧轻推并固定，另一手持针沿眼眶边缘缓慢直刺 0.5～1.0 寸，不宜大幅度提插捻转，禁灸
攒竹		在面部，眉头凹陷中，额切迹处	头痛，眉棱骨痛，目瞤，目赤肿痛，口㖞，面痛，腰痛	向下斜刺 0.3～0.5 寸，或向鱼腰穴方向透刺
大杼	骨会	在脊柱区，第 1 胸椎棘突下，后正中线旁开 1.5 寸	咳嗽，发热；头痛，颈项强痛，肩背痛	斜刺 0.5～0.8 寸，不宜直刺深刺，可灸
肺俞	背俞穴	在脊柱区，第 3 胸椎棘突下，后正中线旁开 1.5 寸	咳喘，咯血，潮热，盗汗，瘾疹，皮肤瘙痒	斜刺 0.5～0.8 寸，不宜直刺深刺，可灸
厥阴俞	背俞穴	在脊柱区，第 4 胸椎棘突下，后正中线旁开 1.5 寸	心痛，心悸；咳嗽，胸闷；呕吐	斜刺 0.5～0.8 寸，不宜直刺深刺，可灸

续表

名称	特定穴属性	定位	主治功效	操作说明
心俞	背俞穴	在脊柱区，第 5 胸椎棘突下，后正中线旁开 1.5 寸	失眠，健忘，梦遗，心悸，心痛，心烦，咳嗽，吐血，盗汗，癫狂，痫证	斜刺 0.5～0.8 寸，不宜直刺深刺，可灸
膈俞	血会	在脊柱区，第 7 胸椎棘突下，后正中线旁开 1.5 寸	咳嗽、气喘，呕吐、呃逆，血虚、血瘀、血热等症，瘾疹、风疹、皮肤瘙痒	斜刺 0.5～0.8 寸，不宜直刺深刺，可灸
肝俞	背俞穴	在脊柱区，第 9 胸椎棘突下，后正中线旁开 1.5 寸	胁痛，黄疸，目赤，夜盲，眩晕，癫狂，痫证，吐血，衄血	斜刺 0.5～0.8 寸，可灸
胆俞	背俞穴	在脊柱区，第 10 胸椎棘突下，后正中线旁开 1.5 寸	黄疸，口苦，呕吐，饮食不化，胁痛；肺痨，潮热	斜刺 0.5～0.8 寸
脾俞	背俞穴	在脊柱区，第 11 胸椎棘突下，后正中线旁开 1.5 寸	腹胀，纳呆，呕吐，泄泻，痢疾，便血，水肿，黄疸，背痛	直刺 0.5～1.0 寸
胃俞	背俞穴	在脊柱区，第 12 胸椎棘突下，后正中线旁开 1.5 寸	胃脘痛，呕吐，腹胀，肠鸣；胸胁痛	斜刺 0.5～0.8 寸，可灸
三焦俞	背俞穴	在脊柱区，第 1 腰椎棘突下，后正中线旁开 1.5 寸	水肿，小便不利；腹胀，肠鸣，泄泻，痢疾；腰背强痛	直刺 0.5～1.0 寸，可灸
肾俞	背俞穴	在脊柱区，第 2 腰椎棘突下，后正中线旁开 1.5 寸	水肿，小便不利，遗尿，月经不调，带下，遗精，阳痿，耳鸣，耳聋，气喘，腰痛	直刺 0.5～1.0 寸
大肠俞	背俞穴	在脊柱区，第 4 腰椎棘突下，后正中线旁开 1.5 寸	腰痛；腹胀，泄泻，便秘，痢疾，痔疾	直刺 0.8～1.2 寸，可灸
小肠俞	背俞穴	在骶部，横平第 1 骶后孔，骶正中嵴旁开 1.5 寸	遗精，遗尿，尿血，带下，疝气；腹痛，泄泻，痢疾；腰痛	直刺 0.8～1.2 寸，可灸
膀胱俞	背俞穴	在骶部，横平第 1 骶后孔，骶正中嵴旁开 1.5 寸	小便不利，尿频，遗尿，遗精；泄泻，便秘；腰脊强痛	直刺或斜刺 0.8～1.2 寸
委阳	三焦之下合穴	在膝部，腘横纹上，股二头肌腱的内侧缘	腹满，水肿，小便不利；腰脊强痛，下肢挛痛	直刺 1～1.5 寸，可灸
委中	合穴，膀胱之下合穴	在膝后区，腘横纹中点，当股二头肌腱与半腱肌肌腱中间	腰痛，下肢痿痹，遗尿，小便不利，腹痛，吐泻，瘾疹，丹毒，皮肤瘙痒	直刺 0.5～1.0 寸，或用三棱针点刺出血，可灸
承山		在小腿后区，腓肠肌两肌腹与肌腱交角处	便秘，痔疾，腰腿疼痛，脚气	直刺 1.0～2.0 寸，可灸
飞扬	络穴	在小腿后区，昆仑直上 7 寸腓肠肌外下缘与跟腱移行处，当承山处下方 1 寸处	头痛，目眩，鼻塞，鼻衄；腰背痛，腿软无力，筋急不能屈伸；痔疾	直刺 1.0～1.5 寸，可灸
跗阳	郄穴	在小腿后区，昆仑直上 3 寸，腓骨与跟腱之间	头痛，头重；腰腿痛，下肢痿痹，外踝肿痛，脚气	直刺 0.8～1.2 寸，可灸
昆仑	经穴	在踝区，外踝尖与跟腱之间的凹陷中	头痛，项强，腰背疼痛，目眩，鼻衄，癫痫，难产	直刺 0.5～1.0 寸，可灸
申脉	八脉交会穴，交会穴	在踝区，外踝尖直下，外踝下缘与跟骨之间的凹陷中	失眠，嗜睡，头痛，眩晕，项强，目赤痛，眼睑下垂，癫狂痫，腰腿疼痛	直刺 0.3～0.5 寸，可灸
金门	郄穴	在足背，外踝前缘直下，第 5 跖骨粗隆后方，骰骨下缘凹陷中	头痛，癫痫，小儿惊风；腰痛，下肢痿痹，外踝肿痛	直刺 0.3～0.5 寸，可灸
京骨	原穴	在跖区，第 5 跖骨粗隆前下方，赤白肉际处	头痛，项强，目翳，癫痫；腰腿痛	直刺 0.3～0.5 寸，可灸
束骨	输穴	在跖区，第 3 跖趾关节的近端，赤白肉际处	头痛，项强，目眩，癫狂；腰腿痛	直刺 0.3～0.5 寸，可灸
足通谷	荥穴	在跖区，第 3 跖趾关节的远端，赤白肉际处	头痛，项强；目眩，鼻衄；癫狂	直刺 0.2～0.3 寸，可灸
至阴	井穴	足小趾外侧趾甲角旁约 0.1 寸	头痛，目痛，鼻塞，鼻衄，胎位不正，难产	浅刺 0.1 寸，胎位不正用灸法

案例 2-3 分析讨论（续）

3. 胆俞的定位在脊柱区，第 10 胸椎棘突下，后正中线旁开 1.5 寸。

（8）足少阴肾经（kidney channel of foot-Shaoyin）：主治病症包括本经经气异常出现的病症和肾所生病两部分。本经腧穴起于涌泉，止于俞府，左右各 27 穴，包括涌泉（KI1）、然谷（KI2）、太溪（KI3）、大钟（KI4）、水泉（KI5）、照海（KI6）、复溜（KI7）、交信（KI8）、筑宾（KI9）、阴谷（KI10）、横骨（KI11）、大赫（KI12）、气穴（KI13）、四满（KI14）、中注（KI15）、肓俞（KI16）、商曲（KI17）、石关（KI18）、阴都（KI19）、腹通谷（KI20）、幽门（KI21）、步廊（KI22）、神封（KI23）、灵墟（KI24）、神藏（KI25）、彧中（KI26）、俞府（KI27）（图 2-13）。本经腧穴主要分布在足心、下肢内侧后缘及腹胸部。本经常用腧穴及主治病症如下所述（表 2-13）。

表 2-13 足少阴肾经常用腧穴

名称	特定穴属性	定位	主治	操作及注意事项
涌泉	井穴	在足底，屈足蜷趾时足心前方最凹陷处	眩晕，头顶痛，失眠，癫狂，昏厥，小儿惊风，小便不利，便秘，舌干，失音，咽喉肿痛，足心热	直刺 0.5～1.0 寸，可灸
然谷	荥穴	在足内侧缘，足舟骨粗隆下方的赤白肉际处	月经不调，阴挺，阴痒，遗精，小便不利，消渴，泄泻，小儿脐风，咽痛，咯血，口噤	直刺 0.5～1.0 寸，可灸
太溪	原穴，输穴	在踝区，内踝尖与跟腱之间的凹陷中	遗精，阳痿，月经不调，小便频数，腰痛，泄泻，消渴，头痛，眩晕，失眠，健忘，耳鸣，耳聋，齿痛，咽喉肿痛，咳喘，咯血	直刺 0.5～1.5 寸，可灸
大钟	络穴	在足内侧，内踝后下方，当跟腱附着部内侧前的凹陷处	癃闭，遗尿，便秘，咯血，气喘，痴呆，嗜卧，足跟痛	直刺 0.3～0.5 寸，可灸
水泉	郄穴	在足内侧，内踝后下方，当太溪直下 1 寸，跟骨结节内侧的凹陷处	月经不调，痛经，阴挺，小便不利	直刺 0.3～0.5 寸，可灸
照海	八脉交会穴	在足内侧，内踝尖下方的凹陷处	小便频数，癃闭，痛经，月经不调，带下，阴痒，阴挺，目赤肿痛，咽喉干痛，失眠，痫证	直刺 0.5～0.8 寸，可灸
复溜	经穴	在小腿内侧，太溪穴直上 2 寸，跟腱前方	水肿，腹胀，泄泻，盗汗，热病汗不出，下肢痿痹	直刺 0.5～1 寸
交信	郄穴	在小腿内侧，当太溪直上 2 寸，复溜前 0.5 寸，胫骨内侧缘后方	月经不调，崩漏，阴挺，泄泻，便秘	直刺 1.0～1.5 寸，可灸
筑宾	郄穴	在小腿内侧，当太溪与阴谷的连线上，太溪上 5 寸，腓肠肌肌腹内下方	癫狂，呕吐，疝气，小腿疼痛	直刺 1.0～1.5 寸，可灸
阴谷	合穴	在腘窝内侧，屈膝时，当半腱肌腱与半膜肌腱之间	癫狂，阳痿，疝气，崩漏，膝股痛	直刺 1.0～1.5 寸，可灸

（9）手厥阴心包经（pericardium channel of hand-Jueyin）：主治病症包括本经经气异常出现的病症和脉所生病两部分。本经从胸走手，起于天池，止于中冲，左右各 9 穴，包括天池（PC1）、天泉（PC2）、曲泽（PC3）、郄门（PC4）、间使（PC5）、内关（PC6）、大陵（PC7）、劳宫（PC8）、中冲（PC9）（图 2-14）。本经腧穴主要分布在胸前部及上肢内侧中间。本经常用腧穴及主治病症如

下（表 2-14）。

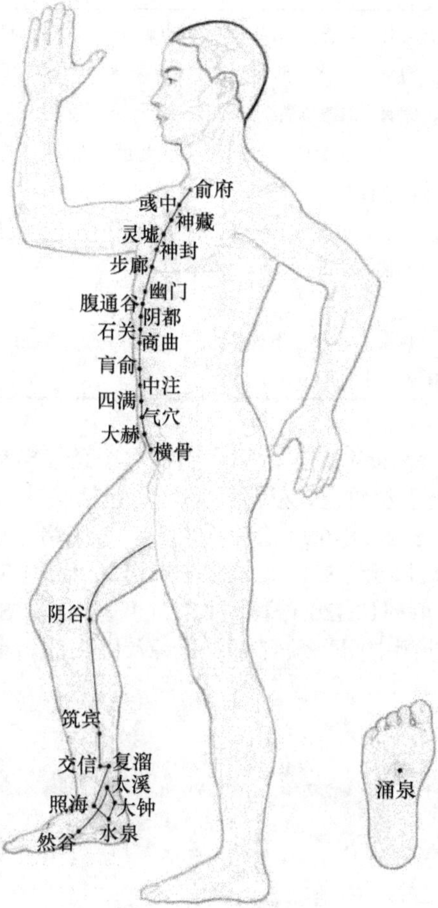

图 2-13　足少阴肾经腧穴

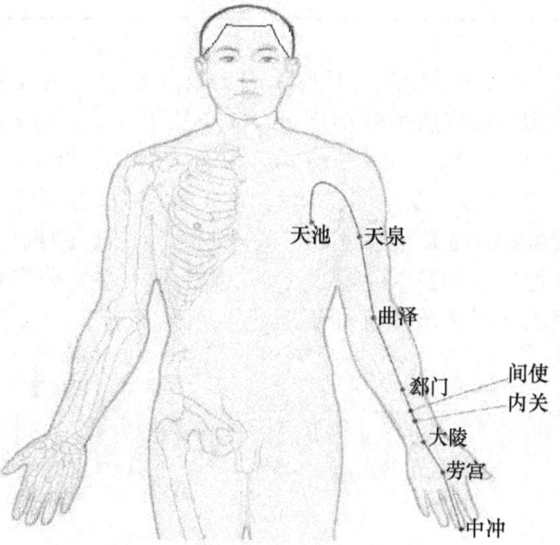

图 2-14　手厥阴心包经腧穴

表 2-14　手厥阴心包经常用腧穴

名称	特定穴属性	定位	主治	操作及注意事项
天池		在胸部，当第四肋间隙，乳头外 1 寸，前正中线旁开 5 寸	胸闷，胁肋痛，咳嗽，气喘	向外斜刺 0.5 寸，不可深刺，以免伤及肺脏
曲泽	合穴	在肘前区，肘横纹上，肱二头肌腱的尺侧缘凹陷中	心悸，心痛，热病，胃痛，呕吐，泄泻，肘臂痛	直刺 1.0～1.5 寸，或用三棱针点刺出血，可灸
郄门	郄穴	在前臂掌侧，曲泽与大陵的连线上，腕横纹上 5 寸，掌长肌腱与桡侧腕屈肌腱之间	心痛，心悸，疥疮，癫痫，呕血，咯血	直刺 0.5～1.0 寸，可灸
间使	经穴	在前臂掌侧，曲泽与大陵的连线上，腕横纹上 3 寸，掌长肌腱与桡侧腕屈肌腱之间	心痛，心悸，癫狂痫，热病，疟疾，胃痛，呕吐，肘臂痛	直刺 0.5～1.0 寸，可灸

续表

名称	特定穴属性	定位	主治	操作及注意事项
内关	络穴，八脉交会穴	在前臂，腕掌侧远端横纹上 2 寸，掌长肌腱与桡侧腕屈肌腱之间	胸闷，心悸，心痛，呕吐，呃逆，胃痛，头痛，眩晕，失眠，癫痫，肘臂挛痛	直刺 0.5～1.0 寸，可灸
大陵	输穴，原穴	在腕部，腕掌侧远端横纹中点，掌长肌腱与桡侧腕屈肌腱之间	心悸，心痛，胸胁痛，胃痛，呕吐，手腕痛	直刺 0.3～0.5 寸，可灸
劳宫	荥穴	在手掌心，当第 2、3 掌骨之间偏于第 3 掌骨，握拳时中指尖处	口疮，口臭，鼻衄，癫痫狂，中风昏迷，中暑，心痛，呕吐	直刺 0.3～0.5 寸，可灸
中冲	井穴	中指尖端的中央	昏迷，热病，心痛，中暑，舌强不语，小儿夜啼	浅刺 0.1 寸或点刺出血

（10）手少阳三焦经（tri-energizer channel of hand-Shaoyang）：主治病症包括本经经气异常出现的病症和气所生病两部分。本经从手走头，起于关冲，止于丝竹空，左右各 23 穴，包括关冲（SJ1）、液门（SJ2）、中渚（SJ3）、阳池（SJ4）、外关（SJ5）、支沟（SJ6）、会宗（SJ7）、三阳络（SJ8）、四渎（SJ9）、天井（SJ10）、清冷渊（SJ11）、消泺（SJ12）、臑会（SJ13）、肩髎（SJ14）、天髎（SJ15）、天牖（SJ16）、翳风（SJ17）、瘈脉（SJ18）、颅息（SJ19）、角孙（SJ20）、耳门（SJ21）、耳和髎（SJ22）、丝竹空（SJ23）（图 2-15）。本经腧穴主要分布在上肢外侧中间、颈侧部、耳旁及侧头部。本经常用腧穴及主治病症如下所述（表 2-15）。

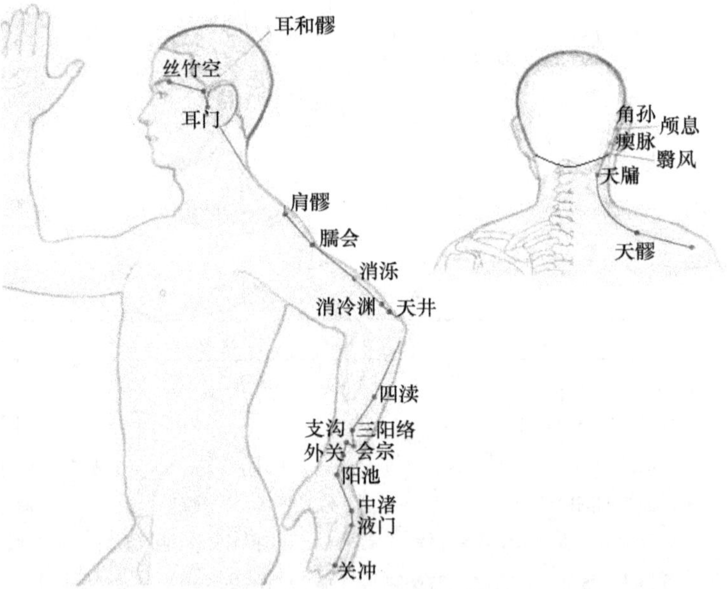

图 2-15 手少阳三焦经腧穴

表 2-15 手少阳三焦经常用腧穴

名称	特定穴属性	定位	主治	操作及注意事项
关冲	井穴	无名指尺侧端、距指甲角约 0.1 寸	发热，头痛，目赤，耳聋，喉痹，昏厥	浅刺 0.1 寸，或点刺出血

续表

名称	特定穴属性	定位	主治	操作及注意事项
液门	荥穴	在手背部，当第 4、5 指间赤白肉际处	头痛，目赤，耳聋，咽喉肿痛，疟疾	直刺 0.3～0.5 寸
中渚	输穴	握拳，第 4、5 掌骨小头后缘之凹陷	头痛，目赤，耳鸣耳聋，咽喉肿痛，热病，手指不能屈伸	直刺 0.3～0.5 寸
阳池	原穴	在腕部，当腕背横纹中，当指伸肌腱的尺侧缘凹陷中	耳聋，目赤肿痛，咽喉肿痛，疟疾，消渴，腕痛	直刺 0.3～0.5 寸，可灸
外关	络穴，八脉交会穴	在前臂后区，腕背侧远端横纹上 2 寸，尺骨与桡骨间隙中点	头痛，目赤，耳鸣，耳聋，热病，胸胁疼痛，上肢痿痹	直刺 0.5～1.0 寸，可灸
支沟	经穴	在前臂后区，腕背侧远端横纹上 3 寸，尺骨与桡骨间隙中点	便秘，耳鸣，耳聋，落枕，胁肋疼痛，热病	直刺 0.5～1.0 寸，可灸
会宗	郄穴	在前臂背侧，当腕横纹上 3 寸，尺骨桡侧缘，支沟尺侧	耳鸣，耳聋，癫痫，上肢痹痛	直刺 0.5～1.0 寸
天井	合穴	在肘外侧，屈肘时，当肘尖直上 1 寸凹陷处	偏头痛，癫痫，耳聋，瘰，肘臂痛	直刺 0.5～1.0 寸
翳风		在颈部，耳垂后方，乳突下端前方凹陷中	口眼㖞斜，齿痛，耳鸣，耳聋，颊肿，呃逆，瘰疬	直刺 0.8～1.2 寸
耳门		耳屏上切迹前，下颌骨髁状突后缘凹陷中	耳鸣耳聋，齿痛，牙关紧闭	张口，直刺 0.5～1 寸
丝竹穴	交会穴	眉毛外端凹陷中	头痛，面瘫，斜视，目赤肿痛	平刺 0.3～0.5 寸

（11）足少阳胆经（gall bladder channel of foot-Shaoyang）：主治病症包括本经经气异常出现的病症和骨所生病两部分。本经从头走足，起于瞳子髎，止于足窍阴，左右各 44 穴，包括瞳子髎（GB1）、听会（GB2）、上关（GB3）、颌厌（GB4）、悬颅（GB5）、悬厘（GB6）、曲鬓（GB7）、率谷（GB8）、天冲（GB9）、浮白（GB10）、头窍阴（GB11）、完骨（GB12）、本神（GB13）、阳白（GB14）、头临泣（GB15）、目窗（GB16）、正营（GB17）、承灵（GB18）、脑空（GB19）、风池（GB20）、肩井（GB21）、渊腋（GB22）、辄筋（GB23）、日月（GB24）、京门（GB25）、带脉（GB26）、五枢（GB27）、维道（GB28）、居髎（GB29）、环跳（GB30）、风市（GB31）、中渎（GB32）、膝阳关（GB33）、阳陵泉（GB34）、阳交（GB35）、外丘（GB36）、光明（GB37）、阳辅（GB38）、悬钟（GB39）、丘墟（GB40）、足临泣（GB41）、地五会（GB42）、侠溪（GB43）、足窍阴（GB44）（图 2-16）。本经腧穴主要分布在头面部、项部、肩部、胸腹侧面、下肢外侧面及足背外侧。本经常用腧穴及主治病症如下所述（表 2-16）。

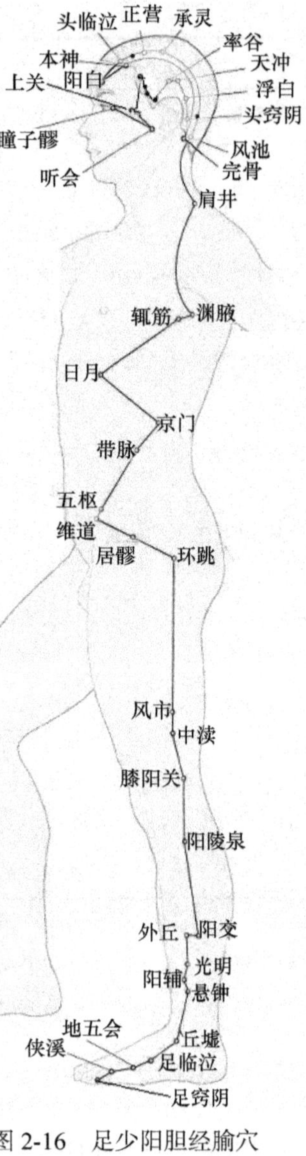

图 2-16　足少阳胆经腧穴

表 2-16　足少阳胆经常用腧穴

名称	特定穴属性	定位	主治	操作及注意事项
瞳子髎	交会穴	目外眦旁 0.5 寸，眶骨外缘凹陷中	头痛，目赤肿痛，青盲	平刺 0.3～0.5 寸
听会	交会穴	耳屏切迹前方，下颌骨髁状突后缘，张口有孔处	耳鸣，耳聋，齿痛，口㖞	张口，直刺 0.5～1 寸
风池	交会穴	在颈后区，枕骨之下，胸锁乳突肌上端与斜方肌上端之间的凹陷中	头痛，目赤肿痛，目不明，耳鸣，耳聋，鼻塞，鼻衄，鼻渊，咽喉肿痛，眩晕，中风，失眠，健忘，热病，感冒	向鼻尖方向斜刺 0.8～1.2 寸
肩井	交会穴	在肩胛区，第 7 颈椎棘突下与肩峰最外侧点连线的中点	颈项、肩背疼痛，上肢不遂，乳痈，乳少，难产，瘰疬	直刺 0.3～0.5 寸，忌深刺，孕妇禁用
日月	募穴	在腹部，前正中线旁开 4 寸，乳头直下的第 7 肋间隙中	胁痛，胃脘痛，黄疸，呕吐，吞酸，呃逆	斜刺或平刺 0.5～0.8 寸

续表

名称	特定穴属性	定位	主治	操作及注意事项
京门	募穴	在侧腹部，章门后 1.8 寸，当第 12 肋骨游离端下	腹胀，泄泻，肠鸣，呕吐，水肿，腰痛，胁痛，小便不利	直刺 0.5～1.0 寸
带脉	交会穴	在侧腹部，第 11 肋骨游离端下方垂线与脐水平线的交点	胁痛，腰痛，月经不调，经闭，疝气，小腹痛，阴挺，带下	直刺 0.8～1.0 寸
环跳	交会穴	在臀区，股骨大转子最凸点与骶管裂孔连线的外 1/3 与内 2/3 交点处	腰腿痛，下肢痿痹，半身不遂	直刺 2.0～3.0 寸
阳陵泉	合穴，下合穴，筋会	在小腿外侧，腓骨头前下方凹陷中	胁肋疼痛，口苦，呕吐，黄疸，下肢痿痹，膝髌肿痛，肩颈疼痛，小儿惊风	直刺 1.0～1.5 寸，可灸
阳交	郄穴	在小腿外侧，腓骨后缘，外踝尖上 7 寸	下肢痿痹，胸胁胀满，癫狂痫	直刺 1～1.5 寸
外丘	郄穴	在小腿外侧，腓骨前缘，外踝尖上 7 寸	癫狂，胸胁胀满，下肢痿痹，颈项强痛，狂犬伤毒不出	直刺 1～1.5 寸
光明	络穴	在小腿外侧，外踝尖上 5 寸，腓骨前缘	夜盲，目视不明，目痛，乳少，乳房胀痛，下肢痿痹	直刺 1.0～1.5 寸，可灸
阳辅	经穴	在小腿外侧，当外踝尖上 4 寸，腓骨前缘前方	咽痛，偏头痛，目外眦痛，胁满，瘰疬，腋下肿痛，脚气，恶寒发热，下肢痿痹	直刺 0.8～1.2 寸
悬钟	髓会	在小腿外侧，腓骨前缘，外踝尖上 3 寸	项强，偏头痛，咽痛，胁痛，痔疮，便秘，下肢痿痹，脚气	直刺 0.5～0.8 寸
丘墟	原穴	在足部，外踝前下方，当趾长伸肌腱的外侧凹陷中	下肢痿痹，外踝肿痛，脚气，胁痛，疟疾	直刺 0.5～0.8 寸
足临泣	输穴 八脉交会穴	第 4、5 跖骨结合部前方，小趾伸肌腱外侧的凹陷中	目赤肿痛，胁肋疼痛，月经不调，耳聋，足跗疼痛	直刺 0.3～0.5 寸
侠溪	荥穴	在足部，足背外侧第 4、5 趾间，趾蹼缘后赤白肉际处	热病，乳痈，胁痛，目赤肿痛，头痛，眩晕，耳鸣，耳聋	直刺 0.3～0.5 寸
足窍阴	井穴	在足部，第 4 趾末节外侧，距趾甲角 0.1 寸	热病，头痛，不寐，多梦，胁痛，目痛，咽痛，足跗肿痛，耳聋耳鸣	浅刺 0.1～0.2 寸，或点刺出血

（12）足厥阴肝经（liver channel of foot-Jueyin）：主治病症包括本经经气异常出现的病症和肝所生病两部分。本经从足走腹，起于大敦，止于期门，左右各 14 穴，包括大敦（LR1）、行间（LR2）、太冲（LR3）、中封（LR4）、蠡沟（LR5）、中都（LR6）、膝关（LR7）、曲泉（LR8）、阴包（LR9）、足五里（LR10）、阴廉（LR11）、急脉（LR12）、章门（LR13）、期门（LR14）（图 2-17）。本经腧穴主要分布在下肢内侧、侧腹部及胸部。本经常用腧穴及主治病症如下所述（表 2-17）。

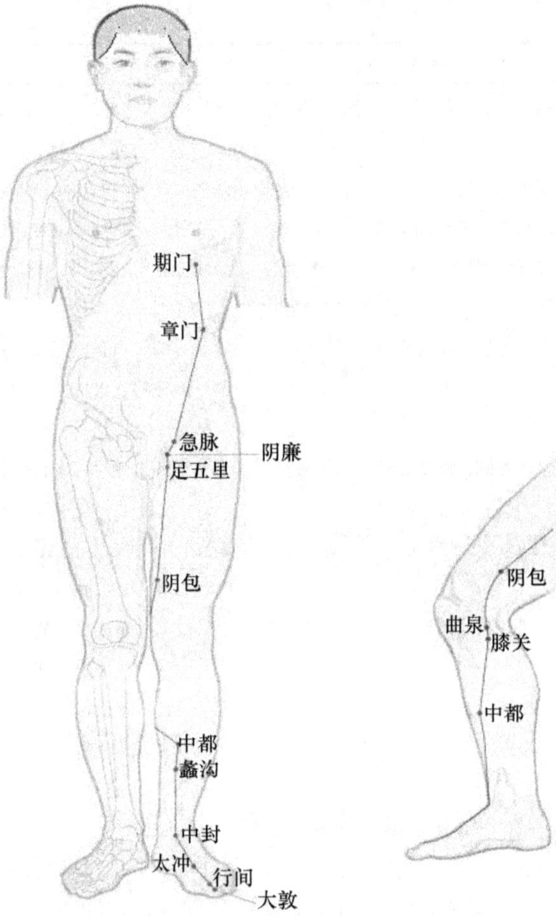

图 2-17 足厥阴肝经腧穴

表 2-17 足厥阴肝经常用腧穴

穴名	特定穴属性	定位	主治	操作及注意事项
大敦	井穴	足大趾外侧趾甲角旁约 0.1 寸	疝气，遗尿，经闭，崩漏，癫痫	浅刺 0.1 寸或点刺出血
行间	荥穴	在足背，第 1、2 趾之间，趾蹼缘的后方赤白肉际处	头痛，眩晕，目赤肿痛，青盲，痛经，月经不调，经闭，崩漏，带下，小便不利，癃闭，遗尿，疝气，中风，癫痫，黄疸，胁肋痛	直刺 0.5～0.8 寸，可灸
太冲	输穴，原穴	在足背，第 1、2 跖骨之间，跖骨底结合部前方凹陷中	眩晕，头痛，耳鸣，耳聋，目赤肿痛，青盲，咽喉痛，口㖞，中风，癫痫，小儿惊风，痛经，月经不调，经闭，崩漏，带下，遗尿，癃闭，黄疸，胁痛，胃脘痛，呃逆，泄泻，下肢痿痹，足跗肿痛	直刺 0.5～0.8 寸，可灸
中封	经穴	在足部，足背侧，内踝前，商丘与解溪连线之间，胫骨前肌腱内侧凹陷处	下肢痿痹，足踝肿痛，腹痛，疝气，遗精，小便不利	直刺 0.5～0.8 寸
蠡沟	络穴	在小腿内侧，胫骨内侧面中央，内踝尖上 5 寸	月经不调，外阴瘙痒，带下，遗尿，小便不利，睾丸肿痛，阳强挺长，足胫肿痛	平刺 0.5～0.8 寸
中都	郄穴	在小腿内侧，内踝尖上 7 寸，胫骨内侧面的中央	腹痛，疝气，崩漏，恶露不尽，泄泻	平刺 0.5～0.8 寸，可灸

续表

穴名	特定穴属性	定位	主治	操作及注意事项
曲泉	合穴	屈膝，膝内侧横纹头上方凹陷中	腹痛，小便不利，遗精、阴痒，月经不调，痛经，带下，膝痛	直刺 1～1.5 寸
章门	脏会，脾募穴，交会穴	在侧腹部，当第 11 肋骨游离端下方	胁痛，黄疸，痞块，泄泻，腹胀	直刺 0.8～1 寸
期门	肝募穴，交会穴	乳头直下，第 6 肋间隙	胸胁胀痛，腹胀，呕吐，乳痈	斜刺或平刺 0.5～0.8 寸

（13）督脉（du channel）：主治神志病、热病、头项背腰病证及相应的内脏病变。本经起于长强，止于龈交，共计 28 穴，包括长强（DU1）、腰俞（DU2）、腰阳关（DU3）、命门（DU4）、悬枢（DU5）、脊中（DU6）、中枢（DU7）、筋缩（DU8）、至阳（DU9）、灵台（DU10）、神道（DU11）、身柱（DU12）、陶道（DU13）、大椎（DU14）、哑门（DU15）、风府（DU16）、脑户（DU17）、强间（DU18）、后顶（DU19）、百会（DU20）、前顶（DU21）、囟会（DU22）、上星（DU23）、神庭（DU24）、素髎（DU25）、水沟（DU26）、兑端（DU27）、龈交（DU28）（图 2-18）。本经腧穴主要分布在躯干后正中线及头面部正中线上。本经常用腧穴及主治病症如下所述（表 2-18）。

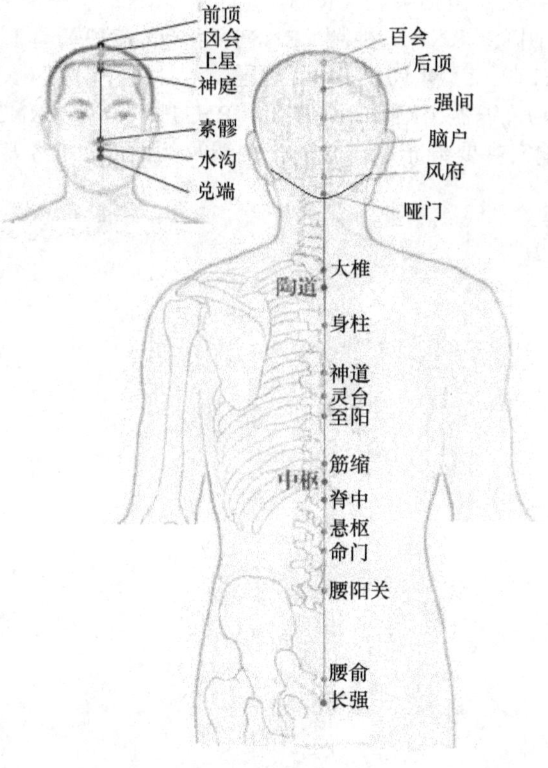

图 2-18　督脉腧穴

表 2-18　督脉常用腧穴

穴名	特定穴属性	定位	主治	操作及注意事项
命门		在脊柱区，第 2 腰椎棘突下凹陷中，后正中线上	尿频，遗尿，阳痿，早泄，遗精，月经不调，赤白带下，泄泻，腰痛，下肢痿痹	直刺 0.5～1.0 寸，可灸

续表

穴名	特定穴属性	定位	主治	操作及注意事项
大椎	交会穴	在脊柱区，第 7 颈椎棘突下凹陷中，后正中线上	热病，骨蒸潮热，疟疾，感冒，咳喘，癫痫，小儿惊风，风疹，痤疮，脊强，头项痛	斜刺 0.5～1.0 寸，或用三棱针点刺放血
哑门	交会穴	在颈后区，后正中线上，当后发际直上 0.5 寸，第 1 颈椎下	暴喑，舌强不语，头痛，项强，中风，癫狂痫	俯伏坐位，头微前倾，颈项肌肉放松，向下颌方向斜刺 0.5～1 寸
风府	交会穴	在颈后区，枕外隆凸直下，两侧斜方肌之间凹陷中	眩晕，头痛，项强，中风，癫狂痫，目痛，鼻衄，咽喉肿痛	伏案正坐位，头微前倾，向下颌方向缓慢针刺 0.5～1.0 寸
百会	交会穴	在头部，前发际正中直上 5 寸	眩晕，头痛，癫狂痫，中风，失眠，健忘，久泄，脱肛，阴挺	平刺 0.5～1.0 寸，可灸
水沟	交会穴	在面部，人中沟的上 1/3 与中 1/3 交点处	昏迷，晕厥，中风，抽搐，癫狂痫证，鼻塞，鼻衄，口㖞，牙关紧闭，齿痛，唇肿，闪挫腰痛，脊膂强痛，黄疸，消渴	向上斜刺 0.3～0.5 寸，或用指甲掐按，不灸

（14）任脉（ren channel）：主治头面、颈、胸、腹部的局部病证及相应的内脏病变。本经起于会阴，止于承浆，共计 24 穴，包括会阴（RN1）、曲骨（RN2）、中极（RN3）、关元（RN4）、石门（RN5）、气海（RN6）、阴交（RN7）、神阙（RN8）、水分（RN9）、下脘（RN10）、建里（RN11）、中脘（RN12）、上脘（RN13）、巨阙（RN14）、鸠尾（RN15）、中庭（RN16）、膻中（RN17）、玉堂（RN18）、紫宫（RN19）、华盖（RN20）、璇玑（RN21）、天突（RN22）、廉泉（RN23）、承浆（RN24）（图 2-19）。本经腧穴主要分布在躯干前正中线及颜面部。本经常用腧穴定位及主治病症如下所述（表 2-19）。

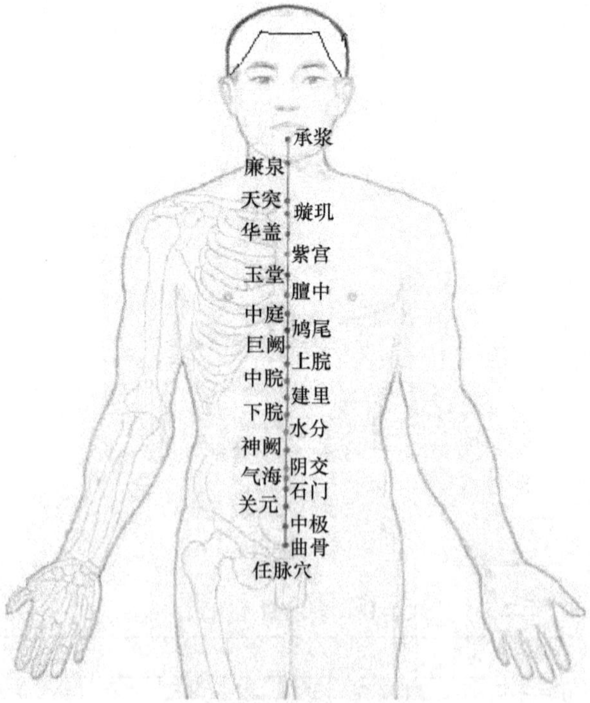

图 2-19 任脉腧穴

表 2-19　任脉常用腧穴

穴名	特定穴属性	定位	主治	操作及注意事项
中极	膀胱募穴，交会穴	在下腹部，脐中下 4 寸	遗尿，尿频，癃闭，月经不调，痛经，崩漏，带下，阴挺，遗精，阳痿，疝气	嘱患者排尿后针刺，直刺 1～1.5 寸，孕妇禁针
关元	小肠募穴，交会穴	在下腹部，脐中下 3 寸	眩晕，中风脱证，虚劳羸瘦，小便频数，遗尿，癃闭，痛经，闭经，月经不调，崩漏，带下，不孕，阳痿，遗精，疝气，腹痛，泄泻	直刺 1.0～1.5 寸，可灸
神阙		在脐区，脐中央	虚脱，水肿，腹痛，久泄，痢疾，脱肛	宜灸，禁刺
中脘	胃募穴，腑会，交会穴	在上腹部，脐中上 4 寸，前正中线上	呕吐，吞酸，呃逆，胃脘痛，腹胀，泄泻，咳喘痰多，癫痫，黄疸，失眠，心悸，怔忡	直刺 1.0～1.5 寸，可灸
膻中	心包募穴，气会	在胸部，横平第 4 肋间隙，前正中线上	心悸，胸痛，胸闷，咳喘，气短，乳痛，乳少，呕吐，呃逆	平刺 0.3～0.5 寸

2. 经外奇穴（extra points）　主治比较单纯，对某一种疾病有特殊治疗。经外奇穴数量不定，仍在继续发现中。其常用腧穴（图 2-20）及主治病症如下所述（表 2-20）。

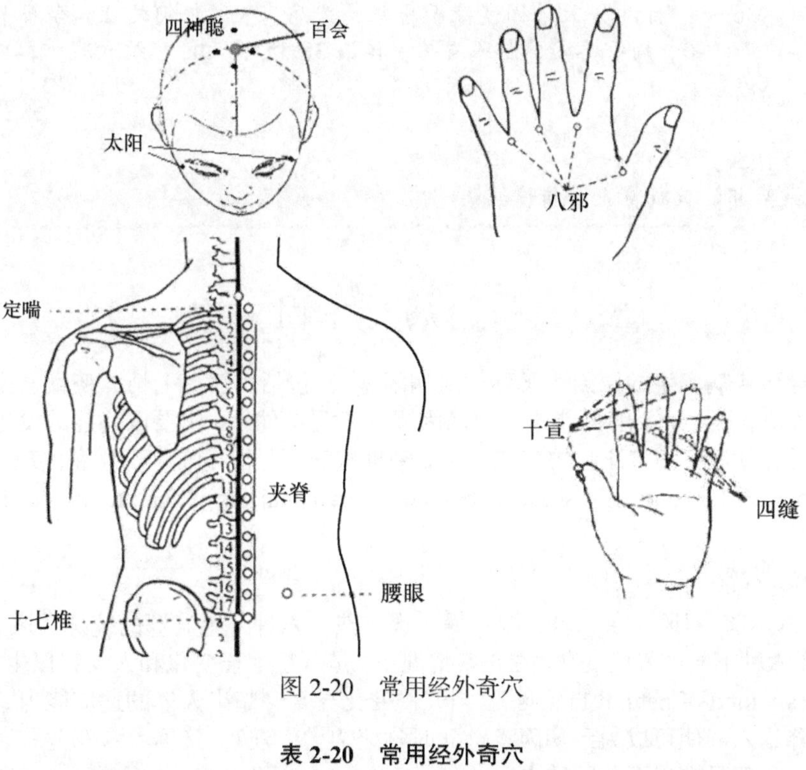

图 2-20　常用经外奇穴

表 2-20　常用经外奇穴

穴名	定位	主治	操作及注意事项
四神聪	在头部，百会前后左右旁开各 1 寸，共 4 穴	眩晕，头痛，失眠，健忘，癫狂痫	平刺 0.5～0.8 寸，可灸
太阳	在头部，眉梢与目外眦之间，向后约 1 横指的凹陷中	头痛，目疾，面痛，齿痛	直刺或斜刺 0.3～0.5 寸，或点刺出血

续表

穴名	定位	主治	操作及注意事项
夹脊	在脊柱区，第 1 胸椎至第 5 腰椎棘突下两侧，后正中线旁开 0.5 寸，一侧 17 穴，左右共 34 穴	第 1 胸椎～第 5 胸椎夹脊穴可治疗肺、心、胸部及上肢疾患，第 6 胸椎～第 12 胸椎夹脊穴可治疗脾、胃、肝、胆疾病，第 1 腰椎～第 5 腰椎夹脊穴可治疗腰骶、盆腔及下肢病变	直刺或向内斜刺 0.5～1.0 寸
八邪	在手背，第 1～5 指间，趾蹼缘后方赤白肉际处，左右共 8 穴	背肿痛，手指麻木，毒蛇咬伤，烦热，目痛	斜刺 0.5～0.8 寸或点刺出血，可灸
四缝	在手指掌侧，第 2～5 指掌面的近端指间关节横纹的中央	小儿疳积，百日咳	直刺 0.1～0.2 寸，挤出少量黄白黏液或出血
十宣	在手指，十指尖端，距指甲游离缘 0.1 寸（指寸），左右共 10 穴	高热，中暑，昏迷，晕厥，癫痫，咽喉肿痛，指端麻木	直刺 0.1～0.2 寸或点刺出血

第五节　病 因 病 机

案例 2-4

患者，男，36 岁。自诉 3 天前因受凉而恶寒，头痛，未做任何处理。今日头痛加剧，遂来就诊。现鼻塞流清涕，周身疼痛，恶寒发热，体温 38.5℃，无汗，纳食减少，口不渴。舌质淡，苔薄白，脉浮紧。

问题

1. 病因是什么？
2. 结合该病邪的致病特点分析诸症。

一、病　　因

病因是指导致疾病发生的原因，又称“致病因素”，包括六淫、七情、痰饮、瘀血、饮食、劳逸等。中医学认识病因，除了解可能作为致病因素的客观条件外，主要以病症的发生经过及其临床表现为依据，通过分析疾病与证候的症状、体征来推求病因，指导临床诊疗和护理，这种方法称为“辨证求因”（looking for cause of disease on basis of overall analysis of symptoms and signs），又称“审证求因”。

（一）外感六淫

六淫（six evils），即风、寒、暑、湿、燥、火（热）六种外感病邪的统称。风、寒、暑、湿、燥、火是自然界六种不同的气候变化，在正常情况下，是万物生长变化和人类赖以生存的自然条件，称为“六气”（six kind of natural factors）。当气候变化异常，超出人体的适应能力，或人体正气不足，抵抗力下降，六气便可成为致病因素，此时称之为“六淫”，又称“六邪”。

六淫致病，一般具有以下共同特点。

（1）外感性：六淫之邪多由肌表或口鼻侵入人体而致病，由表入里，由浅入深，故有“外感六淫”之称。六淫所致疾病，又称为“外感病”。

（2）季节性：六淫致病常有明显的季节性，故又称之为“时令病”。如春季多风，夏季多暑，长夏多湿，秋季多燥，冬季多寒。

（3）地域性：六淫致病与生活、工作环境密切相关。如东北多寒、江南多湿热、久居潮湿环境多湿病。

（4）相兼性：六淫之邪既可单独伤人致病，又可两种以上同时侵犯人体而为病。如风热感冒、风寒湿痹、寒湿困脾等。

（5）转化性：六淫致病在一定的条件下，所致证候的病理性质可发生转化，并不是说六淫中的一种邪气变成了另一种邪气。

1. 风（wind） 虽为春季主气，但四季皆有，所以风邪致病虽以春季最为多见，却并不局限于春季，其他季节亦可发生。

风邪的性质和致病特点如下所述。

（1）风为阳邪，轻扬开泄：风邪具有轻扬、升发、向上、向外的特性，故属于阳邪。其性开泄是指风邪易使人体腠理疏泄开张而致气液外泄汗出。故风邪侵袭，常伤及人体头面、肌表和阳经，使皮毛腠理开泄，出现头痛、汗出、恶风等症。

（2）风性善行而数变："善行"，指风性善动不居、游移不定，故其致病具有病位游移、行无定处的特性。"数变"，指风邪致病变幻无常，发病迅速。如风疹块就有起病急骤、迅速波及他处，或此起彼伏、发无定处的特点。同时，由风邪为先导的疾病，一般都有发病急、传变快的特点，如小儿风水病，短时间内发生头面一身悉肿。

（3）风性主动："主动"，指风邪致病具有动摇不定的特征。如风邪入侵，临床常见眩晕、震颤、抽搐、颈项强直、角弓反张、两目上视、肌肉颤动等症。

（4）风为百病之长：长者，始也，首也。说明风邪是六淫中最常见最易中人之邪，凡寒、湿、暑、燥、热诸邪，常依附于风而侵犯人体，如外感风寒、风湿、风热、风燥等证。另外，风邪终岁常在，故发病机会多；风邪侵入，无孔不入，表里内外均可遍及，侵害不同的脏腑组织，可发生多种病症。故《素问·风论》曰："风者，百病之长也。"

2. 寒 乃冬季之主气，但寒邪致病也可见于其他季节，如气温骤降、涉水淋雨、汗出当风，常为感受寒邪的重要原因。

寒邪的性质和致病特点如下所述。

（1）寒为阴邪，易伤阳气：寒与热相对而言，则寒为阴，热为阳。因此，感受寒邪，易伤人体阳气，表现为阴寒偏盛的寒实证。寒邪侵袭肌表，卫阳被遏，出现恶寒、发热、无汗、脉浮紧等。寒邪直中脾胃，可见脘腹冷痛、腹泻等症。

（2）寒性凝滞而主痛："凝滞"即凝结、阻滞不通之意。人体气血津液之所以能运行不息、通畅无阻，全赖阳气的温煦和推动。一旦寒邪侵犯人体，阳气受损，往往会使经脉气血凝结，阻滞不通，不通则痛。故疼痛是寒邪致病的重要临床表现。因寒而痛，一则有明显的受寒原因；二是其痛得温则减，遇寒痛剧。如寒客肌表经络，气血凝滞不通，则头身肢体关节疼痛；寒邪直中胃肠，则可见脘腹冷痛等。

（3）寒性收引："收引"，即收缩牵引之意。寒邪侵袭人体，可使气机收敛，腠理、经络、筋脉收缩而挛急。如寒客血脉，则气血凝滞、血脉挛缩，可见头身疼痛、脉紧；寒客经络关节，则经脉收缩拘急，见挛急作痛，屈伸不利等症。

3. 暑 乃夏季主气，且独见于夏令。暑邪致病主要发生于夏至以后，立秋之前，故有明显的季节性。暑邪致病，有伤暑和中暑之别。起病缓，病情轻者为"伤暑"；发病急，病情重者为"中暑"。暑邪纯属外邪，无内邪之说。

暑邪的性质和致病特点如下所述。

（1）暑为阳邪，其性炎热：暑为盛夏火热之气所化，故为阳邪。暑邪伤人多出现阳热亢盛的一系列临床症状，如高热、心烦、面赤、脉洪大等阳热表现。

（2）暑性升散，耗气伤津：暑为阳邪，阳性升散，故暑邪侵入人体，致使腠理开泄而为多汗；汗多则易伤津液，见口渴喜饮、尿短赤等。汗多则气随汗泄，而致气虚，出现气短、乏力、体倦等症。

（3）暑多挟湿：因夏季气候炎热，且多雨，天暑下逼，地湿上蒸，故常见暑湿相兼为病。其临床表现除发热、烦渴等暑热症状外，常兼见身热不扬、四肢困倦、胸闷呕恶、大便溏泄不爽等湿滞症状。

4. 湿（damp） 为长夏的主气。长夏即夏至至处暑5个节气，因正值夏秋之交，为一年中湿气最盛的季节。

湿邪的性质和致病特点如下所述。

（1）湿为阴邪，易损伤阳气，阻遏气机：湿性重浊而类水，故属阴邪。阴邪侵入，机体阳气与之抗争，故湿邪侵入，易伤阳气。脾主运化水液，性喜燥而恶湿，故外感湿邪，常易困脾，致脾阳不振，运化无权，出现泄泻、水肿、尿少等症。又湿为重浊有质之邪，故侵入最易留滞于脏腑经络、阻遏气机，使全身气机升降失常，常出现胸闷脘痞，小便短涩，大便不爽等症。

（2）湿性重浊："重"，即沉重、重着之意，指湿邪致病，常出现以沉重感为特征的临床表现。如湿邪袭表，可见周身困重、四肢酸楚、头重如裹；湿邪留滞经络关节，则见关节疼痛重着。"浊"，即秽浊、垢浊之意。湿邪为病，在临床上常出现排泄物和分泌物秽浊不清的特点。如面垢眵多、大便溏泄、小便混浊、妇女带下白浊等。

（3）湿性黏滞："黏"，即黏腻；"滞"，即停滞。湿为重浊有质之邪，故湿邪致病有黏腻停滞的特点。其主要表现为两个方面：一是指湿邪致病的症状有黏腻阻滞的表现，如便溏黏滞不爽，小便滞涩，妇女带下黏滞，皮肤湿疹流出黏滞分泌物等；二是指湿邪致病，常见病程长，缠绵难愈或反复发作，如湿温病、湿痹、湿疹、湿毒病等。

（4）湿性趋下，易袭阴位：湿为重浊有质之邪，与水同类，水有下行的特点，故湿邪亦有趋下、下注的特点。故湿邪为病，多易伤及人体下部，常见淋浊、带下、泄泻、下痢、下肢浮肿等病症。

5. 燥（dryness） 为秋季的主气。此时燥邪最易从口鼻而入，侵犯肺卫而发为外燥病证。

燥邪的性质和致病特点如下所述。

（1）燥性干涩，易伤津液：燥为干涩之病邪，侵犯人体，最易损伤津液。燥邪为病，最易损伤津液，出现各种干燥、涩滞的症状，如口鼻干燥，口渴，甚则皮肤皲裂，毛发不荣，小便短少，大便干结等。

（2）燥易伤肺：肺为娇脏，喜润恶燥，主气司呼吸，开窍于鼻，外合皮毛。故燥邪可从口鼻及皮肤侵入人体，劫伤肺津，影响肺气之宣降，甚或伤及肺络，出现干咳少痰，或痰黏难咳，或痰中带血，甚则喘息胸痛等。

6. 火（fire） 旺于夏季，但并不像暑那样具有明显的季节性，也不受季节气候的限制，一年四季均可发生。

火邪的性质和致病特点如下所述。

（1）火为阳邪，其性炎上：火热燔灼、升腾，故为阳邪。热邪伤人，临床多见壮热、恶热、烦渴、汗出、脉洪数等症。又因火性升腾炎上，故火热阳邪致病多发生在人体上部，尤以头面部为多见，如目赤肿痛、咽喉肿痛、口舌糜烂生疮、牙龈肿痛等。

（2）火易扰心神：火热与心相通应，故火热之邪入于营血，尤易扰动心神。轻者，心神不宁而心烦躁动、惊悸失眠；重者，神失舍守而狂躁不安、神昏谵语。

（3）火易伤津耗气：火热之邪侵袭人体，阳热亢盛：一方面迫津外泄，致气随津泄而致津亏气耗；另一方面则直接消灼煎熬津液，耗伤人体的阴气，即所谓热盛伤阴。因此，火热邪气致病，临床表现除热象显著外，往往伴有口渴引饮、咽干舌燥、小便短赤、大便秘结等症。

（4）火易生风动血："生风"，是指火热之邪侵犯人体，耗伤阴血，肝的筋脉失养，易引起肝风内动的病证。其临床表现为高热、四肢抽搐、颈项强直、角弓反张、两目上视等。"动血"，指火热入于血脉，易迫血妄行。轻则加速血行，甚则可灼伤脉络，迫血妄行，临床可见各种出血病症，如吐血、衄血、尿血、便血、皮肤发斑及妇女月经过多、崩漏等病变。

（5）火易致肿疡：火邪入于血分，可壅迫聚集于局部，腐蚀血肉，发为痈肿疮疡。临床见疮疡局部红肿热痛，久则化脓，常伴发热、心烦、口渴等症。

案例 2-4 分析讨论

1. 本例患者的临床特点为：①患者自诉 3 天前因受凉而发病。②症见头痛，鼻塞流清涕，周身疼痛，恶寒发热，体温 38.5℃，无汗，纳食减少，口不渴。③舌质淡，苔薄白，脉浮紧。

根据以上临床特点确定病因属六淫之寒邪。

2. 分析

（1）患者自诉 3 天前因受凉而发病，故病因为外感寒邪。

（2）因寒为阴邪，易伤阳气故恶寒，发热，体温 38.5℃。

（3）寒性凝滞主痛故感寒后症见头痛，周身疼痛。

（4）寒性收引故客于肌表时发生腠理闭塞，汗孔闭合见无汗；寒邪侵犯血脉致使气血凝结故见脉浮紧。

附：【疫疠】

疫疠是一类有别于六淫而具有强烈致病性和传染性的外感病邪。在中医文献中，疫疠又称“瘟疫”“疫毒”“戾气”“异气”等。疫疠可以通过空气传染，经口鼻侵入致病；也可随饮食、蚊虫叮咬、虫兽咬伤、皮肤接触等途径传染而发病。疫疠致病具有发病急骤，病情危笃；传染性强，易于流行；一气一病，症状相似的特点。影响疫疠发生与流行的因素是气候因素、环境和饮食卫生、预防及隔离不当、社会因素。

知识链接

《三国志·华佗传》记载：有一郡守病，佗以为其人盛怒则差，乃多受其货而不加治，无何弃去，留书骂之。郡守果大怒，令人追捉杀陀。郡守子知之，属使勿逐。守瞋恚纪甚，吐黑血数升而愈。

（二）内伤七情

1. 七情的概念　七情（seven emotions），是指人体喜、怒、忧、思、悲、恐、惊七种正常的情志变化，是人的生理和心理活动对外界环境刺激的不同反应，正常情况下，不会导致或诱发疾病。若情志刺激超越了人体的生理和心理适应能力，损伤机体脏腑精气，导致功能失调，因而导致疾病发生时，七情成为病因则称之为“七情内伤”。

2. 七情内伤的致病特点

（1）直接伤及内脏：七情是机体对内外环境变化所产生的复杂心理反应，以内脏精气为物质基础。因此，七情过激致病，可直接伤及内脏。

（2）数情交织，多伤心肝脾：情志所伤的病证，以心、肝、脾三脏和气血失调为多见。过于惊喜易伤心，可致心神不宁，出现心悸、失眠、健忘，甚则精神失常等症；郁怒太过则伤肝，肝气郁结，可见两胁胀痛、胸闷太息、咽中如有物梗阻、月经延后等症，甚则可见痛经、闭经、癥瘕；忧思不解易伤脾，脾失健运，可见食欲不振、脘腹胀满、大便溏泄等症。

（3）影响脏腑气机：七情对内脏的直接损伤，主要是通过影响脏腑气机，导致气血运行紊乱而致。《素问·举痛论》说：“百病生于气也，怒则气上，喜则气缓，悲则气消，恐则气下，惊则气乱，思则气结。”

（4）影响病情发展：诱发疾病，或加重病情，或使疾病迅速恶化。

知识链接

人在受到恐吓时出现尿失禁是因“恐则气下”而致，体现了七情内伤对脏腑气机产生的不良影响。

（三）不内外因

1. 痰饮

（1）痰饮的概念：痰饮（retention of phlegm and fluid） 既是人体水液代谢障碍所形成的病理产物，又是一种继发性病因之一。痰和饮合称为痰饮，但又有区别。就其形质而言，一般以较稠浊者称为痰，清稀者称为饮。痰可分为有形之痰和无形之痰。有形之痰是视之可见、闻之有声的痰液，如咳痰、喉中痰鸣、触之有形的痰核。无形之痰指见其征象、不见其形质的痰病，如眩晕、癫狂等。

（2）痰饮的形成：痰饮多为外感六淫，或饮食不节，或七情内伤等，导致脏腑功能失调，气化不利，水液代谢障碍，水液停聚而形成。尤其是肺、脾、肾及三焦气化功能障碍，津液停滞，导致痰饮更为常见。

（3）痰饮的致病特点：痰饮为有形之阴邪，故痰饮形成以后，具有湿浊黏滞特性，既可阻滞气机，影响经脉气血运行，又可表现病证缠绵难愈。由于痰饮可停留于人体各部，特别是痰可随气流行，无处不到，因此，临床病症繁杂，随着痰饮停留的部位不同，表现出不同的病证特点。

2. 瘀血

（1）瘀血的概念：瘀血（blood stasis） 是指体内有血液停滞所形成的病理产物，也是继发病因之一。包括离经之血积存体内，以及血运不畅而阻滞于经络脏腑的病理变化。

（2）瘀血的形成：瘀血的形成主要有两方面因素：一是由于内外伤，或其他原因引起出血，离经之血积存体内，形成瘀血；二是外感六淫、疠气，内伤七情，或饮食、劳倦、久病、年老等，导致人体气虚、气滞或血寒、血热，使血行不畅而凝滞，从而产生瘀血。

（3）瘀血的致病特点：①疼痛：一般多表现为刺痛，痛处固定不移，拒按，夜间痛甚，如瘀阻于心，可见心前区绞痛；②肿块：瘀血所致肿块固定不移，若在体表可见局部肌肤青紫，肿胀隆起，在里腹部可触摸到癥块；③出血：瘀血积存体内，影响气血正常运行，导致出血，通常出血量少而不畅，血色紫暗，或夹有血块；④望诊：可见面色紫暗，口唇、爪甲青紫，舌质紫暗或有瘀斑、瘀点，久瘀可见面色黧黑或肌肤甲错；⑤脉诊：多见脉涩或结代等。

3. 饮食劳逸

（1）饮食失宜

1）饮食不节：人体进食应定时，食量要适度，不宜过饥，亦不能吃得太多而过饱。暴饮暴食或饥而不食，或长期过量进食和进食量不足等，均可导致疾病的发生。

2）饮食不洁：是指食用了不清洁，或陈腐变质，或有毒的食物，导致疾病的发生。

3）饮食偏嗜：如饮食偏寒偏热，或饮食五味有所偏嗜，或嗜酒成癖等，久之可导致人体阴阳失调，或导致某些营养物质缺乏而引起疾病发生。

（2）劳逸所伤

1）过劳：即过度劳累，古称劳倦。包括劳力过度、劳神过度和房劳过度。过劳则伤气耗血而出现神疲消瘦、肢软等症。

2）过逸：若长时间缺乏形体活动，或长期用脑过少等，可致气血运行不畅，脾胃受纳运化功能减弱，日久阳气不振，而致脏腑组织功能减退，而出现食少无力，精神不振，肢体软弱，动则心悸、气喘、汗出、精神萎靡、健忘等症。

4. 其他病因

（1）外伤：是指外力或其他外在因素作用于人体所引起的损伤。主要有枪弹、金刃伤、跌打损伤、持重努伤、挤压伤、烧烫伤、冻伤和虫兽伤等。

（2）诸虫：是指导致人体寄生虫病的各种虫体。人体常见的寄生虫有蛔虫、蛲虫、绦虫、钩虫等。这类寄生虫寄居于人体内，不仅消耗人体的营养物质，还可以造成各种损害，导致疾病的发生。

（3）药邪：是指因药物加工、使用不当而引起疾病的一类致病因素。药物本身是用于治疗疾病的，如果药物炮制加工不当，或者医师不熟悉药物的性味、作用、用量、配伍禁忌而使用不当，或者患者不遵医师指导而乱服某些药物等，均可引起疾病发生。

二、病　　机

病机（pathogenesis），是疾病发生、发展及变化的机理。疾病的过程非常复杂，最基本的病机包括邪正盛衰、阴阳失调、气血津液失常、内生五邪等。

（一）邪正盛衰

邪正盛衰（activation or diminution of pathogen over vital-Qi），是指在疾病过程中，机体的抗病能力与致病邪气之间相互斗争中所发生的盛衰变化。正气（vital-Qi），是指人体的生理机能和抗病、康复的能力，简称“正”；邪气（pathogen），泛指各种致病因素，简称“邪”。正气不足是发病的内在根据，邪气是发病的重要条件。

1. 邪正盛衰与虚实变化　在疾病的过程中，如果正气旺盛则可促使邪气不断消退；反之，邪气亢盛则会不断损耗正气。随着体内邪正的消长盛衰变化，形成了疾病的虚实病机变化。

虚和实是相比较而言的一对病机概念。实，指邪气盛，是以邪气亢盛为矛盾主要方面的一种病理状态。实证是指邪气亢盛，而正气未衰，正邪斗争剧烈，反应明显，出现一系列剧烈的、有余的证候。虚，指正气虚，是以正气虚损为矛盾主要方面的一种病理状态。虚证是指当机体正气虚弱，防御能力和调节能力低下，与邪气斗争无力，或者正虚无邪时，出现一系列虚弱、衰退和不足的证候。邪正的盛衰，不仅可表现为单纯的虚证或实证，而且在病程较长、病情复杂的疾病中，还会出现诸如虚实错杂、虚实转化及虚实真假等多种病机变化。

2. 邪正盛衰与疾病转归　在疾病的过程中，由于邪正双方的斗争，其力量对比不断发生消长盛衰的变化，这种变化对疾病转归起着决定性的作用。正胜邪退，则疾病趋向于痊愈；邪胜正衰，则疾病趋向于恶化；邪正相持，则疾病趋向迁延或慢性化。

（二）阴阳失调

阴阳失调（Yin-yang imbalance）是指由于致病因素的作用，导致人体阴阳失去平衡协调而出现的阴阳偏胜、偏衰、互损、格拒、亡失等一系列病机变化。

1. 阴阳偏胜　是指人体阴阳双方中的某一方的病理性亢盛状态，属“邪气盛则实”的实证，包括阴偏胜和阳偏胜两方面。

2. 阴阳偏衰　是指人体阴阳双方中的一方虚衰不足的病理状态，属“精气夺则虚”的虚证，包括阴偏衰和阳偏衰两方面。

3. 阴阳互损　是指在阴或阳任何一方虚损的前提下，病变发展影响及相对的一方，形成阴阳两虚的病机，包括阴损及阳和阳损及阴两方面。

4. 阴阳格拒　是在阴阳偏盛基础上由阴阳双方相互排斥而出现寒热真假病变的一类病机，包括阴盛格阳和阳盛格阴两方面。

5. 阴阳亡失　包括亡阴和亡阳两类，是指机体的阴气或阳气突然大量地亡失，导致生命垂危的一种病理状态。

（三）气血津液失常

气血津液失常是指气、血、津液不足，运行代谢或生理功能异常及相互关系失调的病理变化。

案例 2-5

患者，男，48 岁。患者胃下垂已 2 年有余。现脘腹坠重，活动后加重。神疲乏力，气短懒言，不欲饮食，食后腹胀，大便稀溏，小便短少，下肢轻度浮肿。舌质浅淡，苔薄白，脉缓弱。

问题

1. 中医应诊为何种证候类型？
2. 试进行辨证分析。

1. 气的失常 主要包括两个方面：一是气虚；二是气机失调，包括气滞、气逆、气陷、气闭和气脱。

（1）气虚：指气不足及其功能低下的一种病理状态。

（2）气滞：指气机郁滞不通的一种病理状态。

（3）气逆：指气升之太过，或降之不及的一种病理状态。

（4）气陷：指气的上升不足或下降太过，以气虚升举无力而下陷为特征的一种病理状态。

（5）气闭：即气机闭阻，外出严重障碍，以致清窍闭塞，出现昏厥的一种病理状态。

（6）气脱：即气不内守，大量向外亡失的一种病理状态。

案例 2-5 分析讨论

1. 本例患者的临床特点为：①患者胃下垂已 2 年有余。现脘腹坠重，呈活动后加重。②症见神疲乏力，气短懒言，不欲饮食，食后腹胀，大便稀溏，小便短少，下肢轻度浮肿。③舌质浅淡，苔薄白，脉缓弱。

根据以上临床特点中医应诊为中气下陷证。

2. 辨证分析

（1）从患者食少、腹胀、便溏可知病变脏腑主要是脾。

（2）神疲乏力、气短懒言、舌淡脉弱，可知其病性为气虚。

（3）由于脾气亏虚，中气下陷，升举无力，致使胃下垂，故见脘腹坠重；又脾虚失运水湿内停故见尿少而轻度浮肿。

2. 血的失常 主要包括两个方面：一是血虚；二是血液运行失常而出现的血瘀、出血等病理变化。

（1）血虚：是指血液不足，血的濡养功能减退的病理状态。

（2）血瘀：是指血液的循行不畅甚则停滞的病理状态。

（3）出血：是指血液逸出血脉的病理状态。

3. 津液的失常 主要包括两个方面：一是津液亏虚；二是津液输布和排泄障碍。

（1）津液亏虚：是指津液在数量上的亏少，导致内则脏腑，外而孔窍、皮毛，失于濡润、滋养，而产生一系列干燥失润的病理状态。

（2）津液的输布障碍：是指津液得不到正常的转输和布散，导致津液在体内环流迟缓，或在体内某一局部发生滞留。津液的排泄障碍，主要是指津液转化为汗液和尿液的功能减退，而致水液潴留体内，外溢于肌肤而发为水肿。

4. 气血津液关系失常 指因气、血、津液之间的关系失调而导致的病机。

案例 2-6

患者，女，39 岁。两年前因流产失血过多而致头晕，心悸，失眠多梦。白天即感神疲乏力，动则汗出，气短懒言，食欲不振，月经已经一年未至。现症见面白无华，舌淡而润，脉弱。

问题

1. 中医应诊为何种证候类型？
2. 运用气血津液辨证的方法分析辨证的理由。

（1）气与血的关系失常：指气与血之间的关系失调而导致的病机。气血关系的失常，主要有气滞血瘀、气虚血瘀、气不摄血、气随血脱和气血两虚等几个方面。

（2）气与津液的关系失常：指气与津液的关系失调而导致的病机。气与津液的关系失常，主要有气随津脱、津停气阻等几个方面。

（3）血与津液的关系失常：指血与津液的关系失调而导致的病机。血与津液的关系失常，主要有津枯血燥、津亏血瘀和血瘀水停等几个方面。

案例 2-6 分析讨论

1. 本例患者的临床特点为：①青年女性两年前因流产失血过多而致头晕、心悸、失眠多梦。②月经已一年未至，白天感神疲乏力，动则汗出，气短懒言，食欲不振。③现症见面白无华，舌淡而润，脉弱。

根据以上临床特点，中医应诊为气血两虚证。

2. 辨证分析

（1）青年女性两年前因流产失血过多而致血虚，机体清窍失养故头晕；血不养神而致心悸，失眠多梦；血虚不能上荣于面故症见面白无华，舌淡；血虚不能鼓动脉道则脉弱。

（2）白天自觉神疲乏力，气短懒言均为气虚之象；动则汗出实为气虚不能摄津；食欲不振乃因气虚而致气化功能不足所致。因气血虚弱，经血化生乏源故月经一年未至。由气血关系可知血能载气亦能生气，故因流产失血过多而致血虚，久病因血及气终致气血两虚。

（四）内生五邪

内生“五邪”，是指由于脏腑经络和精气血津液的生理功能失常而产生的化风、化寒、化湿、化燥、化火等病理变化。因病起于内，又与风、寒、湿、燥、火外感病邪所致病证的临床征象类似，故分别称为“内风”“内寒”“内湿”“内燥”和“内火”，统称为内生“五邪”。需要注意的是，内生“五邪”并不是致病因素，而是由于脏腑经络和精气血津液的生理功能失常而引起的病机变化。

第六节　诊　　法

案例 2-7

李某，女，58 岁，患者失眠多梦，时轻时重 6 年多，曾服用多种药物治疗，效果均不满意，近半年来失眠加重，日均睡眠 2 小时左右，伴有头晕乏力，心悸心烦，畏寒肢冷，舌质淡，苔薄白，脉细弱。

问题

1. 首先考虑的诊断是什么？

2. 应当给予的饮食护理主要有哪些？

诊法是中医诊断疾病、收集病情资料的基本方法，是中医护理人员进行病情观察的主要方法。诊法包括望、闻、问、切 4 部分内容，简称“四诊”。

一、望　　诊

望诊（inspection）是应用视觉观察患者身体外在表现的变化来诊察病情的方法，包括全身望诊（望神、色、形、态）、局部望诊（望头颈、躯干、四肢、二阴、皮肤等）和特殊望诊（望排出物、望小儿指纹）等。

（一）全身望诊

1. 望神 是通过观察患者的目光、精神状态及意识思维活动等，来判断精气盛衰，病情轻重及疾病预后的诊察方法。

（1）得神：主要表现为目光明亮，眼转灵活，神志清楚，语言清晰，反应灵敏，活动自如等。得神提示正气未伤，病情较轻，预后良好。

（2）失神（loss of vitality）：主要表现为目光晦暗，瞳神呆滞，精神萎靡，反应迟钝，呼吸气微，甚至神志昏迷，循衣摸床，面色无华等。失神提示正气大伤，病情严重，预后不良。

（3）假神（false vitality）：多见于危重患者突然出现暂时好转的假象。久病、重病、精神极度衰弱的患者，原不多语，声微断续，突现言语不休，声音响亮；原本神志模糊，突然转佳；原本面色晦暗，忽见颧红如妆；原不欲食，突然食欲增强等。假神出现提示阴阳即将离决，为临终前的预兆。

2. 望色 是通过观察患者皮肤色泽的变化来诊断病情的方法。正常人的面色是红黄隐隐，明润含蓄。常色有主、客之分；病色有青、赤、黄、白、黑五种，简称五色。通过望色可知疾病的性质、精气之盛衰等情况。

（1）青色：主寒证、痛证、瘀血、惊风。青为经脉瘀阻，气血不畅通所致。面色苍白而青，多为风寒外袭，阴寒内盛；面色青黑，多为疼痛剧烈；久病气血瘀滞，常见面色青暗，口唇青紫；小儿高热，现面部、口唇、鼻柱青紫，常是惊风的先兆。

（2）赤色：主热证。赤色为热邪过甚血行加速，充盈皮肤所致。满面通红，多为实热证；午后颧红，多为虚热证。

（3）黄色：主湿证、虚证。黄为湿阻气机，气血不荣，肌肤失养，脾虚湿蕴的征象。面色淡黄，枯槁无光泽为萎黄，多属脾胃气虚；面黄而虚浮为黄胖，多脾属虚有湿；身目俱黄为黄疸，黄色鲜明属湿热，黄色晦暗为寒湿。

（4）白色：主虚证、寒证、失血。白色为阳气不足，气血不荣之候。色白而无光泽，多为阳气不足；色白而虚浮，多为阳虚水泛。

（5）黑色：主肾虚、水饮、瘀血。黑色为阴寒水盛或气血凝滞的病色。颜面周身黧黑，多为肾阳衰微；目眶周围灰黑色，可见于肾虚、血瘀证；面色黑而干焦，为肾精亏虚、虚热内炽；面色黑而肌肤甲错，为有瘀血。

3. 望形 是通过观察患者形体强弱及胖瘦的变化来诊断病情的方法。发育良好，形体强壮，是体质壮实的表现；发育不良，形体消瘦，是体质虚弱的表现；形体肥胖，肌肉松软，少气乏力，是形盛气虚之候，多属脾虚有痰湿。

4. 望态 是通过观察患者动静姿态的变化来诊断病情的方法。阳主动阴主静，喜动者多属阳证，喜静者属阴证。如卧时面常向外，身轻能转侧，多为阳、热、实证；卧时面常向里，身重不能转侧，多为阴、寒、虚证。若坐而仰首，咳喘痰多，多是痰涎壅盛的肺实证；坐而俯首，气少不足以息，多为肺虚或肾不纳气之虚证。

（二）局部望诊

1. 头颈

（1）望头：头为精明之府，元神所居之府，又为诸阳之会，故望头部，可以判断全身脏腑精气之盛衰。小儿头形过大或过小，伴智力不全者，多属先天不足，肾精亏损；小儿囟门凹陷，多为津液损伤，脑髓不足；小儿囟门高突，多为痰热内蕴或火邪上攻之实热证；小儿囟门迟闭，多属肾精不足；头颈强直或头摇不能自主，多为风动之象。

（2）望发：肾之华在发，发为血之余。若头发稀疏易落，是肾气亏虚、精血不足；久病脱发，多为精血不足；突现片状脱发，多属血虚受风。

（3）望目：目赤红肿，迎风流泪，多属风热、肝火；白睛发黄，为黄疸之征；眼睑淡白，多属气血亏虚；眼胞浮肿，多为水肿；眼窝凹陷，多为伤津脱液；小儿睡时露睛，多为脾虚气血不足；瞳孔散大，多是肾脏精气衰竭；两目上视多属肝风内动。

（4）望鼻：主要是望鼻的分泌物和鼻的外形。鼻主要反映肺的情况，鼻流清涕，多为外感风寒；流浊涕，则属外感风热；久流浊涕而有腥臭味，多是“鼻渊”；鼻煽，呼吸喘促，多属肺热，或肺肾精气衰竭而出现的喘息；鼻柱溃烂塌陷，多见于麻风或梅毒。

（5）望口：正常人口唇颜色红润而有光泽，若唇色淡白，多属血虚；唇色青紫，多属寒凝血瘀；唇色深红而干，多是实热证；唇色淡而晦暗，多为虚寒证；口唇糜烂，属脾胃有实热；口唇燥裂，多为燥热伤津；口开不闭，多为虚证；牙关紧闭，多属实证；口腔黏膜近臼齿处现边有红晕的白色小点，为麻疹之征兆；口角流涎，多属脾虚湿盛或脾胃有热；口角㖞斜，多为中风。

（6）望齿：牙龈色淡白，多为血虚不荣；牙龈红肿者，多为胃火上攻；牙齿光燥如石，多为胃热炽盛，津液大伤；干燥如枯骨，多属肾阴枯竭。

2. 望舌　是通过观察患者舌质与舌苔的变化来诊断病情的方法。

正常舌象为舌体柔软、活动自如、淡红润泽、不胖不瘦，舌面铺有薄薄的、颗粒均匀、干湿适中的白苔，简称为“淡红舌，薄白苔”。

脏腑与舌关系密切，“舌为心之苗，又为脾之外候”，舌的某一部位与特定脏腑相联系，通常认为，舌尖属心肺，舌中属脾胃，舌根属肾，舌边属肝胆。

望舌需要充足的自然光线，患者应自然将舌伸出口外，充分暴露舌体，注意时间不宜太长，以免影响舌质的颜色。有些食物、药物，能使舌苔染上颜色，出现染色假苔，称“染苔”，应予注意。

望舌可查病邪的性质，判断正气之盛衰，分辨病位之浅深，推测病势之趋向。

（1）望舌质（tongue quality）：主要是观察舌质颜色和舌体形态的变化，以判断脏腑气血之盛衰等情况。

1）望舌色

A. 淡白舌：主虚证、寒证。舌色淡白多属气血两虚，阳气不足之候；舌淡白不泽或舌体瘦薄，则属气血两虚；舌淡白少津，多为阳虚津亏；淡白湿润，舌体胖嫩，多属阳虚寒湿证。

B. 红舌：舌色深呈鲜红色，主热证。红舌有虚实之分，舌色鲜红起芒刺或兼黄厚苔，多属实热证；舌红少津则属虚热证；舌尖独红为心火亢盛；舌边红赤，多为肝胆火旺。

C. 绛舌：舌色深红为绛舌，主病有外感与内伤之别。外感病若舌绛或有红点、芒刺，多为温病邪热深入营分、血分之标志；内伤杂病中若舌绛少苔或无苔，有裂纹，多是阴虚火旺之象；绛舌独见于舌尖，为心火亢盛；舌中绛红，为胃阴已伤；全舌红绛为热在心包。

D. 紫舌：舌质青紫或有青紫色瘀点斑块为紫舌，主热证、寒证、瘀血证。舌绛紫干枯少津，为热盛伤津、营阴受损、气血壅滞之象；舌淡紫或青紫湿润者，多为阳虚寒凝、气血瘀滞之证；舌面或舌边见紫色斑点、斑块，为瘀点或瘀斑，多属血瘀证。

2）望舌形

A. 胖大舌：有胖嫩、肿胀之分。嫩舌兼虚胖，称胖嫩舌；只胖不嫩者，称肿胀舌。舌体肿胀满口而舌色深红，多为心脾热盛；舌体淡白胖大，舌面水滑，为水饮内停，脾肾阳虚；舌体肿胀，舌色青紫而暗，多是中毒。

B. 瘦薄舌：舌体瘦小而薄，称为瘦薄舌。舌体瘦薄色淡，属气血两虚，阴液不充；舌体瘦薄色红绛而干燥无苔，多属阴虚火旺，津液耗伤；舌体嫩红瘦薄，多为心阴不足。

C. 裂纹舌：舌面上有形状各异、深浅不一的裂沟，为裂纹舌。舌质红绛有裂纹，多属热盛伤津；舌质淡白而有裂纹，多为气血不足、阴液不充之象。

D. 齿痕舌：舌体边缘有牙齿压迫的痕迹，为齿痕舌。齿痕舌多是舌体胖大而受齿缘压迫所致，故齿痕舌常与胖大舌同见。

E. 芒刺舌：舌面乳头增生和肥大，形如芒刺，摸之棘手，为芒刺舌。其成因多属邪热亢盛。根据芒刺所在部位，可分辨邪热所在脏腑。

3）望舌态

A. 强硬舌：强硬舌多与高热伤津，风痰阻络，热入心包有关。如见于外感热病，多属热盛伤津而风动；在内伤杂病中出现，多属中风征兆或胃气将绝。

B. 痿软舌：痿软舌多与气血两亏，阴液不足，热灼津伤有关。若久病舌淡而痿，多因气血虚极。舌绛而痿，为阴亏已极；新病舌质干红而痿，属热灼津液。总之，舌体痿软在久病中出现多属虚损，在新病中见到多为热灼伤阴。

C. 颤动舌：多与热极生风，肝阳化风，气血虚衰有关。若舌淡白而震颤者，多为血虚动风；舌色红绛少津而震颤者，多属热极生风；舌鲜红而舌体颤动，为阴虚而肝风内动。

D. 歪斜舌：多与痰瘀阻滞经络，肝风夹痰有关。单见舌体歪斜，多为中风先兆；舌体偏歪，舌质紫红多为肝风内动。

E. 吐弄舌：吐弄舌与痫证、热盛风动等有关。舌体吐弄，舌红苔黄者，多为心火亢盛；舌体吐弄，兼见四肢抽搐，多为痫证。吐弄舌多见于小儿智力发育不全，或为动风先兆。

F. 短缩舌：多与寒凝经脉，气血亏虚，热极动风等有关。舌色淡白或青而湿润、短缩者，为寒凝经脉；舌胖苔黏腻者，属痰浊内阻；舌红干燥而短缩，是热盛津伤。

（2）望舌苔：舌苔（coating on the tongue）是舌面附着的苔状物，反映胃气的强弱、病邪的性质、病邪的浅深等情况。望舌苔应注意苔色的变化，苔质的厚薄、润燥、腐腻等情况。

1）望苔色

A. 白苔：主表证、寒证。薄白苔，多为风寒、风湿之邪侵犯肌表；苔白腻者，多为湿浊内停或肠胃有宿食停积；苔白如积粉，多为秽浊湿邪内蕴。

B. 黄苔：主里证、热证。苔淡黄为热轻；苔深黄为热重；苔焦黄为热极。总之，舌苔越黄，邪热越重。苔黄腻为湿热或食积；舌苔焦黄，里热伤津，腑实燥结；舌尖苔黄，热在上焦；舌中苔黄，热在胃肠；舌根苔黄，热在下焦；当外感病舌苔由白转黄，为表邪入里化热之征。

C. 灰苔：舌苔颜色浅黑，主里热证、寒湿证。苔灰而干燥，为热甚伤津，多由黄苔转化而来。苔灰而润多津，为痰饮内停，或寒湿内阻，多由白苔转化而来。

D. 黑苔：黑苔较灰苔色深，是灰苔的进一步发展，说明病情极度严重，既主里热极盛，又主寒盛证。苔黑而燥裂，多为热极津枯；苔黑而润滑，为阳虚阴寒内盛。

2）望苔质

A. 厚薄：薄苔主表证，也见于常人；厚苔主里证，内有痰湿食积，胃肠有积滞时厚苔尤为显著。舌苔之厚薄的变化，可测知病情的轻重进退。一般来说，舌苔由薄转厚，邪盛病进；舌苔由厚转薄，正胜邪退或是内蕴之邪逐渐消退之证。

B. 润燥：润苔可见于常人，在疾病的过程中见到润苔说明津液未伤。燥苔为津液已伤，阴液亏损或阳虚气不化津等所致。舌苔由润转燥，表示热重津伤；舌苔由燥转润，说明热退津复。

C. 腐腻：苔质颗粒粗大，疏松而厚，形如豆腐渣堆积于舌面，刮之易去者为腐苔。若苔质颗粒细腻致密，黏滑不易刮去，如涂油彩，为腻苔。腐苔属阳热有余，痰浊食积，也可见于内痈。腻苔主食积、痰浊、湿浊等证。

D. 剥脱：舌面的苔状物部分或全部剥脱，为剥脱苔。舌苔脱落，多与胃之气阴不足、正气虚弱有关，也是全身虚弱之征象。苔面脱落范围的大小，多与气阴、气血亏虚的程度有关。脱落的部位也与舌面脏腑相应，舌苔前部脱落，为肺阴亏虚；舌苔中剥，为胃阴不足；舌苔根部脱落，为肾阴亏虚；舌面光洁如镜，为光剥苔，也称镜面舌，多为胃阴枯竭；不规则的舌苔脱落，界限清楚，形似地图，称地图舌，多为胃之气阴两伤。

3. 望躯干 是通过观察患者躯干的外形和动态的变化来诊断病情的方法，包括望胸胁、望腹部和望腰背。

（1）望胸胁：注意观察患者胸胁外形的变化和呼吸运动异常，胸廓扁平多为肺肾阴虚。胸廓膨隆多为久病耗伤肺肾。乳房红肿热痛多为乳痈外感。呼吸不畅多与肺气失宣有关。

（2）望腹部：主要观察外形变化，腹部膨隆多由水湿为犯。腹部凹陷则为脾胃虚弱。

4. 望腰背　重点观察外形和活动是否受限，角弓反张多与肝风内动或破伤风有关；腰部拘急多为寒湿内侵或气滞血瘀所致。

（三）望四肢

望四肢是通过观察患者四肢形态和动态的变化来诊断病情的方法。四肢痿软多因精气亏虚或湿热浸淫，筋脉失养所致。四肢抽搐多因肝风内动，筋脉拘急。

（四）望二阴

望二阴应当注意观察前后二阴形态是否正常，有无硬结、肿胀、溃疡及其他改变。如阴囊或阴户肿胀为阴肿，多见于水肿病；阴户中有物突出如梨状为阴挺，多为中气下陷；肛门内外有紫红色柔软肿块突出者为痔疮，多为肠中湿热蕴结所致。

（五）望皮肤

1. 望形色　皮肤之色如涂丹，发热如火灼，为丹毒；皮肤虚浮肿胀，按之有压痕，多属水湿泛滥；皮肤干瘪枯燥，为津液耗伤或精血亏损；皮肤粗糙如鳞，按之涩手，肌肤甲错，是血虚夹瘀所致。皮肤、面目俱黄，多为黄疸。

2. 望斑疹　肌肤表面点大成片，平摊于皮下，摸之不碍手者为斑；点小如粟，高出皮肤，摸之碍手者为疹。斑疹是全身性疾病表现于皮肤的体征，多见于外感热病，由邪热郁于肺胃不能外泄、内逼营血所致。斑疹之色泽，以红润为顺，淡滞为逆。望斑疹应注意观察其色泽与形态的变化。

（1）斑：斑有阳斑、阴斑之别。凡斑色红紫，形似云片，兼见身热烦躁、舌红苔黄、脉数等实热证者为阳斑，多见于外感温热病；斑色青紫，隐隐稀少，兼见面色淡白无华，脉虚肢凉者为阴斑，多由脾气虚弱、血失统摄所致。

（2）疹：疹有麻疹、风疹、隐疹之别。凡疹色紫红，形似麻粒，先见于发际颜面，渐延于躯干四肢，按发出顺序消退者为麻疹，为儿科常见传染病。疹色淡红，细小稀疏，伴有皮肤瘙痒，症状较轻的为风疹，多由外感风邪所致。皮肤突然出现淡红或淡白色丘疹，形态不一，皮肤瘙痒，出没迅速，搔之融合成片者为隐疹，多由外感风邪或过敏所致。

（六）特殊望诊

1. 望排出物　通过观察患者的分泌物、排泄物的色、质、量、形的变化来诊断疾病的方法，称为望排出物。一般来说，排出物清稀者，多为寒证、虚证；色黄、黏稠者，多属热证、实证。二便、痰液、脓液、经带等，有恶臭者，多属实热；略带腥臭者，多属虚寒。如大便臭秽，是热结肠道；便溏腥臭，为脾胃虚寒；矢气酸臭，是内有宿食不化；尿臊黄少，多为下焦湿热。妇女带下气味臭秽，多为湿热；带下清稀味腥，多为虚寒。

2. 望小儿指纹　是观察3岁以下小儿食指掌侧前缘浅表络脉色泽变化来诊断疾病的方法。小儿指纹分为三关，即食指桡侧近掌端第一节为风关，第二节为气关，第三节为命关。

望小儿指纹的方法是家长抱患儿面向光线充足之处，医师用左手握住患儿食指末端，以右手大拇指用适中力量从命关向气关、风关直推数次，使指纹显露，便于观察。正常指纹：纹色浅红微黄，隐现于风关之内，不明显浮露，不超出风关。

望小儿指纹的临床意义有以下几点。①浮沉分表里：络脉浮露者，多为表证；络脉沉隐者，多属里证。②淡滞定虚实：色浅淡无泽，多为虚证；色深暗滞，多属实证。③红紫辨寒热：紫红，主热证；鲜红，主表寒证；青紫，主风、主痛、主惊风。④长短别轻重：络脉显于风关，为邪气入络，邪浅病轻；达于气关，为邪气入经，邪深病重；达于命关，为邪入脏腑，病情危重；若络脉直达指端，为“透关射甲”，病属凶险，预后多不良。

二、闻　诊

闻诊（auscultation and olfaction）是通过听声音和嗅气味来诊断疾病的一种方法。

（一）听声音

1. 语声

（1）语声强弱：语声高亢有力，多言而躁动的，多属实证、热证；语声低微，少言而沉静的，多属虚证、寒证；语声重浊，多见于外感，为肺气不宣、鼻窍不畅所致；声音嘶哑，发不出音者，为“失音”，如属新病，多系实证，常与外感风热、风寒、痰热壅肺等有关，若属久病，多系虚证，常与肺肾精气不足、阴虚火旺有关。

（2）语言错乱：言为心声，语言的异常多属心神的病变。神志不清、胡言乱语、声高有力的，称为谵语，多见于热扰心神的实证；神志不清、精神衰疲、语言重复、声音低弱的，称为郑声，多为心气大伤、神无所依的虚证；语声粗暴、狂躁妄动、哭笑无常的，多为痰火内扰之狂证；抑郁寡欢、自言自语的，多是痰气郁闭之癫证。

2. 呼吸　闻呼吸主要观察患者呼吸之快慢、气息的强弱、呼吸音的轻浊等。

（1）少气：呼吸微弱，言语无力，气少不足以息者，称为“少气”，多因内伤久病、肺肾气虚所致。

（2）气粗：呼吸有力，高音气粗，多为热邪内蕴之实热证。

（3）哮喘：呼吸困难，短促急迫，甚则鼻煽，张口抬肩，不能平卧者，称为喘。呼吸急促似喘，喘气时喉中有哮鸣声者，称为哮。喘以气息急迫、呼吸困难为特征，哮以喉间哮鸣声为特征，喘不兼哮，哮必兼喘。哮喘有虚实之分，实者多因肺有实邪，气机不利所致；虚则多因肾不纳气所致。

3. 咳嗽　是因肺失宣降，肺气上逆所致。咳声重浊沉闷有力的，多属实证；咳声低微轻清无力的，多属虚证。

4. 呃逆　呃声高亢而短促，响亮有力者，多属实热；呃声低沉而长，声弱无力的，多属虚寒；重病、久病呃逆，呃声短促低微，断断续续，多是胃气衰败的危候。

5. 嗳气（belching）　多见于饱食后，可由宿食不化，肝胃不和，寒邪伤胃，胃虚气逆等原因引起。

（二）嗅气味

1. 口气　是指从口中散发出的异常气味。口气臭秽，多属胃热，与消化不良、龋齿、口腔不洁等有关；口气酸臭，多是胃肠有积滞；口气腐臭者，多是牙疳或有内痈。

2. 排泄物与分泌物　有恶臭味者多属实热证，带腥味者多属虚寒证。大便臭秽多为实热，有腥味多为寒；矢气奇臭，多属消化不良，宿食停滞；带下清稀腥秽者，多属寒湿；带下黄稠臭秽者，多属湿热；尿甜带有苹果味者，为消渴病。

三、问　诊

问诊（interrogation）是通过询问患者或家属，以了解疾病的发生、发展、治疗经过、现在症状、既往病史等情况，从而诊断疾病的方法。

知识链接

十　问　歌

一问寒热二问汗，三问头身四问便，五问饮食六问胸，七聋八渴俱当辨，九问旧病十问因，再兼服药参机变，妇女尤必问经期，迟速闭崩皆可见，再添片语告儿科，天花麻疹全占验。

（一）问寒热

寒、热是临床常见的症状，是辨别病邪性质、机体阴阳盛衰的重要依据。凡患者自觉怕冷加衣被，近火取暖，仍觉寒冷的，称为恶寒；虽身寒怕冷，加衣被或近火取暖而有所缓解的，称为畏寒。发热除指体温高于正常者外，还包括患者自觉全身或某一局部发热的主观感觉，如“五心发热”等。

问寒热，首先要问患者怕冷与发热是同时出现，或是单独出现；然后问清寒热的轻重、出现的时间、持续时间的长短、表现特点、伴随症状等。临床常见的寒热类型主要有以下四种。

1. 恶寒发热　患者恶寒（aversion to cold）与发热同时出现，多属外感表证，它是诊断表证的主要依据。由于感受病邪的性质不同，寒热有孰轻孰重的差别。

（1）恶寒重发热轻：患者自觉恶寒明显，发热轻微，是外感风寒的特征，主风寒表证。因寒为阴邪袭表伤阳，故恶寒重而发热轻。

（2）发热重恶寒轻：患者自觉发热明显，恶寒轻微，是外感风热的特征，主风热表证。风热均为阳邪，阳邪致病则热重而寒轻。

2. 但寒不热　患者只觉怕冷而不发热，称之为但寒不热。可分为以下两种类型。

（1）新病恶寒：多见于外感病初起未发热之时、寒邪直中脏腑经络等，是为实寒证，多因感寒较重，阳气郁遏所致。

（2）久病畏寒：患者畏寒肢冷，得温可减，是为里虚寒证。多因阳气虚衰，肌表失于温煦所致。

3. 但热不寒　患者只发热，不恶寒但恶热，称为但热不寒。依据发热之轻重、特点、时间长短等情况，可分为以下三种类型。

（1）壮热：患者高热不退（体温 39℃以上），不恶寒，反恶热，称为壮热。壮热多与风寒入里化热、风热内传有关，属阳热炽盛的里实热证。

（2）潮热（tidal fever）：发热如潮汐之有定时，即为潮热，可分为三种类型。①阴虚潮热：每当午后及入夜发热，多为低热，且有五心烦热的特征，为阴虚火旺所致。②湿温潮热：具有午后热甚，身热不扬的特征，系湿温发热，湿遏热伏之故。③阳明潮热：于日晡阳明旺时而热甚，且多为高热，是胃肠燥热内结所致。

（3）低热：指发热日期较长，而热势仅较正常体温稍高。低热大多发病时间较长，病证复杂，临床上阴虚潮热、气虚发热、温病后期、气郁化火等均可见低热。

4. 寒热往来（alternate attacks of chill and fever）　发热与恶寒交替而作，称为寒热往来，为半表半里证的特征。寒热往来可见于疟疾、温病、少阳病。

（二）问汗

问汗应注意问汗之有无、时间、部位、汗量之多少及其兼证。

1. 有汗无汗　汗出与恶寒发热、苔薄白、脉浮缓并见是表虚证；伴咽痛、舌尖红、苔薄黄、脉浮数者多是风热表证；发热恶寒、无汗属表寒实证；大汗、壮热烦渴属里实热证。若大汗淋漓，伴脉微肢冷、神疲气弱，多属阳虚气脱。

2. 汗出时间　经常汗出不止，活动后更甚的是自汗，多因气虚、阳虚所致；入睡则汗出，醒后则汗止，是为盗汗，多见于阴虚内热证。

3. 汗出部位　若头汗见于大病之后，或老年人虚喘而头额汗出，则多为虚证；重病后期，突然额汗大出，则是虚阳上越，阴不附阳，阴津随气而脱的危象；半身出汗，或上或下，或左或右，多为风痰或风湿阻滞经脉，营卫不调或气血不和所致；手足心汗出过多，兼见口燥咽干，便秘尿黄等多为阴经郁热熏蒸所致。

（三）问痛

疼痛是临床常见的症状，可出现在患病机体的各个部位，其成因可概括为“不通则痛”、“不荣则痛”。问痛应着重询问疼痛产生的原因、部位、性质、时间和程度等。

1. 疼痛的部位

（1）头痛：根据头痛发生的部位，可判断其病属何经，一般而言，前额痛属阳明经，两侧痛属少阳经，头项痛属太阳经，巅顶痛属厥阴经。

（2）胸痛：胸为心肺所居，心肺之病变，均可引起胸部疼痛。胸部憋闷刺痛多属胸痹；胸痛兼见咳痰腥臭者，多为肺痈。

（3）胁痛：胁为肝胆经脉分布的部位，肝胆发生病变均可导致胁痛，其证多与肝气郁结、瘀血停着、肝胆湿热、肝阴不足等有关。

（4）脘痛：脘痛亦称胃痛，多因寒、热、食积、气滞等病因所致。临床应根据疼痛的性质、兼证进行辨证。

（5）腹痛：应当先查明其部位，以判断病变所在的脏腑；再结合疼痛的性质及其兼证，了解疼痛产生的原因，来辨病证之虚实。

（6）腰痛：腰为肾之府，腰痛多与肾及局部经脉组织的病变有关。因于风、寒、湿邪及外伤者均为实证；因肾精不足或阴阳虚损而致者，则多为虚证。

（7）四肢痛：指四肢肌肉经脉、关节部位发生的疼痛，多由风寒湿邪侵袭、脾胃虚损等而致四肢疼痛；若疼痛独见于足跟，甚或掣及腰脊者，多属肾虚。

2. 疼痛的性质 询问疼痛的性质与特点，可分辨疼痛的病因与病机。

（1）胀痛：痛而且胀者为胀痛，多是气滞作痛的特点。

（2）刺痛：疼痛如针刺，痛处固定不移，是瘀血疼痛的特点。

（3）隐痛：疼痛不剧，绵绵不休，是虚证疼痛的特征。

（4）重痛：疼痛并有沉重之感，多与湿邪阻遏气机有关。

（5）冷痛：特点是疼痛兼有冷感而喜暖，多因寒邪阻络，脏腑经络不得温养所致。

（6）灼痛：疼痛兼有灼热感而喜凉恶热，多因火邪窜络，或阴虚阳热亢盛所致。

（四）问饮食口味

问饮食口味注意询问食欲、食量、口渴与口味等方面的情况。

1. 食欲与食量 了解患者的食欲状况，对判断其脾胃功能及疾病的预后转归有着重要的临床意义。食欲减退，多由脾失健运所致；食少而见于久病，多属脾胃虚弱；食少伴胸腹满闷，腹胀苔腻者，多是湿邪困脾；饥不欲食，多属胃阴不足；嗜食异物，是虫积的征象。

2. 口渴与饮水 口渴与否，多反映人体津液之盛衰及输布情况。在疾病的过程中口不渴，说明津液未伤，多见于寒证；若口渴，则提示津液已伤或津不上承；口渴多饮且喜冷饮的，属实热证；口不干渴或喜热饮，多属寒证；渴喜热饮而量少，多为痰湿内阻；大渴引饮小便量多者，是为消渴证。

3. 口味 主要询问患者口中异常的味觉与气味。口苦属热证，常见于肝胆湿热；口甜而腻，多为脾胃湿热；口中泛酸，多是肝胃蕴热；口淡乏味，常见于脾虚不运。

（五）问睡眠

1. 失眠 是以经常不易入睡，或睡而易醒不能复睡，或时时惊醒不安，甚至彻夜不眠为特征的证候。其病因病机多为：①由阴血不足，心神失养；②病邪干扰，心神不安。

2. 嗜睡 无论昼夜睡意很浓，经常不自主入睡者，多由痰湿困遏、清阳不升所致。大病之后精神疲乏而嗜睡，是正气未复之象。

（六）问二便

询问二便，应注意其性状、颜色、气味、时间、量的多少、次数、伴随的症状等。

1. 大便 大便干燥，排出困难，次数减少，时间延长，称为便秘；伴有腹胀痛或发热者，多属实证、热证；久病、老人、孕妇、产后等多因津亏、血少所致者，多属虚证。便次增多，稀软不成形，称为泄泻；多由外感寒湿、湿热、食积、情志失调等损伤脾胃，运化失常所致；黎明前腹痛作泻，泻后痛减，兼有形寒肢冷，腰膝酸软者，为“五更泄”，多由脾肾阳虚所致。

2. 小便　尿量增多，是肾气虚弱，固摄无权所致；尿量减少，既可由津液耗伤，也可因水湿内停，气化不利而致；小便点滴而出，甚则点滴不通，称为癃闭，可由湿热下注、瘀血、结石堵塞而致，也可因肾阳亏虚、气化失常导致；尿频、尿急、小便淋漓不畅涩痛，称为淋证；睡中不自主排尿，称为遗尿，多由肾气不固所致。

（七）问经带

1. 月经　健康女子，从 14 岁左右开始月经来潮，称为初潮；到 49 岁左右，月经停止，称为绝经。问月经主要包括问周期、行经天数、经量、经色、经质、兼证等情况。

（1）经期：正常月经周期约 28 天行经 1 次，行经期一般 3～5 日。月经提前 8～9 日以上，称为月经先期，多由血热迫血妄行、气虚不固所致。周期推后 8～9 日以上，称为月经后期，多因血虚、寒凝、气血瘀滞等所致。经期错乱，或前或后为经行先后无定期，多由肝郁气滞所致。

（2）经量：经量是指健康女子经期排出的血量，一般为 50～100ml。由于个体素质、年龄的不同，经量略有差异，均属正常范围。凡月经量多、色红而黏稠者为实证、热证；量多、色淡者为气虚证；量少、色淡者为精血亏虚证。

（3）经色、经质：正常经色正红，质地不稀不稠，不夹杂血块。血色淡，质清稀者，多为气血亏虚；血色鲜红质稠者，多为血热；紫黑有块者多为血瘀。

2. 带下　带下量多、色黄、黏稠臭秽，多属湿热；带下色白，如涕无臭，多为脾虚寒湿下注；带下清冷，质稀薄量多，多属肾虚。

（八）问小儿

小儿问诊，除一般问诊内容外，应根据小儿的生理病理特点，注意询问出生前后情况，如是否患过传染病，预防接种、喂养、发育情况，父母兄妹的健康状况及有无遗传性疾病等。

四、切　诊

切诊（pulse feeling and palpation）包括脉诊和按诊两部分，是医师在患者的一定部位上进行触、摸、按、压，以了解病情的诊察方法。

（一）脉诊

脉诊，是医师用手指切按患者的动脉探查脉象，以了解病情变化的一种诊察方法。

诊脉临床常用的是“寸口诊法”，寸口脉分为寸、关、尺三部，正对腕后高骨的（桡骨茎突）为关部，关前为寸部，关后为尺部。两手各有寸、关、尺三部，共称六脉。分候的脏腑：右寸候肺，右关候脾，右尺候肾（命门）；左寸候心，左关候肝，左尺候肾。

诊脉时应先让患者稍事休息，患者手掌向上平放，与心脏处在同一水平。腕下放一脉枕，医师先用中指定关部，再用食指按寸部，后用无名指按尺部，三指呈弓形按在同一水平。切脉时常以轻、中、重三种不同指力诊察脉象，称举、寻、按。

小儿寸口脉狭小，不能容纳三指，可用“一指（拇指）定关法”，而不细分三部，3 岁以下的小儿，可用望指纹法替代切脉。

正常脉象又称“平脉”或“常脉”。其基本脉象是寸、关、尺三部有脉，不浮不沉，不快不慢，和缓有力，节律均匀。

1. 常见病脉与主病　疾病反应于脉象的变化，即为病脉，病脉有 28 种，现将临床常见的 16 种病脉介绍如下。

（1）浮脉

[脉象]轻按即得，重按稍弱，如按水中浮木。

[主病]表证。浮而有力为表实证，浮而无力为表虚证。

（2）沉脉

[脉象]轻按不得，重按才显。

[主病]里证。沉而有力为里实证，沉而无力为里虚证。

（3）迟脉

[脉象]脉来缓慢，一息脉动 3～4 至。

[主病]寒证。迟而有力为寒实证，迟而无力为虚寒证。

（4）数脉

[脉象]脉来急数，一息脉来在 5 至以上。

[主病]热证。数而有力实热证，数而无力为虚热证。

（5）虚脉

[脉象]举之无力，按之空虚，三部脉举按皆无力，是无力脉的总称。

[主病]虚证。

（6）实脉

[脉象]亢盛有力，三部举按皆有力，为有力脉的总称。

[主病]实证。

（7）滑脉

[脉象]往来流利，如盘走珠，应指圆滑。

[主病]痰饮、食滞、实热等。

（8）涩脉

[脉象]应指如轻刀刮竹，往来艰涩不畅。

[主病]气滞、血瘀、精伤、血少等证。

（9）洪脉

[脉象]脉幅宽大，如波涛汹涌之势，来盛去衰。

[主病]阳热亢盛。

（10）细脉

[脉象]脉细如线，应指明显，按之不绝。

[主病]血虚、诸虚劳损等。

（11）濡脉

[脉象]浮而细软，如按棉絮，应指无力。

[主病]诸虚、湿证等。

（12）弦脉

[脉象]端直以长，如按琴弦。

[主病]肝胆病、诸痛、痰饮等。

（13）紧脉

[脉象]脉来绷急，应指紧张有力，状如牵绳转索。

[主病]寒证、痛证等。

（14）代脉

[脉象]脉来缓慢，兼有规则的歇止，间歇时间较长。

[主病]脏气衰微、痛证、惊恐、跌打损伤等。

（15）结脉

[脉象]脉来缓慢，兼有不规则的间歇。

[主病]阴盛气结、癥瘕积聚等。

（16）促脉

[脉象]脉来急数，兼有不规则的间歇。

[主病]阳盛实热、邪实阻滞等。

2. 相兼脉 数种脉象同见者，称为相兼脉。相兼脉的主病，通常等于构成该相兼脉的各单一脉主病的结合，如浮脉主表证，紧脉主寒证，浮紧脉主表寒证；浮脉主表证，数脉主热证，浮数脉主表热证，余可类推。

（二）按诊

按诊，是医师用手直接触摸或按压患者身体的某些部位，以测知局部冷热、软硬、压痛、痞块或其他异常变化，从而推断疾病部位、性质和病情的轻重的一种诊断方法。

1. 按肌肤 主要了解肌肤的寒热、润燥、肿胀等内容。凡阳证、热证多见肌肤灼热；阴证、寒证多见肌肤清冷；手足心灼热较甚者，多属阴虚内热。皮肤之润燥，可反映津液是否损伤等。如皮肤润滑，多属津液未伤；皮肤枯燥者，多属津液已伤。肌肤肿胀而发亮，按之凹陷不起的为水肿；如皮肤绷紧，按之即起的，多属气胀。

2. 按手足 诊察手足温凉，可判断阳气之盛衰。手足俱凉，多是阳虚寒盛；手足俱热，多是阳盛热炽；手足心热盛，多为内伤；手足背热盛，多属外感等。

3. 按脘腹 主要是检查患者脘腹有无压痛及包块。脘腹疼痛喜按，局部柔软者为虚证；疼痛拒按，局部坚硬者为实证。腹中包块固定不移，痛有定处，按之有形者，为积为癥，病在血分；若包块往来不定，痛无定处，聚散无常者，为聚为瘕，病在气分。

第七节 辨 证

案例 2-8

许某，女，32岁，失眠已2个月，现下午有低热，头昏，乏力，舌稍红，脉弱。

问题

1. 首先考虑的诊断是什么？
2. 针对低热，在饮食护理方面当采取哪些措施？

辨证是中医学认识和诊断疾病的方法，辨证的过程就是诊断的过程，是从整体观念出发，运用中医学理论，把四诊所收集的资料进行综合分析，以判断疾病的病因、部位、性质和邪正关系，从而做出护理诊断的过程。本节主要讨论八纲辨证和脏腑辨证。

一、八 纲 辨 证

八纲辨证（syndrome differentiation of eight principles）是各种辨证方法的总纲，它根据四诊所获得的资料进行分析综合，以概括病变的类别、部位、病邪的性质、邪正盛衰等多方面的情况，从而归纳为阴证、阳证、表证、里证、寒证、热证、虚证、实证等八类不同的证候。

（一）表里辨证

表里辨证是辨别病变部位、病情轻重、病势趋向的一对纲领。

1. 表证（exterior syndrome） 是指六淫病邪经皮毛、口鼻侵入机体所产生的证候，一般有起病急、病位浅、病情轻、病程短的特点。表证以恶寒发热、舌苔薄白、脉浮等为主证，兼有头身疼痛、鼻塞流涕、咳嗽咽痛等。

2. 里证（interior syndrome） 泛指脏腑、气血、津液、骨髓等受病所导致的证候。里证的范围极为广泛，涉及脏腑气血等各方面，是以脏腑症状为主要表现，具有起病可急可缓、病位较深、病情较重、病程较长等特点。

知识链接

半表半里证

外邪是由表内传，尚未入里；或里邪透表，邪正相搏表里之间，称为半表半里证。其表现为寒热往来，胸胁苦蛮，心烦喜呕，默默不欲饮食，口苦，咽干，目眩，脉弦等。这种半表半里证，类同于六经辨证的少阳病证。

（二）寒热辨证

寒热是辨别疾病性质的一对纲领。寒热是阴阳偏盛偏衰的具体表现，辨寒热的实质就是辨阴阳之盛衰。

1. 寒证（cold syndrome） 是感受寒邪或阴盛阳虚，机体机能活动衰退所表现的证候。临床表现以恶寒，或畏寒喜暖，面色苍白，口淡不渴，肢冷蜷卧，舌淡苔白而润滑，脉迟或紧等为主。

2. 热证（heart syndrome） 是感受热邪或阳盛阴虚，机体机能活动亢进所表现的证候。临床表现以发热喜凉，面红目赤，口渴喜冷饮，小便短赤，大便秘结，舌红苔黄而干燥，脉数等为主。

（三）虚实辨证

虚实是辨别邪正盛衰的一对纲领。

1. 虚证（deficiency syndrome） 是对人体正气不足，脏腑功能衰退所产生的各种虚弱证候的概括，有血虚、气虚、阴虚、阳虚的区别。

（1）血虚（blood deficiency）：临床表现以面色萎黄，唇色淡白，眩晕耳鸣，月经量少或经闭，舌质淡，脉细无力等为主。

（2）气虚（qi deficiency）：临床表现以面白无华，少气懒言，神疲乏力，舌淡，脉虚弱等为主。

（3）阴虚（deficiency of Yin）：临床表现以午后潮热，盗汗，颧红，手足心热，舌红少苔，脉细数等为主。

（4）阳虚（deficiency of Yang）：临床表现形寒肢冷，面色淡白，自汗，口淡不渴，舌淡苔白，脉弱等为主。

2. 实证（excess syndrome） 是对人体感受外邪，或体内病理产物蓄积而形成的各种证候的概括。由于邪气的性质及所在部位的不同，临床表现有发热，形体壮实，声高气粗，胸胁脘腹胀痛、拒按，苔厚腻，脉实有力等。

（四）阴阳辨证

阴阳是概括病证类别的一对纲领，即表、热、实属阳，里、寒、虚属阴，是八纲辨证的总纲。

1. 阴证（Yin syndrome） 是机体阳气虚衰，阴寒内盛所表现的证候。临床可见精神萎靡，面色苍白，气短声低，畏寒肢冷，口不渴，小便清长，大便溏泄，舌淡胖嫩，苔白，脉迟弱等。

2. 阳证（Yang syndrome） 是机体热邪壅盛所表现的证候。临床可见身热面赤，精神烦躁，呼吸气粗，口渴喜冷饮，小便短赤，大便秘结，舌红绛，苔黄，脉滑洪实等。

二、脏腑辨证

脏腑辨证（differentiation of diseases according to pathological changes of zang and fu and their interrelations）是以脏腑理论为基础，根据脏腑的生理功能、病理变化，通过对四诊所收集的资料分析综合，借以推究病因病机，判断疾病的部位、性质、正邪盛衰的一种辨证方法。

（一）心与小肠病辨证

心的主要功能是主血脉，主神明。小肠的主要功能受盛化物，泌别清浊。

1. 心气虚、心阳虚、心阳暴脱 临床常见心悸，气短，活动时加重，自汗，脉细弱或结代为共有主要症状。兼见面白无华，乏力，舌淡苔白者为心气虚；兼见形寒肢冷，心胸憋闷，舌淡胖嫩或紫暗者为心阳虚；兼见冷汗淋漓，四肢厥冷，口唇青紫，神志不清，呼吸微弱，脉微欲绝者为心阳暴脱。

2. 心血虚、心阴虚　临床常见心悸、失眠、健忘、多梦为共有主要症状。兼见面白无华，眩晕，唇舌色淡，脉细者为心血虚；兼见心烦，颧红，潮热，五心烦热，盗汗，咽干口燥，舌红少津，脉细数者为心阴虚。

3. 心火亢盛　临床常见心胸烦热，面赤口渴，或口舌生疮，舌尖红赤，苔黄，脉数等症。

4. 心血瘀阻　临床常见心悸怔忡，心胸憋闷、刺痛，痛引肩背内臂，时发时止，舌质紫暗或见瘀点瘀斑，脉细涩或结代等症。

5. 痰迷心窍　临床常见精神抑郁，表情淡漠，喃喃自语，举止失常；或突然昏倒，不省人事，口吐痰涎，喉中痰鸣，两目上视，手足抽搐；或脘闷作恶，意识模糊，甚则昏迷；舌淡嫩，苔白腻，脉滑等症。

6. 小肠实热　临床常见发热，心烦，口渴，口舌生疮，小便赤涩，尿道灼热或尿血，舌红苔黄，脉数等症。

（二）肺与大肠病辨证

肺的主要功能是主气、司呼吸，主宣发肃降，通调水道，朝百脉、主治节。大肠的主要功能是传化糟粕。

1. 肺气虚　临床常见咳喘无力，声音低微，倦怠无力，动则气短，少气短息，痰液清稀，或自汗，畏风，易于感冒，舌淡苔白，脉虚弱等症。

2. 肺阴虚　临床常见干咳无痰，或痰少黏稠，不易咳出，口燥咽干，声音嘶哑，形体消瘦，午后潮热，颧红，盗汗，舌红少津，脉细数等症。

3. 风寒束肺　临床常见咳嗽，痰稀色白，鼻塞流清涕，或兼恶寒发热，无汗，头身疼痛，苔薄白，脉浮紧等症。

4. 风热犯肺　临床常见咳嗽，咳痰黄稠，发热，微恶风寒，头痛，口微渴，咽痛，舌尖红，苔薄黄，脉浮数等症。

5. 燥邪犯肺　临床常见干咳无痰，或痰少而黏，口、唇、咽、鼻干燥，尿少，苔薄干燥少津，脉细数等症。

6. 痰热壅肺　临床常见咳嗽，咳痰黄稠，发热口渴，呼吸气促，鼻煽，或痰中带血，或咳吐脓血腥臭痰，胸痛，烦躁不安，舌红苔黄腻，脉滑数等症。

7. 大肠湿热　临床常见腹痛泄泻，下痢脓血，里急后重，肛门灼热，小便短赤，发热口渴，舌红苔黄腻，脉滑数等症。

（三）脾与胃病辨证

脾的主要功能是主运化，统血，主升清。胃的主要功能是主受纳、腐熟水谷。

1. 脾气虚　临床常见食少，纳呆，食后胀满尤甚，便溏，少气懒言，四肢倦怠，面色萎黄，舌淡苔白，脉缓弱无力等症。

2. 脾阳虚　临床常见腹胀纳少，脘腹冷痛，喜温喜按，口淡不渴，四肢不温，大便稀溏，或肢体浮肿，舌质淡胖，苔白滑，脉沉迟无力等症。

3. 中气下陷　临床常见脘腹坠胀，便意频数，肛门重坠，或久痢不止，甚则脱肛，内脏下垂，伴有少气无力，头晕目眩，舌淡苔白，脉虚弱等症。

4. 脾不统血　临床常见面色无华，食少便溏，神疲乏力，少气懒言，肌衄、鼻衄，或妇女月经过多，崩漏，舌淡，脉细弱等症。

5. 寒湿困脾　临床常见脘腹痞闷，不思饮食，泛恶欲吐，口黏不爽，头身重困，肢体浮肿，舌淡胖，苔白腻，脉濡缓等症。

6. 胃火炽盛 临床常见胃脘灼痛，吞酸嘈杂，渴喜冷饮，消谷善饥，口臭，或牙龈肿痛，大便秘结，小便短黄，舌红苔黄，脉滑数等症。

（四）肝与胆病辨证

肝的主要功能是主疏泄，主藏血。胆的主要功能是贮藏、排泄胆汁。

1. 肝气郁结 临床常见精神抑郁，胸胁或少腹胀闷窜痛，善太息，纳呆嗳气，或咽中有异物感，或颈部瘿瘤，或胁下痞块，妇女可见乳房胀痛，月经不调，甚则闭经，脉弦等症。

2. 肝火上炎 临床常见头晕胀痛，面红目赤，急躁易怒，口苦咽干，胁肋灼痛，耳鸣耳聋，大便秘结，小便短黄，舌红苔黄，脉弦数等症。

3. 肝血虚 临床常见眩晕耳鸣，面白无华，爪甲不荣，两目干涩，视物模糊，肢体麻木，筋脉拘挛，月经量少或闭经，舌淡，脉细等症。

4. 肝阴虚 临床常见头晕耳鸣，胁肋隐痛，两目干涩，五心烦热，潮热盗汗，舌红少津，脉弦细数等症。

5. 肝阳上亢 临床常见头目胀痛，眩晕耳鸣，面部烘热，急躁易怒，口苦咽干，失眠多梦，腰膝酸软，舌红少苔，脉弦细数等症。

6. 肝风内动 是指患者出现以眩、麻、抽、颤等具有“动摇”特点为主的一类证候，可细分为肝阳化风、热极生风、血虚生风与阴虚生风四种类型。

7. 肝胆湿热 临床常见胁肋胀痛灼热，口苦，纳呆，大便不爽，小便短黄，或身目发黄，带下黄臭，外阴瘙痒，苔黄腻，脉弦滑数等症。

8 寒凝肝脉 临床常见少腹冷痛，痛引少腹，睾丸坠胀，遇寒加重，得温痛减，苔白，脉弦紧等症。

（五）肾与膀胱病辨证

肾的主要功能是藏精，主水，主纳气。膀胱的主要功能是贮尿与排尿。

1. 肾气虚 临床常见腰膝酸软，头晕耳鸣，神疲乏力，阳痿，舌淡，脉沉弱等症。

2. 肾阳虚 临床常见腰膝酸软，形寒肢冷，面色淡白，头晕耳鸣，神疲乏力，男子阳痿早泄，女子宫寒不孕，小便清长，夜尿频多，或五更泄泻，舌淡胖，脉沉弱等症。

3. 肾气不固 临床常见腰膝酸软，神疲乏力，小便频数，或余沥不尽，男子滑精早泄，女子月经淋漓不尽，白带清稀，胎动易滑，舌淡苔白，脉沉弱等症。

4. 肾虚水泛 临床常见全身水肿，腰以下为甚，按之没指，小便短少，腰膝酸冷，或见心悸，气短，喘咳痰鸣，舌淡胖嫩有齿痕，苔白滑，脉沉细等症。

5. 肾不纳气 临床常见咳喘，呼多吸少，气不得续，动则喘息益甚，声音低怯，或冷汗淋漓，肢冷面青，舌淡，苔白，脉浮大无根等症。

6. 肾精不足 临床常见小儿发育迟缓，囟门迟闭，骨骼痿软；男子精少不育，女子经闭不孕，成人早衰，发脱齿摇，耳鸣耳聋等症。

7. 肾阴虚 临床常见腰膝酸软，耳鸣耳聋，形体消瘦，五心烦热，潮热，盗汗，舌红苔少而干，脉细数等症。

8. 膀胱湿热 临床常见尿急，尿频，尿道灼热疼痛，或尿血，尿有砂石。可伴有发热，腰痛，舌红，苔黄腻，脉滑数等症。

（六）脏腑兼病辨证

两个或两个以上脏腑同时发病者，称为脏腑兼病。

1. 心肺气虚 临床常见胸闷心悸，咳喘气短，动则尤甚，头晕神疲，自汗乏力，舌淡苔白，脉细无力等症。

2. 心肾不交 临床常见心烦失眠，头晕耳鸣，腰膝酸软，遗精，潮热盗汗，舌红苔少，脉细数等症。

3. 肝脾不调　临床常见胁肋胀满、情志抑郁，纳呆腹胀，便溏，腹痛欲泻，泻后痛减，苔白腻，脉弦等症。

4. 肺肾气虚　临床常见喘息短气，呼多吸少，动则喘甚，腰膝酸软，自汗乏力，舌淡，脉弱等症。

5. 脾肾阳虚　临床常见形寒肢冷，腰膝冷痛，久泄久痢，五更泄泻，面浮肢肿，小便不利，舌质淡胖，脉沉弱等症。

（闫玉慧　王丽萍　苗　冲　衣运玲　韩新荣）

思　考　题

1. 从冬至春及夏的寒、温、热的变化属于：
A. 阴消阳长　B. 阳长阴消　C. 阴阳转化
D. 重阴必阳　E. 寒极生热

2. 五行相生关系中，火的“生我”是：
A. 木　B. 火　C. 土　D. 金　E. 水

3. 根据情志相胜法，大怒时可用哪种情志制约：
A. 喜　B. 怒　C. 思　D. 悲　E. 恐

4. 藏象的基本含义是：
A. 以五脏为中心的整体观　B. 内脏的解剖形象
C. 脏腑的生理功能　D. 脏腑的病理表现
E. 藏于体内的内脏及其表现于外的生理病理现象

5. 五脏关系中主要体现在气血方面的两脏是：
A. 肺与脾　B. 心与肾　C. 心与肺
D. 脾与肾　E. 肺与肾

6. 足三阴经循行方向的规律是：
A. 从胸走足　B. 从足走胸　C. 从头走足
D. 从足走头　E. 从足走手

7. 在常用骨度分寸法中，腘横纹至外踝为：
A. 8 寸　B. 10 寸　C. 12 寸　D. 14 寸　E. 16 寸

8. 患者出现自汗、流涎、出血、遗精，早泄，是气的哪项功能失常：
A. 推动作用　B. 温煦作用　C. 防御作用
D. 固摄作用　E. 气化作用

9. 患者出现午后发热，热度不甚高，五心烦热，常提示：
A. 表热证　B. 实热证　C. 血亏虚　D. 阴虚内热　E. 气虚两亏

10. 暑邪与火邪共同的致病特点是：
A. 易生风动血　B. 性质重浊　C. 易耗气伤津
D. 易致肿疡　E. 多挟湿邪致病

第三章　方药基本知识

【学习目标】

掌握　1. 中药的药性理论。2. 中药的配伍及用药禁忌。

熟悉　1. 方剂的组成及变化。2. 方剂的常用剂型与用法。

了解　常用的中药和方剂的分类。

第一节　中药基本知识

案例 3-1

王某，女，42 岁。主诉胁肋及乳房胀痛不适 1 年，加重 2 个月。现病史：患者 1 年前因与家人关系不和，情志不遂而发病，现证见情志抑郁，闷闷不乐，长作太息，胁肋胀痛不适，胸前乳房胀痛，舌淡，脉弦。

问题

1. 请思考本例患者属于何种病症？
2. 请思考本例患者应选择那些中药进行治疗？
3. 请思考本例患者应选择那些方剂进行治疗？

中药是在中医基础理论指导下认识和使用的药物，其有着独特的理论体系和应用形式，能反映我国历史、资源等特点，是中华民族所特有的民族药物。草药是指那些主流本草尚未记载，只在某一区域流传，或民间医师习用的药物。中草药是中药与草药的合称，有时也是民间百姓对中药的称呼。中药材是指经过采收可作为中药使用，但未经过加工炮制的药物。饮片是指中药材加工炮制成一定规格的加工炮制品。中成药是以中药饮片为原料，按处方标准，依据药材的理化性质制成一定剂型的现成制剂。民族药是指我国除汉族外，各少数民族在本民族区域内使用的天然药物，有独特的理论体系，以民族医药理论或民族用药经验为指导。

一、中药的性能

中药的性能，是中医药理论对中药作用性质和特征的高度概括，其内容主要包括四气、五味、升降浮沉、归经和毒性等内容。

（一）四气（four properties）

四气，又称四性，是指药物所具有的寒，热，温，凉四种药性。 此外，有的药物，寒热之性不甚明显，作用缓和，称为平性，如茯苓、山药等。但平性是相对而言，实际上也有偏温偏凉的不同。四种药性中，温次于热，凉次于寒。温热与寒凉分属两类不同的性质，温热属阳，寒凉属阴。温与热或寒与凉，没有本质区别，只是程度上的差异。

药物的四性，是从药物作用于机体所发生的反应概况出来的，是与所治疾病的性质相对而言。如患者表现为高热烦渴、面红面赤、咽喉肿痛、脉洪数等，属阳热证，则用能减轻或消除阳热证的药物，如石膏、黄连等。如患者表现为四肢厥冷、面色㿠白、脘腹冷痛、脉微欲绝等，属阴寒证，则用能减轻或消除阴寒证的药物，如干姜、附子等。

一般来说，寒凉药多具有清热泻火、凉血解毒、泻热通便、滋阴除蒸、清热利尿、清心开窍、凉肝息风等功效，适用于热证、阳证。温热药多具有温里散寒、补火助阳、暖肝散结、温阳利水、温经散寒、回阳救逆等功效，适用于寒证、阴证。但药性的寒热并不能全面决定药物的功效，也不能概况药物性能所有方面，药性与其他性能相结合，方能全面掌握药物的功效和应用。

（二）五味

五味（five-kind flavors），主要指中药具有的酸、苦、甘、辛、咸五种基本的滋味。其中，甘味中包含有“淡”味，酸味中包含有“涩”味，甘味与淡味作用相似，涩味与酸味作用相似，因此，虽有7种药味，但没有超出五味的范畴，故仍然称为五味。

五味的确定，最初是根据药物的真实滋味口尝感受而来，如黄连之苦、甘草之甘、山楂之酸等。后通过长期的临床观察发现，药物的功效是确定药味的最根本依据。也就是说，五味不仅是药物味道的真实反映，更重要的是对药物作用的高度概括，现将五味所代表的药物的作用及主治病症归纳如下。

1. 酸 具有收敛、固涩的功效，适用于各种耗散滑脱证，如虚汗、久泻、遗精、遗尿、肺虚久咳等，如酸枣仁、五倍子、金樱子、覆盆子、乌梅等。

2. 苦 具有泻下通便、降泄止咳、清热泻火、燥湿等作用，适用于湿热证、寒湿证，以及大便秘结、咳嗽气喘等病症，如黄连、大黄、黄芩、杏仁、苍术等。

3. 甘 具有补虚和中、缓急止痛、调和药性等作用，适用于虚证，以及脾胃不和、拘急疼痛等病症，如人参、甘草、白芍等。

4. 辛 具有发散、行气、活血等功效，适用于表证，以及气滞、血瘀等病症，常用药物如桂枝、陈皮、当归等。此外，辛味还具有开窍、化湿等作用，分别用于窍闭神昏证和湿阻中焦证，如麝香、砂仁等。

5. 咸 具有软坚散结、泻下通便的功效，适用于瘰疬、痞块、便秘等病症，常用药物如海藻、昆布、芒硝等。

6. 淡 具有渗湿利尿的功效，适用于水湿内停或小便不利等病症，常用药物如茯苓、猪苓等。

7. 涩 具有收敛固涩的功效，适用于久泻、久痢、白带过多等病症，常用药物如龙骨、牡蛎、禹余粮、莲子等。

（三）升降浮沉

中药的升降浮沉（action of lifting，lowering，floating and sinking）是指药物在机体内的作用趋向。升降浮沉与四气五味一样，也是通过药物作用于机体所产生的疗效而概况出来的药性理论。升即上升提举，趋向于上；降即下达降逆，趋向于下；浮是向外发散，趋向于外；沉是向内收敛，趋向于内。

升降浮沉的作用趋向是与病势相对而言的。由于疾病在病势上常表现出向上（如呕吐）、向下（如脱肛）、向外（如自汗）、向内（如表证入里）的趋势，在病位上则有在表（如表证）、在里（如便秘）、在上（如头痛）、在下（如腹水）的不同。因此必须针对病情，选用改善或消除这些病症的药物。

按阴阳的属性划分，升浮属阳，沉降属阴。升浮药大多具有升阳、发表、催吐、开窍等功效，适用于中气下陷、外感表证，以及痰涎壅盛，窍闭神昏等病症。沉降药大多为具有清热泻下、泻下通便、降逆止呕、止咳平喘、利水渗湿等功效，适用于里热、实热便秘、呕吐呃逆、咳喘、水肿等病症。

升降浮沉与药物的性味与质地有密切的关系。一般而言，升浮药的药味多辛、甘，药性多温、热；沉降药的药味多酸、苦、咸，药性多寒、凉。凡质轻的植物的花、叶、枝、皮类等药物，大多属于升浮药；质重的种子、果实、贝壳、矿物类等药物，大多属于沉降药。但这只是一般规律，如“诸花皆升，旋覆独降”“诸子皆降，蔓荆独升”等，均属例外。

影响中药升降浮沉的关键因素是炮制和配伍。如酒炒则性升，姜炒则性散，醋炒则收敛，盐炒则下行等。如大黄，苦寒泻下，属沉降之药，酒炒之后，善清上焦热，而表现为升浮。在配伍中，如升浮药配在大量沉降药中，升浮之性则受到制约；沉降药配在大量升浮药中，沉降之性也会减弱。如牛膝，属沉降，在血府逐瘀汤中与桃仁、红花、柴胡、桔梗等同用，其沉降之性已不明显。

（四）归经

中药的归经（channel tropism）是指中药对人体某部分的选择性作用。中药归经理论，主要是在中医理论指导下，以脏腑经络为基础，以药物所治病症为依据，将药物对人体的作用进行归纳，经过长期临床实践总结出来的。药物的归经不同，其作用也不同。如黄连、黄柏，同属寒性药，都有清热作用，由于归经不同，黄连偏于清胃火，黄柏偏于泻肾火。

掌握归经理论，有助于提高用药的准确性。如治肺热咳喘，选归肺经而善清肺热的黄芩，鱼腥草等，以泻肺平喘；若胃火牙痛，则选用归胃经善清胃热的黄连、升麻等，以清泻胃火。掌握归经理论，还有助于区别功效类似的药物，如羌活、白芷、柴胡，由于其归经不同，所治头痛的类型也不同，羌活善治太阳经头痛，柴胡善治少阳经头痛，白芷善治阳明经头痛。

用归经理论指导临床用药时，还必须与药物的四气五味、升降浮沉等结合起来，才能更准确地理解药物的功效。如同归肺经的黄芩、干姜，黄芩性寒，善清肺火；干姜性热，能温肺寒，是由于药性不同，所以功效不同。同归肺经的麻黄、乌梅，麻黄味辛，能解表散寒；乌梅味酸，能敛肺止咳，是由于药味不同，所以功效不同。同归肺经的桔梗、杏仁，桔梗升浮，能宣肺；杏仁沉降，能降肺，是由于升降浮沉不同，所以功效不同。

（五）毒性

古代药物毒性含义有二，一指药物的偏性，二是药物毒副作用大小的标志。随着社会的进步，科学技术的发展，人们对药物毒性的认识逐步加深。一般认为，毒性是指药物对机体所产生的严重不良反应和损害性反应。毒性反应与药物的不良反应不同，它对人体的危害性较大，甚至可危及生命，为了确保用药安全，必须正确认识中药的毒性。

中药毒性的大小，目前采用的是《中华人民共和国药典》记载的大毒、有毒、小毒的三级分类法。中药产生中毒的原因，除药物本身的毒性外，还与剂量过大、炮制不当及配伍失宜关系重大。因此，在用药时要慎用有毒中药，严格掌握有毒中药的剂量，根据体质强弱、病位深浅，恰当选择药物，中病即止，不可过服久服，并注意配伍禁忌，确保用药安全。

知识链接

目前中药品种有12 800种之多，结合中药中毒的临床报道，中华人民共和国国务院颁布的《医疗用毒性药品管理办法》将砒石、砒霜、水银、生马前子、生川乌、生草乌、生白附子、生附子，生半夏、生南星、生巴豆、斑蝥、青娘虫、红娘虫、生甘遂、生狼毒、生藤黄、生千金子、生天仙子、闹阳花（羊踯躅）、雪上一枝蒿、红升丹、白降丹、蟾酥、洋金花、红粉、轻粉、雄黄等归为有毒中药。

二、中药的用法

（一）配伍

中药配伍是根据病情需要和药物性能，有选择地将两种以上的药物组合在一起使用。其目的是增强药物的疗效、降低或消除其毒副作用，使用药安全。前人将单味药的应用及药与药之间的配伍关系总结为七个方面，称为药物的“七情（seven emotions）”，包括单行、相须、相使、相畏、相杀、相恶、相反七种情形。

（二）七情

1. 单行（using single drug）　是指单用一味药来治疗疾病。如独参汤，单用人参大补元气，治疗虚脱。

2. 相须（mutual reinforcement）　即两种以上性能功效类似的药物配合应用，能明显增强其原有的疗效。如麻黄配桂枝，能明显增强发汗解表的作用。

3. 相使（mutual assistance）即在功效方面有某种共性的药物，分主辅合用后，能够提高主药的疗效。如黄芪配茯苓，茯苓通过利水健脾，可增强黄芪补气利水的作用。

4. 相畏（mutual restraint）即一种药物的毒性反应或不良反应，能被另一种药物减轻或消除。如生半夏的毒性能被生姜减轻或消除，即半夏畏生姜。

5. 相杀（mutual detoxication）即一种药物能减轻或消除另一种药物的毒性反应或不良反应。如生姜能减轻或消除生半夏的毒性，即生姜杀半夏。

6. 相恶（mutual inhibition）即两种药物合用，各自的性能相互牵制，而使原有的疗效降低甚至丧失。如人参恶莱菔子，是因为莱菔子能削弱人参的补气作用。

7. 相反（incompatibility）　即两种药物合用能产生毒性反应或不良反应。如“十八反”和“十九畏”中的相关药物，此属配伍禁忌，原则上不能使用。

（三）用药禁忌

用药禁忌是指患者在用药期间不宜或不可使用的药物或食物。主要包括配伍禁忌、妊娠用药禁忌、证候用药禁忌、服药饮食禁忌等。掌握中药的用药禁忌，可提高临床疗效，确保用药安全，避免毒副作用的产生。

1. 配伍禁忌　在复方配伍中，根据用药法度，有些药物应避免在同一方中合用，称为配伍禁忌。凡是合用后能使疗效降低或使毒副作用增强，或产生新的毒害效应者，原则上都应避免使用。相反的配伍属禁忌范围，目前公认的配伍禁忌是“十八反”和“十九畏”。

2. 妊娠禁忌　凡是对母体胎儿不安全及不利于优生优育的药物均属于妊娠用药禁忌，一般分禁用药和慎用药两大类。禁用的多为毒性较强或药性峻烈及有堕胎作用的药物，如水银、砒霜、麝香等；慎用的多为具有较强的祛瘀通经、行气攻下、辛热滑利及有毒之品，如桃仁、红花、牛膝等。凡属禁用的绝对不能使用。慎用的根据病情斟酌使用。

3. 证候禁忌　对于某类病症，应当避免使用某种或某类药物，称证候用药禁忌。如里热证，忌用温里药；里寒证，忌用寒凉药；妇女经期，忌用活血化瘀药，凡此种种，都属于证候禁忌。具体药物如桂枝，能发汗解肌、温经通脉、助阳化气，但由于辛温助热，易伤阴动血，故外感热病、阴虚火旺、血热妄行等证均当忌用，孕妇及月经过多者慎用。

4. 饮食禁忌　在服药期间，患者不能食用的食物，称饮食禁忌。一般在服药期间，都应忌食生冷、油腻、辛热、膻腥及刺激性等有碍脾胃运化的食物。具体病情不同，饮食禁忌也不同，如热证、阳证，忌食辛辣、油腻、煎炸等助热伤阴的食物；寒证、阴证，忌食生冷等寒凉伤阴的食物。另外，根据古籍记载，常山忌葱、茯苓忌醋、人参忌莱菔子等，也应做饮食禁忌的参考。

知识链接

十八反：本草明言十八反，半蒌贝蔹及攻乌，藻戟遂芫俱战草，诸参辛芍叛藜芦。

十九畏：硫黄原是火中精，朴硝一见便相争。水银莫与砒霜见，狼毒最怕密陀僧。巴豆性烈最为上，偏与牵牛不顺情。丁香莫与郁金见，牙硝难合京三棱。川乌草乌不顺犀，人参最怕五灵脂。官桂善能调冷气，若逢石脂便相欺。大凡修合看顺逆，炮爁炙煿莫相依。

三、常用中药

（一）解表药

解表药（drugs for exterior syndrome）能发散表邪，以治疗表证为主。根据解表药性能特点及适应证不同，分为发散风寒药和发散风热药。

1. 发散风寒药 性味多属辛温，发汗作用较强，以发散风寒为主。主要适用于外感风寒表证，症见恶寒发热、无汗、鼻塞或流清涕、舌苔薄白、口不渴、脉浮等。部分药对于咳嗽气喘、脚气水肿及风湿痛等初期具有上述病症者，也可应用。常用药有麻黄、桂枝、荆芥、防风、白芷、紫苏、生姜、香薷、羌活、细辛、苍耳子、辛夷、藁本等。

2. 发散风热药 性味多辛凉，以发散风热为主要功效，发汗力比较和缓，适用于外感风热或温病初起，症见发热、恶风寒、咽干口渴、头痛目赤、舌苔薄黄、脉浮数等。某些药物还可用做风热所致的目赤多泪、咽喉肿痛、麻疹不透及风热咳嗽等。常用药有薄荷、蝉蜕、柴胡、升麻、葛根、牛蒡子、桑叶、菊花等。

（二）清热药

清热药（drugs for clearing away heat）以清解里热为主要功效，用来治疗里热证。根据其性能和适应证的不同，分为五类。

1. 清热泻火药 性味多苦寒或甘寒，清泄气分邪热之力较强，主要适用于邪在气分之实热证。症见高热、口渴、汗出、烦躁、甚至神昏谵语、脉洪大，以及肺热、胃热、心火、肝火等脏腑热证。常用药有石膏、知母、栀子、天花粉、夏枯草、决明子、淡竹叶、芦根等。

2. 清热燥湿药 性味苦寒有清热燥湿之功，并能清热泻火。主要用于湿热证及火热证，如身热不扬、呕恶、黄疸、泻痢、湿疹等，因其苦寒燥湿力强，凡脾胃虚寒或津伤阴亏者慎用。常用药有黄芩、黄连、黄柏、龙胆草、苦参、秦皮、白鲜皮等。

3. 清热解毒药 性味多苦寒，能清解热毒或火毒。主要用于痈肿疔毒、丹毒、痄腮、热毒下痢、咽喉肿痛、虫蛇咬伤、癌肿、烧烫伤及温热热病等。因药性寒凉，宜中病即止。常用药金银花、连翘、板蓝根、大青叶、鱼腥草、蒲公英、紫花地丁、穿心莲、白头翁、败酱草、大血藤、射干、山豆根等。

4. 清热凉血药 性味多甘苦或咸寒，具有清解营分、血分热邪的作用，适用于营分、血分之实热证，如身热夜甚、心烦不眠、心烦不寐、舌红绛、脉细数，甚则神昏谵语、吐血衄血、尿血便血、斑疹紫暗、躁恼不宁、甚或昏狂等。常用药有地黄、玄参、牡丹皮、赤芍、紫草、水牛角等。

5. 清退虚热药 药性寒凉，主入阴分，具有清虚弱、退骨蒸之功，适用于肝肾阴虚所致的骨蒸潮热、手足心热、午后发热、虚烦不眠、遗精盗汗、舌红少苔、脉细数等证，也可用于热病后期，余热未清、伤阴劫液之夜热早凉、热退无汗等证。常用药有青蒿、地骨皮、白薇、银柴胡、胡黄连等。

（三）泻下药

泻下药（purgative drugs）能引起腹泻，或润滑大肠，促进排便。本药多味苦而泄，主要作用为泻下通便、清热泻火、逐水消肿等，适用于大便秘结、胃肠积滞、实热内结及水肿停饮等里实证。根据泻下作用强弱及适应证的不同，可分为攻下药、润下药及峻下逐水药 3 类。

1. 攻下药 性味苦寒沉降，攻下通便作用较强，兼能清热泻火。攻下药主要用于实热积滞、里热炽盛、大便秘结等里热实证。常用药有大黄、芒硝、番泻叶等。

2. 润下药 味甘质润，多为植物种子或种仁，能润滑大肠，促进排便。攻下药主要适用于年老津亏、产后血虚、热病伤津及失血等所致的肠燥津枯便秘。常用药如火麻仁、郁李仁、松子仁等

3. 峻下逐水药 苦寒有毒，药力峻猛，可致剧烈腹泻，适用于全身水肿，大腹胀满，停饮等正气未衰之证。常用药有甘遂、大戟、牵牛子、巴豆、芫花等。

（四）祛风湿药

祛风湿药（drugs for eliminating wind-dampness）多辛香苦燥，药性或温或寒，以祛除湿邪、解除痹通，有的还兼有舒筋通络、散寒止痛、活血或补肝肾、强筋骨等作用。本类药主要用于风湿痹痛，筋脉拘挛，关节不利，半身不遂，腰膝酸痛，下肢痿弱等证。根据性能和适应证的不同，分为祛风寒湿药、祛风湿清热药、祛风湿强筋骨药三类。

1. 祛风寒湿药 性味多辛苦温，有较好的祛风、散寒、除湿、止痛、通经络等作用，主要用于风寒湿痹。常用药有独活、威灵仙、川乌、蕲蛇、木瓜等。

2. 祛风湿清热药 性味辛苦寒，可祛风除湿、通络止痛、清热消肿，主要用于风湿热痹。常用药有秦艽、防己、桑枝等。

3. 祛风湿强筋骨药 性味甘苦而温，主入肝肾二经，可祛风湿、补肝肾、强筋骨，主治风湿日久、肝肾虚损、腰膝酸软无力等。常用药有桑寄生、千年健、狗脊、五加皮等。

（五）芳香化湿药

本类药物气味辛香温燥，具有运化湿浊、宣畅气机、醒脾和胃的功能，适用于湿浊内阻、脾运失常所致的脘腹痞满、呕吐泛酸、大便溏薄、食少体倦等证。部分药物兼有解暑、温中、止呕、截疟等作用。常用药有藿香、砂仁、豆蔻、苍术、厚朴、佩兰等。

（六）利水渗湿药

利水渗湿药（drug for inducing diuresis and excreting dampness）味多甘淡而苦，能通利水道、渗除水湿，以治疗水湿内停证为主。根据性能特点和适应证的不同，分利水消肿药、利尿通淋药、利湿退黄药。

1. 利水消肿药 甘淡平或微寒，主要用于水湿内停之水肿、小便不利及泄泻、痰饮等证。常用药有茯苓、猪苓、泽泻、薏苡仁、香加皮等。

2. 利尿通淋药 味多苦寒，或甘淡而寒，以利尿通淋为主要作用，适用于小便短赤、热淋、血淋、石淋及膏淋等证。常用药有车前子、滑石、木通、通草、海金沙、石韦、萆薢等。

3. 利湿退黄药 味多苦寒，以利湿退黄为主要作用，主要用于湿热黄疸，证见目黄、身黄、小便黄等，部分药物还可用于湿疮痈肿等证。常用药有茵陈、金钱草、虎杖等。

（七）温里药

温里药（drugs for warming interior）味辛性温热，能驱散脏腑寒邪，适用于各种里实寒证，部分药物有助阳功效。因其归经不同主治也不同。入肺经者，能治肺寒痰饮证；主入脾胃经者，能治外寒直中脾胃或脾胃虚寒证；入肝经者，能治寒凝肝脉；入肾经者，能治肾阳不足证；入心肾两经者，能治心肾阳虚及亡阳证。常用药有附子、干姜、肉桂、吴茱萸、小茴香、丁香、高良姜等。

（八）理气药

理气药（drugs for regulating Qi）性味多辛温，具有疏理气机的作用。主治气滞证，症见胀满、痞闷、疼痛等。具体功效有理气调中、疏肝理气、理气宽胸、破气散结等。入脾胃经，可治脾胃气滞证，如脘腹胀满、纳差、大便不调等；入肝经，可治肝气郁滞证，如情志不舒、胁肋胀痛、疝气疼痛等；入心肺经，可治肺中气滞证，如胸闷胸痛、咳嗽气喘等。常用药有陈皮、青皮、枳实、木香、川楝子、乌药、香附、薤白、大腹皮等。

（九）消食药

消食药（drugs for improving appetite and digestion）味甘性平，具有消食化积、健脾开胃作用。主要用于饮食滞所致脘腹胀满、嗳腐吞酸、恶心呕吐、不思饮食、大便失常及脾胃虚弱之消化不良等。使用消食药时，应根据食积的性质及其兼证，选择合适的药物。常用药有山楂、神曲、麦芽、鸡内金、莱菔子等。

（十）止血药

止血药（drugs for arresting bleeding）以制止体内外出血为主要作用，适用于各种出血证。如咯血、衄血、吐血、便血、尿血、崩漏、紫癜及外伤出血等。因其药性有寒、温、散、敛的不同，其作用有凉血止血、化瘀止血、温经止血、收敛止血之分。

1. 凉血止血药 味多甘苦，药性寒凉，有凉血止血之效，主要适用于血热妄行的各种出血病症，以出血量多而色鲜红，伴心烦、口渴、便秘、尿黄、舌红、苔黄、脉数等为特点。常用药有小蓟、槐花、地榆、槐花、侧柏叶、白茅根等。

2. 化瘀止血药 味多苦泄，功善止血，又能化瘀，适用于瘀血内阻、血不循经的出血病症，以出血紫暗夹有血块，或疼痛固定不移，或有包块，舌质紫暗，脉涩为特点。常用药有三七、茜草、蒲黄等。

3. 收敛止血药 味涩，或为炭类，或质黏，性寒凉或平，长于收敛止血，广泛用于各种出血症，以虚损和外伤性出血更为适宜。常用药有白及、仙鹤草、棕榈炭等。

4. 温经止血药 性多温热，以温内脏、益脾阳、固冲脉而摄血为功用特点，适用于脾不统血、冲脉不固之虚寒性出血病症，以出血日久，色暗淡为特征，部分药物有温经散寒的作用。常用药有艾叶、炮姜、灶心土等。

（十一）活血化瘀药

活血化瘀药（drugs for promoting blood circulation and removing blood stasis）味多辛苦，以通利血脉、促进血液运行、消散瘀血为主要作用，适用于一切瘀血之证。根据作用强弱及特点的不同，可分为活血止痛药、活血通经药、活血疗伤药、破血逐瘀药 4 类。

1. 活血止痛药 味辛走散，活血兼行气，具有良好的止痛作用，主治血瘀诸痛证，如头痛、心痛、胸腹痛、胁肋痛、产后瘀滞腹痛、风湿痹痛及跌打损伤瘀肿疼痛等。常用药有川芎、延胡索、郁金、姜黄、乳香、没药、五灵脂等。

2. 活血通经药 性味多辛苦，具有活血化瘀之功，尤善通畅经脉而调妇人经水，主治妇女月经不调、痛经、经闭及产后瘀滞腹痛等证。常用药有丹参、红花、桃仁、益母草、泽兰、牛膝、鸡血藤、王不留行等。

3. 活血疗伤药 性味多辛、苦、咸，能活血化瘀、消肿止痛、续经接骨，生肌敛疮。主要适用于跌打损伤、瘀肿疼痛、骨折筋损、金疮出血等伤科疾患。常用药有土鳖虫、马钱子、苏木、自然铜、骨碎补等。

4. 破血逐瘀药 味多辛苦，药性峻猛，能破瘀血消癥积。主要用于时间长、程度重的症瘕积聚，也可用于血瘀经闭、瘀血肿痛等症。常用药有三棱、莪术、水蛭、穿山甲等。

（十二）安神药

安神药（drugs for tranquilizing mind）味甘性寒凉，具有镇静安神和养心安神的作用。主要适用于心神不宁之证，症见心悸、怔忡、失眠、多梦、健忘。根据安神药性能特点和适应证的不同，分为重镇安神药和养心安神药。

1. 重镇安神药 多为矿石、化石及介壳类，质重性降，味甘性咸寒，以重镇安神、平惊定志为主。主要适用于心火炽盛、痰火扰心、肝郁化火及惊吓等引起的心神不宁、心悸失眠、癫狂等证，部分药物兼有平肝潜阳作用。常用药有朱砂、磁石、龙骨、珍珠等。

2. 养心安神药 多为植物的种仁，甘平质润，以滋养心肝、养阴补血、交通心肾而安神为主。主要适用于阴血不足、心脾两虚、心肾不交等所致的心悸怔忡，虚烦不眠、健忘多梦、遗精盗汗等证。常用药有酸枣仁、柏子仁、灵芝、首乌藤等。

（十三）平肝息风药

平肝息风药（drugs for calming liver and checking endogenous wind）多为介类或虫类，具有平肝

潜阳、息风止痉及镇静安神等作用，主要适用于肝阳上亢之头目眩晕，肝风内动之惊痫抽搐，以及小儿惊风、破伤风等症。根据其性能和适应证的不同，可分为平抑肝阳药和息风止痉药 2 类。

1. 平抑肝阳药　多为质重之介类或矿石类，具有平肝潜阳之功效及清肝热、安心神等作用。主要用于肝阳上亢之头晕目眩、头痛、耳鸣和肝火上攻面红面赤、头痛头晕、烦躁易怒等症。常用药有石决明、牡蛎、珍珠母、代赭石等。

2. 息风止痉药　以息肝风、止痉抽为主要功效，主要适用于温热病热极动风、肝阳化风、血虚生风等所致眩晕欲仆、项强肢颤、痉挛抽搐及癫痫、惊风等症。常用药有羚羊角、地龙、牛黄、钩藤、天麻、全蝎、蜈蚣、僵蚕等。

（十四）开窍药

开窍药（drugs for inducing resuscitation）辛香走窜，能开窍醒神，以治疗闭证神昏为主要功效，适用于温病热陷心包、痰浊蒙蔽清窍之神昏谵语，以及惊风、癫痫、中风等猝然昏厥、痉挛抽搐等证。部分药物兼有活血、行气、止痛、解毒等作用，又可用治血瘀气滞之心腹疼痛、经闭癥瘕、跌打损伤、风湿痹通、目赤咽肿、痈疽疔疮等症。常用药有麝香、冰片、石菖蒲、苏合香等。

（十五）化痰止咳平喘药

化痰止咳平喘药（drugs for eliminating sputum）味多辛苦，能宣降肺气、化痰止咳平喘。因药性有寒温之别，功用各有侧重，故有温化寒痰、清化热痰、止咳平喘等不同功效。根据药性及临床应用的不同，分为温化寒痰药、清化热痰药、止咳平喘药 3 类。

1. 温化寒痰药　味多辛苦，性多温燥，有温肺祛痰、燥湿化痰之功，主要适用于寒痰、湿痰证。症见咳嗽气喘、痰多色白、苔腻；寒痰、湿痰所致的眩晕、肢体麻木，阴疽流注、疮痈肿毒等。常用药有半夏、天南星、白附子、白芥子、旋覆花等。

2. 清化热痰药　药性多寒凉，有清化热痰之效，质润者，兼能润燥化痰；味咸者，兼能软坚散结。主要适用于热痰证，症见咳嗽气喘，痰黄质稠，还可用于痰火郁结之瘰疬、瘿瘤等。临床上常与清热药同用。常用药有川贝母、浙贝母、前胡、桔梗、瓜蒌、竹茹、竹沥、胖大海、海藻等。

3. 止咳平喘药　其味或辛或苦或甘，其性或温或寒，止咳平喘之机理有宣肺、清肺、降肺、敛肺及化痰之别。主要用于各种原因所致的咳嗽、喘息。常用药有苦杏仁、紫苏子、百部、紫菀、款冬花、马兜铃、枇杷叶、桑白皮、葶苈子、白果、罗汉果等。

（十六）补虚药

补虚药（drugs for restoring deficiency syndrome）性味多甘，能补益正气，纠正人体气血阴阳之不足，以治疗虚证为主要功效。根据各药药性之差异，有补气、补阳、补血、补阴之不同。分别治疗气虚证、阳虚证、阴虚证、血虚证。根据其性能特点及临床应用之不同，分为补气药、补阳药、补血药、补阴药 4 类。

1. 补气药　味多甘温或甘平，能补益脏腑之气，提高脏腑的功能，适用于气虚证。气虚证以肺气虚、脾气虚多见。脾气虚症见神疲倦怠、食欲不振、面色萎黄、脘腹虚胀等；肺气虚症见少气懒言，语声低微、咳喘无力，易出虚汗等。常用药如人参、西洋参、党参、太子参、黄芪、白术、山药、大枣等。

2. 补阳药　味多甘辛咸，性多温热，主要具有补肾阳的作用，适用于肾阳虚证，症见畏寒肢冷、腰膝酸软、遗尿尿频、遗精早泄、宫寒不孕等。部分药物兼有补精血、强筋骨、祛风除湿的作用。常用药有鹿茸、巴戟天、淫羊藿、仙茅、杜仲、补骨脂、菟丝子、益智仁、肉苁蓉、冬虫夏草等。

3. 补血药　多甘温质润，以滋补生血为主要作用，适用于血虚证。症见面色萎黄，唇甲苍白、眩晕耳鸣，心悸怔忡、失眠健忘，月经延期、量少色淡，甚则闭经等。常用药有当归、熟地黄、白芍、何首乌、阿胶、龙眼肉等。

4. 补阴药　多甘寒质润，具有滋养阴液、生津润燥的作用，适用于阴虚证，尤以肺、胃、脾、肝、肾、心等脏腑阴虚为多见。肺阴虚症见口燥咽干、干咳少痰等；胃阴虚症见舌绛苔薄、大便干结等；肝阴虚症见两目干涩、事物昏花等；肾阴虚症见腰膝酸软、耳鸣遗精等；心阴虚症见心悸怔忡、失眠多梦等。常用药有沙参、百合、麦冬、枸杞子、石斛、玉竹、龟甲、鳖甲、黄精等。

（十七）收涩药

收涩药（drugs for arresting secretion）味多酸涩，性温或平，能收敛固涩，以治疗各种滑脱病证为主要功效。适用于久病体虚、正气不固、脏腑功能衰退所致的自汗、盗汗、久咳虚喘、久泄、遗精、滑精、遗尿、尿频、崩带不止等滑脱不禁的病症。根据其药性及临床应用的不同，可分为固表止汗药、敛肺涩肠药、固精缩尿止带药 3 类。

1. 固表止汗药 味多甘平，性涩收敛，能行肌表、调节卫分、顾护腠理，有固表止汗之功。临床常用于气虚自汗和阴虚盗汗等。治自汗常与补气药同用，治盗汗常与补阴药同用。常用药有麻黄根、浮小麦等。

2. 敛肺涩肠药 酸涩收敛，具有敛肺止咳、涩肠止泻作用。敛肺止咳主要用于肺肾虚喘证，涩肠止泻用于久泻、久痢等。常用药如五味子、乌梅、五倍子、罂粟壳、诃子、肉豆蔻等。

3. 固精缩尿止带药 酸涩收敛，具有固精、缩尿、止带作用。适用于遗精滑精、遗尿尿频、带下清稀等证，常于补肾药同用。常用药有山茱萸、覆盆子、金樱子、桑螵蛸、海螵蛸等。

（十八）驱虫药

驱虫药（anthelmintics）以驱除或杀灭人体寄生虫为主要功效，用于治疗各种虫证。部分药物具有一定毒性，某些药物兼有消积、行气、利水、润肠、止痒等作用，可用于食积、疳积、气滞、水肿、便秘、疥癣瘙痒等证。常用药有使君子、槟榔、苦楝皮、南瓜子、雷丸等。

（十九）外用药

本类药物以外用为主，有解毒消肿、杀虫止痒、化腐排脓、敛疮生肌等功效，适用于痈疽疮疡、疥癣、外伤、虫蛇咬伤及五官疾患等。根据临床应用不同，可分为攻毒杀虫止痒药、拔毒化腐生肌药 2 类。

1. 攻毒杀虫止痒药 外用为主，兼可内服。以攻毒疗疮、杀虫止痒为主要功效，主要适用于外科、皮肤科及五官科某些病证，如疔毒、疥癣、湿疹、虫蛇咬伤、聤耳、癌肿等。常用药有硫黄、蛇床子、大蒜、白矾、土荆皮等。

2. 拔毒化腐生肌药 以拔毒排脓、生肌敛疮为主要功效，主要用于痈疽疮疡溃后脓出不畅，伤口不愈，还可用于治疗癌肿、梅毒、疔毒、疥癣、口疮、喉证、目翳等。常用药有炉甘石、硼砂、砒石等。

第二节　方剂基本知识

方剂是在辨证立法的基础上，遵循中药的配伍原则，有目的有法度地运用药物，酌定用量，妥善配伍组成的有特定剂型用法的中医处方。方剂是辨证论治的产物，也是古今医家临床经验与学术思想的载体。方剂作为理法方药的重要组成部分，一直是中医防治疾病的主要工具。

一、方剂的组成及变化

（一）方剂的组成

方以药成，但方剂既不是随意的药物选择，也不是简单的药物相加和堆砌，而是根据病情需要，按照合理的配伍原则，选择合适的药物，规定必需的剂量组合而成。方剂的结构一般由君药、臣药、佐药、使药 4 部分组成，君、臣、佐、使是制方时药物配伍的主从关系，既分工明确，又相互配合，以最大限度地发挥方剂的治疗作用。

君药（sovereign drug）是指针对主病或主证起主要治疗作用的药物。君药是方剂的核心，其药力最强，药味较少，用量一般较大。

臣药（minister drug）含义有二，一是辅助君药加强其疗效的药物；二是针对兼证起主要治疗作用的药物。一般臣药药味比君药多，药力与药量比君药小，与君药协同增效，构成方剂的主要配伍关系。

佐药（assistant drug）含义有三，一是佐助药，即协助君、臣药以加强治疗作用，或直接治疗次要症状的药物；二是佐制药，即消除或减轻君、臣药的毒性，或制约其峻烈之性的药物；三是反佐药，即与君药药性相反又能在治疗中起相成作用的药物。如温热剂中加入少量寒凉药，以消除寒热相拒，药不能进的现象。

使药（envoy drug）含义有二，一是引经药，即引导方中药物直达病所的药物，如治上部疾患用桔梗为引，治下部疾患以牛膝为引等；二是调和药，调和方中诸药性能，协调诸药的相互作用的药物。如方剂中常用甘草、大枣以调和诸药药性。

方剂中药物君臣佐使的设定，主要是以所选药物在方剂中所起作用的主次地位为依据，临证遣药组方，既不是君臣佐使每方必备，也不是每味药只任一职，但君药必不可少，它是方中的核心部分。如麻黄汤完整体现了君、臣、佐、使这一组方原则。麻黄汤主治外感风寒表实证，症见发热恶寒、头身疼痛、无汗而喘、舌苔薄白、脉浮紧，治当发汗解表、宣肺平喘。麻黄汤中麻黄为君，其性辛温，发汗解表一散风寒，宣发肺气以平咳喘；桂枝为臣，辛甘温，温经解肌助麻黄发汗解表；杏仁为佐药，降肺气以助麻黄平喘，散风寒以助麻、桂解表；甘草为使药，调和诸药。四药相配，共奏散寒解表、宣肺平喘之功。

（二）方剂的变化

方剂的组成既有其规律性，又有其灵活性。在临床应用时应随着病症的变化，患者体质的强弱，年龄的大小，地域和时令的不同，相应地做加减变化，做到“师其法而非泥其方”，才能提高治疗功效。

1. 药味加减变化　药味加减变化，又称“随症加减”，是在主症病机、君药不变的前提下，随着兼症或次要病症的变化而相应地增加或减少方中次要药物。方剂是由药物配伍组成的，药物是决定方剂功效的主要因素。当方剂中出现药物加减变化时，必然导致方剂功效的改变。如麻黄汤主治外感风寒表实证，重在发汗解表；麻黄汤去桂枝，则为三拗汤，其发汗力弱，主宣肺散寒，止咳平喘。

2. 药量加减变化　药量加减变化，是在方剂的组成药物不变的前提下，仅通过增大或减小方中药物的用量，以改变原方功用强弱，甚至改变原方功用主治。如四逆汤与通脉四逆汤，两方均由附子、干姜、炙甘草组成。但后方姜、附用量较大，使其药力大增，故前方主治阴盛阳微，有回阳就逆之功效；后方主治阴盛格阳、脉微欲绝之证候，有回阳逐阴、通脉救逆的功效。

3. 剂型更换变化　剂型更换变化，是指在方剂组成药物及用量配比不变的基础上，随着主症轻重缓急的变化而配制不同的剂型，以改变功效快慢与药力峻缓。如理中丸由干姜、白术、人参、甘草组成，炼蜜为丸，可治脾胃虚寒证。若改为汤剂内服，则作用快而力峻，适用于病情较重而急者。反之，若病情较轻或缓者，则可由汤剂改为丸剂，取丸剂作用慢而力缓。

二、常用剂型

在方剂组成之后，根据病情的需要、药物的性能及给药的途径，将原料药加工制成适宜的形态，称为剂型。合适的剂型，能发挥药物的最佳疗效，减少毒副作用，便于使用、贮存和运输。

中药剂型种类繁多，既有丸、散、膏、丹等传统类型，又有针剂、片剂、冲剂、胶囊剂等现代创新剂型。其中，最为常用的是汤剂、丸剂、散剂、膏剂、丹剂、酒剂、片剂、冲剂、口服剂、胶囊剂、注射剂等。

（一）汤剂

汤剂是药物配组成方后，加水浸泡后煎煮，去渣取汁制成的液体剂型，是临床应用最广的一种剂型，主要做内服用，外用可洗浴、熏蒸、含漱等。其特点是吸收快，药效迅速，可随症加减，适用于一般病情和急性病证。

（二）丸剂

丸剂是药物细粉或药物提取物，加黏合剂或辅料制成的圆粒状固体剂型。丸剂吸收缓慢，药力持久，体力小，便于服用、携带及贮存。一般适用于慢性、虚弱性疾病。常用丸剂种类有蜜丸、水丸、浓缩丸等。

（三）散剂

散剂是将药物研成粉末后使用，有内服、外用 2 种。用水、茶汤等冲服，或用水煎服的散剂称为内服散剂；直接撒布或调敷患处，或用作点眼、吹喉的散剂称为外用散剂。散剂有制作简单，便于服用和携带，节约药物和不易变质等优点。

（四）膏剂

膏剂有内服、外用 2 种。内服膏剂是将药物反复煎熬，弃渣取汁，微火浓缩后用冰糖或蜂蜜收膏而成，有流浸膏、浸膏、煎膏，多用于滋补。外用膏剂，一般称为膏药，有软膏和硬膏，是用油类将药物煎熬，去渣后加入黄丹、白蜡等收膏，常用于疮疡患者或风寒痒痛等症。

（五）丹剂

丹剂一般指用水银、白矾、硫黄等多种矿物质，经加热升华而成的制品。多做外用，主要用于外科疮疡、痈疽、瘿瘤等，如白降丹、三仙丹、九一丹等。也将疗效突出的散剂、丸剂、锭剂等称为丹剂，取神丹妙药之意，如紫雪丹、大活络丹、人参丹等。

（六）酒剂

酒剂是用白酒或黄酒浸出药物有效成分的澄清液体剂型，又称药酒，具有温经散寒、活血通络、容易吸收、易于发散的特点，可供内服或外用。酒剂多用于体虚补养、风湿痹痛、跌打损伤等，如风湿药酒、十全大补酒等。小儿、孕妇、心脏病、高血压及阴虚火旺者不宜使用。

（七）片剂

片剂是指药材细粉或药材提取后与辅料混合压制而成的片状剂型。片剂主要供内服，适用于多种疾病，特点是用量准确、质量稳定、产量高、成本低、体积小、便于贮存和运输。常用的中药片剂有复方丹参片、银翘解毒片、桑菊感冒片等。

（八）冲剂

冲剂是药材提取物加适量赋形剂或部分药物细粉制成干燥颗粒状或块状制剂，用时以开水冲服。冲剂具有作用迅速、味道可口、体积小、服用方便等特点。常用的有感冒退热冲剂、板蓝根冲剂等。

（九）口服液

口服液是将药物用水或其他溶剂提取，经精制而成的单剂量内服液体制剂。具有剂量小、吸收快、服用方便、口感适宜等优点。常用的有杞菊地黄口服液、人参蜂王浆、生脉饮等。

（十）胶囊剂

胶囊剂是药物按剂量装入胶囊中而成的制剂。分硬胶囊剂、软胶囊剂和肠溶胶囊剂，大多供口服用。常用的有羚羊感冒胶囊、全天麻胶囊、麻仁软胶囊等。

（十一）注射剂

注射剂是将药物经过提取、精制、配制等制成的灭菌溶液、无菌混悬液或供配制成液体的无菌粉末，供皮下、肌肉、静脉等注射的一种制剂。注射剂具有剂量准确、药效迅速、适于急救、不受消化系统影响的特点。常用的有清开灵注射液、柴胡注射液、生脉注射液等。

三、常用方剂

案例 3-2

王某，男，62 岁。症见腰膝酸软，腰部冷痛，畏寒肢冷，面色淡白，神疲体倦，尿频遗尿，大便稀溏，舌质胖嫩，脉沉迟。

问题

1. 本例患者属于什么证?
2. 应选择哪些方剂进行治疗?
3. 在饮食上有什么禁忌?

（一）解表剂

解表剂以解表药为主组成，具有发汗、解肌、透疹等作用，适用于恶寒、发热、头痛、身痛、无汗或有汗、苔薄白、脉浮等表证。由于表证病性有寒热之异，患者体质也有强弱之别，故解表剂可分为辛温解表、辛凉解表、扶正解表 3 类。

1. 辛温解表剂 具有疏风散寒的作用，适用于风寒表证。症见恶寒发热、头身疼痛、无汗或有汗、鼻塞流涕、咳喘、苔薄白、脉浮紧或浮缓等。其代表方剂有麻黄汤、桂枝汤、小青龙汤等。

2. 辛凉解表剂 具有疏散风热的作用，适用于风热表证。症见发热、微恶风寒，头痛，咽痛，口渴，舌边尖红，苔薄白、脉浮数等。其代表方剂有桑菊饮、银翘散、麻黄杏仁甘草石膏汤等。

3. 扶正解表剂 具有扶正祛邪的作用，适用于体质虚弱之人，感受外邪而形成的表证。其代表方剂有败毒散、参苏饮、麻黄细辛附子汤等。

（二）泻下剂

泻下剂以泻下药为主组成，具有通便、泻热、攻积、逐水等作用，用以治疗里实证。用于里实证是证候表现有热结、寒结、燥结、水结的区别，结合人体体质有虚弱的差异，因此，方剂可分为寒下剂、温下剂、润下剂、逐水剂、攻补兼施剂 5 类。泻下剂适用于大便秘结，胃肠积滞，实热内结及水肿停饮等里实证。

1. 寒下剂 具有攻下清热泻火的作用，适用于里热积滞实证。症见大便秘结，腹部胀满疼痛，甚或潮热，舌苔厚，脉实等。其代表方剂有大承气汤、大黄牡丹汤、大陷胸汤等。

2. 温下剂 具有温里散寒、通便止痛的作用，适用于里寒积滞实证。症见大便秘结，脘腹冷痛喜按，手足不温，甚或肢厥，苔白滑，脉浮紧等。其代表方剂有温脾汤、大黄附子汤等。

3. 润下剂 具有润肠通便的作用，适用于年老津枯、产后血虚、热病伤律及失血等津枯肠燥所致的便秘证。症见大便秘结，小便短赤，舌红苔黄燥，脉滑数等。其代表方剂有麻子仁丸、济川煎等。

4. 逐水剂 具有攻逐水饮的作用，适用于水饮壅盛于里的实证。症见胸胁引痛或水肿腹胀二便不利，脉实有力等。其代表方剂有十枣汤。

5. 攻补兼施剂 具有扶正攻下的作用，适用于里实正虚而大便秘结之证。症见腹满便秘，神倦少气，或燥屎不行，口干舌燥，苔黄燥，脉沉细弱等。其代表方剂有黄龙汤。

（三）和解剂

和解剂具有和解少阳、调和肝脾、平调寒热等作用，用来治疗伤寒邪在少阳，肝脾失调，寒热错杂等病症。根据病因及病性的不同，其方剂可分为和解少阳剂、调和肝脾剂、调和肠胃剂3类。

1. 和解少阳剂 具有和解少阳的作用，适用于伤寒邪在少阳证。症见寒热往来、胸胁苦满、心烦喜呕，默默不欲饮食，口苦咽干，目眩，脉弦等。其代表方剂有小柴胡汤、蒿芩清胆汤、大柴胡汤等。

2. 调和肝脾剂 具有疏肝理脾、调和肝脾的作用，适用于肝脾不和的病证。症见脘腹胸胁胀痛，神疲食少，月经不调，腹痛泄泻，手足不温等。其代表方剂有四逆散、逍遥散、痛泻要方等。

3. 调和肠胃剂 具有调和肠胃、分解寒热的作用，适用于邪在肠胃、寒热错杂所致升降失常病证。症见心下痞满，恶心呕吐，肠鸣下利等。其代表方剂有半夏泻心汤等。

（四）清热剂

清热剂以清热药为主组成，具有清热、泻火、凉血、解毒和清退虚热等作用，用于治疗里热证。根据里热证病因、病位、病性的不同，可分为清气分热剂、清营凉血剂、清热解毒剂、清脏腑热剂、清暑益气剂、清退虚热剂6类。

1. 清气分热剂 具有清热除烦、生津止渴等作用，适用于气分证。症见高热、面赤、口渴、多汗、烦热，舌红、脉数等。其代表方剂有白虎汤、竹叶石膏汤、凉膈散等。

2. 清营凉血剂 具有清营透热、凉血解毒等作用，适用于邪热传营或热入血分证。邪热传营，症见身热夜甚、心烦不寐，或时有谵语、斑疹隐隐、舌绛而干等；热入血分，每多迫血妄行、扰乱心神，而致出血、发斑、神昏谵语、舌绛起刺等。其代表方剂有犀角地黄汤、清营汤等。

3. 清热解毒剂 具有清热泻火解毒的作用，适用于瘟疫、温毒、火毒及疮疡疔毒等证。症见烦躁狂乱、吐衄发斑、头面红肿、身热下利、疮疡疔毒等。其代表方剂有黄连解毒汤、普济消毒饮、仙方活命饮等。

4. 清脏腑热剂 具有清热泻火作用，适用于邪热偏盛于某一脏腑所产生的火热证。如心经热盛，症见心胸烦热、口舌生疮等；肝胆火盛，症见胁肋疼痛、烦躁易怒等；肺中有热，症见咳嗽气喘、痰黄等；胃中有热，症见牙痛龈肿、烦热易饥等；大肠有热，症见协热下利、肛门灼热等。其代表方剂有导赤散、龙胆泻肝汤、苇茎汤、清胃散、葛根芩连汤等。

5. 清暑益气剂 具有清热解暑、益气生津等作用，适用于暑伤气津证。症见身热、面赤、心烦、小便短赤、舌红脉数或洪大等暑热证候，又有口渴喜饮、体倦少气等气津两伤见症。其代表方剂有清暑益气汤等。

6. 清退虚热剂 本类方药以清虚热、退骨蒸为主，且兼凉血。本剂适用于热病后期，余热未尽、阴液已伤的夜热早凉、热退无汗等证；或肝肾阴虚、虚火内扰所致骨蒸潮热或久热不退的虚热证，或阴虚发热的盗汗证。其代表方剂有青蒿鳖甲汤、当归六黄汤等。

（五）温里剂

温里剂是以温里药为主组，具有温里助阳、散寒通脉作用，用以治疗里寒证。由于寒邪所伤脏腑不同，临床主证各异，病情轻重缓急有别，所以里寒证又有中焦虚寒、阴盛阳衰、寒凝经脉的区别，方剂也可分为温中祛寒剂、回阳救逆剂、温经散寒剂3类。

1. 温中祛寒剂 具有温补脾胃阳气、祛除中焦寒邪的作用，适用于中焦虚寒证。症见脘腹冷痛，四肢不温，呕吐泄泻，不思饮食，口淡不渴，舌淡苔白，脉沉迟等。其代表方剂有理中丸、小建中汤、吴茱萸汤等。

2. 回阳救逆剂 具有温壮阳气、驱逐阴寒、挽救危亡的作用，适用于阴寒阳衰，甚或阴盛格阳、戴阳等危急重症。症见四肢厥逆，精神萎靡，恶寒倦卧、呕吐腹痛、下利清谷，甚或冷汗淋漓、脉微欲绝等。其代表方剂有四逆汤、参附汤等。

3. 温经散寒剂 具有温散阴寒、通利血脉的作用，适用于寒凝经脉证。症见手足厥寒，或痛经、肢体痹通、脱疽、冻疮、血痹等。其代表方剂有当归四逆汤、阳和汤等。

（六）补益剂

补益剂以补益药为主组成，具有补益人体气血阴阳作用，用于治疗各种虚证。虚证有气虚、血虚、气血两虚、阴虚、阳虚、阴阳两虚之区别，因而补益剂也相应分为补气剂、补血剂、气血双补剂、补阴剂、补阳剂、阴阳双补剂6类。

1. 补气剂 具有健脾益气的作用，适用于脾肺气虚证。症见肢体倦怠乏力，少气懒言，语声低微，动则气促，面色萎白，食少便溏，舌淡苔白，脉虚弱，甚或虚热自汗，或内脏下垂等。其代表方剂有四君子汤、参苓白术散、补中益气汤、生脉散、玉屏风散等。

2. 补血剂 具有补血作用，适用于血虚证，症见面色无华，头晕眼花，心悸失眠，唇甲色淡，舌淡脉细等。其代表方剂有四物汤、当归补血汤、归脾汤等。

3. 气血双补剂 具有补气又补血的双重作用，适用于气血两虚之证。症见面色无华，头晕目眩，心悸怔忡，食少体倦，气短懒言，舌淡，脉虚细无力等。其代表方剂有八珍汤、炙甘草汤等。

4. 补阴剂 具有滋补阴精的作用，适用于阴虚证。症见形体消瘦，头晕耳鸣，潮热颧红，五心烦热，盗汗失眠，腰酸遗精，咳嗽咯血，口燥咽干、舌红少苔，脉细数等。其代表方剂有六味地黄丸、左归丸、大补阴丸、一贯煎等。

5. 补阳剂 具有补益肾阳的作用，适用于阳虚证。症见面色苍白，形寒肢冷，腰膝酸软，小便不利，少腹拘急，男子阳痿早泄，女子宫寒不孕，舌淡苔白，脉沉细等。其代表方剂有肾气丸、右归丸等。

案例 3-2 分析讨论

1. 本例患者属于脾肾阳虚证。脾肾阳虚证常见腰膝酸软，畏寒肢冷，面色淡白，神疲体倦，尿频遗尿，大便稀溏，舌质胖嫩，脉沉迟等。

2. 应选择理中丸、肾气丸、右归丸等具有温肾阳、暖脾阳等作用的方剂进行加减治疗。

3. 忌食用性质寒凉、易伤阳气，或滋腻味厚难以消化的食物，如粳米、豆腐、鸭肉、冬瓜、香蕉、蜂蜜等。

6. 阴阳双补剂 具有既补阴精又补阳气的双重作用，适用于阴阳两虚证。症见头晕目眩，腰膝酸软，阳痿遗精，畏寒肢冷，午后潮热等。其代表方剂有地黄饮子。

（七）固涩剂

固涩剂以收涩药为主组成，具有收敛固涩作用，用以治疗气血精津耗散滑脱等证。根据本症病因、发生部位、散失物质及临床表现的不同，其方剂可分为固表止汗剂、涩肠固脱剂、涩精止遗剂、固崩止带剂4类。

1. 固表止汗剂 具有固表止汗的作用，适用于体虚卫外不固、津液不能内守而致的自汗、盗汗证。其代表方剂有牡蛎散。

2. 涩肠固脱剂 具有涩肠止泻的作用，适用于脾肾虚寒所致之泄利日久、滑脱不禁证。其代表方剂有四神丸、真人养脏汤等。

3. 涩精止遗剂 具有固涩精关、缩尿止遗等作用，适用于肾虚封藏失职、精关不固所致的遗精滑泄；或肾气不足、膀胱失约所致的尿频、遗尿等证。其代表方剂有金锁固精丸、桑螵蛸散等。

4. 固崩止带剂 具有固崩止血、收敛止带作用，适用于妇女崩中漏下，或带下日久不止等证。其代表方剂有固冲汤、完带汤等。

（八）安神剂

安神剂以安神药为主组成，具有安神定志作用，可用于治疗神志不安病证。根据其证候虚实的不同，方剂可分为重镇安神剂和滋养安神剂2类。

1. 重镇安神剂 具有重镇宁心、泻火潜阳等作用，适用于火热扰心、心阳亢盛，或因受惊恐所致的神志不安病证。症见心烦神乱，失眠多梦、惊悸怔忡、癫痫等。其代表方剂有朱砂安神丸、珍珠母丸等。

2. 滋养安神剂 具有滋养阴血、安神定志等作用，适用于阴血不足、心神失养所致的神志不安病证。症见虚烦失眠，心悸怔忡，健忘多梦，舌红少苔等。其代表方剂有酸枣仁汤、天王补心丹、甘麦大枣汤等。

（九）开窍剂

开窍剂以开窍药为主组成，具有开窍醒神的作用，用于治疗窍闭神昏证。因为闭证有热闭和寒闭之分，故方剂分为凉开剂和温开剂 2 类。

1. 凉开剂 具有清热解毒、涤痰开窍等作用，适用于温病热陷心包或痰热闭窍之热闭证。症见高热烦躁、动风痉厥、舌红或绛，苔黄脉数等。其代表方剂有安宫牛黄丸、紫雪丹、至宝丹等。

2. 温开剂 具有温通开窍、行气化浊作用，适用于中风、中寒、气郁、痰厥等属于寒邪痰浊内闭之证或秽浊之邪闭阻气机之寒闭证。其代表方剂有苏合香丸。

（十）理气剂

理气剂以理气药为主组成，具有行气或降气作用，用以治疗气滞或气逆证。根据病症特点的不同，其可分为行气剂和降气剂 2 类。

1. 行气剂 具有畅通气机的作用，适用于气机郁滞的病证，以脾胃气滞和肝气郁滞为多见。脾胃气滞常见脘腹胀痛、嗳气吞酸、恶心呕吐、饮食减少，大便失常等症；脾胃气滞常见胸胁或少腹胀痛，或疝气痛，或月经不调，或痛经等症。其代表方剂有越鞠丸、柴胡疏肝散、枳实薤白桂枝汤、半夏厚朴汤、厚朴温中汤、天台乌药散等。

2. 降气剂 具有降气平喘或降逆止呕的作用，适用于肺气上逆或胃气上逆之证。肺气上逆以咳喘为主证；胃气上逆以呕吐、嗳气、呃逆等为主证。其代表方剂有苏子降气汤、定喘汤、旋覆代赭汤、橘皮竹茹汤等。

案例 3-1 分析讨论

1. 本例患者属于肝郁气滞证。

2. 本例患者应选择柴胡、白芍、陈皮、青皮、枳实、木香、川楝子、乌药、香附等具有疏肝理气作用的中药进行治疗。

3. 本例患者应选择逍遥丸、柴胡疏肝散等具有疏肝理气作用的方剂进行治疗。

（十一）理血剂

理血剂以理血药为主组成，具有活血祛瘀或止血作用，用以治疗血瘀或出血病证。血瘀者，治当活血祛瘀；出血者，治以止血为宜。理血剂分为活血祛瘀剂和止血剂 2 类。

1. 活血祛瘀剂 具有通利血脉、消散瘀血、活血止痛、疗伤消肿等作用，适用于各种血瘀证。如瘀热互结之蓄血证、瘀血内阻所引起的胸腹诸痛、半身不遂、经闭、痛经、产后恶露不行，以及疮疡初起、跌打损伤等。其代表方剂有桃核承气汤、血府逐瘀汤、补阳还五汤、复元活血汤、温经汤、生化汤、失笑散等。

2. 止血剂 具有凉血止血、化瘀止血、收涩止血、温经止血等作用，适用于血不循经、溢于脉外而致的各种出血证，如吐血、衄血、咯血、便血、尿血、崩漏等。其代表方剂有十灰散、咯血方、小蓟饮子、黄土汤等。

（十二）治风剂

治风剂以辛散疏风药或息风止痉药为主组成，具有疏散外风和平息内风等作用，用以治疗风病。

外风宜疏散，内风宜平息。故治风剂分为疏散外风剂和平息内风剂2类。

1. 疏散外风剂 具有疏风止痛、祛风止痒、祛风止痉、宣痹通络等作用，适用于外风所致病证。症见头痛，风疹，湿疹，口眼㖞斜、痹症等。其代表方剂有川芎茶调散、大秦艽汤、消风散、牵正散、小活络丹等

2. 平息内风剂 具有平肝潜阳、息风止痉等作用，适用于内风病证。如肝经热盛、热极生风，常见高热、抽搐、痉厥等；肝阳偏亢、风阳上扰者，常见眩晕、头部热痛、面红如醉，甚或猝然昏倒、不省人事、口眼㖞斜。半身不遂等；阴血亏虚。虚风内动者，常见筋脉挛急、手足蠕动等。共代表方剂有羚角钩藤汤、镇肝熄风汤、天麻钩藤饮、大定风珠等。

（十三）治燥剂

治燥剂以辛散轻宣或甘凉滋润药物为主组成，具有轻宣外燥或滋阴润燥等作用，用于治疗燥证。燥证有内燥和外燥之分，因其病因与病位不同，治法也各异，故治燥剂分为轻宣外燥和滋阴润燥2类。

1. 轻宣润燥剂 具有辛散轻宣燥邪的作用，适用于外感温燥或燥凉之证。凉燥症见恶寒头痛、咳嗽鼻塞、咽干口燥；温燥症见头痛身热、干咳少痰，鼻燥咽干、舌干无苔。其代表方剂有杏苏散、桑杏汤、清燥救肺汤等。

2. 滋阴润燥剂 具有适用于脏腑津液不足之内燥证。症见干咳少痰、咽痛鼻燥、呕逆食少、口中燥渴、大便燥结，舌红少苔、脉细数等。其代表方剂有麦门冬汤、百合固金汤、增液汤等。

（十四）祛湿剂

祛湿剂以祛湿药为主组成，具有化湿利水、通淋泄浊等作用，用于治疗水湿病证。湿邪有内湿、外湿之分，根据湿邪致病特点与治疗的需要，方剂分为燥湿和胃剂、清热祛湿剂、利水渗湿剂、温化寒湿剂、祛风除湿剂5类。

1. 燥湿和胃剂 具有燥湿行气、健脾和胃的作用，适用于湿浊内阻、脾胃失和证。症见脘腹痞满、嗳气吞酸、呕吐泄泻、食少体倦等。其代表方剂有平胃散、藿香正气散等。

2. 清热祛湿剂 具有清化湿热的作用，适用于外感湿热、湿热内盛或湿热下注所致的湿温、黄疸、霍乱、热淋、痢疾、泄泻、痿痹等病症。其代表方剂有茵陈蒿汤、八正散、三仁汤、甘露消毒丹、二妙散、六一散等。

3. 利水渗湿剂 具有通利小便、祛湿行水等作用，适用于水湿壅盛所致的水肿、泄泻等症。其代表方剂有五苓散、防己黄芪汤、猪苓汤等。

4. 温化水湿剂 具有温养化湿作用，适用于阳虚不能化水或湿从寒化之痰饮、水肿、痹症、脚气等病症。其代表方剂有苓桂术甘汤、真武汤、实脾散、萆薢分清饮等。

5. 祛风除湿剂 具有祛除风湿、宣痹止痛作用。适用于风湿在表所致的头痛身重，或风湿痹阻经络所致的肢节不利、腰膝疼痛等症。其代表方剂有羌活胜湿汤、独活寄生汤等。

（十五）祛痰剂

祛痰剂以祛痰药为主组成，具有排除或消解痰饮作用，用以治疗各种痰病。痰病成因不同，治法各异。因此，祛痰剂相应分为燥湿化痰剂、温化寒痰剂、清热化痰剂、润燥化痰剂、治风化痰剂5类。

1. 燥湿化痰剂 具有燥湿化痰、健脾理气的作用，适用于脾失健运、水湿内停而成的湿痰证。症见咳嗽痰多、痰滑易咳、胸烷痞闷、呕恶眩晕、肢体困重、食少口腻、舌苔白腻或白滑、脉缓或滑等。其代表方剂有二陈汤、温胆汤等。

2. 清热化痰剂 具有清热化痰、理气止咳的作用，适用于火热内盛，炼津成痰的热痰证。症见痰黄痰黄，黏稠难咳，胸闷烦热，舌红苔黄腻，脉滑数。其代表方剂有清气化痰丸、小陷胸汤、滚痰丸等。

3. 润燥化痰剂 具有润肺化痰、生津润燥的作用。适用于外感燥热、肺阴受伤，或阴虚火旺、

虚火炼液为痰的燥痰证，症见干咳少痰、痰稠而黏，咳之不爽，甚则咳痰带血、舌干少津、苔干脉涩等。其代表方剂有贝母瓜蒌散等。

4. 温化寒痰剂　具有温肺化痰、温阳健脾的作用，适用于脾阳虚弱、肺寒停饮而致寒痰证。症见咳嗽吐痰，痰白清稀，遇寒加重，舌苔白滑，脉沉迟而滑等。其代表方剂有苓甘五味姜辛汤等。

5. 治风化痰剂　具有疏风化痰和息风化痰的作用，适用于风痰证。内风、外风皆可引起风痰，肺气不宣而致咳嗽多痰，属内风引起，治宜疏风化痰；湿痰或热痰引动肝风上扰而致的眩晕头痛，甚则昏厥、不省人事等症，属内风引起，治宜疏风化痰。其代表方剂有止咳散、半夏白术天麻汤等。

（十六）消导剂

消导剂以消导药为主组成，具有消食健脾或化积导滞作用，用以治疗食积停滞。因食积之病多因饮食不节、暴饮暴食，或脾虚饮食难消所致，因此，消导剂分为消食化滞剂和健脾消食剂 2 类。

1. 消食导滞剂　具有消食化积作用，适用于食积内停证。症见胸脘痞闷，嗳腐吞酸，腹痛泄泻等。其代表方剂有保和丸等。

2. 消痞化积剂　具有消食健脾的作用，适用于脾胃虚弱、食积内停证。症见脘腹痞满，不思饮食，面黄体瘦、倦怠乏力、大便溏薄等。其代表方剂有健脾丸等。

（十七）驱虫剂

驱虫剂以驱虫药为主组成，具有驱虫或杀虫作用，用以治疗人体消化道寄生虫病。寄生虫种类很多，以蛔虫为多见。其临床表现多为脐腹疼痛，时发时至，痛而能食，面色萎黄，或青或白，或生白斑，或见赤丝，或夜寐啮齿，或胃脘嘈杂，呕吐清水，舌苔剥落，脉象乍大乍小等。其代表方剂有乌梅丸等。

（闫玉慧）

思　考　题

1. 中药的性能是：

A. 中药治病的原理　　B. 中药的偏性　　C. 中药作用和性质的高度概括

D. 每味药的功效特点　　E. 以上都是

2. 能够减轻或消除热证的药物，其药性一般属于：

A. 热性　　B. 温性　　C. 平性　　D. 寒凉之性　　E. 温热之性

3. 临床应用属配伍禁忌的是：

A. 相使　　B. 相反　　C. 相杀　　D. 单行　　E. 相畏

4. 中药的归经指的是：

A. 药物寒热温凉四性　　B. 药物对机体某部分的选择性作用

C. 药物的五种滋味　　D. 药物升降浮沉的作用趋向

E. 药物对机体有无毒副作用

5. 酒炙药物对升降浮沉的影响：

A. 收敛作用　　B. 降下作用　　C. 升提作用　　D. 下行作用　　E. 无影响

6. 下列哪项是苦味药的作用：

A. 行气、活血　　B. 软坚、泻下　　C. 和中、缓急　　D. 收敛、固涩　　E. 通泄、降泄

7. “药力”居方中之首的药物是：

A. 君药　　B. 臣药　　C. 佐助药　　D. 反佐药　　E. 使药

8. 汤剂的特点：

A. 吸收快，能迅速发挥药效，能根据病情随症加减

B. 制作简便，吸收较快，节省药材，便于服用与携带

C. 吸收较慢，药效持久，节省药材，便于携带与服用
D. 作用迅速，味道可口，体积较小，服用方便
E. 味甜量小，服用方便，吸收较快
9. 具有清热燥湿功效的药物多具有：
A. 甘味　B. 咸味　C. 苦味　D. 酸味　E. 辛味
10. 慢性疾病的治疗宜选用：
A. 硬膏剂　B. 散剂　C. 汤剂　D. 针剂　E. 丸剂

第四章　中医护理基本知识

【学习目标】

掌握　1. 中医辨证施护的概念、程序及原则。2. 病情观察的目的、要求及方法。3. 服药护理的内容、方法及服药后的观察与护理。4. 中药汤剂的煎煮方法。5. 中药用药八法及护理。6. 情志护理的原则及基本方法。7. 饮食护理的原则、要求及宜忌。8. 体质的分类及特征。9. 中医体质辨识及其调护。

熟悉　1. 病情观察的内容。2. 中药中毒的一般救护方法。3. 饮食的性味与功效。4. 生活起居护理的基本原则及方法。5. 中医体质的影响因素。

了解　中药的其他用法及护理。

第一节　辨证施护概述

案例 4-1

张某，男，3 岁，腹泻频繁，大便稀或水样，口渴善饮，发热，食欲减退，小便黄少，舌红，苔黄腻。查体：体温 37.8℃。

问题

1. 护士应给予哪些护理措施？
2. 从因人制宜角度需要注意什么？
3. 怎样指导家长预防本病的发生？

辨证（discriminate dialectical），是指辨别、分析疾病的证候，在中医学的理论指导下，对四诊所收集的有关病史、症状、体征等资料加以综合分析，判断疾病的病因、病位、病性等情况，从而对疾病做出正确诊断的过程，是中医认识和诊断疾病的方法。施护则是根据辨证的结果，制订出正确的护理措施。辨证是决定施护的前提和依据，施护是辨证的目的。

辨证施护（planning nursing according to diagnosis）即从整体观出发，运用中医理论，将四诊所收集的有关资料进行综合分析，判断疾病的病因、病变部位、性质、邪正盛衰等情况，以及各种病变间的关系，从而制订相应的施护原则与方法。因此辨证与施护在护理疾病过程中是相互联系、不可分割的。辨证施护是指导临床各科开展中医病证护理的基本法则。

一、辨证施护程序

（一）运用四诊方法收集辨证资料

中医学对疾病的观察有着独特之处，即望、闻、问、切四种诊察疾病的方法。运用四诊可以收集到有关患者健康和疾病的相关资料，分析判断病情，从而为提出护理问题、制订护理措施和为辨证施护提供依据。如运用望诊可以观察患者全身和局部的情况，了解疾病的本质；运用闻诊可通过听患者的声音和闻其气味的变化，辨别疾病的虚实；运用问诊可以了解患者的主观症状、疾病的发生和发展经过、治疗经过、既往病史等，从而全面了解病情；运用切诊为患者切脉和接触肌肤、脘腹、四肢，可以探明疾病的性质。总之，护理人员应当正确运用望、闻、问、切的方法，收集可靠的资料，四诊合参进行辨证分析，以便采取适当的护理措施。

（二）运用辨证方法分析判断病情

收集资料的内容主要包括患者的病史、症状、体征、辅助检查等，同时，还应了解患者的生活习惯、饮食起居、情志状态、家庭情况，以及社会环境、季节气候等对患者的影响和患者对疾病的认识等。临床上患者的病情复杂多变，因人而异，表现形式有阴、阳、表、里、寒、热、虚、实等证之分。护理人员应根据四诊所得到的健康资料，运用八纲辨证、脏腑辨证等辨证方法进行分析，辨清患者的病因、病位、病性，找出患者现存的和潜在的健康问题，为制订护理计划提供依据。

（三）制订护理计划

根据四诊所获得的临床病症资料，应用中医护理的知识和技能，按照先后、主次顺序归纳出需要通过护理手段来减轻或解决的患者身心健康问题，制订出要达到的预期目标和护理措施，为解决患者的健康问题明确方向。

（四）根据三因制宜的原则与方法实施护理措施

做出护理诊断后，要根据患者现存的或潜在的健康问题，制订出要达到的预期目标和相应的护理措施。护理措施的制订应遵循辨证施护的原则，患者病情均因时、因地、因人而异，故在护理时要根据患者的具体情况决定，不可千篇一律，并以辨证的结果分别对待。中医护理有同病异护、异病同护、顺者逆护、逆者正护等，用这些特点指导我们选择相应的护理措施。所制订的护理措施要具体、切实可行，真正落实到患者身上。

（五）运用中西医护理理论及时评价记录

护理人员在按照护理相应的护理措施对患者进行系统化整体护理的同时，应不断观察患者病情与情志的变化、发展，通过反馈信息对施护的效果进行评价。评价的目的是了解实施一系列有计划的护理措施后，患者健康问题是否得到真正的解决，现存的护理问题是什么，下一步应采取何种护理措施。护理记录是患者在住院期间，护理人员对患者实施护理措施、进行整体护理全过程的记录，具有动态性、真实性，亦是评价患者的健康问题是否好转或解决的依据，因此，记录要及时、准确、客观。虽然各医院的记录格式不同，但都包含护理问题、护理措施、评价结果。在临床上要根据具体情况修订或终止护理计划，以提高护理效果。

（六）运用中医养生康复知识进行健康教育

健康教育是整体护理工作中的一项重要内容。通过健康教育可以使患者掌握自我调养、自我保健的方法。健康教育必须遵循因人、因时、因地制宜的原则，从生活起居、情志调节、饮食调理、用药指导、运动保健等 5 个方面，针对患者具体情况有针对性地进行。将中医独特的康复护理方法与患者的自我康复训练结合，能够促进患者机体恢复正常。

二、辨证施护原则

辨证施护的原则是中医治疗学中“治则”在护理学的延伸，用以指导临床，制订出具体的护理措施。其内容包括护病求本、标本缓急、扶正祛邪、同病异护、异病同护，以及因时、因地、因人制宜等。

（一）护病求本

疾病在发展过程中会表现出许多症状，但症状只是疾病的现象而非本质。只有在中医理论指导下综合分析所收集的资料，才能透过现象看到本质，找出疾病的根本原因，从而确立相应的治疗及护理措施。护病求本（nursing aiming at the root aspect of a disease）是指治疗与护理都必须抓住疾病的本质，并针对疾病的本质进行施护，这是辨证施护的根本原则。

1. 正治与正护法（routine nursing）　又称逆治与逆护法，是指在疾病的本质和现象一致的情况下，逆其证候性质而治疗护理的一种常用法则，如“寒者热之”“热者寒之”“虚则补之”“实则泻之”均为正护法，适用于疾病的征象与本质相一致的病证。如寒证患者在护理上应保暖，室温宜高，最好住向阳病室，使患者感到温暖舒适为宜，中药应温热服，饮食可给予性温的牛、羊制品，切忌生冷性凉食品等；而热证患者应采取与上述护法相反的原则。对虚证患者应根据阴虚、阳虚之别，分别给以清补或温补的护法。

2. 反治与反护法（contrary nursing）　又称从治与从护法，是指疾病的现象与本质不相一致甚至相反情况下的治护方法，即顺从疾病的现象而治护的方法，常用的有“热因热用”“寒因寒用”“塞因塞用”“通因通用”等。

（1）热因热用（using heat for heat）：即用热性药物、温热护理方法治疗护理具有假热症状的病证，适用于真寒假热证。如内脏虚寒、阴邪太盛者出现阳气上浮、反见面红的假热症状时，应用温热治疗护理法护其假热证。

（2）寒因寒用（using cold for cold）：即用寒性药物、寒凉护理法治疗护理具有假寒症状的病证，适用于真热假寒证，如四肢厥冷、脉沉等，似属寒证；但其身寒而不喜加衣被，脉沉而有力，并可见口渴喜冷饮、咽干口臭、小便短赤、大便燥结等热象。故在治疗护理过程中，用寒凉护理法护其真热假寒证。

（3）塞因塞用（filling for the stuffed）：即用补益药物和护理方法治疗护理具有闭塞不通症状的虚证。如脾胃虚弱、中气不足、脾阳不运引起腹胀便秘时，用药物补中益气、温运脾阳，以补开塞的方法护理，使脾气健运，即为塞因塞用。

（4）通因通用（opening for opened）：即用通利的药物和护理方法治疗护理具有实热通泄症状的真实虚假证。如热痢腹痛、里急后重、泻下不畅等病证，治疗护理采用消导泻下法，这就是以通治通的通因通用。

反治与反护法是顺着疾病的假象来治疗护理的，就其本质而言，实际上还是正治与正护法。但在护理上要注意，如用寒药治疗真热假寒证，虽然它的假象是寒，本质是热，但在服药时要注意给以温热药，以减少患者服药格拒。

（二）标本缓急

标和本是相对的概念，它主要说明病变过程中矛盾的主次关系。标是指现象，本是指本质；本是事物的主要矛盾，标是事物的次要矛盾。如从疾病本身分，病因是本，症状是标。掌握疾病的标本就能分清主次。治疗护理的原则一般是先治本，后治标，即所谓“治病必求其本”；但在病情发生变化，标病转为矛盾的主要方面时就有急则护治其标、缓则护治其本、标本同护治的不同。

1. 急则护治其标（nursing the branch for demergency）　当标病甚急，成为疾病的主要矛盾，若不及时解决就要影响本病的治疗甚至危及生命时，必须采取紧急措施先治其标。如大出血患者，无论何种出血，均应采取紧急措施先止血，补充血容量，对症处理，待血止后再治其本。急则治标是应急情况下的权宜之计，为治本创造有利条件，最终是为了更好地治本。

2. 缓则护治其本（nursing the root for chronicity）　在病情缓和的情况下，从本质上着手治疗护理。因标产生于本，本一旦解决，标亦就自然随之而愈。

3. 标本同护治（nursing the branch and the root simultaneously）　若标本同时俱急，应标本兼顾，采用标本同护治法。如肾炎患者又复感风寒，标本俱急，则应标本同护治，采取解表与温阳化水同时并举的护治方法。

疾病的标本关系不是一成不变的，在一定条件下可以相互转化，因此临证时还须注意掌握标本转化规律，根据病情变化灵活应用各种治护方法，以便进行正确有效的护理。

（三）扶正祛邪

疾病演变的过程，是正气与邪气矛盾双方相互斗争的过程。邪正斗争的胜负决定疾病的转归和预后。通过扶正祛邪，可使其向有利于疾病痊愈的方向转化。

1. 扶正（supporting the healthy）　是指使用扶助正气的药物或其他疗法增强体质，以提高机体抗邪能力，达到战胜疾病、恢复健康的目的。这种“扶正以祛邪”的原则适用于正虚为主的病证。

2. 祛邪（eliminating the evil）　是指使用攻泻、祛邪的药物或其他疗法以祛除病邪，达到邪去正复的目的。这种“祛邪以安正”的原则适用于邪实为主的病证。

扶正与祛邪的方法虽不同，但两者相辅相成，相互为用。扶正可加强正气，有助于机体抗御和祛除病邪；祛邪能够排除病邪的侵害和干扰，使邪去正安，有利于正气的保存和恢复。

（四）同病异护与异病同护

同病异护（different nursing for the same disease），就是同一种疾病，由于发病时间、地区及患者机体的反应性不同，或处于疾病发展的不同阶段，所表现的证候不同，通过辨证，需采用不同的方法进行治疗和护理。如感冒，有风热、风寒、暑热、气虚等不同，治护方法也各有不同。

异病同护（same nursing for different disease），就是不同的疾病在发展过程中出现相同的病机变化或相同性质的证候，可以采用相同的治疗护理方法。如久痢脱肛、子宫下垂等不同的疾病，但如果均表现为中气下陷的证候，就都可以用升提中气的护治法则。

（五）三因制宜（nursing suitable for the season，locality and individual）

疾病的发生、发展与转归受多方面因素的影响，如时令气候、地理环境、情志、饮食等都对疾病的发生和发展有一定的影响，特别是人的体质因素对疾病的影响更大。因此，在治疗和护理疾病时，必须把这些方面的因素考虑进去，对具体情况做具体分析，做到因时、因地、因人制宜，辨证施护。

1. 因时制宜（suiting nursing to the season）　四时气候的变化对人体的生理功能、病理变化均产生一定的影响，因时制宜是指根据不同季节和气候特点来选用不同的治疗和护理方法。如春夏季节，气候由温渐热，阳气升发，人体腠理疏松开泄，即使患外感风寒，也不宜过用辛温发散药物，以免开泄太过，耗伤气阴；而秋冬季节，气候由凉变寒，阴盛阳衰，人体腠理致密，阳气内敛，此时若非大热之证，当慎用寒凉药物，以防伤阳。

2. 因地制宜（suiting nursing to the locality）　即根据地理环境的特点制订相适宜的护理措施。不同地区，由于气候条件及生活习惯各异，人的生理活动和病变特点也不同，治疗用药和护理方法应根据当地环境及生活习惯而有所变化。如南方夏季时间较长，天气炎热，小儿易患暑热证，护理时应注意室内通风，保持凉爽，宜多食西瓜、甘蔗、荸荠、绿豆汤、酸梅汤等清凉饮料；而北方冬季较长，天气寒冷干燥，小儿易患肺炎喘嗽，故衣着要注意寒温适宜，并保持室内空气新鲜、温暖、湿润，避免汗出当风等。

3. 因人制宜（suiting nursing to the individual）　即根据患者的个体差异，如性别、年龄、体质、生活习惯、精神状态、文化程度、家庭经济状况的不同，采取不同的方法进行护理。如不同年龄的生理状况和气血盈亏不同，治疗用药和护理也应有所区别。老年人生机减退，气血亏虚，属残阳，患病多虚，治护宜偏于补益；小儿生机旺盛，但气血未充，脏腑娇嫩，属稚阳，易寒易热，易虚易实，病情变化较快，故治小儿病用药量宜轻。男女性别不同，各有其生理特点，妇女又有经、带、胎、产等情况，治疗用药应根据具体情况加以考虑。人的体质有强弱与寒热之偏，故阳盛或阴虚之体慎用温热之剂，阳虚或阴盛之体慎用寒凉伤阳之药。

因时、因地和因人制宜三者是密切相关而不可分割的，充分体现了中医学整体观念和辨证施护在实践运用中的灵活性和原则性，只有全面地分析，才能有效地实施辨证施护。

案例 4-1 分析讨论

1. 应调整患儿饮食，以流质饮食如粥、面条等，少量多餐，逐渐过渡至正常饮食；纠正水、电解质紊乱及酸碱失衡；控制感染；幼儿每日便后用清水清洗臀部并吸干，注意会阴部清洁。

2. 观察排便情况：记录大便的次数、颜色、性状、量等；检测生命体征；密切观察代谢性酸中毒、低钾血症等表现。

3. 指导家长注意室内卫生；小儿餐具注意清洁；避免吃生冷不洁食物；指导小儿勤洗手，养成良好的卫生习惯。

第二节 病情观察

案例 4-2

刘某，男，55岁，患者于9月3日误饮有机磷农药，发现后立即送医院救治，患者神清，大汗，恶心，双肺闻及湿啰音，呼吸可闻及蒜臭味，瞳孔缩小。实验室检查：胆碱酯酶偏低，以“有机磷中毒”为诊断入院，给予洗胃、阿托品、解磷定对症治疗。

问题

1. 根据该患者的病情，需要注意什么？
2. 根据护理原则你会采取哪些护理措施？

病情观察（observation of state of disease）是指医护人员在临床工作中运用四诊的方法收集患者的病情资料，通过辨证的方法分析归纳，掌握疾病发展变化的规律，对病情做出判断的过程。病情观察是护理工作的一项重要内容，也是护士的基本职责。全面、细致、及时、准确地进行病情观察，发现病情变化，可为诊断、治疗、护理疾病和预防并发症提供依据。中医病情观察方法是在长期的医疗实践中逐步形成和发展起来的诊疗方法。在临床工作中，护理人员应明确各类患者病情观察的重点，提高自身的观察能力，做到及时发现，及早治疗，及时采取有效措施，从而防止病情恶化，提高医护质量。

一、病情观察的目的和要求

（一）病情观察的目的

1. 为制订护理计划提供依据 疾病发生后，可对机体造成不同程度的损害，机体会产生各种反应，这些反应以一定的形式表现于外，即症状和体征。护士通过耐心细致的观察，全面了解患者的健康状况，综合分析、判断其病因、病位和病性，提出护理问题，制订护理计划，为实施护理措施提供依据。

2. 判断疾病的转归及预后 患者的病情在不断发展和变化中，护理人员应对患者的症状和体征进行动态的观察，可判断疾病的转归和预后。原有症状减轻说明病情好转，在原有病情基础上出现新的症状，病情变化幅度大，说明病情加重或恶化。

3. 及早发现危重证候和并发症 多数并发症或危重症的发生和发展，都有一个由轻到重的过程，有些疾病的发生还有先兆症状。护士通过细致入微的观察，及时、准确地预见或掌握病情变化并采取有效措施，可为危重患者的抢救赢得时间。护理人员应掌握各种疾病可能发生的并发症，熟悉危重症和并发症的临床表现，有目的地进行观察，从而能够尽早地发现危重证候。

4. 了解治疗效果和用药反应 疾病的治疗常以药物治疗为主要手段，护士应指导正确用药，密切观察用药后的效果，是否出现用药的不良反应。治疗后病情好转，表明治疗有效；病情加重，表明疗效不佳。此外，还应仔细观察药物的毒性反应。

（二）病情观察的要求

1. 观察内容重点明确 护士应熟悉患者的病情和治疗护理的要求，及时、细致、准确地进行病情观察，掌握疾病变化的规律，病情观察要有目的，重点明确。如郁证患者应重点观察情绪变化，肺痈患者应重点观察咳嗽的性质与痰液的色、质、量等变化。

2. 观察方法科学有效 病情观察的方法是否正确，将直接影响病情的判断以及护理措施落实的有效性和科学性。护士应掌握各种病情观察的方法，及时、准确地发现患者病情的变化。如脉搏短绌患者应由两名护士同时听心率和脉率，以准确判断患者的病情变化。

3. 结果记录客观真实 对观察结果要及时进行细致、准确的记录。对能计量表示的要记录具体数量，如体温、尿量等；对不能量化的症状和体征，描述要客观、真实。

二、病情观察的方法和内容

（一）病情观察的方法

1. 运用四诊方法，观察病情 望、闻、问、切是中医收集病情资料的基本方法。护士在临床工作中运用四诊的方法收集病情资料，进行有目的的病情观察和分析，可为制订护理计划、实施护理措施提供依据。

（1）望诊（inspection）：是运用视觉对人体全身和局部的病情，如神、色、形、态、五官、四肢、皮肤、舌象以及分泌物、排泄物等进行有目的地观察，以了解健康或疾病情况的诊察方法。注意事项为以下几点。①光线要充足：应避免有色玻璃门窗和周围反光较强有色物体的影响。②快速察看：望舌速度要快，避免因伸舌时间过久造成假象，使患者感觉疲劳不适。③区别染苔：某些食物和药物可使舌苔染上颜色，变成“染苔”，临床见到舌苔突然变化，或苔色与病情不符时，应注意询问其饮食及服药情况，以免假象导致诊察错误。

（2）闻诊（auscultation and olfaction）：是通过听声音和嗅气味来了解病情的一种诊察方法。听声音是指听患者的语言、呼吸、咳嗽、呕吐、呃逆等声响的变化来分辨了解病情。听声音时要静心定神，避免外来异常声音侵扰，要特别注意声音大小强弱的变化。嗅气味是指嗅患者体内发出的异常气味、排出物的气味、病室气味的变化，以诊察疾病的方法。嗅气味时应注意周围环境产生的气味及其他外来异味的分辨。

（3）问诊（interrogation）：是护士有目的地询问患者或陪诊者，从而了解疾病发生、发展、治疗经过、目前自觉的症状和其他与疾病有关的情况以帮助确定疾病的性质，为疾病的诊治和护理提供依据。问诊可以收集其他三诊无法获得的病情资料，如患者的自觉症状、生活习惯、饮食嗜好等。问诊用语要通俗易懂，原则上不用医学术语。询问中要围绕主诉、现病史及目前临床见症，有目的、有步骤地询问，既要有重点，又要仔细全面，减少盲目性。当患者叙述不清时，可进行适当的提示和启发，但决不能按主观意愿暗示和诱导患者，以免所获得的病情资料片面或失真，影响正确的诊断。问诊中还要了解患者的思想动态，医护人员可以及时鼓励患者树立战胜疾病的信心。涉及患者隐私时，应单独询问。切忌在患者面前表现出惊讶或悲观的情绪，否则会给患者带来精神上的刺激和压力，对疾病产生不利影响。

（4）切诊（pulse feeling and palpation）：是护士用手对患者体表某些部位进行触、摸、按、压，从而获得病情资料的一种诊察方法。分为脉诊和按诊两个部分。

2. 开展辨证分析，实施护理计划 将四诊所收集到的病情资料，运用辨证方法进行综合分析，判断疾病的病因、性质、部位，为制订护理计划、实施相应的护理措施提供依据。临床常用的辨证方法包括八纲辨证、脏腑辨证、卫气营血辨证等。在实施护理措施的过程中随时观察患者的病情变化、治疗效果和用药后反应，随时对护理措施实施补充和修改，从而提高护理质量。

（二）病情观察的主要内容

1. 一般状况观察 包括神色、精神、体温、脉搏、血压、呼吸、睡眠、饮食等。如神色的改变，常是反映机体正气的盛衰，对疾病的治疗与护理有重要意义。

2. 主要症状观察 主症观察是病情观察的重点。病证在其发展的一定时期，常会出现一个或多个主要的、患者最为痛苦的症状。这些症状的预后，常反映病情的好转与恶化。如腹泻患者的主症为大便次数多而稀溏，观察重点应是大便的次数、性状，以及围绕腹泻而出现的腹痛、发热、里急后重等证。这些症状可随大便次数减少而减轻。如出现腹泻突然中止，而主症转为高热、四肢厥冷、出冷汗、面色㿠白等症，则是病证转危的征象。

3. 舌脉观察

（1）舌象：是病情观察的重要内容。它能迅速客观地反映邪气的性质、病邪的深浅、正气盛衰、病情的进展，是判断病情转归和预后的重要依据。

1）判断正气盛衰：观察舌质可知正气盛衰，观察舌苔可知邪之出入。如舌质淡白为气血虚衰；舌光无苔为胃气衰败或胃阴枯竭。

2）辨别病位深浅：如舌苔薄白多为疾病初期，病邪较浅，病位在表；苔厚则病邪入里，病位较深；舌质红绛为热入营血，病情危重。

3）区别病邪性质：如黄苔多主热邪；舌偏歪多为风邪；舌有瘀斑或瘀点则为瘀血等。

4）可推断病情的进展：舌苔与舌质随正邪消长和病情进展有动态的变化，尤其是外感热病更为显著。如舌苔由薄白转黄，进而变灰黑，说明病邪由表入里，由轻转重，由寒化热。舌苔由厚转薄，由燥转润，往往是病邪渐退，津液复生，病情好转之象。因此，护理人员在病情观察中，必须仔细而认真地观察和记录舌象的变化。

（2）脉象：诊察脉象可作为判断疾病的病位、病性和推断疾病预后的重要依据。

1）明确病位的深浅：如浮脉主表，沉脉主里。

2）辨别疾病的性质：如迟脉多主寒证，数脉多主热证，洪脉多为邪实，脉细数多主正虚，脉微欲绝为阳气衰微等。

3）推断疾病的进展和转归：如久病脉见缓和，是胃气渐复、病退向愈之兆，久病虚损，亡血失精而反见洪脉，则多属于阴竭阳脱之危象。外感热病，热退脉见缓和，是病向愈之候，若脉急而数，烦躁者，则病进。在脉象观察中，要注意病、脉、证合参。在一般情况下，病、脉、证是相符的，但也可出现不相符的特殊情况。因此，在临床运用时须四诊合参后再决定是“舍证从脉”还是“舍脉从证”。

案例 4-2 分析讨论

1. 有机磷农药中毒病情变化快，因此，应密切观察病情，定时测量生命体征，注意观察患者意识、瞳孔大小、心率及尿量的变化

2. 病室安静整洁，开窗通风，保持空气新鲜；保持呼吸道通畅，呼吸困难者应持续吸氧；防止昏迷患者舌后坠或误吸；对昏迷患者要做好口腔、皮肤护理，定时翻身拍背。

第三节 用 药 护 理

用药护理（drug nursing），是护理工作的一项重要内容。中药作为中医学的重要组成部分，是中医治疗疾病最常用的一种手段。在中医护理工作中，必须掌握中药学的基本知识，熟悉中药的不同剂型、作用和用药方法等，才能为患者提供正确的、优质的用药护理。

一、中药汤剂的煎煮法

汤药是中医临床最常用的一种剂型，汤药的煎煮方法对药效影响很大。汤剂煎煮是中药给药最主要的途径，即根据不同药性和治疗需要配伍后，将切细、打碎或炮制过的药物加水煎煮，滤取其药液的方法。明代医家李时珍就曾指出：“凡服汤药，虽品物专精，修治如法，而煎药者鲁莽造次，水火不良，火候失度，则药亦无功。”因此，掌握正确的中药煎煮方法十分重要。

古代医家对煎煮法亦很重视，如清代医家徐大椿《医学源流论》亦云：“煎药之法，最宜深讲，药之效不效，全在乎此。”中药在煎煮过程中发生两种变化：一是单味药物有效成分的溶出；二是药物中各种活性成分进行化合反应。中药的合理煎煮可以充分发挥药物的作用，对于防治疾病有重要意义。护理人员应掌握正确的中药煎煮方法，充分发挥药物效用。

（一）煎药用具

1. 合适用具　煎药器具以砂锅、瓦罐和陶瓷罐为佳，其优点是性质稳定，不易与中药所含成分发生化学反应，药质好，传热性能缓和，受热均匀，兼保温价廉。此外搪瓷类、不锈钢、瓦罐、玻璃器皿也可用于煎药，有抗酸耐碱的性能，但传热、散热较快，不利于药物有效成分的析出。

2. 禁忌用具　忌用铁、铝、铜锅。铁、铜的金属活性较强，化学性质不稳定，有些药物用这些容器煎煮后会发生沉淀，降低溶解度，甚至发生化学变化，影响疗效，对人体产生毒副作用。如遇鞣质类成分可生成鞣酸铁，使药液的颜色加深；遇有机酸类成分可生成盐类等，直接影响汤剂的质量。铝锅虽化学性质较稳定，但不耐强酸强碱，不是理想的煎药用具。

（二）煎煮次数

一般汤剂经水煎2次，70%～80%的有效成分已析出。因此，临床上一般采用两煎法。每剂药煎取液量，成人为200～300ml，小儿酌情减半。

（三）煎药前浸泡

1. 水质　自古以来，人们就讲究煎煮中药用水，一般把煎药用水分为两类：天水类，地水类，并认为天水类的水质优于地水类。现在煎药用水必须以水质洁净、矿物质少为原则。一般来说，除处方有特殊规定外，凡人们在生活上可作为饮用的水均可用来煎煮中药。如自来水、井水等。忌用开水煎药，因植物药物外层组织细胞受热后会立即紧缩、凝固，在细胞壁上形成一层不可逆的蛋白质变性层，影响药物的析出和有效成分的利用。

2. 水量　煎煮的水量应根据药量、药物质地（吸水性）和煎煮时间的长短来决定。一般第一煎可加水至淹过药面3～4cm；第二煎加水至淹过药面2～3cm。水应一次加足，不要中途加水，更不能把药煎干后再加水重煎，药物煎糊后不再服用。如果煎煮花、叶、全草类药物，加水量要适当增多一些；煎煮吸水性差的药物时，加水量可稍减。煎药时应一次将水加足，避免在煎药过程中频频加水。如确实需要加水时，应加开水，以防药液温度骤降，影响药物有效成分析出。对于质地坚硬、黏稠的药物，可适当多加一些水；对于质地疏松、有效成分易挥发、煎煮时间较短的药物，液面覆盖药面即可。也可以每克药约加10ml水计算水量，一煎用全部水量的70%，二煎用全部水量的30%。

3. 时间　煎药前，浸泡既有利于有效成分的充分溶出，又可缩短煎煮时间，避免因煎煮时间过长，导致部分有效成分耗损、破坏过多。宜用凉水泡药，以药材浸透为原则，有利于药中有效成分的析出。一般而言，花叶草浸泡 20～30分钟；根茎种子、果实浸泡60分钟；复方药方浸泡30～60 分钟。浸泡时间不可过久，以免药物变质；有些中药是经过炮制的，煎药前不可用水洗药，以防丧失药物有效成分，降低药效。

（四）煎药火候

火候是指火力大小与火势急慢。煎药的火候有武火与文火之分，武火即指大火急煎；文火即指小火慢煎。火候以“先武后文”为原则，如《本草纲目》曰“先武后文，如法服上，未有不效也”，即在煎药开始用武火，至水沸后再改用文火，并保持在微沸状态，既可减慢水分的蒸发，又有利于有效成分的煎出，具体见表4-1。

表 4-1　中药煎煮火候

药方种类	火候
一般方药	先武火，沸后用文火保持微沸状态
解表方药	武火迅速煮沸后改用文火轻煎片刻即可
滋补方药	矿物类、贝壳类、甲壳类、骨角类、补虚药文火久煎

（五）煎药时间

煎药时间主要根据药物和疾病的性质而定。治疗一般疾病的中药煎煮以 2 次为宜，先用武火煮沸，一般以药物煮沸后开始计算时间。各类药物煎药的时间与火候，应根据药物性能及功用而定，具体见表 4-2。

表 4-2 中药煎煮时间

药方种类	头煎	二煎
一般药方	30 分钟	25 分钟
解表药方	20 分钟	15 分钟
滋补药方	60 分钟	50 分钟

（六）榨渣取汁

汤剂煎煮成后应榨渣取汁，防止有效成分丢失，药材浪费。因为一般药物加水煎煮后都会吸附一定药液。其次，已经溶入药液中的有效成分可能被药渣再吸附。如药渣不经压榨取汁就抛弃，会造成有效成分损失。尤其是一些遇高热有效成分容易损失或破坏而不宜久煎或煎两次的药物，药渣中所含有效成分所占比例会更大，榨渣取汁的意义就更大。一般在最后一次煎煮时，趁热将药液滤出后，将药渣用双层纱布包好，绞取药渣内剩余药液，此法可增加药液成分的 15%～25%。

（七）特殊煎药方法

煎煮中药一般情况下都是同时入煎，但有些药物因其性质、性能及临床用途，有先煎、后下、包煎、另煎、烊化、冲服、煎汤代水、泡服等特殊煎煮要求。

1. 先煎 先煎的目的是为了增加药物的有效溶解度，降低药物的毒性，使有效成分不易煎出的药物充分发挥疗效。①质硬、矿石类、介壳类药物：牡蛎、龙骨、石膏、赭石、磁石、珍珠母、石决明、龟甲等，应先煎 30 分钟左右，再与其他药同煎；②有毒药物：至少先煎 30 分钟，附子、川乌等舌尝无麻味为止；③取汁：芦根、竹茹、糯稻根须、玉米须等，应先将该药加水煎煮，然后去渣，再用此水煎其他药物，称为“煎汤代水法”。

2. 后下 其目的是为了减少芳香类药物挥发药效，有效成分免于分解破坏。在煎煮结束前 5～10 分钟，将后下之药倒入药锅内。如芳香气薄的薄荷、木香、藿香、佩兰、砂仁，以及钩藤、杏仁、大黄、番泻叶、鱼腥草等久煎易破坏其有效成分，故应后下。

3. 包煎 是指把药物装进纱布内，与其他药物同煎。①药轻，浮在上面或易成糊状的药物，如蒲黄、海金沙等不便于煎煮及服用；②含淀粉黏液质多，易粘锅糊化或焦化的药物，如车前子、葶苈子等；③带毛的药材，对咽喉有刺激性易引起恶心、呕吐的药物，如旋覆花、砂仁、枇杷叶等。

4. 另煎 如人参、鹿茸、羚羊角等贵重药，为保存有效成分不被其他药渣吸附，尽量减少损耗，需要单独煎煮，其汁液兑入煎好的汤剂中服用。“另煎”也称“另炖”。

5. 烊化 胶质、黏性大和易溶的药物，如饴糖、蜂蜜宜在药煎好后去渣兑入。阿胶、鹿角胶、龟板胶应先用黄酒炖化后，待药物煎好去渣冲服。

6. 冲服 入水即溶化的固体药物、汁液性药物，不必煎煮，用煎好的药汁冲服，如六一散、芒硝、羚羊角、鹿茸、沉香、琥珀、三七等挥发性的药物，或是贵重的药物，研成细末，用煎好的药汁冲和调匀，或用药汁吞服。

7. 打碎 有些药物打碎以后才能煎出有效成分，如某些壳类及果仁类药，白果、桃仁、胡桃肉等。

8. 泡服 含有挥发油、用量又少、不宜煎煮的药物，可用刚煮沸的开水浸泡30分钟，或用煮好的一部分药液趁热浸泡，取汁服用或泡服即可，如番泻叶、胖大海等。

9. 机器煎药 是目前临床上较常用的煎药方法，根据处方将各药混合装入以特殊布料制成的煎药袋内，冷水浸泡30～60分钟，加适量水，将水和浸泡好的中药连袋投入煎药机内，调节好温度和时间，当温度和时间达到设定标准时，中药即煎好。药汁可直接进入包装机，灌注于密闭塑料袋内。该法具有方便卫生、剂量均匀、省时省力、可随时服用、一剂或多剂一次煎成等优点。"机器煎药"又称"中药代煎"。

二、中药的服药护理

（一）服药时间

人体有各种时间节律，人体的气血阴阳随着昼夜、四时阴阳、寒热的消长而变化。若顺其势而用药，即阳药用于阳长之时，阴药用于阴长之时；升药用于升时，降药用于降时，就可借助阳气生发或阴气沉降的作用趋势，更好地发挥药物的治疗作用。

1. 确定给药时间 确定给药时间要与人体时间节律同步协调，即阳药用于阳长之时，阴药用于阴长之时，升药用于升时，降药用于降时。需要借助人体阳气祛邪的疾病，用扶阳益气、行气和血、温中散寒等治法与方药时，宜早晨或上午服用。升提外透的药物，宜午前服用；祛除阳分、气分之邪的药物，宜清晨服用；温阳补气的药物宜清晨至午前服用。需借助人体阴气祛邪的疾病，用滋阴补血、重镇安神、清热解毒等治法与方药时，宜午后或傍晚服用。苦寒攻下的药物，宜下午或晚上服用；清泄阴分伏火的药物、养血宁心安神的药物，宜入夜服用。急性病、热性病及时给药，可2小时服用1次，必要时采用频服法，使药力持续，能起到防变逐邪的作用。滋补药宜空腹服用，便于其吸收；平喘药宜在哮喘发作前2小时服用；安神药宜在睡前半小时服用；治咽喉疾患药宜不拘时间多次频服，缓缓咽下，使药液与病变部位充分接触，达到治疗喉疾的目的；生津润燥、清暑解热药，不拘时间频服；健胃药宜在饭前服用；消导药宜于饭后服用；制酸药宜饭前服；对胃有刺激的药宜饭后服；涌吐药宜清晨、午前服；峻下逐水药宜清晨空腹给服；润肠通便药宜空腹或半空腹服用；泻下药宜入夜睡前给予；止泻药及时给予，按时再服，泻止停药；驱虫药宜清晨空腹或晚上睡前给予；截疟药在发作前3～5小时服用；涩精止遗药宜早、晚各服1次；调经药、治疗月经病药一般根据证候，于经前和经期服用不同的药物。总之，应根据病情的需要和药性特点来决定和调整具体的用药时间。

2. 确定给药方法 一般疾病分次口服给药，一般每日1剂，每日分2～3次服用；对于儿童，可两日1剂，每日分2～3次服用或少量频服；对于危急重病患者应据病情需要，1次顿服或者持续服药来维持药效；有的方剂可煎汤代茶，不拘时服。如遇昏迷患者、吞咽困难者，可用鼻饲法给药。对于呕吐患者，宜加入少量姜汁，或先服姜汁后再服药，亦可采取少量频服、冷服的方法。而对于作用峻烈之品或有毒性的药物，宜先服少量，逐渐增加，有效则止，慎勿过量。总之，应根据病情的需要和药性特点来决定和调整具体的给药方法。

（二）服药温度

1. 温服 是指将煎好的汤剂放温后服用。中成药，则用温开水、酒、药引等液体送服。一般汤剂均宜温服，中医认为冷（凉）者属阴，阴盛损阳，胃气属阳，患者胃气弱时若再进冷汤，必将伤胃阳。温服又可减轻某些药物的不良反应，如瓜蒌、乳香、没药等对胃肠道有刺激作用，易引起恶心、呕吐等胃肠道反应，温服能减轻上述不适。需要注意的是，汤剂放冷后，要温服时，应先将其加热至沸，使汤剂中沉淀的有效成分重新溶解，然后再放温服用，不可直接加热到温服的温度服用。如果只服上清液，舍去沉淀部分势必影响疗效。

2. 热服 是指将煎好的汤剂趁热服下，或将中成药用热开水送服的方法。解表药热服可以增加药力，增强发汗效果；寒证用热药，亦应热服，属"寒者热之"之法；真热假寒用寒药，应热服，属"寒药热服""治热以寒，温而行之"之法，以减少患者服药格拒。一般理气、活血、化瘀、补益剂均应热服，以提高临床疗效。

3. 冷服 是指将煎好的汤剂放冷后服用，或将中成药用凉开水送服的方法。热证用寒药宜冷服，属"热者寒之"；真寒假热用热药，宜冷服，属"热药冷服"。不论是汤剂或中成药，一般止血、收敛、清热、解毒、祛暑之剂均宜冷服。服药呕吐者宜先口服少许姜汁或嚼少许陈皮，然后再冷服。

（三）服药后的观察及护理

服药后患者应该休息一段时间，以利于药物更好地吸收；同时要严密观察服药后的反应，尤其是在服用有毒副作用的药物和药性峻烈的药物之后，更应严密观察服药后有无不良反应。

1. 观察服药后的必然反应 患者服用药物后，会产生一定的药理作用，否则，药物就未达到预期的作用，如服解表药后，患者会汗出；服利水渗湿药后，患者排尿次数和尿量增加，这说明药物在体内已发挥应有疗效。

2. 观察服药后的综合反应 药物在进入人体之后，会对人体产生一定的综合作用，因此，必须全面观察服药后的全身反应，如服用泻下药后，除了要观察大便的次数以外，还要观察大便的性质、颜色、形状、气味，以及是否伴有腹痛，并联系腹痛的性质、发作的时间、程度，是否有脱水症状等。

3. 观察服药后的毒副反应 护理人员对中草药的性能及可能发生的不良反应，要有明确的认识，严格掌握常用药物的性能和应用剂量，避免滥用，应纠正中草药不会中毒的错误观念。用药前，应向患者说明服用该药的注意事项。避免产生不良后果。

（四）中药中毒的一般救护

中草药中毒时常见的症状有咽干、唇舌发麻、面部及全身发红，伴有皮肤丘疹、头晕、烦躁、呕吐、腹痛、腹泻。中毒严重者可出现语言及肢体运动障碍、呼吸急促、随即出现意识模糊、呼吸暂停。心血管系统表现为心音低、脉细弱、心律不齐、血压下降等。如临床出现上述症状，应立即停止使用中药，并立即报告医师协助进行救治抢救。

1. 立即停用 首先应立即停止接触及服用有毒药物。

2. 尽快清除毒物

（1）催吐：适用于口服有毒药物 2～3 小时以内，清醒、能合作的患者。一般先饮温开水后，再用压舌板刺激咽后壁，引起反射性呕吐，反复数次，直至胃内容物完全吐出为止。

（2）洗胃：是清除胃中残留毒物最有效的方法。适用于催吐无效，服毒物 4～6 小时以内的患者。消化道溃疡出血及因服用腐蚀性药物引起食道、胃、肠损伤者，应禁用洗胃法。

（3）导泻：毒物在肠道内未完全吸收前，可口服通下药。如口服 50%硫酸镁 40～50ml。如果中毒时间已超过 6 小时，或服用通下药 2 小时未泻者，可用生理盐水或 2%肥皂水 1000ml 做大量不保留灌肠。

（4）对少数毒物由呼吸道或皮肤吸收中毒者，应尽快离开污染环境，脱去被污染的衣物，清洗皮肤。

3. 解毒 针对不同毒物，选用不同药物或食物。

4. 促进已吸收毒物的排泄 ①增加肾脏排泄；②透析。

5. 严密观察病情变化，并做好记录，预防并发症的发生。定时测量生命体征并观察神志、瞳孔、面色等变化。注意观察患者各种排泄物的性质、气味、颜色和量的变化对于毒物尚未明确的情况下，应及时收集患者的各种排泄物并送检，以便早日诊断。

6. 支持疗法和对症处理 定时测量生命体征并观察神志、瞳孔、面色等变化。注意观察患者各种排泄物的性质、气味、颜色和量的变化，对于毒物尚未明确的情况下，应及时收集患者的各种排泄物并送检，以便早日诊断。

三、中药其他用法及护理

（一）中药的外用法及护理

中药外用法是指将药物直接作用于患者体表某部位以达到治疗目的的一种治疗方法。外用中药制剂使用方法简便，可根据疾病需要选用合适剂型，敷贴或涂抹局部皮肤，主要通过皮肤、黏膜吸收发挥疗效，具有作用迅速、简便廉验、易学易用、容易推广、使用安全、毒副作用少的特点。常用的有药膏、掺药、吹药、酊剂等，现将其用法与护理要点介绍如下。

1. 药膏的用法与护理 药膏为药物细粉与饴糖、蜂蜜、植物油、凡士林、鲜药汁、酒、醋、水等赋型剂调和而成的厚糊状软膏。

（1）适用范围：具有消瘀止痛、舒筋活血、接骨续筋、温经通络、清热解毒、拔毒生肌之功效。用于痈肿疮疡和跌打损伤所致的瘀血、肿胀、疼痛等，如太乙膏、跌打膏、麝香风湿止痛膏等。

（2）护理方法：清洁局部皮肤后将药膏涂在大小适宜、折叠为4～6层的桑皮纸或纱布上，敷于患处后包扎，关节部位采用“8”字形或螺旋形包扎。一般2～3日换药一次。

2. 油膏的用法与护理 油膏是将药物和油类煎熬或捣匀成膏的制剂，现称软膏。其优点是软、滑润、无板硬黏着不适的感觉，尤其对病灶折缝处，或大面积的溃疡，使用油膏更为适宜，故现代临床常用油膏替代膏药。

（1）适应范围：适用于肿疡、溃疡、皮肤病的糜烂结痂渗液不多者，肛门疾病等也可应用。如金黄膏、玉露膏、痔疮膏等。

（2）护理方法：将待敷药摊在大小适宜、折叠为4～6层的桑皮纸或纱布上。无创口者在患处敷药上加盖一层极薄的棉纸，这样既可减轻对皮肤的刺激，又可加强药力渗透。敷上油膏后加以包扎，防止脱落，一般2～3日更换一次。

（3）护理要点：①凡皮肤湿烂，疮口腐化已尽，摊贴油膏，应薄且勤更换，以免脓水浸淫皮肤，不易干燥；②油膏用于溃疡腐肉已脱、新肉生长之时，也应摊贴薄，若过于厚涂则会影响肉芽生长，减慢疮口愈合；③目前调制油膏大多应用凡士林，凡士林系矿物油，可刺激皮肤引起皮炎，如见此等现象应改用植物油或动物油，若对药物过敏者，应改用他药。

3. 掺药的用法与护理 掺药是根据病症特点，按照制方规律，将不同的药粉掺布于膏药或油膏上或直接掺布于病变部位的药物。古时称散剂，现称为粉剂。

（1）适应范围：由于掺药处方不同，适应范围较广，具有消肿、散毒、提脓去腐、生肌收口、定痛止血等不同作用。用于疮疡创面、皮肤溃烂或湿疹、口腔黏膜炎症或溃疡等。常用的有生肌散，二味拔毒散等。

（2）护理方法：清洁创面后，将药粉均匀撒布于创面上，用消毒纱布或油膏纱布覆盖，一般1～2日换药一次。也可掺布于油膏，或黏附于药线上，而插入疮内。使用去腐拔毒药物时，有时会刺激创面，引起疼痛，护理人员应告知患者，以便取得合作。

4. 鲜药捣敷法与护理 是一种简便的外用药物疗法，价格便宜，疗效确切，在民间有很多的治疗经验，用时可直接捣烂外敷患处或煎水洗涤患处。

（1）适用范围：具有清热解毒、消肿止痛、收敛止血等功效，用于局部红肿热痛、创伤表面浅表出血、皮肤瘙痒、虫蛇咬伤等。常用的鲜药有蒲公英、紫花地丁、仙人掌、马齿苋、七叶一枝花、野菊花叶等。

（2）护理方法：将鲜药放入容器内捣碎直接敷于患处，也可给予固定包扎。使用时应注意洗净药物，清洁局部皮肤，防止感染。

5. 吹药法与护理 将药物研成极细粉末，用细竹管、鹅翎管或特殊吹药器具，将药物吹入一定部位的给药方法。

（1）适用范围：主要用于掺药法难于达到部位的疾患，如咽喉、口腔、耳、鼻等处的炎症、溃疡等，如锡类散、西瓜霜喷剂等。

（2）护理方法：准备好药末和喷药管。吹口腔、咽喉时，嘱患者洗漱口腔后，端坐于靠背椅上，头向后仰，张口屏气，用压舌板压住舌根，手持吹药器，将适量药物均匀吹入患处。吹药完毕后，让患者闭口，半小时内不要饮水进食，一般每日可进行2～4次。向咽喉部吹药时，应注意气流压力不可过大过猛，以防药末直接吹入气管引起呛咳。小儿禁用玻璃管作为吹药工具，以防咬碎损伤口腔。吹耳、鼻时，先拭净鼻腔和耳道，观察好病变部位，用吹药器将药末吹至患处。

6. 酊剂的用法与护理 酊剂是将药材用规定浓度的乙醇提取或溶解而成的澄清液体制剂。

（1）适用范围：用于疮疡未溃及多种皮肤疾病，如消肿止痛酊等。

（2）护理方法：涂抹于患处使用。应注意凡溃疡破溃，或皮肤有糜烂者均为禁用。

（二）中药静脉用药法

中药静脉用药法是将中药有效提纯物的无菌制剂直接注入或滴入静脉，以治疗疾病的方法，适用于不宜口服、皮下或肌内注射中药，但需迅速发生药效的患者，要特别注意输液反应的发生；从小剂量、低浓度、慢滴速开始用药；随用随配。

（三）中药雾化吸入法

中药雾化吸入法是利用超声波发生器通电后输出高频电能，使水槽底部晶体换能器发生超声波能，将罐内的中药液体击散成微细雾粒，雾粒细而均匀，有效颗粒密度高，能深入小气道和肺泡，从而达到治疗目的的吸入法。雾量大小可以调节，雾滴小而均匀；与口服中药相比，药量小，药液直达病所，起效快；与西药雾化吸入相比，效果好，尤其针对住院时间长，对多种抗生素产生耐药的患者，效果尤为显著，且不良反应小。

（四）中药口腔护理法

中药口腔护理法是运用不同的中药，对口腔进行清洁、消毒和治疗的方法。 含漱时，舌在齿、颊、腭各面搅动；漱口后或口腔内涂敷药物半小时内不进食及饮水。

（五）中药擦浴降温法

中药擦浴降温法是应用中药药液冷却后进行全身擦浴，达到降温目的的一种治疗方法。中药擦浴要对证治疗，对于不同类型的发热要使用不同的药物。

（六）中药介入疗法

中药介入疗法术中要密切观察患者神色、血压、脉搏、呼吸等；手术后要观察患者神志、生命体征、注意穿刺处有无渗血、血肿、皮下瘀斑、硬结等，有无血尿、牙龈出血及全身性出血倾向；术后24小时可在床上做适当功能锻炼。

（七）中药灌肠法

中药灌肠法又称肛肠纳药法，属中医内病外治法之一，是在中医理论指导下选配中药煎煮并将药液自肛门灌入，保留在直肠结肠内，通过肠黏膜吸收治疗疾病的一种方法，具有清热解毒、软坚散结、活血化瘀等作用。临床常用的灌肠疗法分为3类，分别为保留灌肠法、清洁灌肠法、直肠滴注法，灌肠的目的为镇静、催眠。本法主要用于高热等症。

四、中药用药八法及护理

中医用药八法是清代程钟龄根据历代医家对治法归类总结而得来，“八法”通常是指汗法、吐法、下法、和法、温法、清法、消法、补法。每一种治法都是经过四诊合参、审证求因，辨明证候、病因、病机之后，有针对性地采取的治疗方法。中医护理人员掌握用药“八法”有助于辨证施护顺利进行。

（一）汗法及护理

1. 汗法的概念　汗法（diaphoresis），亦称解表法，是通过宣发肺气、调畅营卫、开泄腠理等作用，促使人体微微出汗，将肌表的外感六淫之邪随汗而解的一种治法。

2. 适用范围　汗法除了主要治疗外感六淫之邪的表证外，凡腠理闭塞、营卫不通而寒热无汗者皆可以用汗法治疗。如外感风寒、风热；疹未透法或疹发不畅的外邪束表；头面部及上肢浮肿的水肿兼表证；疮疡初期兼有表证的红、肿、热、痛；风湿痹痛等。

3. 护理方法

（1）病室安静、空气新鲜。

（2）饮食宜清淡，忌黏滑、肉面、五辛、酒酪、酸性和生冷食物。因酸性食物有敛汗作用，而生冷食物不易散寒。

（3）药宜武火快煎，麻黄煎煮去上浮沫，芳香药宜后下；服药时温度适宜；服药后卧床加盖衣被，保暖以助发汗，并且在短时间内大口喝下热稀粥约 200ml 或给予开水、热饮料、热豆浆等，以助药力，促其发汗；若与麻黄、葛根同用时，则一般不需要啜热粥。因药细需助，药重不需助，以防出汗过度。

（4）观察出汗特点，包括有汗、无汗、出汗时间、遍身出汗还是局部出汗等。在一般情况下，汗出热退即停药，以遍身微微汗出最佳、忌大汗。若汗出不彻，则病邪不解，需继续用药；而汗出过多，会伤津耗液、损伤正气，可给予患者口服糖盐水或输液；若大汗不止，易导致伤阴亡阳，应立即通知医师，及时采取措施。

（5）汗出热退时，应及时用干毛巾或热毛巾擦干，忌用冷毛巾擦拭，以防毛孔郁闭，不利病邪外达；大汗淋漓者，暂时不要给予更衣，可在胸前、背后铺上干毛巾，汗止时再更换衣被，注意避风寒；防止复感。

（6）病位在表者服药后仍无出汗，纵然热不退，也不可给予冷饮和冷敷，避免“闭门留寇”使邪无出路，而入里化热成变证，热反更甚；可以针刺大椎、曲池穴位达到透邪发汗目的。

（7）对表证兼有风湿者，须用数次微汗，以达祛风除湿之功效。由于风湿互结，湿性重浊，黏滞不爽，要使其遍身微似汗出，缓缓蒸发，则营卫畅通，风湿才能俱去。忌大汗，因风为阳邪，其性轻扬，易于表散；湿为阴邪，其性濡滞，难以速去，若大汗而出，则风气随去而湿邪仍在，不仅病不能愈，还使卫阳耗伤。

（8）发汗要因人、因时制宜，如暑天炎热，汗之宜轻；冬令寒冷，汗之宜重；体虚者，汗之宜缓；体实者，汗之宜峻等。

（9）服发汗解表药时，禁用或慎用解热镇痛药，如阿司匹林、比理通等，防止汗出太过。

（10）服用含有麻黄的药物后，要注意患者的血压及心率变化。

（11）注意不可妄汗：凡淋家、疮家、亡血家和剧烈吐下之后均禁用汗法。病邪已经入里或麻疹已透、疮疡已溃、虚证水肿、吐泻失水等，也不宜应用汗法。

（二）吐法及护理

1. 吐法的概念　吐法亦称涌吐法，是通过涌吐，使停留在咽喉、胸膈、胃脘等部位的痰涎，宿食或毒物从口中吐出的一种治法。吐法可以引邪上越，宣壅塞而导正气，所以在吐出有形实邪的同时，往往汗出，使在肌表的外感病邪随之而解。

2. 适用范围　本法常用于中风、痰涎壅盛、癫狂、宿食、食厥、气厥、胃中残留毒物及霍乱吐泻不得等。

3. 护理方法

（1）病室清洁、光线充足，空气新鲜无异味。

（2）服药应小量渐增，以防中毒或涌吐太过。药物采取二次分服，一服便吐者，须通知医师，决定是否继续二服。

（3）服药后不吐者可用压舌板刺激上腭咽喉部，助其呕吐。呕吐时协助患者坐起，并轻拍患者背部促使胃内容物吐出。不能坐起者，协助患者头偏向一侧，并注意观察病情，避免呕吐物吸入呼吸道，须保持患者呼吸道通畅。

（4）吐后给温开水漱口，及时清除呕吐物，撤换被污染的衣被，并整理好床单位。

（5）服药得吐者，叮嘱患者坐卧当风，以防吐后体虚，复感外邪。

（6）吐而不止者，一般可以服用少许姜汁或服用冷粥、冷开水解之。若吐仍不止者，可根据给药的种类分别处理。

（7）因服巴豆吐泻不止者，可用冷粥解之。因服藜芦呕吐不止者，可用葱白汤解之。因服稀涎散呕吐不止者，可用甘草、贯众汤解之；因服瓜蒂散剧烈呕吐不止者，可用麝香 0.03～0.06g 开水冲服解之。误食其他毒物，可用绿豆汤解之。若吐后气逆不止，宜给予和胃降逆之剂止之。

（8）严重呕吐者应注意体温、脉搏、呼吸、血压及呕吐物的量、气味、性质、性状并记录。必要时给予补液、纠正电解质等对症处理。

（9）患者吐后暂给予禁食，等胃肠功能恢复后再给少量流质饮食或易消化食物以养胃气。忌食生冷、肥甘油腻之品。

（10）涌吐药作用迅速凶猛，宜伤胃气，应中病即止。对年老体弱、婴幼儿、心脏病、高血压及孕妇慎用或忌用。

（11）使用涌吐药应注意用量、用法和解救方法。

（12）食物中毒或服毒患者，可根据需要保留呕吐物，以便化验。

（三）下法及护理

1. 下法的概念 下法，亦称泻下法。是通过运用泻下药，荡涤肠胃，通利大便，使停留在肠胃中的宿食、燥屎、冷积、瘀血、结痰、停水等从下窍而出，以驱邪除病的一种治疗方法。下法又有寒下、温下、润下、逐下、攻补兼施之别。

2. 适用范围 主治邪正俱实之证。由于邪在肠胃以致大便不通、燥屎内结，或热结旁流，以及停痰留饮、瘀血积水等邪正俱实之证，均可使用。

3. 护理方法

（1）寒下

1）患者有高热、烦躁不安、口渴舌燥等表现，应安排在调节温湿度方面良好的病室，使患者感到凉爽、舒适，有利于静心养病。

2）大承气汤，应先煎方中的枳实和厚朴，大黄后下，芒硝冲服，以保其泻下之功效。

3）服药期间应严密观察病情变化及生命体征，观察排泄物性质、量、次数、颜色、腹痛减轻的情况，若泻下太过出现虚脱，应及时配合救治。

4）在服药期间应暂禁食。待燥屎泻下后再给以米汤、面条等养胃气之品，禁食 3～5 日后给予清淡、易消化饮食，忌油腻、辛辣食物及饮酒，以防热结再作。

5）服药期间不可同时服用辛燥、滋补药。

6）表里无实热者及孕妇忌用。

（2）温下

1）温下病证，宜住向阳病室，注意保暖，使患者感到温暖舒适。

2）同时，在饮食方面应注意给予温热性味之食品。

3）温脾汤，方中大黄应先用酒洗后再与其他药同煎，药宜饭前温服。

4）服药后亦应观察腹部冷结疼痛减轻情况，宜取连续轻泻。服药后，如腹痛渐减，肢温回缓，为病趋好转之势。

（3）润下：一般宜早、晚空腹服用。在服药期间应配合食疗以润肠通便。对习惯性便秘患者应养成定时排便习惯，也可在腹部进行按摩疗法。

（4）逐水

1）逐水药多用于胸腔积液和腹腔积液病症，服药后要注意心下痞满和腹部胀痛情况。

2）逐水药泻下作用峻猛，能引起剧烈腹泻，使体内潴留的水液从大便排除，部分药兼有利尿作用。适用于水肿、胸腔积液、腹水、痰饮之症。由于此药有毒而力峻，易伤正气，所以体虚、孕妇忌用，有恶寒表证者不可服用。

（5）攻补兼施

1）患者多属里实便秘而兼气血两虚、阴液大亏者，用药中病即止，不可久服。

2）服用新加黄龙汤须加姜汁冲服，既可以防呕逆拒药，又可以借姜振胃气。

（四）和法及护理

1. 和法的概念　和法，亦称和解法，是通过和解或调和的作用，以祛除病邪为目的的一种治法。

2. 适用范围　是专治病邪在半表半里的一种方法，主要适用于和解少阳、和中益气、调和肝脾、调理胃肠，症见寒热往来、胸胁苦满、心烦喜呕、默默不欲饮食、口苦咽干等。

3. 护理方法

（1）少阳药：服小柴胡汤时忌食萝卜，因方中有人参，而萝卜可破坏人参的药效；服截疟药应在疟疾发作前2～4小时服用，并向患者告知有关事项，鼓励多饮水。服和解少阳药后，要仔细观察患者的体温、脉象及出汗情况。

（2）调和肝脾药：应配合情志护理，使患者心情舒畅可以收到事半功倍的效果。可适当开展文体活动，以达怡情悦志、精神愉快、气机调畅，有利于提高治疗效果。

（3）调和肠胃药：服后应注意观察腹胀及呕吐情况，并注意排便的性质和量。

（4）服药期间宜给清淡易消化的饮食，以健脾行气消食，忌食生冷瓜果、肥腻厚味及辛辣之品。

（5）病在表未入少阳，或邪已入里之实证以及虚寒证，原则上不用和法。

（6）因方中以柴胡为主药，服药时忌同时服用碳酸钙、维丁胶性钙、硫酸镁、硫酸亚铁等西药，以免相互作用产生毒副作用。

（五）温法与护理

1. 温法的概念　温法，亦称温阳法。温法是通过温中、祛寒、回阳、通络等的作用，使寒气去、阳气复、经络通、血脉和，适用于脏腑经络因寒邪为病的一种治法。温法有温中祛寒、回阳救逆和温经散寒的区别。本法常与补法配合运用。

2. 适用范围　温中祛寒药适用于中焦虚寒证，如脘腹胀痛、肢体倦怠、手足不温，或恶心呕吐、腹痛下利、舌苔白滑等；温经散寒药适用于阳气不足、阴血亦弱，复有外寒伤于经络、血脉不利所致诸证；回阳救逆药适用于阳气衰微、内外俱寒、阳气将亡之危证。

3. 护理方法

（1）辨别寒热真假：必须对真热假寒之证仔细辨认，以免妄用温热护法，导致病势逆变。

（2）生活起居、饮食、服药等护理均以“温”法护之，宜保暖，进热饮，忌生冷寒凉，饮食宜给性温的狗肉、羊肉、桂圆等，以助药物的温中散寒之功效。

（3）温中祛寒药在服理中丸时要求服药后饮热粥一升许，有微汗时避免揭衣服。

（4）温经散寒药不宜单纯用辛热之品，要与养血通脉药组合来用。服药后应注意保暖。

（5）回阳救逆药，昏迷患者可给鼻饲法用药，服药期间应严密观察患者神志、面色、体温、血压、脉象及四肢回温的病情变化。如服药后，患者汗出不止，厥冷加重，烦躁不安，脉细散无根等，为病情恶化，应及时与医师联系，并积极配合医师抢救。方中有附子须久煎。

（六）清法与护理

1. 清法的概念　清法，亦称清热法，是通过清热泻火，使邪热外泄，以清除里热证的一种方法。清法分为清气分热、清营凉血、气血两清、清热解毒、清脏腑热及清虚热6类。

2. 适用范围 清法的适用范围较广，由温、热、火所致的里热证皆可适用，尤其治疗温热病更为常用。

3. 护理方法

（1）清法：饮食、室温、衣被、服药等均宜偏凉，病室空气新鲜，光线柔和，环境安静，可根据病情调节室温。

（2）煎服药护理：清热之剂，因药物不同，煎药方法亦应有区别。凡清热解毒之剂，均以取汁凉服或微温服。

（3）服药后须观察病情变化，如服白虎汤后，患者体温渐降，汗止渴减，神清脉静，为病情好转。若患者服药后壮热烦渴不减，并出现神昏谵语、舌质红绛，应立即报告医师采取救治措施。对疮疡肿毒之证，在服药过程中若肿消热退，为病退之象。对势入营血者，要观察神志、出血及热极动风之兆，一旦发现，立即处理。

（4）饮食上应给以清淡易消化的流质或半流质，多食蔬菜水果类及维生素食物，鼓励患者多饮水、西瓜汁、梨汁、柑橘等生津止渴之品。

（5）苦寒滋阴药久服伤胃或内伤中阳，必要时添加醒胃、和胃药；年老体弱、脾胃虚寒者慎用，或减量服用；孕妇忌用。

（七）消法与护理

1. 消法的概念 消法，亦称消导法。即通过消食导滞和消坚散结作用，对气、血、痰、食、水、虫等积聚而成的有形之邪逐渐消散的一种治法。消法分消导食积、消痞化癥、消痰祛水、消疳杀虫、消疮散痈等。

2. 适用范围 消法与下法虽然同是治疗蓄积有形之邪的方法，但在具体运用中各有不同。消法所治，主要是病在脏腑、经络、肌肉之间，邪坚病固而来势较缓，而且大多是虚实夹杂，尤其是气血积聚而成之癥块，不可能迅速消除，必须渐消缓散。消食导滞剂常用于食积为病。

3. 护理方法

（1）消导之剂，要根据其方药的气味清淡、重厚之别，采用不同的煎药法。如药味清淡者，煎药时间宜短；如药味重厚者，煎药时间宜延长。

（2）消食导滞剂，服药时饮食宜清淡，给易消化食物，勿过饱，婴幼儿应注意减少乳食量，必要时可暂时停止喂乳。

（3）加强病情观察，应观察患者大便的性状、次数、质、量、气味、腹胀、腹痛及呕吐情况等。若泻下如注，次数频繁或出现眼窝凹陷等伤津脱液表现时，应立即报告医师；应用消痞化积药，应注意患者的局部症状，如疼痛、肿胀、包块等，详细记录癥块大小、部位、性质、活动度、有无压痛、边缘是否光滑。如果患者突然腹部疼痛、恶心、吐血、便血、面色苍白、汗出厥冷、脉微而细，则病情加重，已变生他证，立即报告医师，并给予吸氧，做好输液、输血、手术准备工作。

（4）消导类药物有泻下或导滞之功效，只做暂用，不可久服，中病即止。

（5）凡消导类药物，均宜在饭后服用。与西药同服时，应注意配伍禁忌。

（6）下法用药一般不与补益药和收敛药同用，以免降低药效。

（7）本类药对于年老、体弱者慎用；脾胃虚弱，或无食积者及孕妇禁用。

（八）补法与护理

1. 补法的概念 补法，亦称补益法。是通过滋养、补益人体气血阴阳，适用于某一脏腑或几个脏腑，或气、血、阴、阳之一，或全部虚弱的一种治疗方法。补法的内容很多，既有补阴、补阳、补血、补气、补心、补肝、补脾、补肺、补肾之分，又有峻补、平补之异，更有兼补、双补、补母生子之法。

2. 适用范围 本法适用于一切虚证。

3. 护理方法

（1）由于阳虚多寒、阴虚多热，病室的温度、湿度可根据患者的临床症状进行调整，合理安排生活起居。

（2）引导患者注意生活有规律，做到起居有常，保持充足睡眠，适当锻炼身体，提高抗病能力，避免劳累。

（3）补益药大多质重味厚，煎药时宜文火久煎才能出汁，阿胶需烊化，贵重药品应另煎或冲服，采用空腹或饭前服下。

（4）饮食调护，由于虚证有阴、阳、气、血之别，饮食上应对证进补，阳虚者，可选用牛、羊肉和桂圆等温补之品，忌生冷瓜果和凉性食品；阴虚者应选用银耳、木耳、甲鱼等清补食物，忌烟、酒，辛温香燥，耗津伤液之品；气虚者可选用山药、母鸡人参汤、黄芪粥等健脾、补肺、益气之品，忌生冷饮食；血虚者可选用动物血、猪肝、大枣、菠菜等补血养心之品；冬季宜温补，夏季宜清补。

（5）情志护理，虚证患者大多处在大病初愈或久病不愈等情况，易产生悲观、紧张、焦虑不安等情绪，护理人员应做好患者的心理疏导工作，给予精神上的安慰和鼓励，引导患者正确对待疾病，保持乐观情绪，树立战胜疾病的信心。

（6）补法虽也可以间接收到祛邪的效果，但一般是在无外邪时使用，以避免“闭门留寇”之弊。如服用补药期间遇外感，应停服补药以防“闭门留寇”。

（7）虚羸不足之证，多病势缠绵，久治不愈，病程较长，需指导患者坚持用药，正确用药。

（8）凡丸剂、膏剂药品宜密封，干燥保存，防止虫蚀霉变等影响药物疗效。

第四节　情志护理

情志（emotion）是指人的心理活动，是人接触和认识客观事物时，人体本能的综合反应。中医学很早就重视人的心理活动，其在《素问·阴阳应象大论》中被归纳为五志，后文将五志衍化为七情，即喜、怒、忧、思、悲、恐、惊。

情志护理（emotional nursing）是指在护理工作中，以中医基础理论为指导，注意观察了解患者的情志变化，掌握其心理状态，设法防止和消除患者的不良情绪状态，从而达到预防和治疗疾病目的的一种方法。《素问·阴阳应象大论》云：“心在志为喜”“肝在志为怒”“脾在志为思”“肺在志为忧”“肾在志为恐”。正常情况下，七情仅是精神活动的外在表现，并不成为致病因素，但是如果长期过度的精神刺激，则可以引起人体的阴阳失调、气血紊乱、经络脏腑功能失常而发生疾病，同时人的精神状态对疾病的发展和变化也有很大的影响，无论急、慢性病，情志上都会有不同程度的改变。不同的情志变化，又可直接影响脏腑功能失调，导致病情加重。因此，护理人员应设法消除患者的紧张、恐惧、忧虑、愤怒等情志因素刺激，帮助其树立战胜疾病的信心。因此，加强情志护理对疾病的预防和康复起着积极的促进作用。

一、情志护理的原则

（一）诚挚体贴

患者的情志状态和行为不同于正常人，常常会产生寂寞、苦闷、忧愁、悲哀、依赖性增强、猜疑心加重、主观感觉异常等不良情绪，甚至环境、生活的各个方面，都会对情志有影响。如孙思邈在《备急千金要方》的“大医精诚篇”中指出：“凡大医治病，必当安神定志，无欲无求，先发大慈恻隐之心，誓愿普救含灵之苦”，这些都表明了护理人员应“视人犹己”，“见彼苦恼，若己有之”，处处体谅患者的心情，以仁慈之心爱护患者，以济世救人作为自己的行为准则。

（二）一视同仁

医护人员对待患者，只有疾病的轻重缓急之分，没有贫富贵贱之别。治病不分贫富贵贱和职位高低，不分年龄大小和性别差异，长相美丑，都应一视同仁，给予精心治疗和护理。

（三）因人施护

《灵枢·寿夭刚柔》指出："人之生也，有刚有柔，有弱有强，有短有长，有阴有阳。"患者由于遗传环境和所受教育不同，由于情感、意志、需要、兴趣、能力、性格和气质的不同，疾病的性质和患病时间长短不同，他们的情志状态也是不相同的。

1. 体质差异 《灵枢·通天论》认为人的体质有阴阳之禀赋不同，对情志刺激反应也各不相同，"太阴之人，多阴无阳"，多精神易抑郁；"少阴之人，多阴少阳"，多忧愁悲伤、抑郁寡欢；"太阳之人，多阳无阴"，多情感易爆发；"少阳之人，多阳少阴"，多爱慕虚荣、自尊心强。《灵枢·行针》亦指出："多阳者多喜，多阴者多怒。"不同体质特点的人，应采用不同的护理措施。

2. 性格差异 《素问·经脉别论》中就指出："当是之时，勇者气行则已，怯者则著而为病也。"一般而言，性格开朗乐观之人，心胸宽广，遇事心气平静而自安，故不易为病；性格抑郁之人，心胸狭窄，感情脆弱，情绪易激动，易酿成疾患。这种差异，与人的意志勇怯密切相关。不同性格的人，采取的护理方式也应该个性化。

3. 年龄差异 儿童脏腑娇嫩，气血未充，中枢神经系统发育不完善，多易为惊、恐致病；成年人气血方刚，又处于各种复杂环境之中，多易为怒、思致病；老年人常有孤独感，多易为忧郁、悲伤、思虑致病。

4. 性别差异 女性属阴，以血为先，感情细腻而脆弱，多易为忧郁、悲哀而致病。《外台秘要》曰："女属阴，得气多郁"，所以女性一般比男性更易情志患病。男性属阳，以气为主，感情粗犷，刚强豪放，较易为狂喜、大怒致病。

因此，医护人员要认真了解患者的个性特征，采取不同的方法，既要耐心，又要细致，一方面要坚持正面引导，以情动人，另一方面，又要因人而异，有的放矢，以减轻患者患病后的心理压力，有利于身体康复。

（四）避免刺激

病室环境必须保持安静，尽量减少噪声刺激。《素问·痹论》指出："静则神藏，躁则消亡。"《素问·生气通天论》亦强调："起居如惊，神气乃浮。"安静的环境不但能使患者心情愉快和身体舒适，还能使患者睡眠充足和饮食增加，有利于恢复健康。

二、七情致病与治病

喜、怒、忧、思、悲、恐、惊七情概括了复杂情感过程的基本状态、情绪、情感等心理活动。在一般情况下，情志变化是一种正常的生理活动。如果突然受到强烈或持续过久的精神刺激，影响人体脏腑的功能，就可能导致疾病的发生。

（一）情志与健康的关系

情志活动产生于脏腑精气，它与正常人体健康的关系非常密切。

1. 情志正常，脏气调和 在七情之中，适度的喜对人体的健康十分有利，喜能调剂精神，乐而忘忧，喜能流通营卫、和畅气血，促进人体生命活动，正常的情志活动，能够调达脏气，助正抗邪，增强人体抗病能力，预防疾病的发生。由于情志产生于脏腑之气，所以情志变化反过来又会给脏气以相应的影响。一般来说，和调的情志能够畅达脏气，促进其功能活动。因为"气贵舒而不贵郁，舒而周身畅利，郁则百脉违和"（《红炉点雪》），而正常情志发生，则脏气舒达调畅，从而使功能活动得到加强。

2. 情志异常，内伤脏腑 情志的异常变化，对于人体是极为有害的，它不仅是引起疾病的主要因素，而且也是加重病情导致疾病恶化的重要因素，由于情志活动产生于脏腑的活动，所以，七情异常，超越了生理调节范围，就会引起脏腑、气血的功能紊乱，导致内脏发生疾病，如怒伤肝、喜伤心、思伤脾、忧伤肺、恐伤肾。所以情志过激常常加重病情。疾病的全过程，即是人体脏腑阴阳气血失调的过程，由于情志过激，能够损伤脏腑的神和气。神伤，则脏腑阴阳气血无所主；气伤，则脏腑阴阳气血随之失调。所以在疾病过程中，如果产生过激的情志变化，就会加重脏腑阴阳气血的紊乱，使病情加重。

（二）预防七情致病的方法

要预防七情致病，就必须做到保持精神乐观，调和情绪变化，避免七情过激。

1. 保持乐观情绪　精神乐观是健康长寿的重要因素之一，乐观能促进人体生理功能，有益于健康，所以要用乐观情绪来克服其他不利于人体健康消极情绪。人的性格各有不同，但是无论何种性格的人，都可以在生活中通过锻炼、陶冶，而逐渐培养乐观性格，增进健康长寿。另外，要善于化解忧虑、烦恼之事。具体的方法，一是退步思量，减轻烦恼，这实际上是一种自我安慰的方法，对于减轻烦恼具有积极的作用。二是吐露交谈，消除烦恼，在自己的烦恼通过退步思量还不能减轻时，就应及时吐露与人交谈，听取别人的劝慰以消除心中的烦恼。消除烦恼造成一个平和的心境是乐观的前提，对于保持乐观情绪具有十分重要的意义。

2. 避免七情过激　情志活动是人体生理功能的一个组成部分，和调的情志，一般不会致病，而且有益于人体的生理活动，情志只是在过激时才会成为致病因素而危害人体。所以中医学十分重视情志变化这个重要的环节，认为调和情志，避免七情过激，就能预防和治疗七情致病。

三、情志护理的基本方法

情志变化可以直接影响人体脏腑的变化。《素问·汤液醪醴论》云：“精神不进，志意不治，故病不可愈”。《寿世青编》云：“药之所治只有一半，其一半则全不系药方，唯在心药也。”历代名医一再提倡和强调“善医者，必先医其心，而后医其身”的宗旨。因此加强情志护理对疾病的康复起着积极的作用。情志护理方法多种多样，可根据具体的病情选择合适的方法，以取得较好的效果。

（一）说理开导

说理开导即指通过正面的说理，使患者认识到情志对人体健康的影响，从而使患者能自觉调和情志，提高战胜疾病的信心，积极配合治疗，使机体早日康复。

通过正面说理开导，使患者认识到喜怒不节的情志失调，是“生乃不固”的重要因素之一，而“和其喜怒”、“喜怒有度”，是养生长寿的根本，从而开导和引导患者自觉地戒除恼怒，调和情志。进行说理开导，护理人员必须要得到患者的信赖，态度要真诚、热情，对患者要有同情心和责任感，对患者的隐私，要注意保密，这样，才能达到通过说理开导，动之以理，喻之以例，明之以法。但说理开导，也要因人而异，做到有的放矢，生动活泼，耐心细致，用实事求是的方法为患者分析病情，启发患者自我分析来解除或缓解其心理压力，调整情绪，从而起到改变患者精神及身体状况的目的。

（二）释疑解惑

释疑解惑是指根据患者存在的心理疑虑，通过一定的方法，解除患者对事物的误解、疑惑，去掉思想包袱，恢复健康。

心存疑惑是患者较普遍的心理现象，即俗语所说的病者多疑，特别是性格抑郁、沉默寡言的患者更为突出。患者常常产生各种各样的疑惑或猜测，或小病疑大，或轻病疑重，或久病疑死。最终疑虑成疾，使无病之躯真的疑出一场大病。《古今医案按》曾记载吴球治一人，醉后饮了生有小红虫的水，遂疑虑成病。吴球治之，将红线剪断如蛆状，用巴豆二粒同饭捣烂，入红线，做成丸，令患者于暗室内服之。欲泻时，则泻于盛有水的便盆内，红线荡漾水中，其状如蛆，患者看后，认为虫已躯下，故而疑消病愈。本案通过破疑释误，阐明真情，剖析本质，解除了患者的心理负担，使患者从迷惑中解脱出来，建立良好的情志状态，从而收到较好的治疗效果。

（三）移情易性

移情易性，又称转移法。指通过一定的方法和措施或改变患者的情绪和注意力，以解脱不良情绪的方法。移情指排遣情思，使思想焦点转移他处，或改变内心虑恋的指向性，使其转移到另外的事物上，就是将注意力转移。易性指改易心志，包括改变其错误认识、不良生活习惯，或使不良的情绪适度宣泄。移情易性的方法很多，主要有音乐歌舞、琴棋书画、交友览胜、种花垂钓等，应根据患者自身的心理特点、局部环境和条件等采取具体的方法。

（四）以情胜情

以情胜情是以一种情抑制另一种情志，达到淡化，甚至消除不良情志，以保持良好的精神状态的一种情志护理方法。在临床实践中，张子和创立了许多行之有效的方法，明确主张："悲可以治怒，以怆恻苦楚之言感之；喜可以治悲，以谑浪亵狎之言娱之；恐可以治喜，以迫遽死亡之言怖之；怒可以治思，以侮辱欺罔之言触之；思可以治恐，以虑彼志此之言夺之"。上述五行模式的以情相胜法，正是中医学中独特的情志治疗护理方法。学会合理运用好这些方法，将有效地提高情志护理的质量。

（五）发泄解郁

郁即郁结，主要指忧郁、悲伤等使人不愉快的消极情绪；发泄即宣泄。发泄解郁法是指通过发泄、哭诉等方式，将忧郁、悲伤等不良情绪宣泄出来，达到释情开怀、摆脱苦恼、身心舒畅、恢复心理平衡的目的。

受了委屈或者被悲痛折磨时挥泪痛哭，能把心中的痛苦发泄出来，对改善情绪非常有益，挥泪痛哭时对身体的最大益处在于哭时宣泄出的泪水，有助于排出人体的某些有毒物质；倾诉苦衷法：通过言语或文字来倾吐和发泄情绪的方法。遇到不顺心的事，忧愁不解，或郁怒在心，这时，如果能找自己的知心朋友或亲人尽情倾吐苦衷，推心置腹，发泄情绪，那么，苦恼郁闷的情绪就会逐渐消失；故要积极鼓励、引导患者将郁闷的情绪诉说或发泄出来，以化郁为畅、疏泄情志。对于确有悲郁之情的患者，不要压抑情感，允许甚至引导其向医护人员哭诉苦衷，使悲郁之情得以发泄舒展，使气机调畅。但哭泣不宜过久、过重，以免伤身。

（六）顺情从欲

顺情从欲是指顺从患者的意志、情绪，满足患者的身心需要，用以治疗情欲不遂所致病证的一种心理疗法。"意念未遂，所求不得"是导致形神疾病的常见原因或诱发因素。张景岳说："若思虑不解而致病者，非得情舒愿遂，多难取效"。在客观条件及伦理道德许可的前提下，尊重、同情、体谅、迁就患者的情绪，创造条件，适当满足患者的愿望，有助于疾病的治疗及护理。但是对那些不切实际的想法、欲望，自然不能一味地迁就和纵容，而应当善意地、诚恳地采用说服教育等方法处理。

（七）暗示疗法

暗示疗法指医护人员运用语言、情绪、行为、举止等给患者以暗示，从而使患者解除精神负担，相信疾病可以治愈，增强战胜疾病信心的治疗及护理方法。如《三国演义》里"望梅止渴"的故事，即是暗示疗法的典型例证。说明暗示作用不仅影响人的心理与行为，且能影响人体的生理机能。《素问·调经论》云："按摩勿释，出针视之曰：我将深之，适人必革，精气自伏，邪气散乱。"意思是，医师要先在患者应针刺的地方不停地进行按摩，并拿出针来给患者看，口里说我将把针扎得很深，这样，患者必然会集中注意力，使精气深伏于内，邪气散乱而外泄，从而提高针刺的疗效。

在做暗示治疗时，要特别注意：第一，患者的受暗示性是各不相同的，这与患者的个性心理特点及高级神经活动特点密切有关，亦与年龄有关。患者的智力水平与文化程度，在能否接受暗示方面并无决定性作用。第二，施治前要取得患者充分的信任与合作。第三，每一次施治过程应尽量取得成功。如不成功，则会动摇患者的信心，影响患者对施治者的信任，如果再做第二次治疗，就难以奏效。

第五节　饮食护理

饮食护理（diet nursing）是在中医基础理论指导下，根据患者病情需要，给予适宜的饮食，预防或治疗疾病的一种方法，是中医治疗学的重要组成部分。中医治病不但用药物祛邪除病，更重视饮食调养的作用。而合理的饮食是维持人体生命活动必不可少的物质基础，是人体脏腑、四肢百骸得以濡养的源泉，是气血津液化生之源。加强患者的饮食护理，供给合理的营养，对预防疾病、提高疗效、促进患者早日康复具有十分重要的意义。

一、饮食的性味与功效

食物同药物一样，具有寒、热、温、凉之性，以及介于两者之间无明显偏颇的平性。辛、甘、酸、苦、咸之味，在选择食物时，应根据患者的体质、疾病的性质，选择不同性味的食物进行配膳，做到寒热相宜、五味调和、有益健康。

（一）四性

1. 清补类食物　一般均具有寒凉性质，偏于寒凉的食物大多具有滋阴、清热、泻火、凉血、解毒的功效，可以顾护人体阴液，适用于发热、痢疾、痈肿以及目赤肿痛、咽喉肿痛等里热证。如鸭、鹅、龟、蚌肉、鸡蛋、鸭蛋、豆腐、粳米、高粱米、小米、大麦、薏苡仁、绿豆、赤小豆、各种豆芽、梨、甘蔗、莲子、海带、菠菜、白菜、冰糖等。这类食物，常用于热性病证的调护，具有清热的功效。但寒凉食物易损伤人体阳气，故阳气不足、脾胃虚弱患者应慎用。

2. 温补类食物　一般具有温热性质，偏于温热的食物大多具有温经、补气、通阳、活血、散寒、暖胃等作用，可以扶助人体阳气，适用于寒证，如脾胃虚寒、腹痛、泄泻等。如羊肉、狗肉、鸡、鸽、鲫鱼、糯米、黄米、小麦、桂圆肉、锅巴、荔枝、花生、胡萝卜、茄子、红糖等。这类食物，常用于寒性病证的调护，具有温中、补阳、散寒等功效。温热食物多辛香燥烈，容易助火伤津，凡热证及阴虚者应忌用。

3. 平补类食物　所谓“平”，是指这类食物既没有寒之偏性，也没有热之偏性，其性质较平和。平性食物应用范围广泛，是患者饮食调养的基本食物。如牛奶、猪肉、黑鱼、蚕蛹、蚕豆、扁豆、芝麻、山药、香菇、黄花菜、黑木耳、竹笋等。这类平补食物常用于各种疾病的恢复期，具有补益、和中等功效。

4. 辛散类食物　一般具有辛温或辛热之性味，如生姜、干姜、葱白、香菜、大蒜、葱、花椒、淡豆豉、茴香、苏叶、薤白、桂枝、白酒等食物。本类食物可用于各种阴寒之证，具有发散、行气之功。如脾胃虚寒之腹痛、泄泻等症，可用葱、韭、姜、蒜、辣椒等辛热之品，以达脾通阳温中之效。如风寒感冒之发热、流清涕、头痛等症，可用生姜、葱白、香菜煎汤口服，以解表散寒。

5. 清热类食物　一般具有苦寒或甘寒性味，如苦瓜、冬瓜、西瓜、梨、萝卜、芹菜、绿菜、葫芦、荸荠、莴苣等。常用于实热证的调护，具有清热、泻火、解毒等功效。如常吃苦瓜，对热病中暑、目赤、疮疡肿毒等症极为有利；芹菜、绿菜适用于肝阳上亢引起的眩晕等症。

（二）五味

中医饮食调护多采用甘、淡味食物，咸、酸味次之，辛味再次，苦味最少。

1. 酸味　具有收敛、固涩作用，适用于久泄、久痢、久咳、多汗、虚汗、尿频、遗精、滑精等。如乌梅、杏子、食醋、山楂等。过食酸味可导致胃酸、嘈杂、脾胃功能失调。

2. 苦味 具有清热、泄降、燥湿作用，适用于热性体质或热证、湿热证、肿瘤、便秘等。如苦瓜、苦丁茶、莲子心、百合等。多食苦味易于败胃，脾胃虚弱的患者禁食或少食。

3. 甘味 具有和中、缓急、补益、解痉、解毒等作用，适用于诸虚劳损、脏腑不和、拘急疼痛等症。如大枣、饴糖、山药、蜂蜜、甘蔗、糯米等。多食甘味易引起脾胃气滞，出现腹胀、胸闷、食欲不振等症。

4. 辛味 具有发散、行气、通经脉、健胃的作用，适用于外感表证、气血瘀滞、脾胃气滞、痰湿内停等证。如生姜、葱、蒜、花椒、芫荽、韭菜、萝卜、洋葱、黑木耳等。多食辛味易助火伤津、耗散阳气，气虚自汗、热病后期、津液亏耗、失血者慎用。

5. 咸味 具有软坚、散结、润下等作用，适用于治疗肿瘤、癥瘕积聚、便秘等，如海带、海藻、海蜇、紫菜、淡菜、海参等大部分海产品。过度嗜咸易损伤肾气。

二、饮食护理的基本原则

食物有气味之偏，病有阴阳之偏盛，故饮食护理必须遵循以下原则。

（一）三因制宜，灵活选食

“三因”制宜，即因时、因地、因人不同而采用适宜患者需要的饮食，达到治病防病的目的。因为时有春、夏、秋、冬四季之不同，地有东、南、西、北之分，人有胖、瘦、盛、弱之别，所以饮食也应因时、因地、因人而异。

1. 因时制宜 四时季节的变化，对人体的生理功能产生不同的影响，因此，饮食宜忌也有所不同，以适应自然规律，协调阴阳。春季宜食用辛凉疏散的食物，夏季气候炎热，阳热偏盛，应多食清热、滋润属性的食物，如绿豆、苦瓜；秋季宜食用平补或温补的食物，以散寒扶正；冬季气候寒冷，阴寒偏盛，应多食温热属性的食物，如羊肉、狗肉等。

2. 因地制宜 东南地区气温偏高，湿气重，宜食清淡、渗湿食物；西北地区气温偏低，燥气盛，宜食温热、生津、润燥食物。如成都、重庆等地由于湿气较重，人们多食辣椒、花椒以除湿。

3. 因人制宜 人的体质、年龄等不同，饮食护理也应因人而异。过敏体质的人，不宜吃海鲜腥发之物；儿童身体娇嫩，宜用性平、易消化食物；老年气血、阴阳虚弱，宜进补气助阳或养血滋阴之品。体质偏寒者，宜食热性食物；体质偏热者，宜食凉性食物，忌食辛辣烟酒及热性食物等；总之，食物的寒热属性和配伍，与患者个体情况相宜才有益健康，否则容易诱发疾病。

（二）审证求因，协调配食

疾病的原因错综复杂，要做到合理调配饮食，必须审证求因。如便秘一证，因有气虚、津亏、燥实之不同，其治疗应有补气、生津、泻下之异，食疗处方也不尽相同，如气虚便秘宜用胡桃粥，津亏便秘宜用鸭梨粥，燥实便秘宜用牵牛子粥等。只有审证求因，协调配食，才能达到护病求本的目的。

三、饮食护理的基本要求

孙思邈在《备急千金要方·食治》中指出：“不知食宜者，不足以存生也”，又指出：“夫在身所以多疾此皆由……饮食不节故也”。说明恰当饮食对保持健康有十分重要的意义。饮食护理的基本要求如下。

（一）饮食宜有节

《灵枢·五味》说：“谷不入，半日则气衰，一日则气少矣。”饮食应以适量为宜，饥饱失常均可发生疾病。过饥则摄食不足，气血生化之源缺乏，久之则气血衰少而为病，气血不足则正气虚弱，抵抗力降低，也易引发其他病证。反之，过饱则饮食摄入过量，超过脾胃的消化、吸收能力，可致脾胃损伤、消化不良等症。《素问·痹论》说："饮食自倍，肠胃乃伤。"因而饮食有节，定时定量，使脾胃运化功能处于常态，是保证身体健康的基本条件。

（二）饮食宜随和

食物有四气五味，各有归经，可影响和调节脏腑阴阳。人体营养来源于各类食物，所需的营养成分亦多种多样。若对饮食有所偏嗜或偏废，体内各种营养成分比例失调，则容易发生疾病。如过食肥甘厚味可助湿生痰、化热，或生痈疡等病；若偏食辛辣，可使胃肠积热，在上则口腔破溃，牙龈出血，在下则大便干燥或成痔疾。

（三）饮食宜卫生

饮食要新鲜、洗净。《金匮要略·禽兽鱼虫禁忌并治第二十四》指出："秽饭馁肉臭鱼，食之皆伤人。"饮食不洁或食入有毒食物，可引起胃肠道疾病和食物中毒，导致腹痛、吐泻，甚至严重中毒，危及生命。

（四）饮食宜清淡

清淡饮食，一般指以五谷杂粮为主食，以豆类、蔬菜、瘦肉、少量植物油及动物脂肪为副食的膳食。动物性食品是人体蛋白质和脂肪的主要来源，但不是摄入越多越好。《素问·生气通天论》说："高梁之变，足生大疔"，说明肥甘厚味易引起痈疽疮疡等疾病。古代医家还特别强调饮食不宜过咸，应少吃盐。《备急千金要方》指出："咸则伤筋，酢则伤骨，故每学淡食。"现代医学证实，过多摄入食盐，易致高血压；过多摄入脂肪，会使血脂增高，容易导致动脉粥样硬化等疾病。

（五）谨和五味

"谨和五味"是指饮食五味要适当调配，以满足人体对各种营养素的需要。一要浓淡适宜，二要注意各种味道的搭配，即酸、苦、甘、辛、咸的辅佐、配伍得宜，三是在进食时，味不可偏亢，偏亢太过，容易伤及五脏，于健康不利。《素问·藏气法时论》说："五谷为养，五果为助，五畜为益，五菜为充"，体现了营养均衡和饮食多样化的原则。

（六）合理烹制

合理的烹调方法，能防止食物中营养成分的损失，增强食欲，有利于胃肠的吸收。如淘米次数要尽量减少，蒸饭不可去米汤，煮粥不要加碱，面粉不要加工过细、过精，少做油炸食物等。以铁锅炒菜效果最好，维生素损失较少，还可补充铁质。

四、饮食宜忌

（一）饮食与药物

食物和药物都有四气五味之性，在临床功效主治上有协同和相悖的不同。协同者有加强治疗作用，如赤小豆配鲤鱼可增强利水作用；黄芪加薏米可加强渗湿利水的作用；鱼、蟹加苏叶可解毒去腥等。相悖相克者可削弱药物的疗效，如人参忌萝卜；地黄、何首乌忌葱蒜；茯苓忌醋；甘草、黄连、桔梗、乌梅忌猪肉；使君子忌茶等。一般在服药期间，凡属生冷、油腻、腥臭及不易消化、刺激性食物，均应避免为宜。

（二）饮食与疾病

食物有四气五味，疾病有寒热虚实、阴阳表里之别，一定要根据患者的病证类型来选择不同属性的食物，以达"虚则补之"、"实则泻之"、"寒者热之"、"热者寒之"的配合疗效目的。例如，寒证应忌生冷瓜果等凉性食物，宜食温性、暖性食物；热证应忌辛辣等热性食物，宜食凉性食物；阳虚者忌寒凉，宜温补类食物；阴虚者忌温热，宜淡薄滋润类食物。又如水肿病忌食盐；黄疸、泄泻忌油腻；疮疖肿毒、皮肤瘙痒忌鱼虾蟹；消渴病忌食糖；痰湿之证忌肥甘之品等。脾胃受纳运化能力较弱，不能强迫多食；病后胃气初复，应节制饮食，逐渐加量，以防食复。

（三）食物与食物之间

根据中药学理论，还应注意食物的配伍问题。食物的配伍分协同与拮抗两方面。在协同方面又分相须、相使，在拮抗方面分为相反、相杀、相畏和相恶。相须，是指同类食物相互配伍使用，可起到相互加强的功效，如百合炖秋梨，共奏清肺热、养肺阴之功效；羊肉得生姜，加强了温补作用，可治疗虚寒性腹痛。相使，是指以一类食物为主，另一类食物为辅，使主要食物功效得以加强，如姜糖饮，温中和胃的红糖，增强了生姜温中散寒的功效。相反，是指两种食物合用，能产生不良作用，如柿子忌茶，白薯忌鸡蛋。相杀，是指一种食物能减轻另一种食物的不良作用，如水产品大都为寒性，加葱、姜同煮，以辛温调其寒。相恶，是指一种食物能减弱另一种食物的功效。相畏，是指一种食物的不良作用能被另一种食物减轻，如扁豆的不良作用（可引起腹泻、皮疹等）能被生姜减轻。所以，科学搭配食物，对促进身体健康有是非常重要的。

（四）临床常见病证的饮食宜忌

1. 外感热证 宜食清淡食物，如面条、米粥、新鲜蔬菜水果等。高热伤津，可饮梨汁、藕汁、鲜芦根汁或西瓜汁。忌食油腻、煎炸、辛辣之品，以防伤阴动火，损伤脾胃。

2. 高血压、冠心病 宜食清淡低盐、豆制品类食物及富含维生素B、维生素C。油脂以植物油如玉米油、豆油为宜。山楂、洋葱、大蒜有降脂作用。芹菜有降压作用，可以经常食用。应少食细粮、甜食、肉类，饮食勿过饱，忌食高脂肪、高胆固醇食物，忌酒水。

3. 脾胃病 宜食易消化、富有营养食物，以定时、定量、不偏食为原则，而各种脾胃病饮食又有所不同，急性胃炎发作期必须禁食或予流食；慢性胃炎宜给予易消化，富含维生素食物；胃酸缺乏者可吃些醋制食品；胃下垂患者需食易消化而高营养食品，量不宜多；十二指肠溃疡患者则要少食多餐，忌食辛辣、香燥、煎炸之品及寒冷硬固食物。

4. 肠道病 宜食少渣、少纤维、少油脂、易消化食物，并少食多餐，逐步加量。慢性肠炎、疾痢患者可多吃大蒜、马齿苋。忌食生冷、荤腥、辛辣刺激食物。

5. 水肿病 宜食低盐、高蛋白饮食，适当选择鱼、瘦肉、蛋类、豆类、新鲜蔬菜和水果，如冬瓜、西瓜、赤小豆等。若有氮质血症或尿毒症者，应限制蛋白入量。忌食油腻、辛辣刺激食物，忌烟酒。

6. 疮疡皮肤病 宜食清淡饮食，多食蔬菜水果及富含维生素食物，多饮白开水。忌鱼虾、蟹、猪头肉等食物。

7. 肝病 宜食乳类、蛋类、鱼类及瘦肉，适量摄入食糖、葡萄糖、蜂蜜等食物，多食蔬菜及维生素B、C，肝性脑病应限制蛋白及盐的摄入。忌食辣椒、酒类等刺激性食物，及黄豆、土豆、白薯等易胀气食物。

8. 糖尿病 应根据病情、体重、体力活动情况制订出一套合理的食谱，蛋白、脂肪、糖有适当的比例。患者应按规定量进食。有饥饿感者可食蔬菜类、瘦肉，或略加豆制品。

9. 老年便秘和腹泻 便秘患者宜食纤维素多的食物，如韭菜、芹菜、卷心菜、竹笋、粗粮及水果等，并多喝水，以刺激肠蠕动，促进排便。腹泻患者宜食易消化的食物及少渣饮食，少食纤维素多的食物。

第六节 生活起居护理

案例 4-3

王某，男，19岁。患者于8月4日晚在网吧玩游戏，一夜未眠，8月5日早在网吧内进食方便面，饮冰水后突发腹痛、腹泻、恶心。送入我院急诊科，呕吐胃内容物，稀水便，精神困倦，便常规示：未见白细胞，给予抑酸、止吐、补液对症治疗。

问题

1. 该患者违背了生活起居护理的哪些原则?
2. 护理人员应对患者采取何种护理措施?
3. 护理人员对患者应如何进行出院指导?

生活起居护理（daily life nursing）是指患者在患病期间，护理人员根据患者的病情，在生活起居方面予以专业的指导，并精心照料的过程。其目的是保养患者的正气，调整机体内外阴阳的平衡，增强机体抵抗外邪的能力，促进疾病的治疗和康复。中医学认为生活起居与健康有着十分密切的关系。

《素问·上古天真论》曰："上古之人，其知道者，法于阴阳，和于术数，食饮有节，起居有常，不妄作劳，故能形与神俱，而尽享其天年，度百岁乃去"。反之，若"以酒为浆，以妄为常……逆于生乐，起居无常，故半百而衰也。"

人应顺应四时气候变化，做到饮食有节，起居有常，才能够保证身体健康；若饮食不节，起居无常，则会多病早衰。

一、生活起居护理的基本原则

（一）顺应四时，平衡阴阳

《素问·四气调神大论》曰："夫四时阴阳者，万物之根本也。所以圣人春夏养阳，秋冬养阴，以从其根，故与万物沉浮于生长之门。逆其根，则伐其本，坏其真矣。故阴阳四时者，万物之终始也，死生之本也，逆之则灾害生，从之则苛疾不起，是谓得道。"说明阴阳四时的变化，是万物生长变化的根本。在护理工作中，护理人员应根据自然界的规律，指导患者生活起居，从而保证身体健康。

1. 春季　冰雪融化，气候转暖，万物复苏，宜夜卧早起，广步于庭，即顺应自然，入夜即睡，早些起床，宽衣松带，使形体舒缓，在庭院中散步。入春后应到室外适度运动，以运动后身体松快舒服，精神愉悦为度。老年人、小儿、身体虚弱的人，要注意保暖，切忌过早脱去棉衣。

2. 夏季　气候炎热，是一年中阳气最盛的季节，宜夜卧早起，无厌于日。即晚睡早起，不厌晨光，保持心情愉快，中午适当午休，以避炎热，消除疲劳。在衣着方面，宜选用丝绸、麻纱等易散热、舒适、透汗、凉爽的面料。汗出后及时沐浴更衣，避免受凉。居室应通风、阴凉，注意保持空气新鲜，但要避免直接吹风。多食清热解毒、清心泻火的食物，如苦瓜、绿豆汤、菊花茶、酸梅汤等，切忌因贪凉而暴食冷饮、冰水、生冷瓜果等，以免寒凉太过伤及脾胃。

3. 秋季　气候开始转凉，冷热多变，易感受外邪。宜早卧早起，与鸡俱兴，即早睡觉、早起床、控制情绪。应遵循"春捂秋冻"的原则，有意识地进行防寒锻炼，逐渐增强体质。秋季气候干燥，可多喝开水、淡茶以养阴润燥。多吃新鲜蔬菜瓜果，如梨、苹果、甘蔗、荸荠等有润肺生津的作用。

4. 冬季　气候寒冷，是一年中阴气最盛的季节。宜早卧晚起，必待日光。即宜早睡以养人体阳气，晚起以护人体阴精，待日出之后再到户外活动。冬季可在医师指导下适当进行药补和食补，以调整阴阳、增强体质。在衣着方面，注意防寒保暖，要随气候变化及时增减衣服。

（二）起居有常，劳逸适度

起居有常是指作息时间、活动规律方面要合乎自然规律及人体生理的规律，使机体保持在阴阳平衡的状态。只有生活有规律，起居有常，才能保持健康状态。如不能遵循正常的生活规律，则容易引发各种疾病。

劳逸适度是指要合理地安排各种日常的活动。劳逸适度应遵循"动静结合"、"形劳而不倦"的原则，适度的活动有利于通畅气血，强健体魄，健脑醒神，保持生命活力的旺盛。必要的休息能消除疲劳、恢复体力。任何活动都要坚持适中的原则，不宜太过或不及。

1. 避免过劳 孙思邈在《备急千金要方》中指出："养性之道，常欲小劳，但莫大疲及强所不能堪耳。"劳动是健康的源泉，是人生不可缺少的一个方面，合理适度的体力劳动和脑力劳动可使机体精力充沛，气血通畅，可以活动筋骨，增强体质，提高抗病能力。中医学认为，过度劳累是疾病发生的重要原因之一。无论体力劳动还是脑力劳动，过度劳倦均能影响内在脏腑器官的功能，降低机体的抵抗力。即使是生活中最常见的坐、卧、立、行，若是持续过久，也会损害机体。

（1）避免久视：肝主藏血，开窍于两目，肝得血而能视。"目受血而能视"，久视伤血，若用目过度，会耗伤气血。无论年轻人还是老年人，若长久视物，用眼过度，如看书、用电脑、看电视太久，都有可能造成血虚，引起视物不清，头晕目眩，两目干涩。因此，在日常生活中持续用目时间不宜过久，若需长时间用目，则必须每隔 30～60 分钟适当休息，远眺或按摩眼部。对于经常用眼的人，可多食补血、补脑的食物，如桂圆、黑豆、红枣、花生、核桃、枸杞等。

（2）避免久立：《养生论》指出："久立伤骨，损于肾。"久站不动，身体的重量全部压在脊椎和下肢骨上，下肢骨骼、肌肉的负担增加，血液回流不畅，从而出现气滞血瘀，导致疾病的发生。如下肢静脉曲张、痔疮、两足浮肿等。若长期从事久站工作，可在站立时行甩腿动作、扭膝运动或在睡前按摩双腿及用温水泡脚。

（3）避免久行：《养生论》指出："久行伤筋，劳于肝。"人的行动是以气血为基础，还须调动肌肉、筋骨等功能作用才能完成。长时间行走奔跑，不仅耗伤气血，还会使肌肉、筋脉处于疲劳状态。适度的步行有益于健康，但若长时间疾步行走，超过了机体的耐受能力，就有可能使无病者积劳成疾，有病者病情加重。

（4）避免神劳：神劳即用脑过度，精神过度疲劳。中医学认为，心主神而藏血，脾在志为思，故思虑劳神过度，最易耗伤心血，损伤脾运。脑力劳动者要善于用脑，劳而不倦，保持大脑常用不衰。应注意与体力劳动相结合，用脑时间不宜过长，每天都应有一定时间的体力活动，如早操、体育锻炼、庭院劳动等，以解除精神疲劳。

2. 避免过逸 过逸是指过度的空闲，包括体力劳动和脑力劳动两个方面。中医学认为"逸则气滞"。一旦形体过度安逸，肌肉筋骨活动过少，容易使人气血运行不畅，脾胃功能低下，引起食欲减退、身体软弱无力，抵抗力下降。同时筋骨肌肉日久不用，必然会"用进废退"，肌体萎弱无力或肥胖臃肿，动则气喘、心悸。因此，在日常生活中要避免过度安逸。

（1）避免久卧：适当的躺卧可以使人身心放松，有助于消除疲劳，但卧床过久则会"伤气"。久卧可使人的气血运行迟缓，阳气不伸而伤气，导致气血阻滞，脏腑功能受到影响。研究证明，睡眠并非越多越好，睡眠过多和睡眠不足同样可引起机体功能紊乱，只有合适的睡眠才能达到宁神养气、保持健康的目的。

（2）避免久坐：久坐伤肉，由于长时间处于坐位，臀部皮肤毛囊易受堵塞而生疖、毛囊炎等。久坐可引起脾胃积滞而使脏腑气机不畅，消化不良，气短乏力。此外久坐者还易得颈椎病、肩周炎和冠心病等。因此，脑力劳动者和老年人要避免久坐，可每天做数次转跨运动、旋腰转脊及腰部按摩。

（三）慎避外邪，形神共养

患病之人正气虚弱，易感受六淫和疫疠之气等外邪的侵袭。护理人员在生活起居护理中应根据四时气候的变化，遵循"虚邪贼风，避之有时"的原则，指导患者及时添减衣物，在遇到传染病流行或气候反常时，要注意回避或采取其他方法提高机体抗病能力，避免外邪的侵袭。

在生活起居护理中，既要注意形的保养，更要注重神的调摄。形是神的物质基础，是生命之基本，只有形体完好，才能产生正常的精神活动。神是形的外在表现，只有依赖心神的指挥调节，脏腑功能才能完好进行。所谓养形，是指通过提供充足营养和医疗条件，以及适当地休息和活动，对人的五脏六腑、气血津液、四肢百骸、五官九窍等形体进行摄养和护理；所谓养神，是指用各种方式来调节患者的情志活动，使其达到情绪稳定、心平气和的精神状态，以利于疾病的康复。生活起居护理要做到形神共养，相辅相成，从而达到身心协调发展的和谐状态。

二、生活起居护理的基本方法

（一）保持良好的生活环境

1. 病室宜安静　安静的环境能使患者心情愉快、睡眠充足、食欲增加，有利于恢复健康。患病之人常常处于情绪不稳定、焦躁、心烦的状态之中，一般喜静恶噪。嘈杂的环境不利于患者休息，使患者产生烦躁的情绪，不利于病情的康复。因此，护理人员要重视并维持病室的肃静，严禁任何人在病区内大声喧哗，避免噪声，护理人员在工作中要做到“四轻”，即说话轻、走路轻、关门轻、操作轻，保证患者在安静的环境中接受治疗。

2. 病室应通风整洁　病室要经常通风换气，及时排除室内的秽浊之气，保持室内空气新鲜，促进新陈代谢，这样能够使患者神清气爽，气血通畅，精神愉快，促进疾病康复。通风的次数，每次通风持续的时间，要根据季节、室内的空气状况、患者的病情及体质情况而决定。一般应每日至少通风 1～2 次，每次 30 分钟左右。通风时要避免对流风直接吹到患者身上。

病室的整洁，直接影响患者的身体健康。室内的陈设，应简单、实用、易清洁、易搬动，物品的摆放应整齐有序，家具、物品等要定期消毒；协助患者搞好个人卫生，不随地丢弃污物。患者出院按终末消毒要求处理。

3. 病室温度、湿度要适宜　病室的温度一般以 18～20℃为宜。室温过低会使患者感到寒冷不适，尤其是老年人、阳虚和寒证患者，室温宜高；年轻人、阴虚和热证患者，室温宜偏低。室温过高可因身体散热不良而引起血管扩张，脉搏增快，使患者感到燥热难耐。

病室内湿度以 50%～60%为宜。湿度适中，使患者感到舒适。湿度过高，患者感觉胸中满闷、乏力、困倦，可通风日晒。湿度过低，患者感到口唇干燥、咽喉干痛，宜在室内洒水或用湿拖布擦地。

4. 病室光线适宜　病室内光线充足、明亮，能使患者感到舒适、愉快。但根据患者病情不同应适当调节。长期卧床的患者，床位应尽量安排到靠近窗户的位置，以得到更多的阳光，有利于患者早期康复；寒证、阳虚证患者，室内光线宜充足；重症眼病、急性热病、肝风内动、肝阳上亢及阴虚证患者，室内光线宜稍暗；痉证、癫痫患者，强光可诱发痉证的发作，宜用深色窗帘遮挡光线。

（二）生活起居规律

1. 合理作息　制订合理的作息制度，可以达到防病治病的目的。中医护理学讲究因时、因地、因人而制订不同的作息时间。作息时间的制订与季节有密切的关系。

2. 保证睡眠　睡眠是人体的生理需要，是消除身体疲劳的主要方式。睡眠能增强机体产生抗体的能力，从而增强机体的抵抗力，同时，睡眠还可以使各组织器官自我修复加快。因此，患者应保证充足的休息和睡眠，每日睡眠时间不应少于 8～10 小时，要督促患者养成按时起床、按时就寝的作息规律，这样有益于疾病的康复。

3. 适当活动　适度的活动能使气血流畅、经络通畅、筋骨坚实，能够增强机体抵御外邪的能力，有利于机体功能的恢复。因此，在病情允许的情况下，凡能下床活动的患者每天都应保持适度的活动与锻炼。

案例 4-3 分析讨论

1. 该患者于盛夏在网吧空调房中时间过长，违背了顺应四时的原则。夜间玩游戏，一夜未眠，违背了起居有常的原则，时间过长，违背了劳逸适度的原则，会造成头晕等症状。

2. 指导患者卧床休息，补充睡眠；应顺应四时变化，夏天不可贪图凉爽过度吹空调；可以进食后指导患者先进食清淡流食，后逐渐增加营养。

3. 指导患者应顺应四时变化，不可在盛夏贪图凉爽过度吹空调，喝冰水、冷饮；进食宜注意营养丰富，注意饮食卫生；应保证睡眠时间与质量。

第七节 体质调护

案例 4-4

王某，女，65 岁，退休干部。2017 年 5 月 21 日，步行到家附近的社区卫生服务中心进行健康体检，建立健康档案。老人身体消瘦，可自行行走，走路不需使用辅助工具。平素经常气短，乏力，睡眠较多，但晚上睡眠欠佳，睡后易醒，纳差，小便尚可，便秘。社区卫生服务中心护士为该老人进行了中医体质辨识，结果 9 个量表的得分分别是平和质得分为 14，气虚质得分为 24，阴虚质得分为 6，阳虚质得分为 8，痰湿质得分为 9，湿热质得分为 8，气郁质得分为 4，血瘀质得分为 6，特禀质得分为 3。

问题

1. 请根据体质判定标准，确定该老人的中医体质类型。
2. 该老人在平时生活中，可使用哪些药膳来改善体质状况，应注意哪些方面。
3. 为该老人提供简便易行的家庭常用养生保健技术。

体质现象是人类生命活动的一种重要表现形式，它与健康和疾病关系密切。中医体质学是以中医理论为指导，以生命个体的人为研究出发点，研究各种体质类型的生理、病理特点，并以此分析疾病的反应状态、病变性质、发展趋向、影响因素、分类标准，从而应用于指导疾病的预防、诊治、康复与养生。体质调护是中医体质学的重要内容，是根据个体体质特征与发病倾向，进行辨识，继而采取相应的干预措施，以改善偏颇体质、促进人体健康，防病延年的护理过程。掌握体质调护的知识与技能对指导护理实践，提高护理质量具有重要的现实意义。

一、体质概述

（一）体质的概念

人的体质中的“体”是指人的形体、身体；“质”是指人的特质、性质。体质（constitution）是指人体生命过程中，在先天禀赋和后天获得的基础上所形成的形态结构、生理活动和心理状态等方面综合的、相对稳定的固有特质。是人类在生长发育过程中所形成的与自然、社会环境相适应的人体个性特征。

中医的体质概念与气质不同。所谓气质，是指人体在先后天因素影响下形成的精神、性格、行为等心理功能的特征，而体质是形与神的综合反映。因此，二者既有着不可分割的内在联系，又有本质的区别。但体质可以包括气质，气质不等于体质。

知识链接

现代中医体质分类方法

（1）王琦：分为平和质、气虚质、阳虚质、阴虚质、痰湿质、湿热质、瘀血质、气郁质、特禀质 9 种中医体质。

（2）匡调元：分为正常质、燥热质、迟冷质、倦㿠质、腻滞质、晦涩质 6 种中医体质。

（3）何裕民：分为强壮型、虚弱型、偏寒型、偏热型、偏湿型、瘀迟型6种中医体质。

（4）田代华：分为阴虚型、阴寒型、阳虚型、阳热型、气虚型、气滞型、血虚型、血瘀型、津亏型、痰湿型、动风型、蕴毒型12种中医体质。

（5）陈慧珍：分为正常质、阴虚质、阳虚质、肾虚质、气血虚弱质、痰湿质、瘀滞质7种中医体质。

（二）体质的影响因素

人的体质禀赋于先天，受后天多种因素影响，在其生长壮老已过程中所形成的形态、生理功能、心理上相对稳定的特征，这种特性决定着机体对某些致病因素的易感性和病变过程的倾向性。现代生物学研究提示人类群体中普遍存在着个体差异，这一研究结果印证了中医体质学说的科学性。

1. 先天因素　又称禀赋，是指小儿出生以前从父母双方所禀受的一切特征，包括父母双方的元气盛衰、营养状况、生活方式、精神因素等所赋予的遗传性，子代在母体内发育过程中的营养状态及受到的各种影响。人的先天禀赋决定了中医体质相对稳定的特点。

在生命形成的过程中，男女媾精，胎孕乃成。子代的形体始于父母，父母的体质是子代体质的基础。父母生殖之精气的盛衰，决定着子代禀赋的强弱，从而影响着子代的体质。诸如身体强弱、肥瘦、刚柔、长短、肤色，乃至先天性生理缺陷和遗传性疾病，如鸡胸、龟背、癫痫、哮喘、杨梅疮（梅毒）等。虽然在体质形成过程中，先天因素起着决定性作用，但是，先天因素只对体质的发展提供了可能性，而体质强弱的真正形成，则有赖于后天诸多因素。

2. 后天因素　是指人从出生到死亡之前的生命历程，是人生后赖以生存的各种因素的，包括人体内在因素和外界环境因素两方面。人体内在因素包括性别、年龄、心理因素，外界环境因素包括自然环境和社会环境，是保证人生存的基本条件和一切有关事物。人的体质可在后天各种因素的影响下发生变化。改善后天体质形成的条件，可以弥补先天不足，以后天养先天，从而增强体质，促进人的身心健康。

（1）性别：女为阴，男为阳。女性以血为本，以肝为先天，多禀阴柔体质，体形小巧苗条。男性以气（精）为本，以肾为先天，多具阳刚之气，体魄健壮魁梧。所以，男女因性别不同，其禀赋性征、体态、脏腑结构与功能、情志特征等均有所不同，体质必然存在着差异。《灵枢·五音五味》提出“妇人之生，有余于气，不足于血”的论点，正是对妇女的体质特点做了概括说明。

（2）年龄：人体的结构与功能随着年龄的增长而发生规律性变化。年龄的增长，概括了一个人生长发育和衰老的全过程，是一个渐进过程，包含着成熟和衰老两重意义。在《素问·上古天真论》和《灵枢·天年》中均论述了人体脏腑气血盛衰与年龄的关系。在生长壮老已的全程中，脏腑气血由盛而衰，影响着人体生理功能，决定着人体的体质，从而决定着各年龄期对致病因素反应的能力与类型。如人的体质小儿时期为“稚阴稚阳”之体；到青春期则体质渐趋成熟，至青春期末，体质基本稳定；青壮年时期是体质最强健阶段；至老年，体质日趋下降，逐渐呈现衰老征象。

（3）饮食：人以水谷为本，脾胃又为后天之本，主运化水谷，为气血生化之源。故饮食营养是决定体质强弱的重要因素。同时，人的体质不同，脾胃对水谷的运化亦不一样。因此，科学、合理的饮食营养对增强体质至关重要。脾胃虚弱，营养不良，或饮食偏嗜等均会影响人的体质，甚至引起疾病。《千金翼方·养性》和《黄帝内经》中均记载“安身之本必须于食”。

（4）劳逸：中医学中的劳包括劳力、劳神和房劳等。劳逸的性质和条件，对人的体质强弱产生深刻的影响。劳逸适度可增强体质。而过于繁重的劳动，或过度安逸均会影响脏腑气血功能，损伤正气，而致体质虚弱多病。故《素问·宣明五气》云“久视伤血，久卧伤气，久坐伤肉，久立伤骨，久行伤筋”。

（5）情志：中医学的情志，泛指人的情绪、情感活动，是人对客观事物是否符合自己需要而产生的态度体验。七情太过或不及，均可影响脏腑气血功能活动，从而对人的体质产生影响。突然强烈或长期持久的情志刺激均可致脏腑气机逆乱，导致体质异常，甚至引发疾病。故《灵枢经 · 本藏》记载“志意和则精神专直，魂魄不散……五藏不受邪矣”。

（6）疾病：病程长，病情重或病邪深入均可影响脏腑气血功能，损伤正气，从而影响人体的体质。如慢性病，精气暗耗，日渐形成虚性体质。在《临证指南医案 · 诸痛》中记载“经年宿病，病必在络……因久延，体质气馁”。

（7）地域：地域因素是指存在于人类社会周围的地质、地貌、气候、水文、土壤、矿藏、生物等各种自然要素的总和。人们生活在不同的地理环境条件下，形成了不同的体质。中国幅员辽阔，人体体质的地区性差异颇为明显。早在《素问 · 异法方宜论》中就详细地论述了东西南北中各地人的体质特征和发病特点。地理环境及其资源的均一性，在一定程度上，影响着不同地域人类的发育，形成了人类体质明显的地区性差异。当自然环境中的土壤、空气、水等发生的变化，超过人体的适应和调节能力时，就会影响人的体质，甚至会形成地方病。因此，中医学在诊疗、护理上强调“因地制宜”，指出“善疗疾病者，必先别方土”。

（8）气候：不同的地域具有不同的气象特征，人的体质与人所处地域的气候条件、气象因素也密切相关。一般而言，恶劣气候环境下的人体质强壮，舒适气候环境下人的体质柔弱。我国的地理条件，北方多寒燥，南方多湿热，东部沿海为海洋性气候，西部内地为大陆性气候。因此西北方人，腠理致密，体质多壮实；东南方人，腠理疏松。体质多瘦弱。故中医学的运气学说重视气候和气象因素对人体体质的影响，强调“因时制宜”。

此外，不同的社会制度、经济发展水平等也是影响人的体质的重要因素。

二、体质的分类及其特征

中医学而且历代分类方法多样，尚无统一的学术体系。体质分类上所使用的阴虚、阳虚，以及痰饮、脾虚、肝旺等名词术语，与辨证论治中所使用的证候名称是不同的概念，它反映的是一种在非疾病状态下就已存在的个体特异性。

（一）《黄帝内经》体质分类方法及其特征

《黄帝内经》主要是运用阴阳五行学说从生理功能特点对人体体质加以分类，包括阴阳分类法、五行分类法、脏腑分类法、体型肥瘦分类法及禀性勇怯分类法等。

1. 阴阳五行分类　《灵枢 · 阴阳二十五人》根据人的体形、肤色、认识能力、情感反应、意志强弱、性格静躁及对气候的适应能力等方面的差异，将体质分为木、火、土、金、水五大类型。然后又根据五音的太少、左右手足三阳经及气血多少反映在头面四肢的生理特征，将每一类型再分为五类，共为 25 型，统称“阴阳 25 人”，此分类法强调将人体对季节气候的适应能力作为体质分类的依据。

2. 阴阳太少分类　《灵枢 · 通天》把人分为太阴之人、少阴之人、太阳之人、少阳之人、阴阳和平之人等五种类型，主要是根据人体先天禀赋的阴阳之气的多少，来说明人的心理和行为特征。

3. 禀性勇怯分类　《灵枢 · 论勇》根据人体脏气强弱、禀性勇怯，结合体态、生理特征，将体质分为两类。其中，心肝胆功能旺盛、形体健壮者，为勇敢之人；而心肝胆功能衰减、体质孱弱者，为怯弱之人。

4. 体型肥瘦分类　《灵枢 · 逆顺肥瘦》将人分为肥人、瘦人、肥瘦适中人三类。《灵枢 · 卫气失常》又将肥人分为膏型、脂型、肉型三种，并对每一类型人气血多少、体质强弱均做了细致的描述。由于人到老年形体肥胖者较多，因此，此分类方法可以说是最早的关于老年人体质的分型方法。

（二）现代医家体质分类方法及其特征

随着中医临床医学的发展，为了更好地与临床辨证用药相结合，现代医家从 20 世纪 70 年代开始，对人的中医体质（constitution of traditional chinese medicine）及其分类标准开展了深入的研究。

虽然现代中医体质分类方法数十种，但均着眼于阴阳气血津液的虚实盛衰，把人体分为正常体质和不良体质两大类。其中具有代表性的是王琦的体质九分法，将人体体质分为平和质、气虚质、阳虚质、阴虚质、痰湿质、湿热质、血瘀质、气郁质、特禀质9个类型（表4-3）。

表4-3 9种体质的分类及其特征

体质类型	总体特征	形体特征	心理特征	常见表现	发病倾向	环境适应能力
平和质	阴阳气血调和，体态适中、面色红润、精力充沛	体形匀称健壮	性格随和开朗	面色、肤色润泽，头发稠密有光泽，目光有神，鼻色明润，嗅觉通利，唇色红润，不易疲劳，精力充沛，耐受寒热，睡眠良好，胃纳佳，二便正常，舌色淡红，苔薄白，脉和缓有力	平素患病较少	对自然环境和社会环境适应能力较强
气虚质	元气不足，以疲乏、气短、自汗等气虚表现为主	肌肉松软不实	性格内向，不喜冒险	平素语音低弱，气短懒言，容易疲乏，精神不振，易出汗，舌淡红，舌边有齿痕，脉弱	易患感冒、内脏下垂等病；病后康复缓慢	不耐受风、寒、暑、湿邪
阳虚质	阳气不足，以畏寒怕冷、手足不温等虚寒表现为主	肌肉松软不实	性格多沉静、内向	平素畏冷，手足不温，喜热饮食，精神不振，舌淡胖嫩，脉沉迟	易患痰饮、肿胀、泄泻等病；感邪易从寒化	耐夏不耐冬；易感风、寒、湿邪
阴虚质	阴液亏少，以口燥咽干、手足心热等虚热表现为主	体形偏瘦	性情急躁，外向好动，活泼	手足心热，口燥咽干，鼻微干，喜冷饮，大便干燥，舌红少津，脉细数	易患虚劳、失精、不寐等病；感邪易从热化	耐冬不耐夏；不耐受暑、热、燥邪
痰湿质	痰湿凝聚，以形体肥胖、腹部肥满、口黏苔腻等痰湿表现为主	体形肥胖，腹部肥满松软	性格偏温和、稳重，多善于忍耐	面部皮肤油脂较多，多汗且黏，胸闷，痰多，口黏腻或甜，喜食肥甘甜黏，苔腻，脉滑	易患消渴、中风、胸痹等病	对梅雨季节及湿重环境适应能力差
湿热质	湿热内蕴，以面垢油光、口苦、苔黄腻等湿热表现为主	形体中等或偏瘦	性格多急躁易怒	面垢油光，易生痤疮，口苦口干，身重困倦，大便黏滞不畅或燥结，小便短黄，男性易阴囊潮湿，女性易带下增多，舌质偏红，苔黄腻，脉滑数	易患疮疖、黄疸、火热等病证	对湿环境或气温偏高，尤其夏末秋初，湿热交蒸气候较难适应
血瘀质	血行不畅，以肤色晦暗、舌质紫暗等血瘀表现为主	胖瘦均见	容易烦躁，健忘，性情急躁	肤色晦暗，色素沉着，容易出现瘀斑，口唇暗淡，舌暗或有瘀点，舌下络脉紫暗或增粗，脉涩	易患出血、中风、冠心病等	不耐受风邪、寒邪
气郁质	气机郁滞，以神情抑郁、忧虑脆弱等气郁表现为主	形体瘦者为多，但体胖的也不少见	性格内向不稳定，忧郁脆弱，敏感多疑	神情抑郁，情感脆弱，烦闷不乐，舌淡红，苔薄白，脉弦	易患失眠、抑郁症、神经症等	对精神刺激适应能力较差；不喜欢秋冬天和阴雨天
特禀质	先天失常，以生理缺陷、过敏反应等为主	过敏体质者一般无特殊；先天禀赋异常者，或有畸形、有生理缺陷者	无特殊	过敏体质者常见哮喘、风团、咽痒、鼻塞、喷嚏等；患遗传性疾病者有垂直遗传、先天性、家族性特征；患胎传性疾病者具有母体影响胎儿个体生长发育及相关疾病特征	凡遗传性疾病者，多表现为亲代有相同疾病，或出生时即有缺陷；若为过敏体质，易出现药物过敏、花粉症、哮喘等过敏性疾病	适应能力差，如过敏体质者对季节适应能力差，易引发宿疾

三、中医体质辨识

（一）中医体质辨识的概念

中医体质辨识是以人的中医体质为评估对象，从人体的形态结构、生理功能和心理状态等方面的特征去辨识不同体质类型，分析其健康、亚健康与疾病的整体状况与个体差异，制订防治原则，提出相适应的治疗、养生保健方法，从而进行因人制宜的中医干预措施。

（二）中医体质辨识的原则

中医学整体观认为，人体是一个有机的整体，外部结构与内在脏腑间是密切相关的。人体与外部环境是统一的，受到外界自然环境和社会环境的影响。人体的形态结构与心理特征亦存在特异性的对应关系，因此，中医体质辨识要遵照整体性原则，不仅要采用中医四诊合参的方法，广泛而全面地收集中医体质相关资料，而且要形神合一，并结合时间、地域及疾病的特殊性，从整体上对人体中医体质状态进行全面的分析和综合评估。

（三）中医体质与证候的区别与界定

中医体质与证候，既有区别，又有联系。中医体质是个体相对稳定的特质，是正气在个体的特殊存在形式；证候是个体患病后正邪交争的动态性和阶段性表现。两者关系表现在两个方面。一是中医特禀质所发生的证候源于特定的体质基础，过敏性或遗传性中医体质可直接导致过敏性或遗传性证候的形成。二是中医体质的特异性决定着对某些疾病的易感性和发病后病变证候的倾向性。即使感受同一种邪气，但由于中医体质不同，邪随体质而化，从而形成不同的证候。反之，感受不同邪气，但由于体质相同，有时也会形成相同的证候（表 4-4）。

表 4-4 中医体质与证候的界定

界定依据	中医体质类型	证候
界定前提	非疾病状态下的正常体质与病理体质	疾病状态下的临床类型
形成因素	先天遗传、后天环境、社会因素等	多与致病因子有关
形成特点	形成缓慢，相对稳定	形成短暂，演变较快
表现特点	长期存在，表现于生长壮老已的生命过程	短期存在，表现于疾病过程，随病而来，病愈而消
表达信息	反映机体整体状态的特质	反映疾病演变过程中的病理特征
涵盖范围	可见于多种疾病与证候	单个疾病证候的自身范围
指向目标	人	疾病
诊察内容	禀赋、形体形态、心理、生活状况、自然环境、饮食嗜好、社会环境等	与本次疾病相关的临床表现、阴阳气血盛衰状况、脏腑经络失调情况
干预目的	治未病与治已病相结合，改善中医体质，平衡阴阳	治已病以证候消失为目的，消除疾病的病因及其临床表现

（四）中医体质辨识的工具

目前，对人群进行中医体质辨识常用由北京中医药大学王琦教授研究团队编制并进行标准化的，由中华中医药学会于 2009 年 4 月 9 日发布的《中医体质分类与判定》中的 9 个量表，包括平和质（A 型）、气虚质（B 型）、阳虚质（C 型）、阴虚质（D 型）、痰湿质（E 型）、湿热质（F 型）、血瘀质（G 型）、气郁质（H 型）、特禀质（I 型）等。

老年人中医体质辨识常用《老年人中医药健康管理服务记录表》，共 33 个项目，采用 1～5 分的 5 级评分法。老年人中医体质类型同样包括从 A 型到 I 型的 9 种体质。老年人偏颇体质判定标准：对应条目相加≥11 分为“是”，9～10 分为“倾向是”，对应条目相加≤8 分为“否”；平和体质判定标准：对应条目相加≥17 分，同时其他 8 种体质得分均≤8 分为“是”，对应条目相加≥17

分，同时其他 8 种体质得分均≤10 分为“基本是”。

四、体质调护方法

（一）平和质

总原则　重在维护。饮食有节，劳逸结合，坚持锻炼。

1. 精神调摄　心态平和是形成平和体质重要条件。《黄帝内经》中即有记载“外不劳形于事，内无思想之患，以恬愉为务，以自得为功，形体不敝，精神不散，亦可以百数。”

2. 生活起居　生活应有规律，不要过度劳累。饭后宜缓行百步，不宜食后即睡。作息应有规律，劳逸结合，保持充足的睡眠。

3. 饮食调养　饮食要有节制，不要饥饱无度，还要避免摄入过冷过热或者不洁食物，粗细粮食要搭配合理，多吃五谷杂粮、蔬菜瓜果，少食油腻及辛辣之物，戒烟限酒。

4. 运动养生　根据年龄和性别，可进行适度的运动，如年轻人可适当跑步、打球，老年人可散步、打太极拳等。

（二）气虚质

总原则　益气固本，健运脾胃。调理宜缓图，以平稳为原则。

1. 精神调摄　多参加有益的社会活动，多与人交流和沟通，多听节奏感强、欢快、轻松、令人振奋的音乐。保证充足睡眠，可闭目假想一些美好的事情。

2. 生活起居　起居规律，避免过劳及熬夜，免伤正气。

3. 饮食调养　宜吃性平偏温，具有补益作用的食物，如大枣、山药、苹果、龙眼肉、莲子、红薯、土豆、小米、黄豆、板栗、牛羊肉、鸡肉、鲢鱼、香菇等。若气虚甚者，可选用“人参莲肉汤”补养。

4. 运动养生　要坚持锻炼，持之以恒。可做一些柔缓的运动，如散步，打太极拳，做气功。肾为元气之根，故气虚宜做养肾功，以增强体质。不宜做大负荷或出大汗的运动，适度锻炼，量力而行。避免汗出当风。

（三）阳虚质

总原则　温阳益气。饮食宜温阳，起居要保暖，运动避风寒。

1. 精神调摄　平时多听一些激昂、高亢、豪迈的音乐，防止悲愁忧虑和惊恐。广交朋友，善于沟通与调节情绪，乐观向上，避免消沉。

2. 生活起居　居住环境避寒就温，保持空气流通，注意保暖，多晒太阳，多泡温泉，勤用温水浴足。夏季人体阳气趋向体表，腠理开疏，阳虚体质之人切不可在室外露宿，睡眠时不要让电扇直吹；有空调设备的房间，要注意室内外的温差不宜过大，同时避免在树荫下、水亭中及过堂风很大的过道久停，如果不注意夏季防寒，只图一时之快，更易造成或手足麻木不遂或面瘫等中医所谓的“风痹”病的发生。

3. 饮食调养　多食温补阳气的食物，如生姜、牛羊肉、狗肉、鹿肉、韭菜、桂圆、荔枝、腰果，少食梨、西瓜、各种冷饮、绿茶等生冷寒性食物。夏勿贪凉，冬易温补。根据“春夏养阳”的法则，夏日三伏，每伏可食附子粥或羊肉附子汤一次，以壮人体之阳，最为有效。

4. 运动养生　要加强体育锻炼，春夏秋冬，坚持不懈，每日进行 1～2 次。具体运动项目，因体力强弱而定，如散步、慢跑、太极拳、五禽戏、八段锦、内养操、工间操、球类活动和各种舞蹈活动等，亦可做日光浴、空气浴，以强壮卫阳。气功方面，坚持做强壮功、站桩功、保健功、长寿功。夏天不宜剧烈运动，以免汗大亡阳，冬天要选天气好的时间户外活动，避免寒冷损伤阳气。

（四）阴虚质

总原则　养阴降火。饮食宜滋阴，起居忌熬夜，运动勿太过。

1. 精神调摄 阴虚证多性情急躁，应遵循“恬淡虚无，精神内守”的养生法，为人仁爱，加强自我涵养，养成冷静，沉着的习惯。多听舒缓的轻音乐，以缓解紧张情绪。在生活和工作中，少与人争，以减少激怒。

2. 生活起居 阴虚体质者常手足心热，口咽干燥，常畏热喜凉，冬寒易过，夏热难受。因此，每逢炎热的夏季，应注意避暑。“秋冬养阴”对阴虚体质之人更为重要，特别是秋季气候干燥，更易伤阴。居室环境应安静，选择坐北朝南的房子居住。不宜多汗蒸，注意节制房事。

3. 饮食调养 夏宜清凉、秋要养阴。饮食调理的原则是保阴潜阳，多食清淡甘润食物，如芝麻、糯米、蜂蜜、乳品、甘蔗、蔬菜、水果、豆腐、鱼类等清淡食物，并着意食用沙参粥、百合粥、枸杞粥、桑椹粥、山药粥。条件许可者，可食用燕窝、银耳、海参、淡菜、龟肉、蟹肉、冬虫夏草、老雄鸭等。少食温燥、辛辣、香浓食物，如羊肉、狗肉、韭菜、辣椒、葵花子、酒、咖啡等。

4. 运动养生 不宜做过度剧烈汗出太多的运动，着重调养肝肾功能，适合做柔缓的运动，可散步，做太极拳、八段锦、内养操等，以静为主，动静结合，着重咽津功法。

案例 4-4 分析讨论

1. 根据量表评估得分情况分析，该老人的平和体质对应条目得分为 14 分<17 分，气虚质得分为 24 分>8 分，其他 7 种中医体质得分均≤8 分，因此可判定该老人属于气虚质体质类型。平和质得分为 14 分，阴虚质得分为 6 分，阳虚质得分为 8 分，痰湿质得分为 9 分，湿热质得分为 8 分，气郁质得分为 4 分，血瘀质得分为 6 分，特禀质得分为 3 分。

2. 气虚体质的老年人应多吃具有益气健脾作用的食物，如粳米、小米、黄米、大麦、黄豆、白扁豆、豇豆、蚕豆、豌豆、土豆、白薯、红薯、山药、胡萝卜、香菇、鲫鱼、鹌鹑、鹅肉、羊心、羊肚、莲子、蘑菇、芡实、栗子、人参等。少吃具有耗气作用的食物，如槟榔、空心菜等。食疗方：①黄芪童子鸡汤——童子鸡 1 只，生黄芪 15g，葱、姜、盐、黄酒适量，制成汤食用即可。本汤具有补气补虚的作用。②山药粥——山药 30g，粳米 180g。加清水适量煮粥，煮熟食用。此粥可在每日晚饭时食用。本粥具有补中益气、益肺固精的作用。气虚体质的老年人注意保暖，气虚质者卫阳不足，易感受外邪，应注意保暖，不要劳汗当风，防止外邪侵袭。气虚体质的老年人应避免劳累：劳则气耗，气虚质者不可过于劳作，以免耗伤正气。

3. 在保健穴位足三里、关元、气海、神阙等处实施艾条灸，每个穴位时间 10 分钟，隔日 1 次，10 日为 1 个疗程。

（五）痰湿质

总原则 化痰祛湿。饮食宜清淡、起居恶潮湿、运动宜渐进。

1. 精神调摄 保持心境平和，节制大喜大悲，培养业余爱好，多参加社交活动，多听节奏强轻快的音乐，消除不良情绪，争取欢快的生活着。

2. 生活起居 居住宜温暖干燥，不宜阴冷潮湿，在阴雨季节，更应注意湿邪的侵袭。不宜过于安逸，贪睡卧床。

3. 饮食调养 多吃健脾祛湿的食物，如山药、薏苡仁、白扁豆、赤小豆、冬瓜、白萝卜、生姜、荸荠、紫菜、海蜇、洋葱、枇杷、白果、大枣、包菜等。少食油腻肥甘食品，少饮酒和吃夜宵。夏多食生姜，冬少进补品。且勿过饱。

4. 运动养生 痰湿之体质，多形体肥胖，身重易倦，故应长期坚持体育锻炼，散步、慢跑、打球、游泳及各种舞蹈，均可选择。气功方面，以站桩功、保健功、长寿功为宜。运动量应量力而行、循序渐进，以微微汗出为佳。

（六）湿热质

总原则 清热祛湿。食忌辛温、居避暑湿、增强运动。

1. 精神调摄 以静制动，克服躁动心烦情绪，可做气功，瑜伽，多听舒缓，悠扬有镇静作用的乐曲。

2. 生活起居　居住安静、幽雅、干燥通风，保持二便通畅，忌熬夜，宜清凉，避暑热，穿衣宽松透气。

3. 饮食调养　多食清淡食品，如芹菜、苦瓜、黄瓜、西瓜、绿豆、赤小豆、豆腐、薏苡仁、鸭肉。少食羊肉、狗肉、韭菜、花椒、麻辣油炸食物。少饮酒、多喝白开水、凉茶。

4. 运动养生　适合做强度锻炼，如长跑、爬山、游泳、打球以清热祛湿。

（七）气郁质

总原则　行气防郁，食宜宽胸理气，起居宜动不宜静，宜多群体运动。

1. 精神调摄　根据《黄帝内经》“喜胜忧”的原则，应主动寻求快乐。广交良友，多参加社会活动及文娱活动，常看喜剧、滑稽剧、听相声，以及富有正能量的影视作品，勿看悲剧、苦剧。多听轻松、开朗、激动的音乐，以提高情志。多读积极的、展现美好生活前景的书籍，以培养开朗、豁达的性格。不图名利，不计较得失，知足常乐。

2. 生活起居　居住要安静防止嘈杂影响心情，早睡早起，规律睡眠，可做旅游、骑游、登山、跑步、球类运动。

3. 饮食调养　多食宽胸理气的食物，如荞麦、韭菜、茴香菜、黄花、海带、刀豆、白萝卜、开心果、柑橘、柚子、洋葱。少食收敛酸涩的食品，如乌梅、酸枣、阳桃，少食寒凉滋腻食品。可少量饮酒，以活动血脉，振奋精神。

4. 运动养生　多做户外活动，因体育和旅游活动等均能运动身体，流通气血。既欣赏自然美景，调剂精神，呼吸新鲜空气，又能沐浴阳光，增强体质。气功方面，以强壮功、保健功、站桩功为主，着意锻炼呼吸吐纳功法，以开导淤滞。

（八）血瘀质

总原则　活血化瘀。食宜行气活血、起居勿安逸、运动促进血液运行。

1. 精神调摄　要及时消除不良情绪，培养豁达开朗、乐观向上的性情。爱好广泛、多交朋友、可多听些抒情柔缓的音乐。精神愉快则气血和畅，营卫流通，有利血瘀体质的改善。反之，苦闷、忧郁则可加重血瘀倾向。

2. 生活起居　睡眠充足、早睡早起多锻炼，不可过于安逸，以免气机郁滞而致血行不畅，可做健身操、慢跑、跳舞等运动，选择视野宽阔、空间大、空气新的地方，不要在封闭的环境中进行，要少用电脑、少熬夜。

3. 饮食调养　多食山楂、玫瑰花、桃花、金橘、油菜、桃仁、黑豆等具有活血行气作用的食物，山楂粥、花生粥亦颇相宜。少食滋腻之品，忌食寒凉。酒可少量常饮，醋可多吃。

4. 运动养生　多做助气血运行的活动，如各种舞蹈、太极拳、八段锦、动桩功、长寿功、内养操、保健按摩术等，均可选择。

（九）特禀质

总原则　凉血祛风、益气固表。避开过敏源。

1. 精神调摄　平安出入，淡定生活，提高免疫力。

2. 生活起居　居室通风、保持整洁、避开过敏源。不宜养宠物，不要骤然进出冷热环境，注意保健，防止过敏性疾病的发作。

3. 饮食调养　饮食宜清淡均衡、粗细搭配、荤素合理，少食荞麦、蚕豆、白扁豆、牛肉、鱼、虾、辣椒、酒、咖啡、浓茶等辛辣腥膻发物及含过敏物质的食物。

4. 运动养生　多参加适合自己的运动。

（付　裕　袁亚美　李明今）

思 考 题

1. 用下面哪种煎煮用具来煎煮中药最佳：
A. 铁锅 B. 铝锅 C. 铜锅 D. 砂锅 E. 不锈钢锅
2. 下面哪项不是饮食护理的基本要求：
A. 饮食宜有节 B. 饮食宜随和 C. 饮食宜精细 D. 饮食宜卫生 E. 谨和五味
3. 下列哪项是错误的：
A. 健胃药宜在饭前服用 B. 消导药宜于饭前服用 C. 制酸药宜饭前服
D. 对胃有刺激的药宜饭后服 E. 泻下药宜入夜睡前给予
4. 中药中毒的一般解救原则不包括：
A. 首先应立即停止接触及服用有毒药物 B. 立即服用解毒药 C. 尽快清除毒物
D. 促进已吸收毒物的排泄 E. 针对不同毒物，选用不同药物或食物
5. 下面那些食物是清补类的：
A. 羊肉、狗肉、鸡、鸽 B. 黄米、小麦 C. 茄子、红糖
D. 薏苡仁、绿豆、赤小豆 E. 桂圆肉、胡萝卜
6. 下面哪项不是情志护理的基本方法：
A. 说理开导 B. 释疑解惑 C. 顺情从欲 D. 暗示疗法 E. 安定服用
7. 根据不同季节和气候特点采取的不同的护理方法遵循哪种原则：
A. 因时制宜 B. 因地制宜 C. 因人制宜 D. 因病制宜 E. 同病异护
8. 具有亢奋、偏热、多动等特征的体质为：
A. 阴阳平和质 B. 阴虚质 C. 阳热质 D. 肝郁质 E. 阳虚质
9. 先天禀赋决定着体质的相对特性是指体质的那种性质：
A. 稳定性 B. 可变性 C. 全面性 D. 普遍性 E. 复杂性
10. 入秋后，白昼渐短，人体阳气渐内收，秋季生活起居方面应遵循：
A. 早卧晚起 B. 早卧早起 C. 晚卧早起 D. 晚卧晚起 E. 以上均不对

第五章　中医护理基本技术

【学习目标】

掌握　1. 灸法、穴位推拿法、拔罐法、耳穴压籽法、刮痧法、敷药法、热熨法、熏洗法的物品准备、操作方法及护理要点。2. 毫针刺法的消毒方法及针刺意外情况的处理。3. 常用耳穴的分布。

熟悉　1. 中医护理基本技术的概念、分类、适应证、禁忌证。2. 耳针诊查法。3. 涂药法、贴敷法、中药保留灌肠法、中药离子导入的操作方法及护理要点。

了解　1. 毫针刺法的体位、操作方法及护理要点。2. 拔罐法、刮痧法的常用介质。

第一节　针　刺　法

针刺法是在中医理论指导下，以经络腧穴理论为基础，运用针刺防治疾病的一种方法。它具有适应证广、疗效明显、操作方便、经济安全等优点。

一、概　　述

（一）患者体位

针刺时，患者需选择适宜的体位，这对于正确取穴、针刺操作、留针及防止意外发生等都有重要的意义。如患者的体位不当，既影响医者操作，又不利于针刺治疗效果的体现，甚至会发生晕针、弯针、折针等情况，给患者带来痛苦。因此，选择适当的体位，对于毫针的治疗具有重要意义。体位选择时，应以方便取穴、持久留针为原则。临床上针刺的常用体位主要有以下几种。

1. 仰卧位　适宜于前身部的腧穴（图 5-1）。

2. 侧卧位　适宜于侧身部的腧穴（图 5-2）。

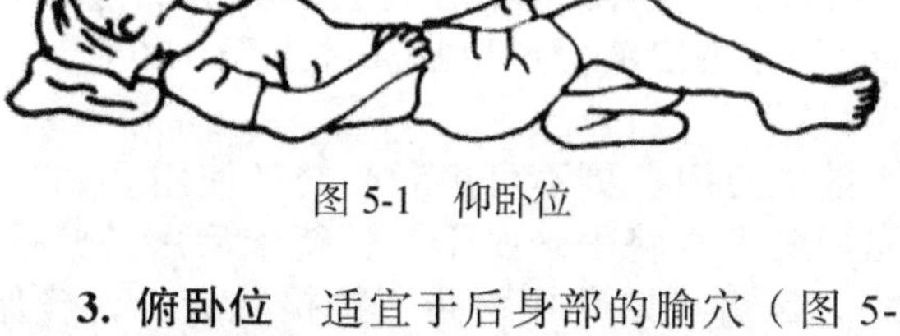

图 5-1　仰卧位

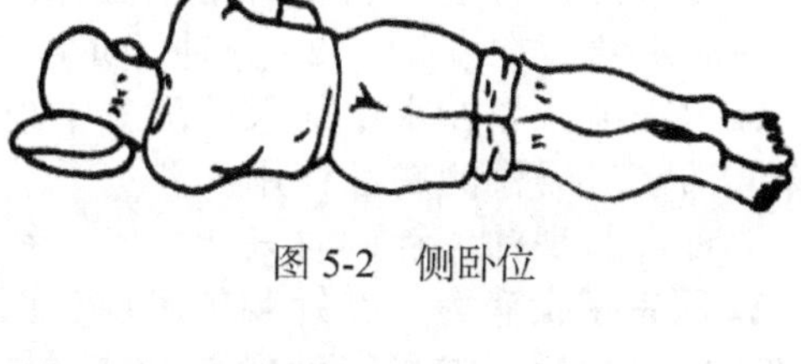

图 5-2　侧卧位

3. 俯卧位　适宜于后身部的腧穴（图 5-3）。

4. 侧伏坐位　适宜于取头部的一侧、面颊及颈部的腧穴（图 5-4）。

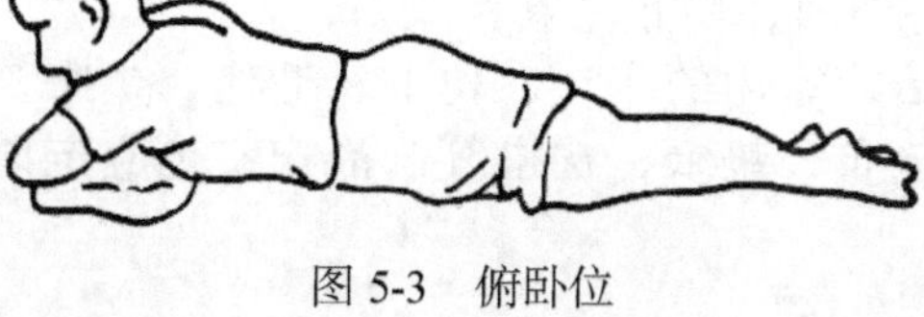

图 5-3　俯卧位

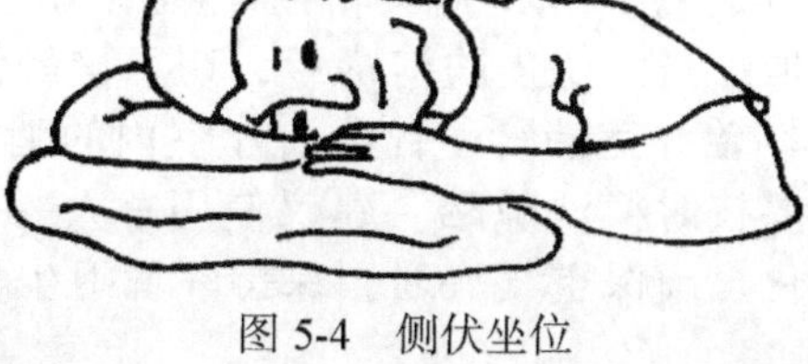

图 5-4　侧伏坐位

5. 仰靠坐位 适宜于取前额、颜面、颈前和上身部等部位的腧穴（图 5-5）。

6. 俯伏坐位 适宜于取后头和项、背部的腧穴（图 5-6）。

图 5-5 仰靠坐位

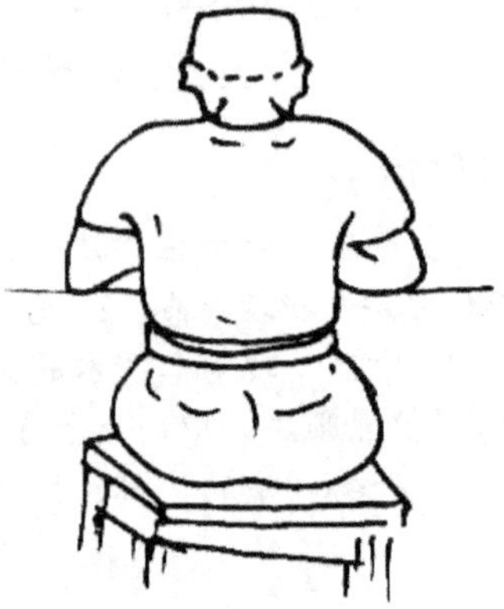

图 5-6 俯伏坐位

（二）消毒

未消毒的毫针刺入人体，容易引起感染，故进行毫针针刺治疗时，要有严格的无菌的概念，切实做好消毒工作。已经消毒好的或未经消毒的针具，都不能隔衣针刺；针刺后的皮肤不宜立即接触冷水和被污染的物品。针刺前的消毒范围应包括针具器械、医者的双手、患者的施术部位、治疗室内等。

1. 针具器械消毒 针具、器械的消毒方法有很多，以高压蒸汽灭菌消毒法为佳。

（1）高压蒸汽灭菌消毒法：将毫针等针具用布包好，放在密闭的高压蒸汽锅内灭菌。一般在 1.0～1.4kg/cm^2 的压力，115～123℃的高温下，保持 30 分钟以上，可达到消毒灭菌的要求。

（2）药液浸泡消毒法：将针具放入 75%酒精内浸泡 30～60 分钟，取出用无菌巾或消毒棉球擦干后使用。直接和毫针接触的针盘、针管、针盒、镊子等，可用 2%甲酚皂溶液浸泡 1～2 小时后，达到消毒目的。经过消毒的毫针，必须放在消毒过的针盘内，并用无菌巾或消毒纱布盖好。

（3）煮沸消毒法：将毫针等器具用纱布包扎后，放在盛有清水的消毒煮锅内，进行煮沸。一般水沸后在煮 15～20 分钟，亦可达到消毒目的。但煮沸消毒法易造成锋利的金属器械的锋刃变钝，如在水中加入碳酸氢钠成为 2%碳酸氢钠溶液，可以提高沸点至 120℃，从而降低沸水对器械的腐蚀作用。

消毒过的毫针，针刺时只能一穴一针，不能重复使用，更不可患者间交叉使用。

2. 医者手指消毒 在针刺施术前，医者应先用肥皂水将手洗刷干净，待干后用 75%酒精棉球再擦拭后，方可持针操作。在操作过程中，医者应避免用手指直接接触针身，确保针身无菌。

3. 针刺部位消毒 在患者需要针刺的穴位皮肤上用 75%酒精棉球擦拭消毒后，或先用 2%碘酊涂擦，稍干后，再用 75%酒精棉球擦拭脱碘。擦拭时应从腧穴部位的中心点向外绕圈消毒。当穴位皮肤消毒后，切忌接触污物，保持洁净，防止重新污染。

4. 治疗室消毒 针灸治疗室内的消毒，包括治疗室内的床垫、枕巾、毛毯、垫席等物品，要按时换洗晾晒，建议使用一人一用的消毒垫布、垫纸、枕巾等。治疗室也应定期消毒净化，确保空气流通，保持环境卫生洁净。

（三）针刺法种类

针刺法根据使用的工具不同，一般分为毫针刺法、穴位注射法、三棱针法、皮肤针法、电针法、皮内针法、埋线法等疗法。

二、不同针刺法的操作方法及护理要点

【毫针刺法】

（一）操作方法

1. 进针方法　毫针（filiform needle）刺法分单手进针和双手进针两种。以双手进针为主，左手爪甲切按所刺部位或扶住针身，故称左手为“押手”；右手持针操作，故右手称为“刺手”。在双手进针操作中，重视押手的作用。常见的双手进针法如下。

（1）夹持进针法（gripping pressing manipulation）：多用于3寸以上的长针。即用严格消毒的左手拇、食两指夹住针身下端，将针尖对准所刺腧穴的皮肤表面位置，右手捻动针柄，将针刺入腧穴，直至达到所需要的深度（图5-7）。

（2）舒张进针法（inserting needle with fingers stretching skin）：用左手食、中二指或拇、食二指将所刺腧穴部位的皮肤向两侧撑开，使皮肤绷紧，右手持针，使针从左手食、中两指或拇、食两指的中间刺入。此法主要适用于皮肤松弛部位的腧穴（图5-8）。

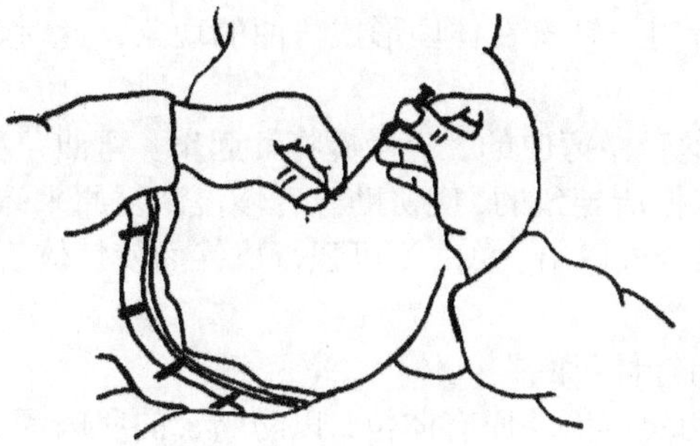

图5-7　夹持进针法

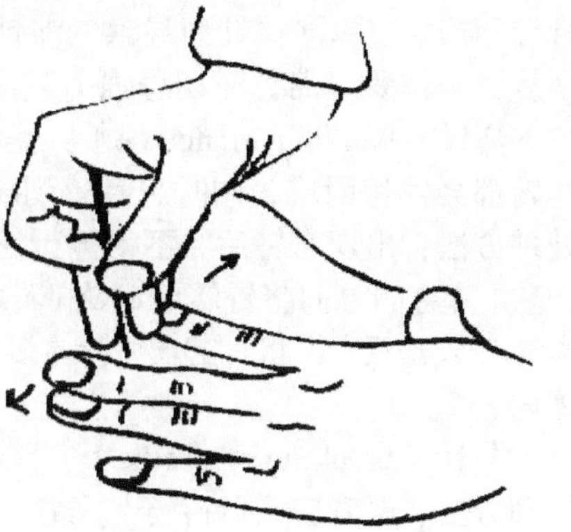

图5-8　舒张进针法

（3）提捏进针法（mention to knead into the stitch）：用左手拇、食指将所刺部位的皮肤轻轻提起，右手持针从提起部位的上端将针刺入，此法多用于皮肉浅薄处的腧穴，如面部的穴位（图5-9）。

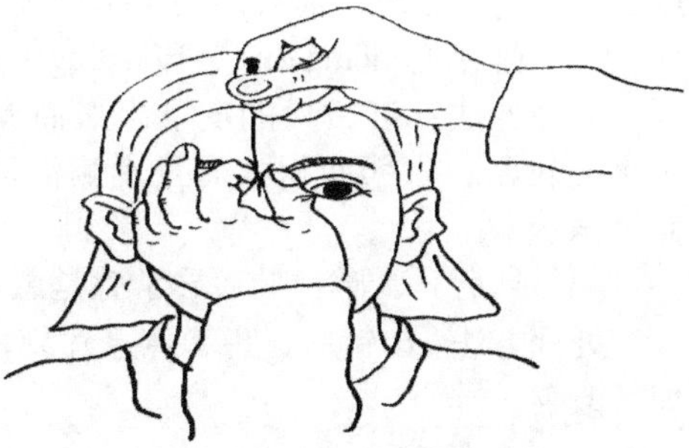

图5-9　提捏进针法

2. 留针（retaining needle）：是针刺得气后，将针体留置穴内，停留一段时间，再将针起出的方法。留针的目的是加强针刺的作用和便于继续行针施术。一般病症在得气施以适当的补泻手法后，即可出针或留针20～30分钟。但对于一些特殊的病症，如痉挛性疾病、破伤风等，可适当延长留针时间，增强治疗效果。留针时间的长短要根据患者的针感、病症的情况、证候的性质而施，不可一概而论。针刺已达到治疗目的，如继续留针，则可能会损伤正气。如未达到治疗目的，过早出针，又容易造成祛邪不尽、病情反复的后果。

3. 出针（withdrawing needle）：又称起针，是针刺达到治疗要求后将针取出的方法。在

临床上，出针法应根据证候虚实、患者体质、针刺深浅等特点等具体情况正确施行，否则会影响疗效，甚至会引起血肿、出血等不良后果。出针不可过急，不可草率行事，否则容易耗伤气血，影响治疗效果。对于眼眶、头皮等容易出血的部位，出针时更要小心，出针后要用干棉球用力压住针孔一段时间，以免血肿或出血。留针时间较长的，出针后同样需要按压针孔。

出针时的顺序一般为“先上后下，先内后外”的顺序，即先取上部的针，后取下部的针；先取医师近侧的针，后取远侧的针。患者出针后，不必着急离去，应稍事休息，待情绪稳定，气息和调后方可离去。

4. 常见意外与处理

（1）晕针（fainting during acupuncture）：是指在针刺过程中患者感觉身体不适而发生的晕厥现象。

处理方法：立即停止针刺，将针全部起出。使患者平卧，头部放低，松解衣带，注意保暖。轻者患者仰卧片刻，给饮开水或糖水后，即可恢复正常。重者在上述处理基础上，可指按或针刺急救穴，如人中、素髎、内关等，也可灸百会、关元、气海等穴。若仍不省人事、呼吸细微、脉细弱者，可考虑配合其他治疗或采用西医急救措施。

（2）滞针（sticking of needle）：是指在行针时或留针后医者感觉针下涩滞，捻转、提插、出针均感觉困难，同时患者感觉疼痛的现象。

处理方法：如因患者精神紧张，或局部肌肉过度收缩引起的滞针，可做耐心解释，消除紧张情绪或于滞针腧穴附近进行循按或叩弹针柄，或在附近再刺一针，以宣散气血，而缓解肌肉的紧张。若因行针不当，或单向捻针而导致的滞针，须向相反方向将针捻回。如因患者体位移动所致，则需患者恢复原来位置。滞针时切忌强力拔拽。

（3）弯针（bending of needle）：是指进针或行针时，针身在体内形成弯曲的现象，此时针的提插捻转都会发生困难，同时患者感到疼痛。

处理方法：出现弯针后，不得再行任何手法。针柄轻微弯曲的，应慢慢将针起出。弯曲角度过大的，应顺着弯曲方向将针缓缓起出。若由患者移动体位所导致的，应协助患者慢慢恢复原来体位，使肌肉充分放松后，再将针起出。针体多处弯曲的，须分段取出。总之不可强行拔针而使针体折断，留在体内。

（4）断针（breaking of needle）：又称折针，是指针体折断在人体内。

处理方法：医者应头脑冷静，沉着应对。嘱患者切勿再更动原有体位，以防断针向肌肉深部陷入。若皮肤外尚露有残端，可用手指或镊子将针起出。若断端与皮肤相平，折面仍可看见，可用左手拇、食两指垂直向下挤压针孔两旁，使断针暴露体外，右手持镊子将断针取出。若断端完全没入皮下或肌肉深层时，需要采用手术取出。

（5）血肿（edema due to bleeding）：是指针刺部位出现皮下出血而引起的肿痛。

处理方法：若微量的皮下出血而局部小块青紫时，一般不必处理，可自行消退。若局部肿胀疼痛较剧，青紫面积大而且影响活动功能时，可先冷敷止血后，再进行热敷，以促使局部瘀血消散吸收。

（6）针后异常感：针后异常感是患者出针后仍有沉重、酸痛、麻胀的感觉。

处理方法：出针后让患者休息片刻，不要急于离开。或用艾条施灸，或用手指在局部上下循按，即可改善。

（二）护理要点

1. 过于饥饿、疲劳、精神过于紧张的患者，不宜立即进行针刺。身体羸弱、气虚不足的患者，针刺时手法不宜过强，并应尽量选用卧位。

2. 怀孕 3 个月以内的患者，不宜针刺小腹部腧穴；怀孕 3 个月以上的患者，腹部、腰骶部腧穴皆不宜针刺。妇女月经期间不宜针刺，调经除外。

3. 常有自发性出血或损伤后出血不止的患者，不宜针刺。

4. 小儿囟门未合时，头顶部的腧穴不宜针刺。

5. 针刺眼区穴和项部的哑门、风府等穴及颈椎部的腧穴，要注意掌握一定的角度，不宜大幅度地捻转、提插和长时间留针，以免伤及重要组织器官，产生严重的不良后果。

6. 皮肤局部有感染、破溃或肿瘤的患者，不宜针刺。

7. 腹背薄如纸，不可刺入过深，以免伤及重要脏器，产生严重后果。

8. 针刺下腹部时，应嘱咐患者排空小便。

【穴位注射法】

穴位注射法（point injection）是将特定药水注入特定穴位来治疗疾病的一种方法。它可将针刺刺激和药物对穴位的作用合二为一，发挥两者的叠加效应，故对某些疾病有着特殊的疗效，具有操作简便、适应证广、用药量小、作用迅速等优点，临床应用逐年增多。

（一）操作方法

1. 穴位选择　一般而言，选穴原则同针刺选穴原则相同。但结合腧穴注射法的特点，临床上常结合经络、经穴触诊的阳性反应点来进行治疗，如出现在四肢、背部或胸腹部的条索、结节等。在这些阳性反应点进行注射，效果往往很好。选穴以精为要，一般每次2～4个穴位，不宜过多。

2. 操作程序　患者以舒适姿势坐好，选择适宜型号的一次性注射器和针头，针对病情，抽取适量的药液，在穴位局部消毒后，右手持注射器对准穴位或阳性反应点，快速刺入皮下，然后将针缓慢推进，达到一定深度后产生得气感应，如无回血，便可将药液注入。凡急性病、体强者可用较强刺激，推液可快；慢性病、体弱者，宜用较轻刺激，推液宜慢；一般疾病，则用中等刺激，推液也宜中等速度。如所用药液较多时，可由深至浅，边推药液边退针，或将注射器向几个方向注射药液。

3. 药物剂量　严格遵循说明书的剂量注射，不可过量。根据所在部位的不同，注射剂量不同。一般面部每穴注射0.3～0.5ml，四肢部每穴注射1～2ml，腰臀部每穴注射2～5ml，胸背部每穴注射0.5～1ml，耳穴每穴注射0.1ml。

4. 疗程　每日或隔日注射一次，反映强烈的患者可隔2～3日注射一次，10次为1个疗程，每个疗程间可休息3～5日。

5. 常用药物　凡是可肌内注射的西药、中药可以进行穴位注射。常用西药有25%硫酸镁，维生素B_1、B_{12}、C、K，0.25%～2%盐酸普鲁卡因，阿托品，利血平，卡巴克洛（安络血），麻黄素，抗生素，生理盐水，风湿宁，骨宁等；常用于制作注射液的中药有当归、丹参、红花、板蓝根、徐长卿、灯盏花、补骨脂、柴胡、鱼腥草、川芎等。

（二）护理要点

1. 治疗前应对患者充分说明该治疗的特点和注射后的正常反应，解除其顾虑。如注射后局部可能有酸胀感，48小时局部有轻度不适，有时持续时间较长，但一般不超过1日。

2. 严格按照无菌操作规程进行，严格消毒，防止感染，如出现注射后局部红肿、发热等现象，应及时处理。

3. 注意药物的药理作用、性能、不良反应及有效期等，观察有无沉淀变质的现象。

4. 针对病情，选择合适的药物，有必要先做皮试；不良反应较强的药物，使用当谨慎。

5. 对于孕妇的治疗，应当谨慎。年老、体弱者，选穴宜少，药液剂量应酌减。

6. 药液一般不宜注入血管、脊髓腔、关节腔内，否则可能会导致严重的后果。此外要避开神经干，不要伤及神经。

【三棱针法】

三棱针法是用三棱针刺破人体的一定部位，放出适量血液，或挤出少量液体，以达到治疗疾病的目的。三棱针（three-edged needle），古称“锋针”，主要用于泻血排脓，治疗难治性疾病。《灵枢·九针论》曰：锋针“可以泻热出血”。古人对刺血法十分重视，《素问·血气形志》云：“凡治病，必先去其血。”由此可见，古人在放血治疗疾病方面，具有丰富的经验。现在的放血疗法的治疗范围不断扩大，疗效逐步提高，三棱针刺法越来越受到医学界的重视。

（一）操作方法

三棱针的针刺方法一般分为点刺法、散刺法、挑刺法 3 种。

1. 点刺法 针刺前，在点刺部位上下用手指向针刺处推按，使血液积聚于点刺部位，常规消毒后，左手拇、食、中三指捏紧被刺部位，右手持针，用拇、食两指捏住针柄，中指指腹紧靠针身下端，对准已消毒的部位，刺入 3～5mm，随即将针迅速退出，然后用反复交替挤压和舒张针孔的方法，使出血少许，后消毒棉球按压针孔。此法多用于指、趾末端、面部、耳部的穴位，如四缝、十宣、耳尖、印堂等穴。

2. 散刺法 在病变局部及其周围进行点刺的一种方法，又称为豹纹刺。根据病变部位的大小，可刺 10～20 针以上，方向由病变外缘环形向中心点刺，促使瘀热或肿胀得以减轻，起到祛瘀生新、通经活络的目的。此法多用于血肿、水肿、局部瘀血等的治疗。

3. 挑刺法 此法是用三棱针挑断皮下纤维组织来治疗疾病的方法。常规消毒后，用左手捏起施术部位皮肤，右手持针迅速横刺入皮肤，而后挑破皮下白色纤维组织，挑净为止，并挤出一定量血液或少量液体，然后用无菌胶布固定。对于畏惧疼痛者，可先用 2%的利多卡因局麻后再行操作。此法常用于失眠、支气管哮喘、血管神经性头痛等病症。

（二）护理要点

1. 术前要做必要的解释工作，以消除思想顾虑，尤其是放血量较大的患者。

2. 严格消毒，防止感染。

3. 操作手法要快、准、稳，不可用力过猛，亦不可刺入过深。

4. 为确保疗效，应保证出血量，可考虑针后拔罐。

5. 久病体弱、孕妇及有出血倾向者，均不宜使用本法。

6. 避开大血管，若误伤出现出血，速用无菌棉签按压止血。

7. 重度下肢静脉曲张禁用此法。

【皮肤针法】

皮肤针法（图 5-10）是用皮肤针（skin needle）叩刺皮肤以治疗疾病的方法，通过对孙络、子络和经脉的调整，使气血疏通，阴阳平衡，从而达到祛邪治病的目的。皮肤针刺法是对古代“半刺”“扬刺”“毛刺”的发展。皮肤针外形似小锤，针柄有硬柄和软柄之分，软柄富有弹性，硬柄质地较硬。头部有莲蓬状的针盘，针盘下分布有不锈钢针。根据所嵌短针数目的不同，分为梅花针（5 支短针）、七星针（7 支短针）、罗汉针（18 支短针）。

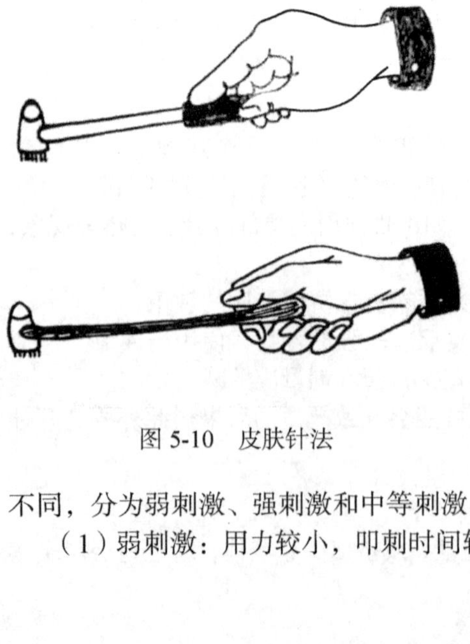

图 5-10　皮肤针法

（一）操作方法

1. 叩刺方法 对皮肤进行常规消毒后，使针尖对准叩刺穴位，灵活运用腕力垂直叩刺，反复进行，不可压刺、慢刺、拖刺、斜刺，避免使用臂力。

2. 刺激强度 根据患者的病情、体质和叩刺部位的不同，分为弱刺激、强刺激和中等刺激。

（1）弱刺激：用力较小，叩刺时间较短，以皮肤潮红、充血为度，适用于老人、儿童和体质虚弱患者及头面五官肌肉浅薄处。

（2）强刺激：用力较大，叩刺时间较长，局部皮肤出血，有明显疼痛，适用于体质强壮及腰背、四肢肌肉丰厚处。

（3）中等刺激：用力介于强弱刺激之间，以局部皮肤潮红、无出血但稍觉疼痛为度，适用于大多数患者，除头面五官等肌肉浅薄处，其余部位均适用。

3. 叩刺部位　一般可分循经叩刺、穴位叩刺、局部叩刺 3 种。

（1）循经叩刺：指循着与疾病有关的经脉循行路线叩刺。主要用于项、背、腰、骶部的膀胱经和督脉，其次是四肢肘下的三阳、三阴经。

（2）穴位叩刺：指选取与疾病相关的穴位叩刺。临床常用的是夹脊穴、背腧穴、阿是穴等。

（3）局部叩刺：是指在病变局部进行叩刺的一种方法，如治疗关节病、局部扭伤、五官疾病等，可在局部进行扣刺。

（二）护理要点

1. 施术前应对针具进行经常性检查，对于针尖有缺损、钩曲，针柄松动的针具，及时更换，方可使用。

2. 操作时运用灵活的腕力垂直叩刺，动作要轻捷、准确，以免对患者造成痛苦。

3. 局部皮肤如有溃疡或损伤者不宜使用本法。

4. 叩刺局部和穴位，若手法重而出血者，应进行清洁和消毒，注意防止感染。

【电针法】

电针法是用电针仪输出脉冲电流，连接毫针并通过毫针作用于人体腧穴，以治疗疾病的一种方法。电针法是毫针与电生理效应的结合，可以提高治疗效果，已在临床上普遍应用。电针法的优点明显，突出表现在运针的持续性和刺激量的可控性上。

（一）操作方法

1. 仪器选择　目前普遍使用的电针仪都是属于脉冲发生器的类型，脉冲电是指在极短的时间内出现电压或电流的突然变化，一般的电针仪输出的波形就是这种交流脉冲，常用的输出波形为疏密波、断续波和连续波。

2. 配穴处方　电针法的处方配穴与针刺法相同。一般选用其中的主穴，配用相应的辅助穴位，多以选同侧肢体的 1～3 对穴位为宜。

3. 电针方法　针刺入穴位有得气感应后，将输出电位器调至“0”位，负极接主穴，正极接配穴，也有不分正负极，将两根导线任意接在两个针柄上，然后打开电源开关，选好波型，慢慢调高至所需输出电流量。通电时间一般在 5～20 分钟，如感觉弱时，可适当加大输出电流量，或暂时断电 1～2 分钟后再行通电。当达到预定时间后，先将输出电位器退出“0”位，然后关闭电源开关，取下导线，最后按一般起针方法将针取出。

4. 电流的刺激强度　当电流开到一定强度时，患者有麻、刺感，这时的电流强度称为“感觉阈”。如电流强度再稍增加，患者会突然产生刺痛感，能引起疼痛感觉的电流强度称为电流的“痛阈”。强度因人而异，在各种病理状态下其差异也较大。一般情况下在感觉阈和痛阈之间的电流强度，是治疗最适宜的刺激强度。但此间范围较小，须仔细调节。超过痛阈的电流强度，患者不易接受，故应以患者能耐受的强度为宜。

（二）护理要点

1. 电针仪在使用前须检查其性能是否良好。

2. 调节输出量应缓慢进行，切勿突然增强，以防止意外发生。

3. 敏感部位如延髓、脊髓等部位使用电针时，电流宜小，以免意外发生。孕妇、心脏病患者禁用电针。

4. 久病年老、气虚血亏、过饥、过饱、过劳等，均不宜使用电针。

【皮内针法】

图 5-11　皮内针类型

皮内针法（图 5-11）是以皮内针（intradermal needle）刺入并固定于腧穴部位的皮内或皮下，进行长时间刺激以治疗疾病的方法。本法适用于经常发作的疼痛性疾病及需要持续留针的慢性疾病。

（一）操作方法

1. 麦粒式皮内针　用镊子挟住针柄，对准腧穴，沿皮下横向刺入，针身可刺 0.5～0.8cm，针柄留于皮外，然后用胶布顺着针身进入的方向粘贴固定。

2. 图钉式皮内针　用镊子挟住针圈，对准腧穴，直刺揿入，然后用胶布固定；也可将针圈贴在小块胶布上，手执胶布直压揿入所刺穴位。

皮内针可根据病情决定其留针时间的长短，一般为 1～2 日，最长可达 1 周。若天气炎热，留针时间不宜超过 2 日，注意检查，以防感染。在留针期间，可每日按压数次，以加强刺激，提高疗效。

（二）护理要点

1. 埋针部位宜选择较宜固定和不妨碍运动的穴位。

2. 埋针后，如患者感觉疼痛，应将针取出，改选穴位重埋。

3. 埋针期间，针处不可着水，避免感染。

4. 热天出汗较多，埋针时间勿过长。

5. 不明原因的炎症、肿块、溃疡，不可进行埋针操作。

第二节　灸　　法

案例 5-1

刘某，女，55 岁，颈肩部不适一年，加重一周。患者一年前始觉颈肩部不适，时有头晕，眼部不适，目胀，两目干涩，后头部不适多见，时有窜麻至左上肢，未予治疗。近一周，患者疼痛明显加重，头晕加重，目胀明显，前臂和无名指、小指发麻，遂前来就诊。现颈肩部疼痛，偏于左侧，头晕，后头部不适，舌红，苔薄白，脉弦紧。西医诊断为：颈椎病；中医诊断为“痹证”，气滞血瘀型。

问题

1. 此患者可以进行哪些中医护理技术操作?
2. 护士操作时应选择哪种体位?

一、概　　述

（一）概念

灸，即烧灼的意思。灸法（moxibustion technique）主要是借助灸火的热力，给人体以温热性刺激，达到温通气血、扶正祛邪、防病治病的目的。《医学入门 · 针灸》中记载“药之不及，针之不到，必须灸之。”以说明灸法的确有其独特的疗效。

（二）适应证及禁忌证

1. 适应证 灸法是一种温热刺激疗法，慢性病及阳气不足的疾病都属于灸法的适用范围。如伤寒之少阴病寒化证，一切阳气虚陷证，久泄，痰饮，水肿，腹痛，胃脘痛，阳痿，遗尿，疝气，脱肛，以及妇人气虚崩漏，男子虚羸少气，小儿疳积，老人阳虚多尿等证，皆可用灸法。此外，在外科方面，如阴疽久不愈、瘿瘤等病证，也可用灸法护理。

2. 禁忌证 凡属实热证或阴虚发热者，不宜施灸；颜面部、浅在血管部、不宜瘢痕灸；妇女妊娠期、下腹部及腰骶部不宜施灸。

（三）分类

从广义上分为艾灸法和其他灸法。艾灸法分为艾炷灸、艾条灸、温针灸、温灸器灸，艾炷灸分为直接灸，间接灸。直接灸分为瘢痕灸和无瘢痕灸；间接灸分为隔姜灸、隔蒜灸、隔盐灸、隔附子饼灸。艾条灸分为悬起灸和实按灸，悬起灸分为温和灸、雀啄灸和回旋灸；实按灸分为太乙针灸和雷火针灸。

1. 直接灸（direct moxibustion） 是根据病情的需要，将大小适宜的艾炷，直接放在皮肤上进行施灸的方法（图 5-12）。若施灸后皮肤烧伤化脓，恢复后留有瘢痕者，称为瘢痕灸；若不使皮肤烧伤化脓，不留瘢痕者，称为无瘢痕灸。

（1）瘢痕灸（scarring moxibustion）：施灸前须在所灸部位腧穴涂上少量的凡士林，以增强附着作用，然后将大小适宜的艾炷置于穴位上，点燃施灸。每壮艾炷燃尽后，除去灰烬，再点燃下一壮，按此要求灸完所有壮数。由于此法烧灼皮肤，可产生剧痛，此时需用手在施灸穴位周围轻轻拍打，分散其注意力，以缓解疼痛。一般情况下，灸后一周，施灸部位可形成灸疮，5～6 周灸疮便会自行痊愈，结痂脱落。因此，使用此法前，必须征得患者家属同意，方可使用。临床上多用于治疗肺痨、哮喘、瘰疬等慢性疾病。

（2）无瘢痕灸（non-scarring moxibustion）：施灸前须在所灸部位腧穴涂上少量的凡士林，便于艾炷附着，然后将大小适宜的艾炷，置于腧穴上点燃施灸。但患者感到微微灼痛时，即可易柱再灸，按此要求灸完所有壮数。以灸处皮肤出现红晕而不起泡为度。一般虚寒性患者可采用此法。

2. 间接灸（indirect moxibustion） 是在皮肤与艾炷之间垫衬某些药物或其他材料而进行施灸的方法，故又称隔物灸（图 5-13）。

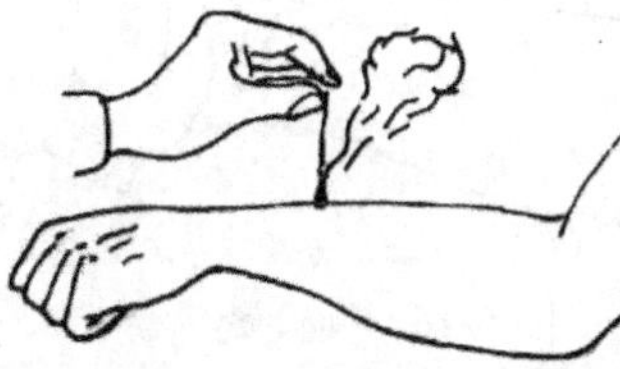

图 5-12　艾炷直接灸

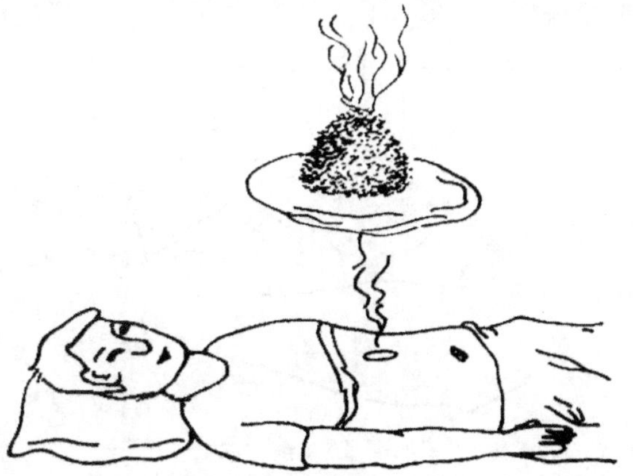

图 5-13　间接灸

（1）隔姜灸（ginger moxibustion isolation）：将鲜姜切成厚约 0.3cm 的薄片，刺孔数个，放置于施灸腧穴上，用相适合的艾炷点燃施灸，待艾炷燃尽，易柱再灸，灸完规定壮数，以皮肤红润为度。本法常用于感冒、呕吐及风寒痹症等。

（2）隔蒜灸（separated moxibustion garlic）：将大蒜切成 0.3cm 的薄片，刺孔数个，置于施灸穴

位上，将艾炷放在蒜片上，待灸至4～5壮后，更换新的蒜片，直至灸完规定壮数。用蒜泥亦可施灸。本法临床适用于治疗疮、痈、疽、疖破溃的患者，有拔毒消肿之效。

（3）隔盐灸（salt partitioned moxibustion）：将干燥的食盐纳入脐中，上置大艾炷施灸，或于盐上放置姜片施灸。一般灸3～7壮，急性病不限壮数，可多灸。此法有回阳救逆固脱之力，多用于吐泻、痢疾、四肢厥冷和诸脱证。

（4）隔附子饼灸（indirect monkshood moxibustion）：将生附子切细研末，用酒调和做饼，大小适中，厚度相当，用针刺孔数个，放置于穴位上，再用大艾炷点燃施灸，附子饼干后再换新饼，直至灸完规定壮数。本法适用于各种阳虚证，如遗精、阳痿、早泄等。

案例 5-1 分析讨论

1. 护士可以遵医嘱为患者进行艾灸法操作。

2. 护士操作时让患者采用俯卧位最佳，采用热敏灸最佳，即取压痛点若干，然后艾灸，直到压痛点不敏感为止，主要采用间接灸法。

图 5-14　温和灸

3. 悬起灸　施灸时将艾条悬于穴位的一定高度上进行熏烤，艾条不直接接触皮肤，此为悬起灸。根据实际操作手法的不同，分为温和灸、雀啄灸和回旋灸。

（1）温和灸（Mild-warm moxibustion）：点燃艾条的一端，对准应灸的腧穴，距皮肤2～3cm，进行熏灼（图5-14），以患者局部有热感无痛感为宜，一般每穴灸20～30分钟，至皮肤出现红晕为度。此法临床应用广泛，适于一切灸法主治的病症。

（2）雀啄灸（bird pecking moxibustion）：将点燃的艾条一端置于穴位上方，不固定在一定的距离上，艾条一起一落，忽近忽远上下移动，如雀啄食样（图5-15）。此法热感较强，贴近皮肤时应防止烫伤。多用于胎位不正、昏厥急救、无乳等。

（3）回旋灸（revolving moxibustion）：点燃艾条的一端，悬于施灸穴位的上方约3cm处，艾条向左右方向移动或反复旋转施灸（图5-16）。此法适用于风寒湿痹及瘫痪。

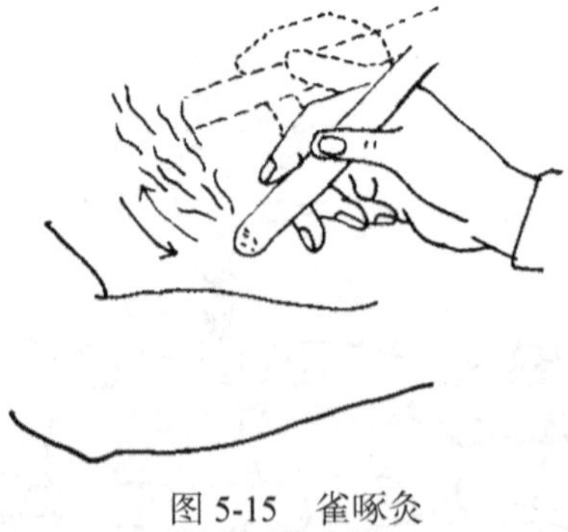

图 5-15　雀啄灸

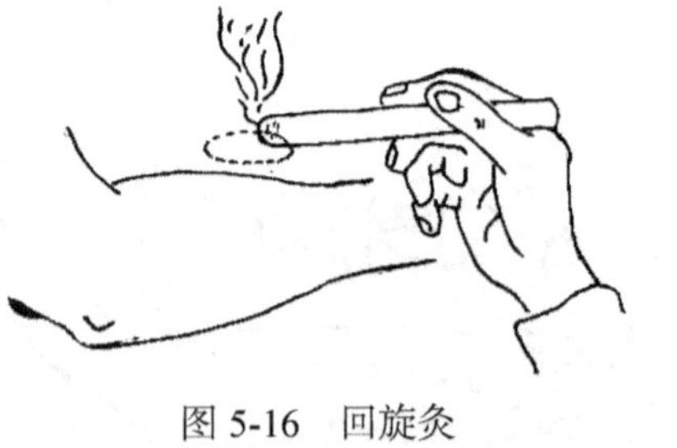

图 5-16　回旋灸

4. 实按灸（pressing moxibustion）　是将点燃的艾条隔布或数层绵纸实按在穴位上，使热力渗透入穴，待火灭热减后重新施灸，此为实按灸。根据艾条中添加药物的不同，分为太乙神针、雷火神针等。本法临床适用于顽固性疼痛、风寒湿痹、痿证等。

5. 温针灸（warming needle moxibustion）　是针刺和艾灸相结合的一种方法，适用于既需要留针又需要艾灸的病症。本法即将针刺入相应的腧穴后，留针时将艾绒捏在针尾上，或在针尾上插上一段长约 2cm 的艾条，点燃施灸（图 5-17）。待其燃完后除去灰烬，将针取出。此法简单易行，值得推广。

6. 温灸器灸（thermal box moxibustion）　温灸器是一种专门用于施灸的器具，临床上常用的有温灸盒和温灸桶。施灸时，将艾绒装入温灸器的小桶，将其点燃，放置于相应的腧穴上，进行施灸，以皮肤红润为宜。本法临床上有温中散寒、调和气血的作用，尤其适用于小儿、妇女等畏惧灸治者。

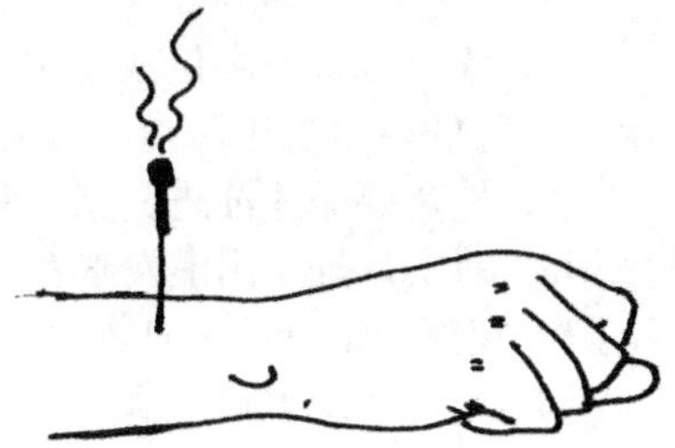

图 5-17　温针灸

7. 其他灸法

（1）灯火灸（burning rush moxibustion）：是用灯芯草蘸植物油点燃后，迅速烧灼耳穴或其他病变部位，以治疗疾病的一种方法。本法具有开窍息风、行气化痰、疏风解表的作用，多用于治疗抽搐、昏迷、小儿惊风、腮腺炎等。

（2）天灸：又称发泡灸、药物灸，用对皮肤有刺激性的药物涂敷于特定穴位，使局部充血、起泡的疗法。常用天灸法包括以下几种。①白芥子灸：将白芥子研成细末，用水调和，敷贴于特定腧穴，借以达到治疗的目的。白芥子灸可用于治疗口眼歪斜、关节痹痛等症。②蒜泥灸：取蒜泥 3～5g 贴敷于穴位上 1～2 个小时，以局部皮肤发红起泡为度。如敷鱼际治喉痒，敷合谷治扁桃体炎等。③斑蝥灸：将大斑蝥或小斑蝥的干燥全虫研末，用甘油或米醋调和，取黄豆大小，用胶布贴敷于特定穴位上，以局部起泡为度，可治疗癣疖。

二、物品准备

（一）艾炷灸（moxa-cone moxibustion）

将纯净的艾绒置于平板上，用手搓成大小不等的圆锥形的艾绒团。艾绒团可分为小柱、中柱、大柱。一个艾炷，即为一壮。此外还需准备治疗盘、火柴、凡士林、棉签、镊子、弯盘，酌情备浴巾、屏风等。间接灸时，备姜片、蒜片、附子饼或食盐等。

（二）艾条灸（moxa stick moxibustion）

取制备好的艾绒 24g，平铺于 26cm × 20cm 宽的桑皮纸上，将其卷成直径约为 1.5cm 的圆柱形艾条，按要求卷紧实，用糨糊或胶水封口；也可在其中掺入细辛、白芷、丁香、乳香、没药等药材，制成药艾条。此外还需准备治疗盘、艾条、打火机、弯盘、油膏缸、必要时备浴巾、屏风等。

三、操作方法及护理要点

（一）操作方法

1. 取合理体位，暴露施灸部位，注意保暖。

2. 施灸部位，宜先上后下，先灸头顶、胸背，后灸腹部、四肢。

3. 根据医嘱，进行艾炷灸或艾条灸。在施灸过程中，应认真观察病情变化，随时询问患者有无灼痛等不适感觉，防止烧伤。防止艾灰脱落，以免灼伤皮肤或烧毁衣物等。

4. 艾炷灸时，应用正确的补泻手法。补法是指艾炷点燃置于穴位上，不吹其火，待其燃尽自灭，火力温和缓慢，艾灸时间较长，灸完后用手按压一会儿施灸穴位，使真气聚而不散。泻法是将艾炷点燃，置于穴位上，用口吹旺其火，加速其燃烧，灸治时间较短，壮数较少，灸完不按压穴位，起到驱散邪气的作用。

5. 施灸完毕，立即将艾炷或艾条放置熄火瓶内，熄灭艾火，防止灼伤皮肤。

6. 清洁局部皮肤，协助患者衣着。安置舒适体位，酌情通风。

（二）护理要点

1. 施灸可采取卧位或坐位，以体位自然，肌肉放松，施灸部位明显暴露为宜，以艾炷放置平稳，燃烧的热力易于深透肌肉为准。

2. 施灸要循序渐进，艾炷灸应由小壮到大壮。但特殊情况下可酌情运用，不可拘泥。

3. 对实热证、阴虚发热者，一般不宜施灸；对五官、面部及关节活动部位，不宜采取瘢痕灸；孕妇的腹部和腰骶部不宜施灸。

4. 施术者应严肃认真，专心致志，精心操作。灸前做好说明解释工作，若瘢痕灸，须征得患者同意，灸后处理好灸疮。

5. 施灸过程中，须防止烧着衣服、被褥等。施灸完毕，须将艾条或艾炷完全熄灭，防止复燃，引起火灾。

第三节　拔　罐　法

案例 5-1 分析讨论（续）

3. 此患者可以做拔罐疗法。

4. 护士应让患者采用俯卧位，用玻璃罐，采用闪火法，每次 5 个罐左右即可。

一、概　　述

（一）概念

拔罐法（cupping method）是以罐为工具，利用燃烧热力，排出罐内空气形成负压，使罐吸附在皮肤穴位上，造成局部瘀血现象，达到温通经络、驱风散寒、消肿止痛、吸毒排脓为目的的一种技术操作。拔罐法，早在马王堆汉墓出土的帛书《五十二病方》中就已有记载，历代中医文献中多有论述，随着医疗实践的不断深化，不仅罐的材质和拔罐的方法多有改进和发展，而且适用范围也逐渐扩大，且常和针刺配合使用。

（二）适应证及禁忌证

1. 适应证　适应范围较广，能治疗内、外、妇、儿的多种病症。一般适用于风湿痹痛、各种神经麻痹，以及一些急慢性疼痛如胃脘痛、腹痛、腰背痛、头痛、牙痛、痛经等，还可用于感冒、咳喘、痰饮、消化不良、高血压等脏腑功能紊乱的病症。另外对外科的疮疡、疖肿、红丝疔、丹毒、毒蛇咬伤效果亦佳。

2. 禁忌证　高热，昏迷抽搐、全身水肿，恶性肿瘤，各种皮肤病及溃疡，出血性疾病，凝血机能障碍，肌肉瘦削皮肤失去弹性，体质十分虚弱，骨骼凹凸不平及毛发多处，结核和大血管部位，孕妇腹部及腰骶部等均不宜拔罐。

（三）分类

罐的种类很多，目前常用的罐有以下 4 种。

1. 陶罐　用陶土烧制而成，品类有大有小，罐口光滑平整，肚大而圆，口、底较小，其状如腰鼓。其优点是吸附力强，缺点是质地较重，易于摔碎、破损。

2. 竹罐　用直径 4～6cm 坚固无损的竹子，制成 6～8cm 或 8～10cm 长的竹管，一端留节做罐底，另一端做罐口，制成形如腰鼓的圆筒。用砂纸磨光罐口，使之光滑平整。竹罐的优点是取材较容易，轻巧易制，经济实惠，不易摔碎，易于煎煮消毒。其缺点是多次使用后容易开裂、漏气，吸附力不大。

3. 玻璃罐　玻璃罐较为常用，其形如球状，罐口平滑，分大、中、小 3 种型号。其优点是质地透明，拔罐时可观察所拔部位皮肤充血、瘀血程度，便于随时掌握情况，随时调整。其缺点是易摔碎、易破损。

4. 抽气罐　抽气罐多用塑料制成，上面加置活塞，便于抽气、放气。新型的抽气罐使用方便，吸着力强，且较安全，不易破碎，是现代应用较多的拔罐工具。

二、物品准备

治疗盘、罐具（玻璃罐、电子火罐、抽气罐、挤压罐）、止血钳、95%酒精棉球、纱布块、打火机、小口瓶等。

三、操作方法及护理要点

（一）操作方法

1. 罐的吸附方法　是指使罐内的空气排空，产生负压而吸附在所拔部位的方法，常用的有以下几种方法。

（1）火吸法：是利用火在罐内燃烧时产生的热力排出罐内空气，形成负压，使罐吸附在皮肤上的方法，具体方法有以下几种。

1）闪火法：用镊子夹酒精棉球一个，将酒精棉球点燃后，在罐内绕 1～3 圈后，将棉球退出，同时将罐迅速地扣在应拔的部位，这样罐即可吸附在皮肤上。此法罐内无火，比较安全，是最常用的拔罐方法。但需要注意的是勿将罐口烧热，以免烫伤皮肤。

2）滴酒法：向罐内滴 1～3 滴 95%乙醇或白酒（切勿滴酒过多，以免拔罐时流出，烧伤皮肤），沿罐内壁摇匀，用火点燃后，迅速将罐扣在应拔的部位。

3）贴棉法：用大小适宜的酒精棉花一块，贴在罐内壁的下 1/3 处，用火将酒精棉花点燃后，迅速扣在应拔的部位。此法需注意棉花浸酒精不宜过多，否则燃烧的酒精滴下时，容易烫伤皮肤。

4）投火法：点燃棉花或其他易燃物，点燃后迅速投入罐内，并将罐扣在应拔的部位，即可吸附在皮肤上。此方法由于罐内的燃烧物容易落下烫伤皮肤，故多用于侧面横拔。

（2）抽气吸罐法：用抽气筒套在塑料杯罐活塞上，将空气抽出，使之吸拔在选定的部位上。

拔罐法一般留罐 8～10 分钟，待拔罐部位的皮肤充血、瘀血时，将罐取下。若因罐大而吸拔力强时，可适当缩短留罐的时间，以免起泡。拔罐法多用于治疗感冒、咳嗽、风湿痹证、胃痛、呕吐、腹痛、哮喘、泄泻等。以上诸法，除闪火法外，罐内均有火，故均应注意勿灼伤皮肤。

2. 拔罐方法　临床拔罐时，根据不同的病情，选用不同的拔罐法，常用拔罐法有以下几种。

（1）留罐（retaining cup）：即将罐吸附在体表后，使罐子留置于所拔部位 8～10 分钟，然后将罐起下。此法是临床上常用的一种方法，一般疾患均可应用，而且单罐、多罐皆可应用。

（2）闪罐（successive flash cupping）：即将罐拔住后，立即起下，如此反复多次，直至皮肤潮红、充血或瘀血为止，多用于局部疼痛、皮肤麻木或功能减退等病患，尤其适用于不宜留罐的患者，如年轻女性的面部、小儿等。

（3）走罐（movable cupping）：即拔罐前先在所拔部位的皮肤上，涂一层润滑油，再将罐拔住，然后，医师用手握住罐子，向上、下或向左、右需要走罐的部位往返推动，至所拔部位的皮肤红润、充血，甚或瘀血时，将罐起下（图 5-18）。此方法适宜于面积较大、肌肉丰厚部位，如腰臀、脊背、大腿等部位。

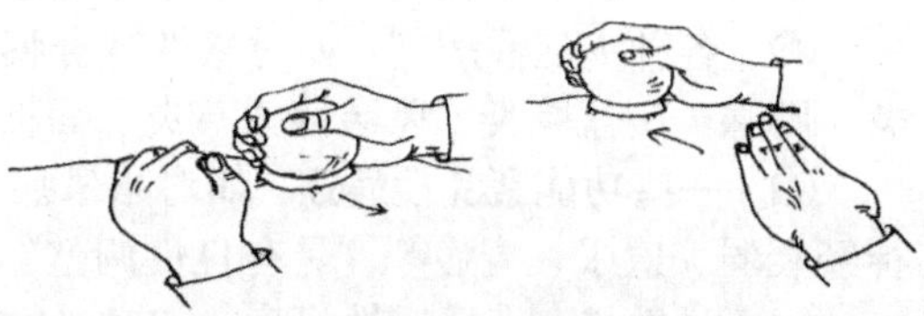

图 5-18　走罐法

（4）留针拔罐（retaining needle and cupping）：即

在针刺留针后，将罐拔在以针为中心的部位上 5～10 分钟，待皮肤红润、充血或瘀血时，将罐起下，再将针起出，此方法能起到针罐配合双重作用。

（5）刺血拔罐（blood-letting puncturing and cupping）：又称刺络拔罐，即皮肤消毒后，用三棱针点刺出血或用皮肤针叩刺后，再将火罐吸拔于点刺的部位，使之出血，以加强刺血治疗的效果。一般刺血后拔罐留置 8～10 分钟，本法多用于治疗扭伤、丹毒、乳痈等。

3. 起罐方法 起罐时，一般先用左手夹住火罐，右手拇指或食指从罐口旁边按压一下，使气体进入罐内，即可将罐取下。若罐吸附过强时，切不可用力猛拔，需按上述方法，徐徐进行，以免擦伤皮肤。

（二）护理要点

（1）拔罐时要选择肌肉丰满的部位和适当的体位。若体位不当、身体移动、骨骼凸凹不平或毛发较多的部位，火罐容易脱落，不易成功。

（2）用火罐时应注意避免灼伤或烫伤皮肤。若因烫伤或留罐时间太长而致皮肤起水泡，小的水泡无须处理，防止擦破即可。水泡较大时，用消毒针将水放出，涂以甲紫溶液，或用消毒纱布包敷，以防感染。

（3）拔罐前要根据所拔部位面积的大小而选择适宜规格的罐。操作时必须迅速准确，才能使罐拔紧，吸附有力，效果也突出。

（4）皮肤有溃疡、过敏、水肿及大血管、心脏分布部位，不宜拔罐。不明原因高热抽搐者，以及孕妇的腹部、腰骶部位，也不宜拔罐。

第四节 耳穴压籽法

案例 5-1 分析讨论（续）

5. 此患者可以做耳穴压籽疗法。

6. 患者采用坐位最佳，取穴：肩、颈椎、皮质下、肝、神门。

一、概 述

（一）概念

耳穴压籽法，是用胶布将药豆准确地粘贴于耳穴处，给予适度的揉、按、捏、压，使其产生酸、麻、胀、痛等刺激感应，以达到治疗目的的一种外治疗法。本法又称耳廓穴区压迫疗法。

（二）适应证及禁忌证

1. 适应证

（1）各种疼痛性疾病：如对头痛、偏头痛、肋间神经痛、三叉神经痛、带状疱疹、坐骨神经痛等神经性疼痛；扭伤、挫伤、落枕等外伤性疼痛；五官、颅脑、胸腹、四肢各种外科手术后所产生的伤口痛；麻醉后的头痛、腰痛等手术后遗痛，均有较好的止痛作用。

（2）各种炎症性病症：如对急性结合膜炎、中耳炎、咽喉炎、牙周炎、扁桃体炎、气管炎、肠炎、腮腺炎、盆腔炎、风湿性关节炎、面神经炎、末梢神经炎等，有一定的消炎止痛功效。

（3）一些功能紊乱性病症：如对眩晕症、高血压、心律不齐、多汗症、肠功能紊乱、月经不调、神经衰弱、遗尿、癔症等，具有良性调整作用，可促进病症的缓解和痊愈。

（4）过敏与变态反应性病症：如对过敏性鼻炎、哮喘、过敏性结肠炎、荨麻疹等，能消炎、脱敏、改善免疫功能。

（5）内分泌代谢性病症：如对单纯性甲状腺肿、甲状腺功能亢进、绝经期综合征等，有改善症状、减少药量等辅助治疗作用。

（6）一部分传染病症：如对菌痢、疟疾、青年扁平疣等，有恢复和提高机体的免疫防御功能，加速疾病的治愈。

（7）各种慢性病症：如对腰腿痛、肩周炎、消化不良、肢体麻木等，有改善症状、减轻痛苦的作用，还可用于戒烟、减肥，国外还用于戒毒等。

2. 禁忌证　耳部炎症、冻伤的部位，及习惯性流产史的孕妇禁用。

（三）耳穴的分布

1. 耳郭的表面解剖结构

耳郭的表面解剖结构见图 5-19 和耳穴形象分布见图 5-20。

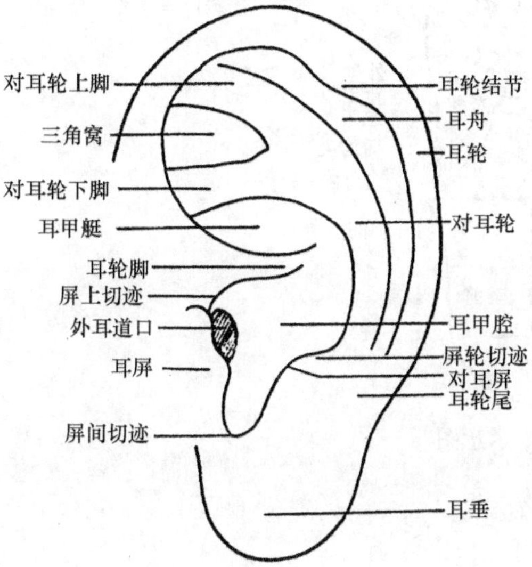

图 5-19　耳郭的表面解剖结构

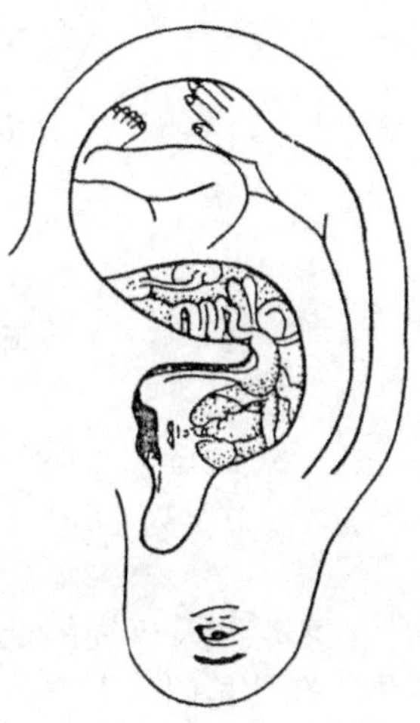

图 5-20　耳穴形象分布示意图

2. 常用耳穴　见图 5-21。

（1）耳中：在耳轮脚处，即耳轮 1 区。

（2）风溪：在耳轮结节前方，指区与腕区之间，即耳舟 1、2 区交界处。

（3）坐骨神经：在对耳轮下脚的前 2/3 处，即对耳轮 6 区。

（4）交感：在对耳轮下脚末端与耳轮内缘相交处，即对耳轮 6 区前端。

（5）神门：在三角窝后 1/3 的上部。

（6）肾上腺：在耳屏游离缘下部尖端。

（7）皮质下：在对耳屏内侧面。

（8）对屏尖：在对耳屏游离缘的尖端。

（9）胃：在耳轮脚消失处。

（10）大肠：在耳轮脚及部分耳轮与 AB 线之间的前 1/3 处。

（11）膀胱：在对耳轮下脚下方中部。

（12）肾：在对耳轮下脚下方后部。

（13）胰胆：在耳甲艇的后上部。

（14）肝：在耳甲艇的后下部。

（15）脾：在 BD 线下方，耳甲腔的后上部。

（16）心：在耳甲腔正中凹陷处。

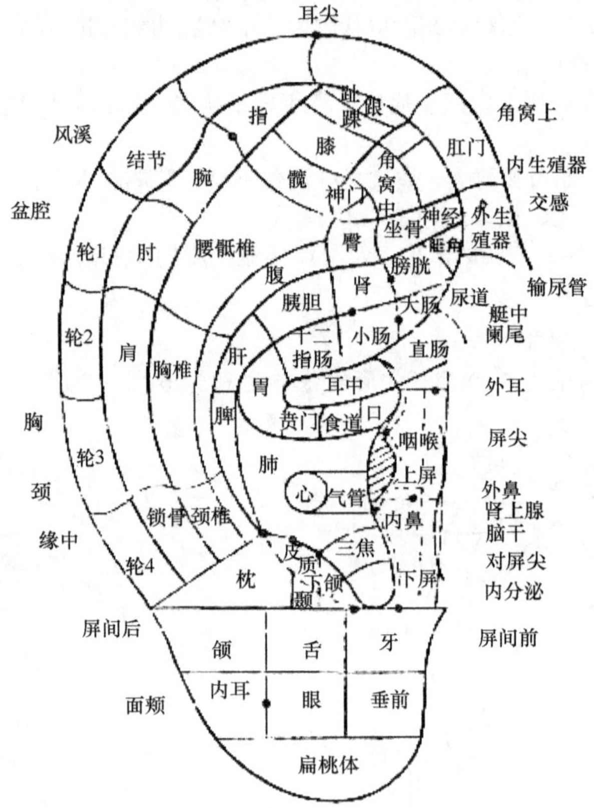

图 5-21　常用耳穴示意图

（17）肺：在心、气管区周围处。

（18）三焦：在外耳门后下方，肺与内分泌区之间。

（19）内分泌：在耳屏切迹内，耳甲腔的前下部。

（20）眼：在耳垂正面中央部。

二、物品准备

治疗盘、菜籽或王不留行籽、碘伏棉签、镊子、探棒、胶布、弯盘等。

三、操作方法及护理要点

（一）操作方法

1. 耳针诊查法

（1）肉眼观察法（视）：变色、变形、丘疹、充血、脱屑等阳性反应。在自然光线下，以拇指和食指捏住耳郭，从内至外，顺着耳郭的解剖位置，由耳甲腔、耳甲艇、三角窝、对耳轮等仔细观察辨认耳郭表皮，然后区别皮内或皮下呈现出各种不同的病理反应特征。发现可疑病理反应区（点）时，宜用食指顶起该反应部位，用拇指对其进行上推、下拉、外展，由紧到松，由松到紧，仔细辨认分析其病理反应的性质、范围，双耳对照观察，然后再综合病候进行判断。

（2）压痛点探查法（触）：用探针、火柴棒、毫针柄等探寻压痛敏感点。由周围向中心，压力均匀。对皮下或皮内可疑结节、条索状隆起等病理反应，肉眼不能诊察时，用拇指和食指进行推、揉等，以触认其大小、硬度、压痛等。

（3）电测定法：用耳穴探测仪测定耳穴皮肤电阻、电位等电特性的变化，以电阻值降低，导电量增加，形成良导点作为耳穴刺激点。

1）将探测仪的耳塞插入仪器探测孔内。

2）打开电源，患者握紧探极或固定在患者内关穴上，术者手握探极在耳郭上由内到外均匀地缓慢探测，当发出嗡嗡声时患者有灼痛感，即为“阳性点”。

3）将“阳性点”随时做好记录，待全部探测完毕后切断电源，拔出电极插头，综合病症做出评估。

2. 耳穴压籽手法　选择 1～2 组耳穴，进行耳穴探查，找出阳性反应点，并结合病情，确定主辅穴位。以酒精棉球或聚维酮碘棉签轻擦消毒，左手手指托持耳郭，右手用镊子夹取割好的方块胶布，中心粘上准备好的药豆，对准穴位紧贴压其上，并轻轻揉按 1～2 分钟。每次以贴压 5～7 穴为宜，每日按压 3～5 次，隔 1～3 日换 1 次，两组穴位交替贴压。两耳交替或同时贴用。

（二）护理要点

1. 贴压耳穴应注意防水，以免脱落。

2. 夏天易出汗，贴压耳穴不宜过多，时间不宜过长，以防胶布潮湿或皮肤感染。

3. 如对胶布过敏者，可用黏合纸代之。

4. 耳郭皮肤有炎症或冻伤者不宜采用。

5. 对过度饥饿、疲劳、精神高度紧张、年老体弱、孕妇按压宜轻，急性疼痛性病症宜重手法强刺激，习惯性流产者慎用。

6. 根据不同病症采用相应的体位。胆石症取右侧卧位，冠心病取正坐位，泌尿系结石取病侧在上方的侧卧位等。

第五节　穴位推拿法

案例 5-2

李某，男，7 岁，因腹泻一周来就诊。该患者一周前开始不明原因腹痛泄泻，经调理后有所缓解，但每日仍泻 2～3 次，大便清稀多沫，色淡不臭，肠鸣腹痛，吃冷食或冷饮加重，面色淡白，口不渴，小便清长，舌苔薄白，脉濡，指纹色红。查体：患者体温 37.2℃，心率 90 次/分钟，神志清晰。该患者体表无伤痕，敏感度正常，无其他疾病。中医诊断为“腹泻”，属“寒湿泻”。

问题

1. 此患者能否进行穴位推拿？进行穴位推拿应用补法还是泻法？
2. 该患者穴位推拿应采用何种方案？是否需要其他辅助方法？
3. 穴位推拿的护理要点是什么？

一、概　　述

（一）概念

穴位推拿法（acupuncture point massage），属于中医特色外治疗法，是指在中医理论指导下，在人体一定的部位或穴位上，运用各种手法和进行特定的肢体活动来防治疾病的一种医疗方法。推拿疗法具有疏通经络、滑利关节、舒筋整复、活血化瘀、调整脏腑气血功能、增强人体抗病能力等作用。

（二）适应证和禁忌证

1. 适应证 推拿疗法适应范围相当广泛，可应用于骨伤科、外科、内科、妇科、儿科等各科疾病，同时还广泛应用于美容、减肥、医学保健。如骨科中的腰椎间盘突出症、颈椎病、肩周炎、软组织急性扭挫伤、慢性劳损、骨质增生、骨折及关节脱位的恢复期等；外科手术后的粘连；内科中的感冒、哮喘、胃痛、腹泻、便秘瘫痪等；妇科中的痛经等；儿科中的消化不良、小儿麻痹后遗症、泄泻、遗尿、小儿肌性斜颈等。

2. 禁忌证 各种传染性疾病患者；各种恶性肿瘤患者；所操作的部位皮肤有烧伤、烫伤或有皮肤破损的皮肤病患者；结核性和感染性疾病患者；胃、十二指肠等急性穿孔患者；骨折及较严重的骨质疏松症患者；月经期、怀孕期妇女的腹部、腰骶部；有严重的心、脑、肺病患者；有出血倾向的血液病患者；患有某种精神类疾病，不能与医师合作的患者；大醉或过饱、过饥、过度劳累的患者；诊断尚不明确者、急性软组织损伤且局部肿胀严重者，以及骨关节结核、骨髓炎、老年性骨质疏松症等骨病患者。

案例 5-2 分析讨论

1. 该患者已明确诊断为寒湿性腹泻，而且对 7 岁小儿实施相应的口服藿香正气水等用药护理较困难，并可排除穴位推拿的禁忌证，故可选择穴位推拿护理。

二、物品准备

（一）物品准备

治疗盘、治疗巾、大浴巾、按摩油等推拿介质，必要时备屏风。

（二）推拿介质

推拿时，为了减少对皮肤的摩擦损伤，或为了借助某些药物的辅助作用，可在推拿部位的皮肤上涂些液体、膏剂或洒些粉末，这种液体、膏剂或粉末统称为推拿介质，也称推拿递质、润滑剂。

1. 介质的选择

（1）辨证选择：根据证型的不同选择不同的介质。寒证，用有温热散寒的介质，如葱姜水、冬青膏等；热证，用具有清凉退热作用的介质，如凉水、医用乙醇等；虚证，用具有滋补作用的介质，如药酒、冬青膏等；实证，用具有清、泻作用的介质，如蛋清、红花油、传导油等。其他证型可用一些中性介质，如滑石粉、爽身粉等。

（2）辨病选择：根据病情的不同，选择不同的介质。软组织损伤，如关节扭伤、腱鞘炎等选用活血化瘀、消肿止痛、透热性强的介质，如红花油、传导油、冬青膏等；小儿肌性斜颈选用润滑性能较强的滑石粉、爽身粉等；小儿发热选用清热性能较强的凉水、酒精等。

（3）根据年龄选择：成年人，一般而言，不论水剂、油剂、粉剂均可应用；老年人常用的介质有油剂和酒剂；小儿常用的介质主要选择滑石粉、爽身粉、凉水、酒精、葱姜水（汁）、蛋清等。

案例 5-2 分析讨论（续）

2. 该患者为寒湿泻，穴位推拿护理时可选择增强温热效果的葱姜汁，操作结束后可配合湿热敷法增强疗效。

2. 介质的种类与作用

（1）滑石粉：即医用滑石粉。有润滑皮肤的作用，一般在夏季常用，适用于各种病症，是临床上最常用的一种介质，在小儿推拿中运用最多。

（2）爽身粉：即市售爽身粉。有润滑皮肤、吸水的作用，质量较好的爽身粉可代替滑石粉应用。

（3）葱姜汁：由葱白和生姜捣碎取汁使用，亦可将葱白和生姜切片，浸泡于 75%乙醇溶液中使用，能加强温热散寒作用，常用于冬春季及小儿虚寒证。

（4）白酒：即食用白酒。适用于成人推拿，有活血祛风、散寒除湿、通经活络的作用，对发热患者尚有降温作用，一般用于急性扭挫伤。

（5）凉水：即食用洁净凉水，有清凉肌肤和退热作用，一般用于外感热症。

（6）红花油：由水杨酸甲酯、红花、薄荷脑配制而成，有消肿止痛等作用，常用于急性或慢性软组织损伤。

（7）麻油：即食用麻油。运用擦法时涂上少许麻油，可加强手法透热的效果，提高疗效，常用于刮痧疗法中。

（8）蛋清：将鸡蛋穿一小孔，取蛋清使用，有清凉去热、祛积消食作用，适用于小儿外感风寒、消化不良等症。

（9）外用药酒：取当归尾 30g、乳香 20g、没药 20g、全蝎 10g、马钱子 20g、广木香 10g、生地黄 10g、桂枝 30g、川草乌 20g、冰片 1g。浸泡于 1.5kg 高浓度白酒中，2 周后使用。本法有行气活血、化瘀通络的功效，适用于各种慢性软组织损伤，骨和软骨退行性病症。

（10）木香水：取少许木香，用开水浸泡后放凉去渣使用，有行气、活血、止痛作用，常用于急性扭挫伤及肝气郁结所致的两胁疼痛等症。

（11）冬青膏：由水杨酸甲酯、薄荷脑、凡士林及少量麝香配置而成，具有温经散寒、润滑作用，常用于治疗软组织损伤及小儿虚寒性腹泻。

（12）薄荷水：5%薄荷脑 5g，浸入 75%乙醇溶液 100ml 内配置而成。本法有温经散寒、清凉解表、清利头目、润滑的作用，常用于治疗小儿虚寒性腹泻及软组织损伤，用于擦法、按揉法可加强透热效果。

（13）传导油：玉树油、甘油、松节油、酒精、蒸馏水等量配置而成。用时摇匀使用，具有消肿止痛、祛风散寒的作用，适用于慢性劳损及痹症。

三、操作方法及护理要点

（一）操作方法

1. 补泻手法　推拿手法可分为补法、泻法、平补平泻法。推拿的补泻作用由手法刺激量、手法频率、操作时间、操作方向等诸多因素决定。其补泻刺激的强、弱和重、轻，临床上是以患者有较强烈的酸胀感和较轻微的酸胀感来作为分界线。

（1）补法：是指时间较长，刺激量较轻，频率较慢，向上、向心、顺时针方向的一种手法。本法具有能够补充人体中不足的物质或起到增强人体组织内某些部分功能作用，主要用于虚证。老年人、体质虚弱、病程较长、病情重或形体瘦弱者多用补法。

（2）泻法：是指时间较短，刺激量较重，频率较快，向下、离心、逆时针方向的一种手法。本法具有能祛除人体组织内某些部分病邪或抑制其亢进机能作用，主要用于实证。年轻人、病程短、病情急、形体较壮实者多用泻法。

（3）平补平泻法：是指介于补法和泻法之间的一种方法，常用于正常人的保健或虚实兼见证的治疗。

案例 5-2 分析讨论（续）

3. 该患者已腹泻一周，身体已虚，且寒湿泻为阳气不足，阴寒内盛为病机，属于虚实夹杂，但以虚症为主，所以穴位推拿护理时以补法为主进行操作。

2. 推拿体位 在推拿治病过程中，常要根据患者的病情和医师运用的手法，需要随时改变体位或姿势。体位与姿势是否恰当，对治疗效果有密切关系。所以医师与患者均要选择好最佳体位。

（1）患者体位：患者体位的选择取决于是否有利于患者肌肉的放松，并能保持较长时间；是否有利于医生手法的充分运用。

患者所采取的体位一般有卧位和坐位，较少采用立位。治疗过程中患者和医师体位不是固定不变的，需要根据手法和治疗部位进行调整。在卧位和坐位中，可以分成5种。

1）仰卧位：患者头下垫枕，仰面而卧，下肢平伸，上肢自然置于躯干两旁，肌肉放松，呼吸自然。在颜面、胸腹及四肢前侧方等部位施以手法时，常采取此体位。

2）俯卧位：背面而卧，或头转向一侧或向下，下垫薄枕，或面部向下放在推拿床的呼吸孔上，上肢自然置于躯干两旁或屈肘置于头部两侧，肌肉放松，呼吸自然。在肩背、腰臀及下肢后侧方等部位施以手法时，常采用此体位。

3）侧卧位：患者侧向而卧，两下肢屈曲，或上侧下肢屈曲，下侧下肢伸直。在臀部及下肢外侧施以手法时常用此体位。在做腰部斜扳法时亦采用此体位。

4）俯坐位：上身前俯，屈肘、前臂支撑于膝上或桌上，肩背肌肉放松，呼吸自然。在颈、肩部及上背部操作时常采用此体位。

5）端坐位：端正而坐，肌肉放松，呼吸自然，患者所坐凳子的高度最好与膝至足跟的距离相等。在头面、颈项、肩及上背部施用手法时常采用此体位。

（2）医者体位：医师体位的选择取决于是否有利于手法的充分运用；是否有利于节省自身的体力消耗，预防和避免自身的损伤。医者的体位有站立位和坐位两种。常用的体位是站立位，站立位又分为正立、丁字步、弓步和马步等。

3. 推拿手法 推拿手法的基本要求是：持久、有力、均匀、柔和。根据手法的动作形态，可分为以下几类：

（1）一指禅推法：用拇指指腹或指端着力于推拿部位，腕部放松，沉肩、垂肘、悬腕，肘关节略低于手腕，以肘部为交点，前臂做主动摆动，带动腕部摆动和拇指关节做屈伸活动。手法频率每分钟120～160次，压力、频率、摆动幅度要均匀，动作要灵活，操作时要求达到患者有透热感。本法接触面积较小，但深透度大，常用于头面部，胸腹及四肢等处（图5-22）。

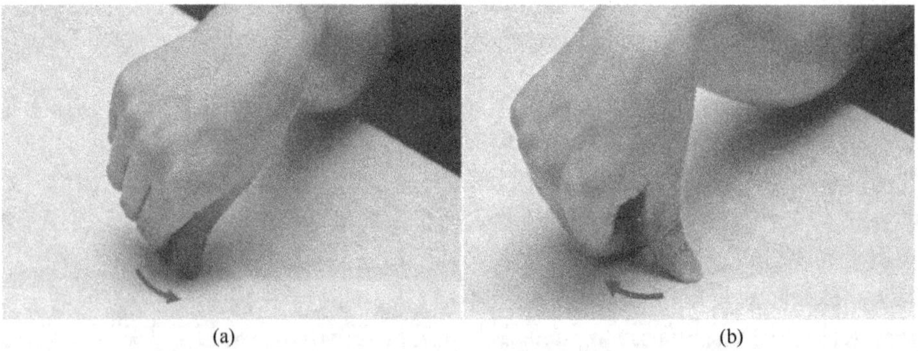

(a) (b)

图5-22 一指禅推法

（2）滚法：沉肩、垂肘，以小指掌指关节背侧第4、5掌骨基底部背侧附着在治疗部位上，肘关节放松，腕关节放松，以肘部为支点，前臂做主动推旋，带动腕部做屈伸的复合运动。要注意压力、频率、摆动幅度要均匀，动作要协调而有节律，频率为120～160次/分。本法压力大，接触面也较大，适用于肩背、腰臀及四肢等肌肉较丰厚的部位（图5-23）。

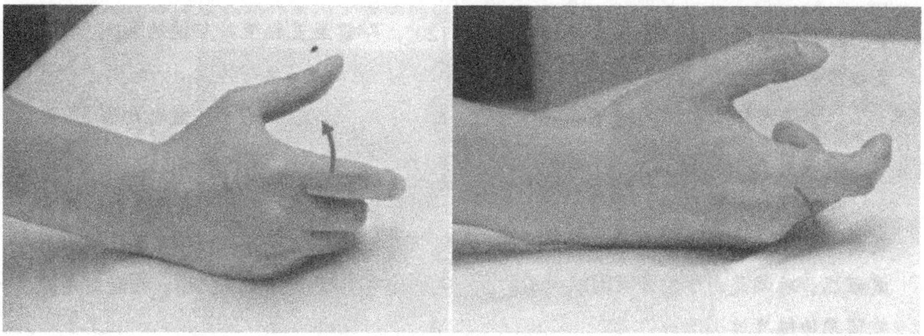

(a)　(b)

图 5-23　滚法

（3）揉法：用掌、掌根、前臂、大鱼际、小鱼际或手指指腹等部位吸定于体表治疗部位上，带动皮肤、皮下组织一起，做轻柔和缓的环旋动作的一种方法。操作时揉动的幅度要适中，不宜过大或过小（图 5-24）。本法接触面可大可小，压力可轻可重，适用于全身各部，老幼皆宜。

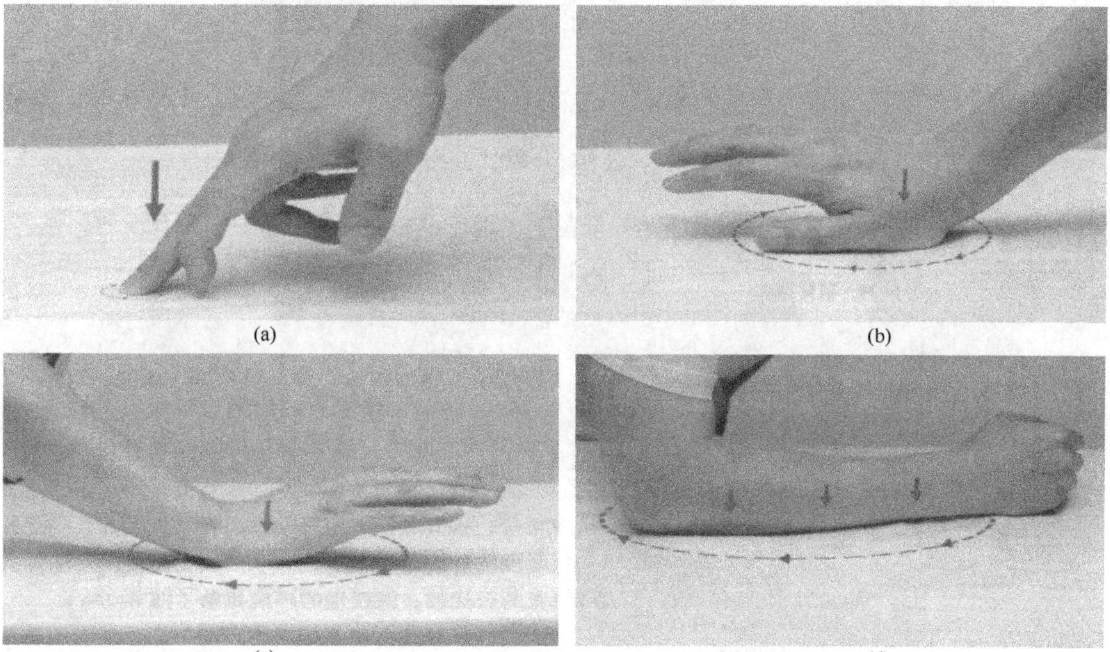

(a)　(b)　(c)　(d)

图 5-24　揉法

（4）摩法：是用指或掌在患者体表做环形而有节律的轻抚摩动的一种方法。操作时肘关节自然弯曲，腕部放松，指掌自然伸直，动作要缓和而协调（图 5-25）。本法用力宜轻不宜重，速度宜缓不宜急，刺激轻柔缓和，常用于颈项、面部、四肢、腹部等部位。

（5）擦法：是用手掌大鱼际、小鱼际或掌贴附于体表施术部位，做较快速的往返直线运动，使之摩擦生热的一种方法。操作时腕关节伸直，使前臂与手掌向平，以肘关节或肩关节为支点，前臂或上臂做主动运动，使手的着力部分在体表做适度均匀地直线往返快速擦动（图 5-26）。压力要适中，往返距离应尽量拉长，速度要均匀，动作要连续，呼吸自然，不可屏气。本法适用于胸腹、肩背、腰臀及四肢。

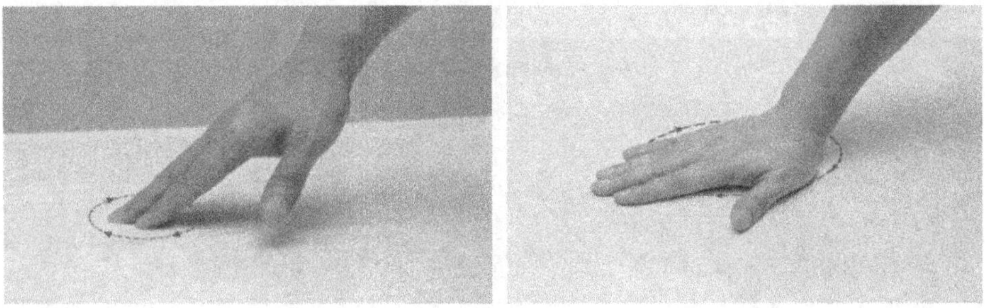

(a) (b)

图 5-25 摩法

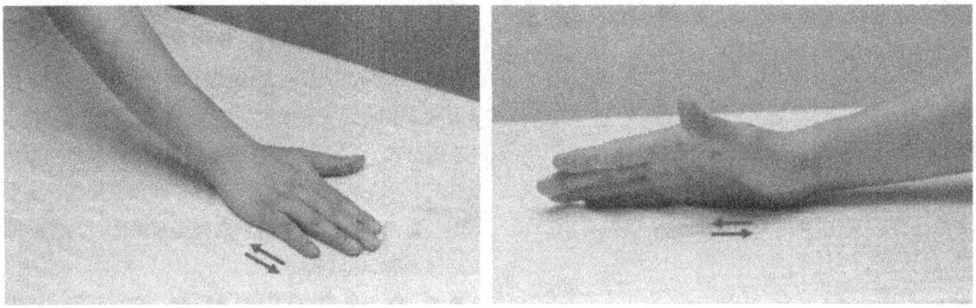

(a) (b)

图 5-26 擦法

（6）推法：用指、掌或肘部着力于治疗部位上，进行单方向的直线推动。操作时指、掌、肘要紧贴体表，压力平稳适中，速度缓慢而均匀（图 5-27）。此法可在人体各部位使用。

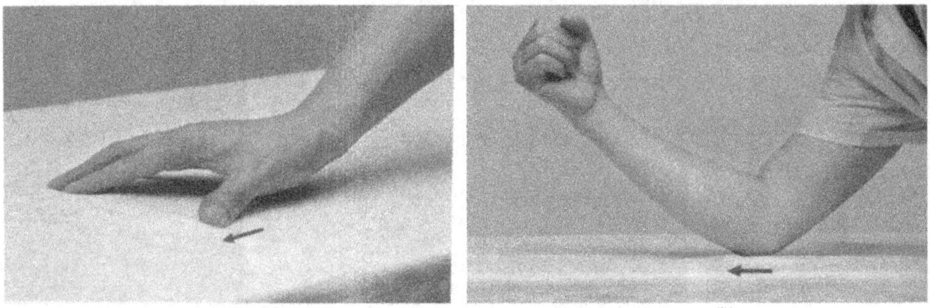

(a) (b)

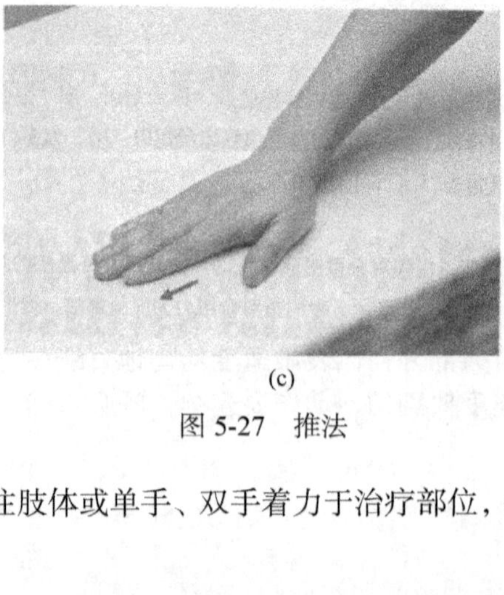

(c)

图 5-27 推法

（7）搓法:用双手掌面夹住肢体或单手、双手着力于治疗部位，做快速的交替运动或往返运动。

夹搓法要双手相对用力做快速搓揉，同时做上下往返移动。推搓法要以单手、双手着力于治疗部位，前臂施力，做较快速的推去拉回的搓动（图 5-28）。操作时双手用力要对称，搓动要快，移动要慢。本法适用于腰背、胁肋及四肢部位，以上肢部最为常用，一般作为推拿治疗的结束手法。

图 5-28　搓法

（8）抹法：用拇指罗纹面或掌在治疗部位上做上下或左右直线或曲线移动。操作时用力要适中，动作要和缓灵活，两手的速度要对称，宜缓不宜急（图 5-29）。指抹法适用于头面及颈项部；掌抹法适用于腰背部。

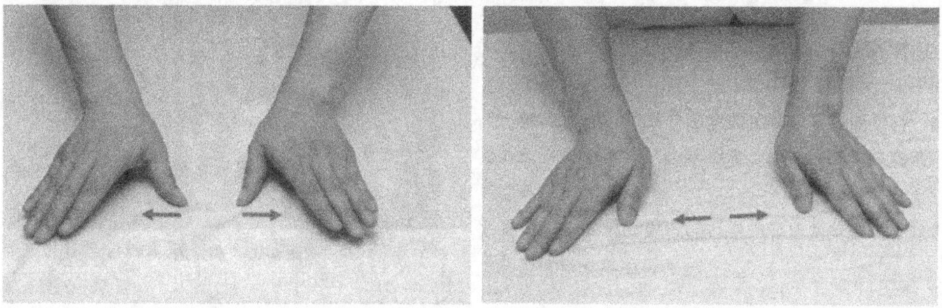

(a)　(b)

图 5-29　抹法

（9）抖法：用双手或单手握住患者的上肢或下肢远端，做连续抖动，称为抖法。操作时要有牵引上肢或下肢，抖动幅度要小，频率要快，上肢抖动频率为 250 次/分，下肢抖动频率为 100 次/分（图 5-30）。有关节习惯性脱位患者禁用。

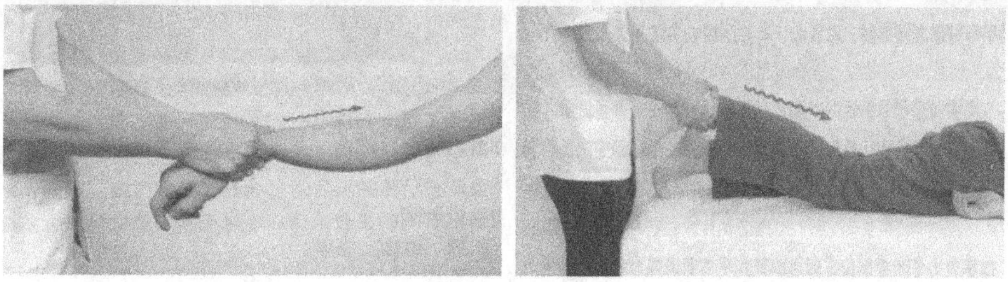

(a)　(b)

图 5-30　抖法

（10）振法：用手指或手掌在体表治疗部位上，以前臂和手部的肌肉强力地静止性用力，产生快速而强烈的振动。用手指着力称指振法，用手掌着力称掌振法。操作时力量要集中在指端或手掌上，以意领气，运气至手（图 5-31）。此法多用单手操作，也可双手同时进行，适用于全身各部位和穴位。

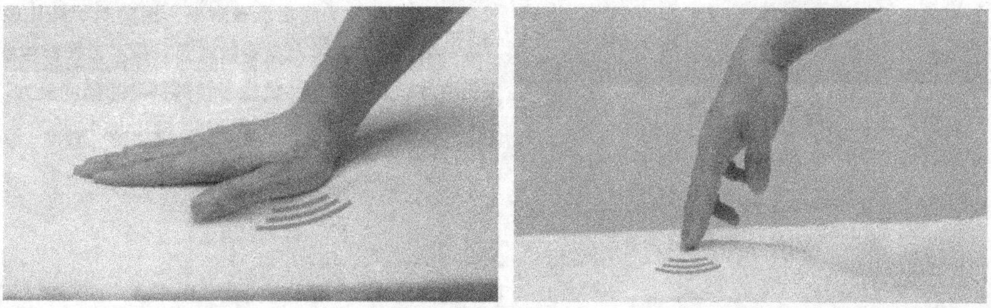

(a)　(b)

图 5-31　振法

（11）按法：用指或掌垂直着力于治疗部位，逐渐用力下压，本手法操作时着力部位要紧贴体表，不可移动，用力要由轻而重，稳而持续，不可用暴力猛然按压（图 5-32）。按法在临床上常与揉法结合应用，组成“按揉”复合手法，有“按一揉三”之说。指按法适用于全身经络、穴位；掌按法适用于腰背及腹部。

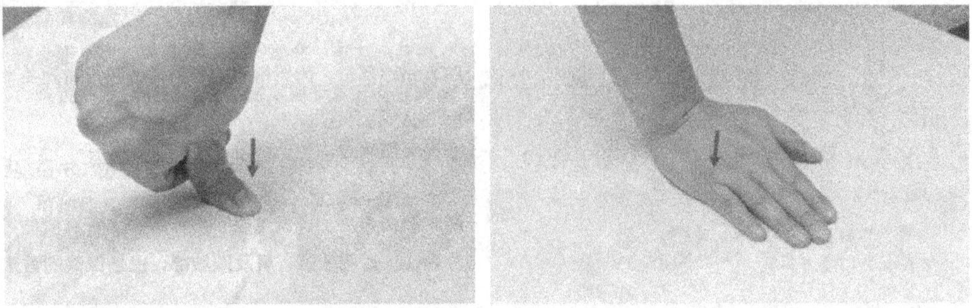

(a)　(b)

图 5-32　按法

（12）点法：以指端或关节突起部点按治疗部位的一种手法，分为拇指点法、屈指点法和肘点法。拇指点是用拇指端点压体表；屈指点法有屈拇指和屈食指两种，用指间关节桡侧点压体表（图 5-33）；肘点法是曲肘用肘端点压体表。点法操作时取穴要准，着力部位吸定，要由轻到重、平稳持续施力，不可突施暴力。点法后可配合揉法放松局部。

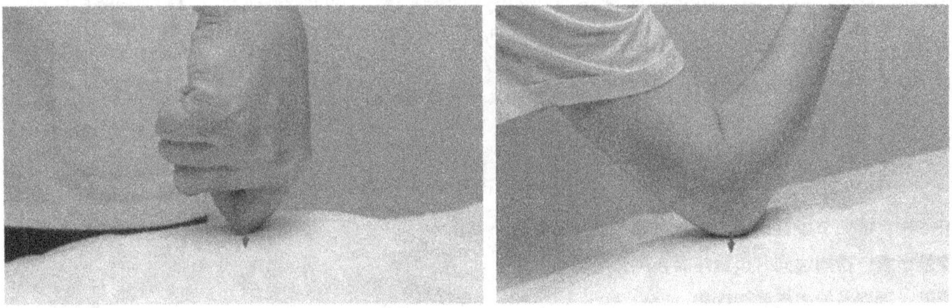

(a)　(b)

图 5-33　点法

（13）捏法：用拇指与其他手指夹住治疗部位，相对用力挤压，随即放松的一种手法，分为二指捏法、三指捏法、五指捏法（图 5-34）。操作时拇指与其他手指以指面着力，对称、均匀、柔和用力，动作要连贯而有节奏性，捏拿肌肤松紧度要适宜。此法适用于头部、颈项部、肩背及四肢。

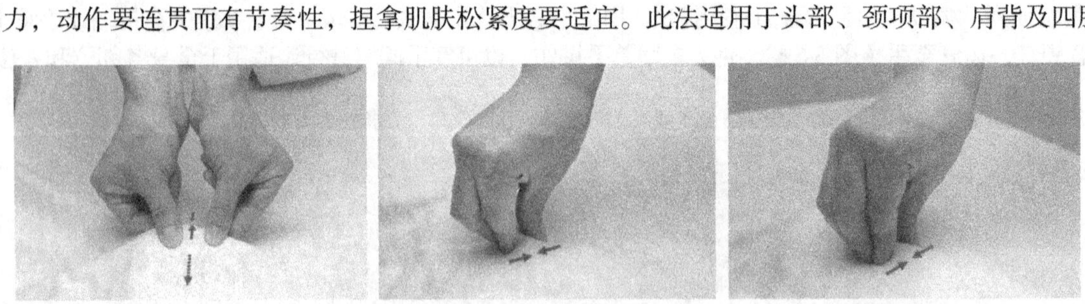

(a)　(b)　(c)

图 5-34　捏法

（14）拿法：“捏而提之谓之拿”，即用拇指与其余手指相对用力，提捏或揉捏肌肤（图 5-35）。

操作时手掌空虚，用力要由轻而重，不可突然用力，动作要和缓而有连贯性。本手法临床常用于颈项、肩部和四肢等部位。

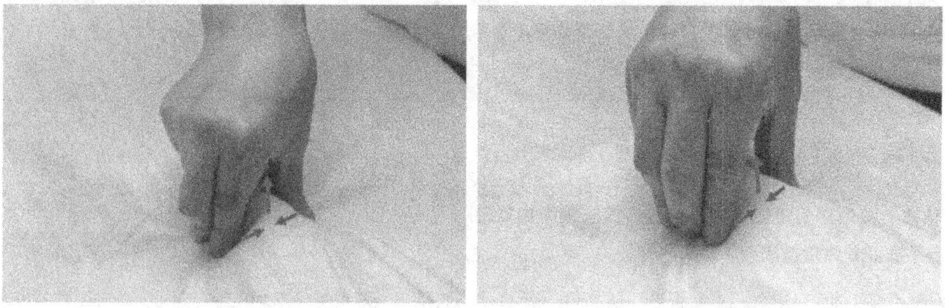

(a)　　(b)

图 5-35　拿法

（15）拍法：用虚掌拍打体表的一种手法。操作时手指自然并拢，掌指关节微屈，使掌心空虚，平稳而有节奏地拍打患部，以皮肤轻度充血发红为度（图 5-36）。本手法适用于肩背部、脊柱及下肢后侧部。

（16）弹法：用一手指指腹紧压住另一手指指甲，受压手指端用力弹出，连续弹击治疗部位（图 5-37）。操作时要均匀、轻快、柔和、有弹性、有节律，弹击力以不引起疼痛为度。此法可用于全身各部，尤以头面、颈项部最为常用。

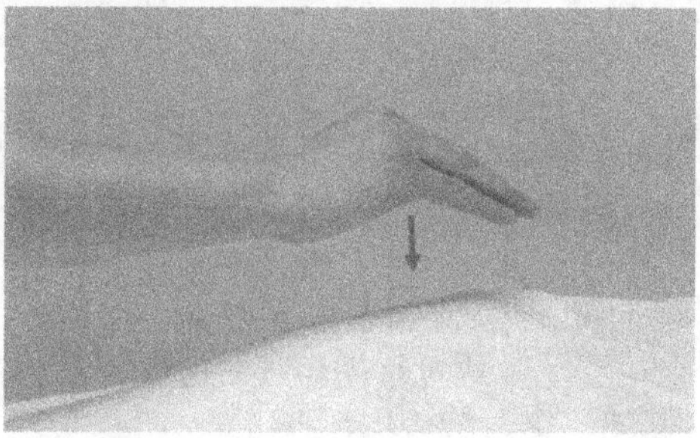

图 5-36　拍法

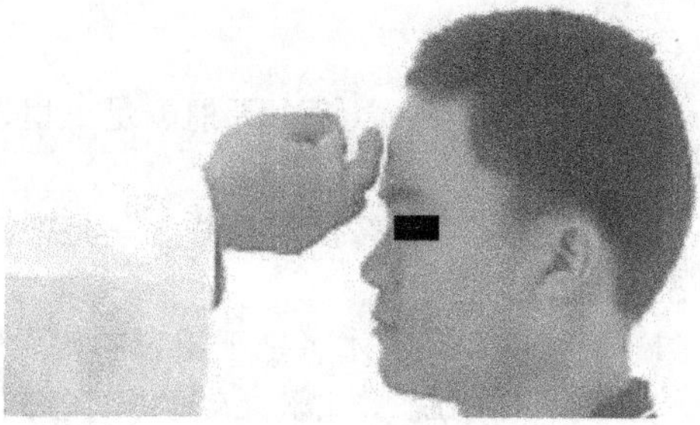

图 5-37　弹法

案例 5-2 分析讨论（续）

4. 此患者应以温中散寒，化湿止泻为护理原则，推三关、揉外劳宫温阳散寒，配补脾经、揉脐、按揉足三里以健脾化湿、温中散寒，补大肠、推上七节骨、揉龟尾以温中止泻。

（二）护理要点

1. 根据患者的年龄、性别、病情、病位选取相应的部位，采用合适的体位和手法。

2. 操作前应修剪指甲，将手洗净，避免损伤患者皮肤。

3. 为减少阻力或提高疗效，操作者手上可蘸水、滑石粉、液状石蜡、姜汁、酒等。

4. 在腰腹部施术前．应先嘱患者排尿。

5. 治疗中要注意保暖，防止受凉。

6. 手法应柔和、有力、持久、均匀，运力能达组织深部。一般每次做 15～20 分钟。

案例 5-2 分析讨论（续）

5. 此患者穴位推拿护理以端坐位为主，但推上七节骨和揉龟尾时应采用俯卧位。选择介质时应选择具有温里作用的介质，手法要轻，频率不可太快，揉时要以顺时针方向揉动。操作中要注意保暖，防止受凉，操作结束后喝温水以增强疗效。

四、穴位推拿法在护理中的应用

（一）头痛

1. 取穴 印堂、头维、太阳、鱼腰、百会、风池、风府、天柱等穴。

2. 手法 一指禅推法、揉法、按法、拿法、弹法。

3. 操作 患者坐位，用一指禅推法从印堂向上沿前额发际至头维、太阳，往返 3～4 遍，并配合按揉印堂、鱼腰、太阳、百会等穴；再用拿法从头顶至风池，往返 4～5 遍；最后用弹法从前发际至后发际及头两侧，往返 2～3 遍。时间约为 5 分钟。

（二）牙痛

1. 取穴 合谷、颊车、内庭、下关。

2. 手法 一指禅推法、掐法、揉法。

3. 操作 患者坐位，在颊车、下关处用一指禅推法操作 3～4 分钟；再结合掐、揉合谷、内庭，操作 3～4 分钟。

（三）胃痛

1. 取穴 中院、气海、天枢、足三里、肝俞、脾俞、胃俞、三焦俞、肩井、手三里、内关、合谷。

2. 手法 摩法、按法、揉法、一指禅推法、拿法、搓法。

3. 操作

（1）患者仰卧位，术者坐于患者右侧，先用一指禅推法、摩法在胃脘部治疗，使热量渗透于胃腑；然后按、揉中脘、气海、天枢等穴，同时配合按、揉足三里，约 10 分钟。

（2）患者俯卧位，用一指禅推法，从背部脊柱两旁沿膀胱经顺序而下至三焦俞，往返 4～5 次；然后按、揉肝俞、脾俞、胃俞、三焦俞，约 5 分钟。

（3）患者坐位，拿肩井，循臂肘而下 3～4 遍，在手三里、内关、合谷等穴做强刺激；然后再搓肩臂及两胁部，由上而下往返 4～5 遍，操作 5 分钟。

（四）腹胀

1. 取穴 中院、天枢、脾俞、胃俞、大肠俞等穴。

2. 手法 摩法、推法、按法、揉法。

3. 操作

（1）患者仰卧位，术者用摩法在腹部沿升结肠、横结肠、降结肠顺序推摩 3 分钟，并在腹部做环形摩法 3 分钟，按中院、天枢及双侧足三里约 3 分钟。

（2）患者俯卧位，按两侧脾俞、胃俞、大肠俞，用掌推法沿腰际两侧轻轻操作 2 分钟。

（五）便秘

1. 取穴 中院、天枢、大横、关元、肝俞、脾俞、胃俞、肾俞、大肠俞、八髎、长强穴等。

2. 手法 一指禅推法、摩法、按法、揉法。

3. 操作

（1）患者仰卧位，术者用一指禅推法在中院、天枢、大横穴位处操作每穴约 1 分钟，然后按顺时针方向摩腹 10 分钟。

（2）患者俯卧位，用一指禅推法沿脊柱两侧从肝俞由上而下进行往返治疗 3～4 遍；再用按、揉、摩法在肾俞、大肠俞、八髎、长强等穴处操作，往返 2～3 遍，约 5 分钟。

（六）失眠

1. 取穴　睛明、印堂、攒竹、鱼腰、太阳、迎香、风池、百会、神门、中院、气海、关元穴、足三里。

2. 手法　按法、推法、摩法、揉法、一指禅推法。

3. 操作

（1）患者仰卧位，术者坐于患者头部前方，用按法和揉法在睛明穴护理 5～6 遍，再用一指禅推法从印堂向两侧沿眉弓至太阳穴往返 5～6 遍，并点按印堂、攒竹、鱼腰、太阳等穴位。术者用指推法从印堂向下沿鼻两侧至迎香，再沿颧骨至耳前听宫穴，往返 2～3 遍。术者用指推法从印堂沿眉弓向两侧推至太阳穴，往返 3～4 遍；再搓推脑后及颈部两侧，并点按两侧风池穴，往返 2～3 遍；最后点按百会、双侧神门及足三里穴，约 10 分钟。

（2）患者仰卧位，术者按顺时针方向摩腹，并点按中院、气海、关元穴，约 6 分钟。

第六节　刮　痧　法

案例 5-3

王某，女，22 岁，于半小时前突感头昏、胸闷、心悸前来就诊。该患者在中午参加学校宣传活动，在 34℃高温下滞留至下午 2 点，突然出现头昏、胸闷、心悸、恶心、皮肤灼热，全身大汗淋漓。查体：患者体温 37.2℃，心率 87 次/分钟，血压 80/110mmHg，神志尚清晰。该患者体表无伤痕，敏感度正常，非月经妊娠期，无其他疾病。诊断为“轻度中暑”。

问题

1. 此患者能否采用刮痧法护理？其选择依据是什么？
2. 应选用哪种操作方法？
3. 刮痧护理应选择哪种刮痧用具及刮痧介质？
4. 刮痧的护理要点是什么？

一、概　　述

（一）概念

刮痧法（cutaneous scraping therapy）是中医治疗学组成部分之一，它是用光滑的硬物器具或用手指、头发等，在人体表面特定部位或腧穴反复进行刮、挤、揪、捏等物理刺激，使皮肤发红、充血、瘀血或点状出血的一种治疗方法。刮痧法通过刮拭脏器功能活动反应于体表的部位及经络、穴位、促使局部汗孔开泄，促进邪气外排，以达到疏通经络、宣通气血、振奋阳气、补氧祛瘀、调理脏腑、提高机体的抗病能力。

“痧”（acute filthy disease）是指人体感受风寒暑湿燥火、疫气、秽浊之气后，毒邪内郁外发所造成的多种证候，主要可以包括现代医学所说的病毒或细菌所引起的多种传染性疾病和感染性疾病，如细菌性食物中毒、沙门氏菌属感染、霍乱、病毒感冒、细菌性痢疾、伤寒、副伤寒、斑疹伤寒、猩红热、败血症、白喉、流行性出血热、流行性脑脊髓膜炎、流行性乙型脑炎等，还有气候因素所导致的疾病如小暑，以及误吸毒气，秽气所造成的肺水肿、晕厥等，都可以归属痧证的范畴。

（二）刮痧的适应证及禁忌证

1. 适应证 刮痧法临床应用范围较广。刮痧适用于痧证初起，痧毒表浅，在肌肤、气分的病证，若痧毒在血肉、血分、深入脏腑，则需要放痧法及药物来治疗。现已扩展用于呼吸系统和消化系统等疾病。如痧证、中暑、伤暑、湿温初起、感冒、发热、咳嗽、咽喉肿痛、呕吐、腹痛、疳积、伤食、头痛、头昏、小腿痉挛、汗出不畅、风湿痹痛等。

2. 禁忌证

（1）有出血倾向的疾病，如严重贫血、再生障碍性贫血、白血病、血小板减少性疾病、过敏性紫癜、凝血功能障碍等疾病禁用刮痧疗法。

（2）年老体弱者及严重心脑血管病、急性传染病、严重肝肾功能不全、全身水肿等不宜用刮痧疗法。

（3）精神病患者的发作期，高度神经质，神经特别紧张及对刮痧恐惧及有晕针、晕血史者慎用刮法。

（4）静脉曲张、脉管炎的局部慎用刮痧疗法。

（5）接触性皮炎、皮肤高度敏感者慎刮，传染性皮肤病如疖、痈、溃烂、黑痣处禁刮。

（6）中晚期恶性肿瘤恶病质者慎刮。

（7）妇女经期及孕妇的下腹部、腰骶部、血海、三阴交、合谷穴等处禁刮。

（8）大血管分布处特别是颈总动脉、心尖冲动处禁刮。

（9）过度饥饱、过度疲劳、醉酒者慎用刮法。

（10）急性扭伤、创伤的疼痛部位或骨折部位禁刮。

（11）眼睛、口唇、乳头、肚脐等部位禁刮。

案例 5-3 分析讨论

1. 该患者经诊断为轻度中暑，是暑邪侵袭所致，属痧症，且为轻证。该病症在刮痧法护理适用范围内，可行刮痧法护理。患者神志尚清晰，体表无伤痕，敏感度正常，非月经妊娠期，无其他疾病，可排除禁忌证。

二、物品准备

（一）物品准备

治疗盘、刮痧介质、治疗碗、弯盘、纱布、刮具等，必要时备浴巾、屏风。

（二）刮痧器具

刮痧器具随手可得，种类很多，随着时代的发展刮痧器具也发生很大的变化，其形状越来越适合刮拭部位，工艺也更精细，表面更光滑，所用材料逐渐向有药物治疗作用的玉石和水牛角发展。常用工具有以下几种：

1. 石器 是最早的刮痧器具，多选用表面光滑无棱角，便于持握的石块作为刮痧器具。

2. 陶器 一般选取边缘光滑无破损的汤匙、瓷碗、瓷杯、磁盘等，用其边缘作为刮痧器具。

3. 苎麻 取已成熟的苎麻剥皮晒干，摘去枝叶，用根部较粗的纤维揉成小团作为刮痧器具。

4. 硬币 选取边缘较厚钝而光滑，没有残缺的铜钱、铝币等作为刮痧器具。

5. 木器板 多选用沉香木、檀香木等质地坚实的木材，制成平、弯、有棱角而光滑、精巧适用的刮痧板，用其边缘作为刮痧器具（图 5-38）。

6. 水牛角板　目前较多使用水牛角加工成边缘光滑圆润、无棱角的长方形、月牙形、牛角形等形状不同，大小不等的刮痧板（图 5-39）。

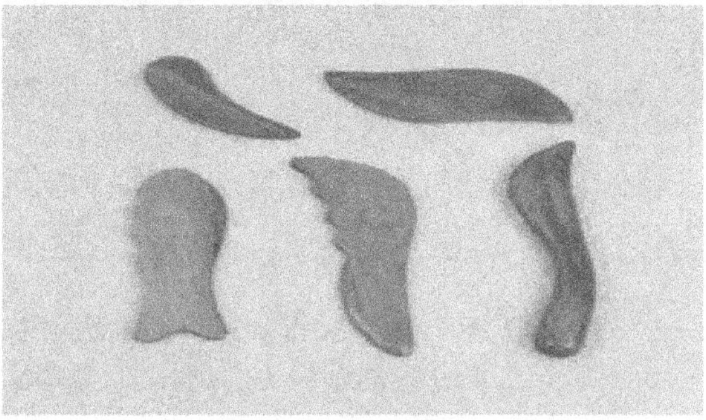

图 5-38　木质刮痧板

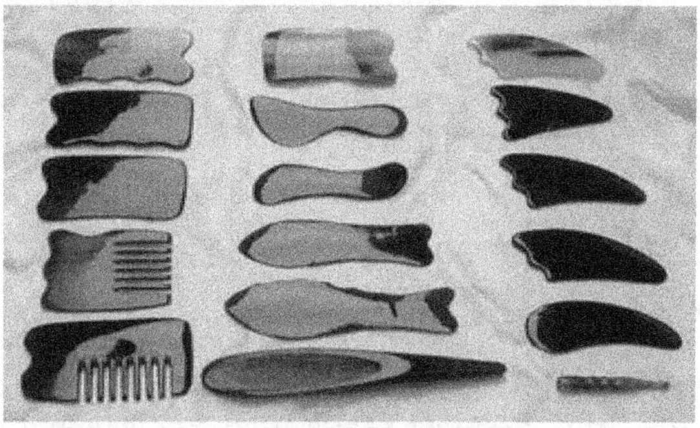

图 5-39　水牛角刮痧板

7. 玉石板　用玉石加工成表面及边缘光滑、无棱角的长方形、楔形板作为刮痧器具。

8. 其他　如有用适量头发、棉纱线等揉成团使用者。也有用小酒杯、有机玻璃纽扣、钥匙、小蚌壳等作为刮痧器具的。

（三）刮痧介质

刮痧介质有两方面的作用，一方面是减少刮痧阻力，增加润滑度，避免皮肤被刮伤；另一方面是刮痧介质的药物治疗作用。常用的刮痧介质有如下两大类。

1. 液体　为最常用的一种刮痧介质，最简单的可用我们日常生活中的饮用水（冷开水或温开水）、食用油，如芝麻油、菜籽油、茶籽油、豆油、橄榄油等，这些都很方便，可就地取材。但目前应用较多的是选取具有清热解毒、活血化瘀、通络止痛、祛邪排毒作用的中草药经炮制提炼而成的各种外涂药液，刮痧时根据不同疾病，选用不同功效的药液，不但起局部润滑作用，还可通过皮肤吸收，起到治疗作用，从而提高刮痧的疗效。

2. 膏体　同液体一样可选用生活中随处可得质地细腻膏状的凡士林、面霜等，也可根据不同病情选用不同药物配制成具有不同功效的药膏，如活血润肤膏、通络止痛膏、解毒膏等。

案例 5-3 分析讨论（续）

2. 该患者经诊断为轻度中暑，应选择有清热解毒效果的用具和介质。如条件允许用具选择水牛角或玉石刮痧板，介质选择解毒膏、刮痧油。急救时，可选择边缘光滑的硬币、钥匙、纽扣等，介质选择冷水或食用油。

三、操作方法及护理要点

（一）操作方法

1. 刮痧部位　主要在背部，有时亦可在颈部、前胸、四肢。一般要求先刮颈项部，再刮脊椎两侧部，然后再刮胸部及四肢部位。

2. 补泻手法　刮痧手法可分为补法、泻法、平补平泻法。刮痧疗法的补泻作用是由刮拭力量、刮拭速度、刮拭时间和刮拭范围等诸多因素决定的。

（1）补法：是指刮拭力量较轻，速度较慢，刺激时间较短，动作幅度小，刮拭面积小的一种方法。本法能激发人体正气，使低下的功能恢复旺盛，主要用于虚证。老年人、体质虚弱、病程较长、病情重或形体瘦弱者多用补法。补法一般出痧少，多顺经脉运行方向刮，刮后可加温灸。

（2）泻法：是指刮拭力量较重、速度较快、刺激时间长、动作幅度大、刮拭范围广的一种方法，能疏泄病邪、使亢进的功能恢复正常。要法主要用于实证。年轻人、病程短、病情急、形体较壮实者多用补法。

（3）平补平泻法：是指介于补法和泻法之间的一种刮拭方法，其中刮拭力量中等、速度适中，常用于正常人的保健或虚实兼见证的治疗。

案例 5-3 分析讨论（续）

3. 刮痧法护理时，刮拭手法力量较重、速度较快、刺激时间长、动作幅度大、刮拭范围广。

3. 刮痧手法 根据病情选择相应的刮痧操作手法，是达到刮痧疗效的关键。医者可根据病情、刮痧部位选择适宜的刮痧方法。根据使用的刮具不同，刮痧方法可分为刮痧法（用刮具）、撮痧法（用手指）、挑痧法（用针具）和放痧法（用针具）等 4 类。

（1）刮具刮痧法：是最常用的方法。施术者手持刮具，蘸取介质后，在特定的体表部位，轻轻由上向下顺刮或从内向外反复刮动，逐渐加重用力。刮时要沿同一方向刮，用力要柔和均匀，一般采用腕力，根据病情及反应调整刮动力度。一般刮 10～20 次，以出现紫红色斑点或斑块为度。根据刮板与皮肤表面的角度操作手法分为平刮、竖刮、斜刮和角刮。

1）平刮：刮板与皮肤表面呈 15°～25°，按一定方向进行较大面积的平行刮拭。

2）竖刮：刮板与皮肤表面呈 90°，竖直上下进行较大面积的平行刮拭。

3）斜刮：刮板与皮肤表面呈 45°，斜向进行较大面积的平行刮拭。

4）角刮：用刮板的棱角和边角，进行小面积或沟、窝、凹陷部位的刮拭。

根据临床是否使用隔层介质，分为直接刮和间接刮。①直接刮：一般均用此法。在施术部位涂抹介质后，用刮具直接接触患者皮肤，在体表的特定部位反复刮拭，至皮肤出现痧痕为止。②间接刮：先在患者施术部位放一层薄布，然后用刮具在布上刮拭，此法可保护皮肤。适用于儿童、老年人、高热、中枢神经系统感染、抽搐及某些皮肤病患者。

（2）挑痧法：用三棱针等针具在人体体表的一定部位或穴位上，刺入皮下挑断纤维丝或青筋，挤出瘀血来治疗疾病的方法。本法主要用于治疗暗痧、宿痧、郁痧、闷痧等病症。

1）挑痧部位：主要在头部（从头眉心部起至双侧太阳穴各 1 点）、颈部（颈部两侧、项部两侧各 1 点）、胸部（胸骨两侧肋间各 5～7 点，中脘穴处 1 点，脐中两旁各 1 点，下丹田左右各 1 点）、腰背部（背部腧穴都可）、四肢部（四肢各腧穴、手指关节处等）等。

2）挑痧手法：常用的有挑刮法、挑点法、挑筋法、截根法、挑挤法、挑脂法、挑提法、挑拉法、挑摆法。

（3）放痧法：是刮痧疗法中的一种配合疗法。本法主要用于四肢末端穴位、口腔内穴位、五官部位的部分穴位以及一些不能施以刮痧法的部位，或者为增强刮痧疗效而配合使用。放痧法又分为泻血疗法和点刺法。

1）泻血疗法：医者手持三棱针等针具，对准施术部位的静脉，迅速刺入脉中 0.5～1mm 深，然后出针，使其流出少量血液或挤按静脉以助瘀血排出。此法适用于肘窝、腘窝及太阳穴等处的浅表静脉，用以治疗中暑、急性腰扭伤、急性淋巴管炎等病。

2）点刺法：医者先推按被刺部位，使血液积聚在针刺部位，然后手持三棱针等针具刺入施术部位 1～2mm 深，随即出针，挤压针孔，出少量血液。此法多用于手指或足部末端穴位。

（4）徒手刮痧法

1）揪痧法：指在施术部位涂抹刮痧介质后，医者五指屈曲，用食指、中指的第二指节对准施术部位，把皮肤与肌肉揪起，然后瞬间用力向外滑动再松开，这样一揪一放，反复进行，并连续发出“啪啪”声响。直至皮肤出现痧痕为止。

2）扯痧法：是指医者用自己的食指、大拇指提扯患者皮肤的一定部位，使皮肤出现痧痕。此法主要用于头部、颈项、背部、面部的太阳穴和印堂穴。

3）挤痧法：医者用大拇指和食指在施术部位用力挤压，连续挤出一块块紫红痧斑为止。

4）拍痧法：医者用虚掌拍打或用刮痧板拍打体表施术部位，一般多用于痛痒 、胀麻的部位。

案例 5-3 分析讨论（续）

4. 护理操作方法：刮拭颈部（督脉，颈两侧至肩）、背部（督脉，膀胱经）、胸部（任脉，胸肋间隙）、上肢（曲泽至内关）、下肢（委中），方向为由上往下刮，胸部由内往外刮。

5. 术后服用温水 300～500ml（量少易可），在阴凉无风处静养。可考虑口服藿香正气水。

（二）护理要点

1. 实施刮痧治疗时，室内要安静、清洁、通风，室温要适中，冬天房间要暖和，夏天房间要凉爽通风。要避开对流风处刮痧，以防复感风寒。

2. 刮拭前要向患者介绍刮痧常识，可能出现的情况，以取得患者的配合。

3. 刮痧前要对患者刮拭部位常规消毒，施刮者双手也要消毒，刮痧板最好一人一板，以免交叉感染，刮痧板每次用完后要消毒，并妥善保管。

4. 不可在过饥、过饱、过度紧张、过度疲劳或酒后刮治以免发生晕刮。

5. 不可强求出痧。

6. 刮痧治疗后要饮水，刮痧治疗使汗孔开泄，邪气被排出体外，这样要消耗部分体内的津液，刮痧后饮一杯温水，不但可以补充消耗的水分，还能促进新陈代谢，加速代谢产物的排除。

7. 刮痧治疗后为避免外邪侵袭，须在皮肤毛孔闭合恢复原状后方可洗浴，一般约 2～3 小时，洗浴时水温不要过低或过高。

8. 一般两次刮痧间隔 3～5 日，但具体要看前一次痧痕是否退尽，即以痧痕是否退尽决定下次刮治时间。以 5～6 次为 1 个疗程。

案例 5-3 分析讨论（续）

6. 护理要点

（1）实施刮痧法护理时，房间要安静、清洁、凉爽通风。要避开对流风处刮痧。

（2）刮拭前要向患者介绍刮痧常识，可能出现的情况，以取得患者的配合。并询问是否过饥、过饱、过度紧张、过度疲劳。

（3）刮痧前要对患者刮拭部位常规消毒，施刮者双手也要消毒。

（4）不可强求出痧。

（5）刮痧治疗后要饮水。

（6）嘱咐患者 2～3 小时后才可以洗浴，洗浴时水温不要过低或过高。

第七节　敷　药　法

一、概　　述

案例 5-4

患者，男，50 岁。一年前始无明显诱因出现腰部疼痛，活动受限，症状时有反复，时轻时重，每次症状发作，自行休息后症状可缓解。一个月前劳累后腰部疼痛加重，活动明显受限，到个体诊所行推拿治疗，上述症状仍未见缓解。为求中医系统治疗，遂到我院就诊，我院骨科门诊以“腰椎间盘突出症”收入院。现症：腰部疼痛，活动明显受限，颈部疼痛，右上肢疼痛，饮食、睡眠、二便尚可。舌暗，苔薄，脉弦。

中医诊断：腰痛病；证型：血瘀气滞。

问题

1. 患者需要敷药部位及剂型是什么？

2. 敷药过程中护士应注意哪些？

（一）概念

敷药法（topical application）是指将新鲜中草药切碎、捣烂，或将中药末加赋形剂调匀成糊状，敷于患处或穴位，达到舒筋活络、祛瘀生新、消肿止痛、清热解毒、拔毒等功效的一种操作方法。

（二）适应证及禁忌证

1. 适应证 适用于各种疮疡、跌打损伤引起的局部肿胀、疼痛、慢性咳喘、腹泻等病证。

2. 禁忌证 皮肤破损处忌用；皮肤过敏体质者慎用。

（三）分类

1. 冷敷法 中药冷敷法是将中药洗剂、散剂、酊剂冷敷于患处，通过中药透皮吸收，同时应用低于皮温的物理因子刺激机体，达到降温、止痛、止血、消肿、减轻炎性渗出的一种操作方法。冷敷时间为 20～30 分钟，药物温度在 8～15℃。包括中药冰敷、中药酊剂凉涂法、中药散剂冷敷法等。

（1）中药冰敷：将中药散剂敷于患处，面积大于病变部位 1～2cm。敷料覆盖，将冰敷袋放置于敷料上保持低温。

（2）中药酊剂凉涂法：将中药喷剂喷涂于患处，喷 2～3 遍，面积大于病变部位 1～2cm。敷料覆盖，将冰敷袋放置于敷料上保持低温。

（3）中药散剂冷敷法：将中药粉剂揉于患处或均匀撒在有凉性物理介质的膏贴上，敷于患处，面积大于病变部位 1～2cm，保留膏贴 1 小时。

2. 热敷法 中药热敷法是将中药煎汤或其他溶媒浸泡，根据治疗选择加热，将中药浸泡的敷料敷于患处，通过疏通气机、调节气血、平衡阴阳，达到疏通腠理、清热解毒、消肿止痛的一种操作方法。热敷时间 20～30 分钟，药液温度在 38～43℃。

（1）中药药饼热敷：将药物研极细末，加入适量的面粉做成饼状，或蒸或烙，将药物的细末散于热饼上，再将药饼敷于患处或穴位上，凉后即换，如此重复 20～30 分钟。

（2）药末热敷：将药物煎熬后，用纱布蘸取药液，直接敷于患病部位。

（3）药渣热敷：将选好的药物煎煮，去汁存渣，用其药渣敷于患处，并覆盖纱布或用热药汁湿敷，以防散热太快。

（4）傣医的睡药疗法：将备好的傣药加酒或水炒热后，将热药平摊在垫有塑料布的治疗床上，让患者置于药渣中全身包裹热药（除了前胸），并用塑料布裹紧全身，使药保持恒温的治疗方法。

二、物品准备

（一）用物准备

治疗盘、遵医嘱备药、0.9%生理盐水棉球、油膏刀、无菌棉垫或纱布块、棉纸、胶布、绷带、治疗单、速干手消液。必要时准备中单、屏风等。

（二）敷药常用剂型

1. 散剂 是穴位敷贴中最基本的剂型。根据辨证选药配方，将药物碾成极细的粉末，过 80～100 目细筛，药末可直接敷在穴位上或用水等溶剂调和成团贴敷，外用纱布、胶布固定，或将药末撒布在普通黑膏药中间敷贴穴位。散剂制法简便。剂量可以随意变换，药物可以对证加减，且稳定性较高，储存方便。药物粉碎后，接触面较大，刺激性增强，故易于发挥作用，疗效迅速。

2. 糊剂 是指将散剂加入赋形剂，如酒、醋、姜汁、鸡蛋清等调成糊状敷涂在穴位上。外盖消毒纱布，胶布固定。糊剂可使药物缓慢释放，延长药效，缓和药物的毒性。再加上赋形剂本身所具有的作用，可提高疗效。

3. 膏剂 有硬膏和软膏两种，其制法不同。硬膏是将药物放入植物油内浸泡 1～2 日后，加热，过滤，药油再加热煎熬至滴水成珠，加入铃粉或广丹收膏，摊贴穴位。硬膏易于保存且作用持久，用法简便。软膏是将药物粉碎为末过筛后，加入醋或酒，入锅加热，熬成膏状，用时摊贴穴位，定时换药。也可将适量药末加入葱汁、姜汁、蜜、凡士林等调成软膏，摊贴穴位。软膏渗透性较强，药物作用迅速，有黏着性和扩展性。

4. 丸剂 是将药物研成细末，以蜜、水或米糊、酒、醋等调和制成的球形固体剂型。丸剂贴敷通常选择小丸药。丸者缓也，可使药物缓慢发生作用，药力持久。丸剂便于贮存使用。

5. 饼剂 是将药物粉碎过筛后，加入适量的面粉拌糊，压成饼状，放笼上蒸 30 分钟，待稍凉后摊贴穴位。有些药物具有黏腻性，可直接捣融成饼，大小、重量应根据疾病轻重和贴敷部位而定。

6. 锭剂 将敷贴药物粉碎过筛后，加水及面糊适量，制成锭剂，晾干，用时以水或醋磨糊，涂布穴位。本剂型多用于慢性病，可减少配制麻烦，便于随时应用。

三、操作方法及护理要点

（一）操作方法

1. 协助患者取合理、舒适体位，暴露敷药部位，注意保暖。

2. 敷药局部做清洁处理。

3. 遵医嘱使用已配制的药物，根据敷药面积区大小合适的棉垫或纱布，用油膏刀将药物均匀平摊于棉垫或纱布上，并在药物上面加一大小相等的棉纸或纱布。

4. 将药物敷于患处，用胶布或绷带固定，松紧适宜。

5. 询问患者有无瘙痒难忍感觉，若有过敏反应，应停止敷药。

（二）护理要点

1. 敷药时必须注意厚薄均匀，固定应松紧适宜。

2. 疮疡初起，药物宜敷满整个病变部位，并超过肿块 1～2cm 以图消散；若毒已结聚或溃后余肿未消，敷药时应在疮头或溃疡面中间留有空隙，使邪有出路。

3. 夏天如以蜂蜜、饴糖作为赋形剂时，应加入量 0.1%～0.2%的苯甲酸，以防发酵变质。

4. 观察患者全身及局部情况，敷药后如局部有红疹、瘙痒、水泡等过敏现象，应停止敷药，并通知医师，配合处理。

5. 妇女孕期禁用有堕胎及致畸作用的药物。小儿皮肤娇嫩，不宜使用刺激性强的药物，用药时间不宜过长，加强护理，防止小儿将所敷药物抓脱。

案例 5-4 分析讨论

1. 护士遵医嘱，在患者腰骶部给予石膏止痛软膏敷药。

2. 护士在进行敷药操作时，应密切观察病人全身及局部情况，敷药后如局部有红疹、瘙痒、水泡等过敏现象，应停止敷药，并通知医生，配合处理。

第八节 涂 药 法

一、概 述

案例 5-5

患者，男，18 岁，学生。一天前，右足部不慎被热水烫伤，当时局部疼痛如针扎刀割，局部皮肤红肿，在当地诊行涂药、包扎处理，用药名称不详。今日来我院就诊，足部疼痛剧烈，皮肤数个水泡，大小不等。查体：T：37℃，P:92 次/分，BP：110/70mmHg。患者神志清，足部皮肤潮红、肿胀、疼痛明显，有十余个水泡。足底部呈均匀红色，未破溃，舌红，苔薄黄，脉数，诊断为烫伤（程度为浅Ⅱ°，46%面积）。

问题

护士在涂药过程中应注意哪些方面?

（一）概念

涂药法（coating method）是将中药制成水剂、酊剂、油剂、膏剂等剂型，涂抹于患处或涂抹于纱布外敷于患处，达到祛风除湿、解毒消肿、止痒镇痛等治疗效果的一种操作方法。

（二）适应证及禁忌证

1. 适应证 涂药法适用于外科疮疡、跌打损伤、烫伤、烧伤、疖痈、静脉炎等。

2. 禁忌证 婴幼儿颜面部及有药物过敏史者禁用。

二、物品准备

（一）用物准备

治疗盘、遵医嘱配制的药物、治疗碗、弯盘、涂药板（棉签）、镊子、盐水棉球、纱布或棉纸、胶布或绷带、橡胶单、中单等，必要时备屏风、大毛巾。

（二）涂药常用剂型

1. 溶液 又称水剂，是药物的水溶液，具有清洁、收敛作用，减轻充血水肿、清除分泌物及痂皮等作用。常用的有 3%硼酸溶液及中药溶液。

2. 粉剂 有干燥、保护和散热作用，常用于急性无糜烂和渗出皮炎。常用的有滑石粉、氧化锌粉。

3. 酊剂和醑剂 酊剂是非挥发药物的酒精溶液。醑剂是挥发性药物的酒精溶液。常用的有：2.5%的碘酊、复方樟脑醑等。

4. 洗剂（振荡剂） 是粉剂与水的混合物，有止痒、散热、干燥及保护作用的作用。常用的有炉甘石洗剂、复方硫黄洗剂等。

5. 膏剂 渗透性较乳剂更好。膏剂主要用于慢性皮炎、局部软组织损伤、炎症；不宜用于急性皮炎、湿疹的渗出期。如皮炎平软膏、扶他林软膏、如意金黄膏等。

6. 油剂 将药物溶解在油质溶剂中，如红花油、紫草油等。

三、操作方法及护理要点

（一）操作方法

1. 根据涂药部位，取合理体位，暴露涂药部位，必要时屏风遮挡。患处酌情铺橡胶单或中单。

2. 用生理盐水棉球清洁皮肤并观察局部皮肤情况。

3. 将配制的药物用棉签均匀涂抹于患处或涂抹于纱布外敷于患处，涂药厚薄要均匀。

4. 根据涂药的位置、药物的性质，必要时选择适当的敷料覆盖并固定。

5. 涂药过程中随时询问患者有无不适。

6. 操作完毕，协助患者着衣，安排舒适体位，整理床单位。

7. 整理用物、洗手、做好记录并签字。

（二）护理要点

1. 涂药次数根据病情、药物而定，水剂、酊剂用后须将瓶盖盖紧，防止挥发。

2. 涂药前需清洁局部皮肤。

3. 刺激性较强的药物，不可涂于面部。婴幼儿忌用。

4. 混悬液应先摇匀后再涂抹。涂药不宜过厚，以防毛孔闭塞。

5. 涂药后，观察患者局部及全身的情况，如出现丘疹、瘙痒、水泡或局部肿胀等过敏现象，停止用药，将药物擦洗干净并报告医师，配合处理。

6. 患处若有敷料，不可强行撕脱，可用生理盐水棉球沾湿敷料后再揭，并擦去药迹。

案例 5-5 分析讨论

护士在涂药前，应用生理盐水清洁局部皮肤，同时观察局部皮肤情况。较大水泡，用无菌注射器将水泡内积液排出后，遵医嘱给予烫伤膏涂药。涂药后密切观察患者局部及全身的情况，如出现丘疹、瘙痒、水泡或局部肿胀等过敏现象，停止用药，将药物擦洗干净，并报告医生，配合处理。

第九节 热 熨 法

一、概 述

案例 5-6

患者，男，60 岁。一年前，饮食不节后出现胃脘部疼痛不适，口服药物后，症状好转。后每因饮食不节上述症状反复，自行口服消化药及中药汤剂后症状缓解。5 天前饮食不节后上述症状加重，自行口服药物后症状未明显改善，遂至我院就诊。我院门诊以“慢性浅表性胃炎”收治入院。现症：胃脘部疼痛不适，无恶心呕吐，反酸，腹胀，纳差，寐可，小便调，大便稀。舌质淡红，苔薄白，脉沉细。中医诊断：胃脘痛；证型：脾胃气虚。

问题

1. 根据患者情况护士应在什么部位行热敷？
2. 热敷过程中护士应注意哪些？

（一）概念

热熨法（hot compress），是将药物或其他物品加热以后，在人体的局部或一定穴位，适时地来回移动或回旋运转，利用温热之力使药性通过体表透入经络、血脉，从而达到温经通络、行气活血、散寒止痛、祛瘀消肿等作用。

（二）适应证及禁忌证

1. 适应证

（1）胃脘疼痛、腹冷泄泻、关节冷痛、酸胀、沉重、麻木。

（2）跌打损伤等引起的局部瘀血、肿痛；扭伤引起的腰背不适、行动不便等。

2. 禁忌证

（1）身体大血管处、皮肤损伤早期、溃疡、炎症、水泡等禁用。

（2）腹部包块性质不明、孕妇腹部、腰骶部，局部无知觉处或反应迟钝的患者禁用。

（3）麻醉未清醒或神志不清的患者禁用。

（三）分类

1. 按照热熨法所采用的材料分类

（1）水熨：即用热水袋或玻璃瓶盛热水，外裹毛巾，以适宜的热度熨患处。适用于一般的胃痛、腹痛、腰背痛及疲劳不适等。

（2）姜熨：用鲜生姜洗净捣烂，挤生姜汁，用碗装好，再把姜渣炒热，用布包裹，在患处来回熨。如果姜凉后，可在姜渣中加些姜汁，炒热再熨。此法最适于胸膈胀满、风湿性腰腿痛、软组织挫伤等。

（3）卵石熨：先准备两个椭圆或柱形的鹅卵石，洗净，放入铁锅中加沙热炒。待卵石发烫后，取出裹上纱布，置于患处上下滚动，有按摩的功效。对寒湿引起的腰腿痛，中寒食滞引起的胃痛、腹痛疗效颇佳。

（4）葱盐熨：葱白、粗食盐适量，置铁锅内急火爆炒，趁热用棉纸包上，外裹纱布，提放或滚动于患处。本法适于各种风寒痛症及气滞血瘀所致的疼痛。

（5）醋椒熨：花椒、陈醋适量，先将花椒放铁锅内爆炒，然后放醋炒匀，放布袋内热熨患处。此法对妇女痛经、老人卧睡抽筋、成人腹中气块，都有一定的疗效。

2. 按热熨法操作的方式分类

（1）直接熨：将已加热的药物直接放置于穴位或患处进行熨烫。如葱盐熨、姜熨等。

（2）间接熨：先将药物置于穴位或患处，再取加热物体放在上面熨烫。如部分药熨法。

二、物品准备

治疗盘、遵医嘱准备药物及器具、凡士林、白酒或醋、棉签、双层纱布袋 2 个、大毛巾、炒具（竹铲或竹筷）、炒锅、电炉、温度计、必要时备屏风、毛毯等。

三、操作方法及护理要点

（一）操作方法

1. 取适宜体位，暴露药熨部位，注意保暖，必要时屏风遮挡患者。

2. 遵医嘱配制的药物用少许白酒或食醋搅拌后置于锅中，用文火炒后，装入布袋，用大毛巾保温备用。

3. 先用棉签在热熨部位涂一层凡士林，将药袋放到患处或相应穴位处用力来回推熨，开始时力度要轻，而后速度加快，以患者能耐受为宜；随着药袋温度的降低，力量可增大，同时速度减慢。药袋温度过低时，及时更换药袋或加温。

4. 热熨操作过程中注意观察局部皮肤的颜色情况，及时询问患者对温度的反应，防止烫伤。

5. 操作完毕擦净局部皮肤，协助患者着衣，安排舒适体位。

（二）护理要点

1. 热熨的温度以能耐受为度，不能过高，以免烫伤皮肤。

2. 操作过程中应保持药袋温度，温度过低则需及时更换或加热。

3. 药熨温度适宜，年老、婴幼儿及感觉障碍者，药熨温度不宜过高以免引起烫伤。

4. 热证发烧、皮肤炎症或湿疹、皮肤过敏、紫癜的患者不宜用热熨。

5. 药熨过程中应随时观察患者病情变化及皮肤情况，患者一旦出现疼痛或出现水泡应立即停止操作，报告医师，并给予适当处理。

6. 布袋用后清洗、消毒、晒干、高压灭菌后备用。

案例 5-6 分析讨论

1. 护士遵医嘱，在患者胃脘部给予吴茱萸腹部热熨法治疗。

2. 护士在进行热熨操作过程中，应保持药袋温度。温度过低则需及时更换或加热，并随时观察患者病情变化及皮肤情况，患者一旦出现疼痛或出现水泡，应立即停止操作，报告医生，并给予适当处理。

第十节 熏 洗 法

一、概 述

（一）概念

熏洗法（fumigation）是将药物煎汤，趁热在患处熏蒸、淋洗，以达到疏通腠理、祛风除湿、清热解毒、杀虫止痒目的的一种外治方法。本法能缓解患者的关节疼痛、肿胀、屈伸不利、皮肤瘙痒等症状；减轻眼科疾病引起的眼结膜红肿、痒痛、糜烂等症状；促进肛肠疾患的伤口愈合；治疗妇女会阴部瘙痒等症状。

（二）适应证及禁忌证

1. 适应证

（1）内科疾病：感冒、咳嗽、哮喘、肺痈、中风、高血压、头痛、呕吐、腹胀、便秘、淋证、脚气等。

（2）外科疾病：疔疮、痈疽、乳痈、烫伤、痔疮、肛裂、流火、软组织损伤、血栓闭塞性脉管炎、腱鞘炎等。

（3）妇科疾病；闭经、痛经、带下病、外阴瘙痒、外阴溃疡、外阴白斑、阴肿、阴疮、宫颈糜烂、盆腔炎、子宫脱垂等。

（4）儿科疾病：湿疹、腹泻、痄腮、麻疹、遗尿、小儿麻痹证等。

（5）骨伤科疾病：骨折、脱臼、外伤性关节僵化症、外伤性关节滑囊炎、肋软骨炎、肩周炎、网球肘、骨质增生、化脓性骨髓炎等。

（6）五官科、眼科疾病：睑缘炎、结膜炎、睑腺炎、巩膜炎、急慢性葡萄膜炎、泪囊炎、鼻衄、鼻窦炎、唇炎、喉鹅、耳疮等。

（7）皮肤科疾病：湿疹、脓疱疮、慢性湿疹、皮肤瘙痒、手足癣、银屑病、扁平疣等。

（8）美容美发：痤疮、头疮、斑秃、增白悦颜、祛斑莹面、香身除臭等。

2. 禁忌证

（1）妇女月经期、孕妇禁用坐浴。

（2）大汗、饥饿、过饱及过度疲劳者不宜进行熏洗法。

（3）急性传染性疾病、恶性肿瘤、严重心脏病、重症高血压、呼吸困难及有出血倾向的患者禁用熏洗法。

（4）眼部肿瘤、眼出血、急性结膜炎等不宜用熏眼法治疗。

（5）有大范围感染性病灶并已化脓破溃时，禁止使用局部熏疗。

（三）分类

熏洗法根据部位不同分为四肢部熏洗（包括上肢熏洗法和下肢熏洗法）、眼部熏洗法、会阴部熏洗法（又称坐浴法）和全身熏洗法。

二、物品准备

治疗盘、药液、熏洗盆（根据熏洗部位的不同，也可备坐浴椅、有孔木盖浴盆或治疗碗等）、水温计、镊子、垫枕、弯盘、纱布、毛巾、浴巾、一次性治疗巾，必要时备屏风及换药用品。

1. 四肢部位 盆内盛煎好的中药滤液、治疗巾、浴巾。

2. 眼部 治疗盘、治疗碗（内盛煎好的中药滤液）、纱布、镊子、胶布、眼罩。

3. 会阴部 坐浴盆内盛煎好的中药滤液，坐浴架、毛巾、必要时备屏风。

4. 全身熏洗 药液、开水、水温计、活动支架或小木凳、毛巾、肥皂、浴巾、拖鞋、衣裤。

三、操作方法及护理要点

（一）操作方法

1. 上肢熏洗法

（1）根据病情，遵医嘱备好药液。

（2）床上铺好一次性治疗巾，将药液趁热倒入盆内放于其上。

（3）将患肢架于盆上，用浴巾或毛巾围盖住患肢及盆，使药液蒸汽熏蒸患肢。待温度适宜时，将患肢浸泡于药液中约 10 分钟。

（4）泡毕，擦干患肢，撤去治疗巾。药液可留至下次再用，一般每剂药液可泡 2～3 次。

2. 下肢熏洗法

（1）遵医嘱备好药液。

（2）将煎好的药液乘热倾入木桶或铁桶中，桶内置 1 只小木凳，略高出药汤面。患者坐在椅子上，将患足放在桶内小木凳上，用布单将桶口及腿盖严，进行熏疗。待药液温度适宜时，取出小木凳，将患足浸泡药液中泡洗，时间为 10～20 分钟。根据病情需要，药液可浸至踝关节或膝关节部位。

（3）熏洗完毕后，用干毛巾擦干皮肤，注意避风。

3. 眼部熏洗法

（1）根据病情，遵医嘱备好药液。

（2）将煎好的药液（50～60℃为宜）倒入治疗碗，盖上带孔的多层纱布，患者取端坐姿势，头部向前倾，将患眼贴至带孔的纱布上熏疗。

（3）待药液温度适宜时，用镊子夹取纱布蘸药液频频擦洗眼部，稍凉即换，每次 15～30 分钟。也可用洗眼杯盛温热药汤（约为全杯容积的 2/3），患者先低头，使洗眼杯口紧扣在患眼上，接着紧持洗眼杯随同抬头，不断开合眼睑，转动眼球，使眼部与药液接触。如患眼分泌物过多，应用新鲜药液多洗几次。

（4）洗毕，用毛巾轻轻擦干眼部，然后闭目休息 5～10 分钟。根据需要用无菌纱布盖住患眼，胶布固定或戴上眼罩。

4. 坐浴法（sitz bath）

（1）遵医嘱备好药液。

（2）将煎好的中药液趁热倒入盆内，上盖一带孔的木盖。

（3）协助患者脱去内裤，让患者暴露臀部，若有创面覆盖，则揭去敷料，将患处对准盖孔，坐于木盖上熏蒸。

（4）待药液不烫时，撤去木盖，让患者将臀部坐于盆内浸泡，当药液偏凉时，应添加热药液，每次熏洗 20～30 分钟。

（5）洗毕，擦干臀部。如需换药，则上药后敷盖无菌敷料，更换干净的内裤，安置舒适卧位。

（6）一般每日熏洗 1～3 次，每次 20～30 分钟。其疗程视疾病而定，以病愈为准。

5. 全身熏洗法

（1）将浴室温度调节在 20～22℃。把煎好的中药液趁热倒入盆内，加适量开水。盆内放活动支架或小木凳，高出水面约 10cm。

（2）协助患者脱去衣裤，扶入浴盆坐在活动架上或小木凳上，全身高出水面 10 ㎝，用布单或毯子从上面盖住，勿使热气外泄，露出头面部，借药物蒸汽进行熏疗。

（3）待药液不烫时，撤去活动支架或小木凳，让患者将躯体及四肢浸泡于药液中，当药液温度继续下降时，应添加热水，使药液温度始终保持在 38～45℃，每次熏洗 20～30 分钟，以出汗为度，熏洗时间不宜超过 40 分钟，以免患者疲劳。

（4）熏洗过程中，密切观察患者的反应，了解其生理及心理感受。若感到不适，应立即停止，协助患者卧床休息。

（5）熏洗完毕，用温水冲去皮肤上的药液，擦干身体，协助衣着，安置舒适卧位。

（二）护理要点

（1）室内避风，注意保暖，暴露部位尽量加盖衣被。保护患者隐私，必要时进行遮挡。

（2）根据不同部位辨证用药，如头面部及某些敏感部位，不宜选用刺激性太强的药物，孕妇忌用麝香等药物，以免引起流产等后果。

（3）熏洗药液用干净纱布过滤，以免药中杂质在熏洗时刺激皮肤。药液温度适宜，以防烫伤，一般为 50～70℃。尤其是眼部熏洗，组织、皮肤娇嫩易发生烫伤，浸泡时，药液温度以不烫手或能忍耐的程度为宜，一般控制在 38～45℃；老年人、儿童对温度反应较差者，药液温度不宜超过 50℃，以 30～40℃为宜。药液偏凉时，应及时更换。

（4）在伤口部位进行熏洗时，按无菌技术操作进行。包扎部位熏洗时，应揭去敷料。熏洗完毕后，更换消毒敷料。

（5）所用物品需清洁消毒，用具一人一份一消毒，避免交叉感染。

（6）饭前、饭后 30 分钟不得熏洗。全身熏洗时，时间不宜超过 40 分钟，以免大汗导致体液丢失过多。熏洗每日一次，每次 20～30 分钟，也可 1 日 2 次。5～7 日为 1 个疗程。

（7）有皮肤血管扩张导致微循环改变，而出现头晕、心慌等虚脱现象发生时，立即停止操作，休息，口服糖盐水，协助医师及时处理。如发现患者有过敏或治疗无效时，应及时与医师联系，调整治疗方案。

（8）熏洗完毕应及时擦干药液和汗液，30 分钟后才可外出，以防感冒。

第十一节　贴　敷　法

一、概　　述

（一）概念

贴敷法（sticking therapy）是将药物贴敷于患者体表局部或穴位上的一种操作方法。其剂型有膏贴、饼贴、叶贴、皮贴、花贴、药膜贴等。此法具有活血化瘀、消肿定痛、行气消痞、提脓祛腐、避风护肉等作用。

（二）适应证及禁忌证

1. 适应证　适用于缓解或消除多种疾病，如各种疮疡疔肿、跌打损伤、慢性咳喘、哮喘、胸痹、皮肤病、慢性腹泻、腰腿痛等病症的临床症状。厚型的贴药多用于病位在里或肿疡，宜于少换；薄型的贴药多用于病在浅表或溃疡，宜于勤换。油膏多用于肿疡、溃疡，尤以溃疡创口溃烂较大者最为适宜。

2. 禁忌证 皮肤过敏者慎用。

二、物品准备

治疗盘、遵医嘱配制药物，贴膏药时备酒精灯、火柴、剪刀、棉花，纱布、胶布、绷带、保险刀、滑石粉、汽油、棉签等。

三、操作方法及护理要点

（一）操作方法

1. 协助患者取合适体位，暴露贴药部位，注意保暖。

2. 清洁局部皮肤，必要时剃去毛发（范围大于贴药的面积）；需换药时，揭去原来贴药，擦洗皮肤上的贴药痕迹，观察疮面情况及贴药效果。

3. 遵医嘱使用已经配制的药物并根据病灶范围，选择大小合适的膏药，剪去膏药周边四角，呈半圆形，将膏药背面置酒精灯上加温软化后，贴于患处。或按医嘱掺入药粉，混合均匀。必要时以胶布或绷带固定。如用植物叶贴敷（如玉簪叶、苦瓜叶等），则洗净后直接贴于患处，并用纱布覆盖，胶布或绷带固定。

4. 操作完毕，协助患者衣着，整理床单位，安置舒适的体位。

（二）护理要点

1. 贴敷的时间一般视病情而定。肿疡初起以消散、退肿、化毒为原则，宜用厚型膏药，贴敷时间长；溃疡以提脓祛腐、排毒生肌为要，宜用薄型膏药，须每日更换，如脓液过多者，可日换数次。

2. 烘烤膏药不宜过热，掺有麝香等辛香药物时更应注意，以免失去药效。膏药宜加温，以烊化为度，过久烘烤易烫伤皮肤或膏药泥外溢。

3. 使用膏药后，如出现皮肤发红，起丘疹、水疱、瘙痒、糜烂时，停止用药，及时报告医师配合处理。

4. 溃疡生肌收口时所贴膏药，不可去之过早，以防创面不慎受伤，再次引起感染。

5. 除去膏药后，应用汽油或松节油擦拭残留的膏药痕迹。

第十二节　中药保留灌肠

一、概　述

（一）概念

中药保留灌肠法（Chinese medicine retention enema method）是将中药汤剂自肛门灌入，保留在直肠或结肠内，通过肠黏膜洗手，达到治疗疾病之目的的一种方法。此法适用于慢性结肠炎、慢性肾衰竭、带下病、慢性盆腔炎、盆腔包块、慢性痢疾等疾病。

（二）适应证及禁忌证

1. 适应证

（1）骨科术后腹胀、便秘。

（2）腰椎间盘突出症、腰椎压缩性骨折、急性腰扭伤等导致的便秘。

（3）慢性结肠炎，慢性痢疾，高热等。

（4）妇科疾病：慢性盆腔炎、盆腔包块、带下病等。

2. 禁忌证

（1）肛门、直肠和结肠等手术或大便失禁的患者。

（2）下消化道出血者、妊娠妇女等。

（三）分类

中药保留灌肠法分为直肠注入法和直肠滴注法两种。

二、物品准备

（一）直肠注入法的物品准备

治疗盘、量杯、50ml 注射器、弯盘内放消毒肛管（14～16 号）、温开水、水温计、石蜡油、橡胶单、治疗巾、棉签、卫生纸、便盆、止血钳。按医嘱准备中药汤剂。

（二）直肠滴注法的物品准备

治疗盘、灌肠筒或输液器一套、弯盘内放消毒肛管（14～16 号）、温开水、水温计、石蜡油、橡胶单、治疗巾、棉签、卫生纸、便盆、止血钳、输液架等。按医嘱准备中药汤剂。

三、操作方法及护理要点

（一）操作方法

1. 直肠注入法

（1）嘱患者排空大便。

（2）测量药液温度，39～41℃，用注射器抽取药液备用。

（3）摆好体位，根据病变部位取左侧或右侧卧位，臀下垫胶单和治疗巾，并用小枕抬高臀部 10cm 左右，暴露肛门，注意保暖。

（4）润滑肛管前端，与注射器连接，排气后夹紧肛管，轻轻插入肛门 10～15cm，缓缓推注药液 150ml 左右，药液注完后在注入温开水 5～10ml，然后轻轻拔出。

（5）用卫生纸轻轻揉擦肛门，嘱患者尽量保留药液，协助取舒适卧位。

2. 直肠滴注法

（1）嘱患者排空大便。

（2）测量药液温度，39～41℃，倒入输液袋内，挂在输液架上或挂衣架上，液面距肛门 30～40cm。

（3）摆好体位，根据病变部位取左侧或右侧卧位，臀下垫胶单和治疗巾，并用小枕抬高臀部 10cm 左右，暴露肛门，注意保暖。

（4）润滑肛管前端，与输液器连接，排气后夹紧输液管，轻轻插入肛门 10～15cm，用胶布固定，松开开关，调节滴速，每分钟 60～80 滴。

（5）待药液滴完时夹紧输液管或灌肠筒的连管，拔出肛管放入盘中。用卫生纸轻揉肛门部。

（6）协助患者取舒适卧位，嘱咐患者尽量保留药液 1 晚，臀部小枕可 1 小时以后再撤去。

（二）护理要点

1. 在保留灌肠操作前，应了解病变的部位，以便掌握灌肠的卧位和肛管的卧位插入的深度。

2. 观察前，应嘱患者先排便，肛管要细，插入要深，压力要低，药量要少。

3. 肠道病变患者在晚间睡前灌入为宜，灌肠后不再下床活动，以提高疗效。

4. 药液温度要适宜，一般为 39～40℃，虚证可为 40～44℃。过低可使肠蠕动加强，腹痛加剧，过高则引起肠黏膜烫伤或肠管扩张，产生强烈便意，致使药液在肠道内停留时间短、吸收少、效果差。

5. 为使药液能在肠道内尽量多保留一段时间，药液一次不应超过 200ml。

6. 灌肠筒要清洁消毒处理，肛管可用一次性的，一人一用，用后及时按规定处理。

7. 导致直肠黏膜破裂，应立即取出肛管，按压肛门止血。血流不能止住可肛门纳入止血药粉如三七粉、云南白药粉等。

第十三节 中药离子导入

一、概 述

（一）概念

中药离子导入法（Chinese medicine iontophoresis method）是利用直流电场的作用，使药物离子经过皮肤或黏膜进入人体到达组织间隙，使药物直接作用于病变部位，达到治疗疾病的目的，又称为直流电离子导入法。离子导入是利用直流电场作用和电荷同性相斥、异性相吸的特性，使无机化合物或有机化合物药物离子、带电微粒子进入人体。

（二）适应证及禁忌证

1. 适应证 风寒湿痹、关节肿痛、骨质增生、神经痛、神经炎、盆腔炎。

2. 禁忌证 高热、出血性疾患、活动性结核、妊娠、严重心功能不全或带有心脏起搏器的患者禁用。

二、物品准备

治疗盘、离子导入治疗机一台、衬垫、纱布、绷带、沙包、塑料薄膜、镊子、必要时备屏风。

根据疾病不同，中药离子导入选用不同的中药复方制剂。

1. 药物组成

（1）风湿痹证、骨质增生：防己 15g、乳香 20g、杜仲 20g、草乌 20g、秦艽 12g、川芎 20g、蒲公英 30g、牛膝 15g、桃仁 20g、白芷 15g、羌活 20g、干姜 30g、 威灵仙 30g。

（2）附件炎配方：丹参 1000g 水煎过滤留 2000ml 备用。

（3）盆腔炎配方：白花蛇舌草 500g，没药 100g，乳香 100g，血竭 25g，红花 50g，桂枝 50g，香附 100g，当归尾 500g，赤勺 25g，川椒 125g。

2. 煎药方法 上药加水 1500ml，浸泡 3 小时后，文火煎，水开 35 分钟后，用四层纱布滤出药液 800ml，第二煎加水 1000ml，水沸后再煎 25 分钟，滤出 500ml，与一煎混匀，装入瓶中，置冰箱中备用。

三、操作方法及护理要点

（一）操作方法

1. 根据疾病的部位选择合适的体位。

2. 将衬垫浸湿药液，拧至不滴水，紧贴患处皮肤，根据药物选择电极，将带负电的药物衬垫放在负极板下（黑色导线），带正电的药物衬垫放在正极板下（红色导线）。连接好以后把塑料薄膜盖在电极板上，用沙包和绷带固定。

3. 将直流感应电疗机电位器输出端调节到“0”位，接通电源，缓慢增至预定的电流强度。

4. 一般局部电流量小于 40mA，全身电流量小于 60mA，小部位、指关节电流量小于 10mA，面部电流量小于 5mA。

5. 治疗时间：每日一次，每次 15～20 分钟，小儿 10～15 分钟；10～15 次为 1 个疗程。

6. 治疗结束时，先将电位器输出端调至“0”位，再关闭电源开关，以免患者受到突然断电的电击感而感到不适。

7. 拆去绷带、沙包、薄膜和衬垫，擦净局部皮肤，协助患者穿衣。

（二）护理要点

1. 做好解释工作，告诉患者治疗过程中可能出现的感觉，以便配合治疗。

2. 操作前检查设备是否处于使用状态。

3. 检查治疗部位皮肤感觉有无异常、破损。如有破损，可加盖小块塑料薄膜。

4. 治疗过程中注意观察患者的反应和机器的运行情况，及时调节电流量以免灼伤。

5. 衬垫要专用。一个衬垫只供一种药物使用，不要用洗涤剂清洗，最好使用一次性衬垫。

6. 多次治疗后，局部皮肤可出现瘙痒、脱屑、皮疹、皲裂等反应，可用青黛膏或皮炎平膏外涂，禁止搔抓。如有电灼伤，可按烧伤处理，预防感染。

（姜军作　柳振宇　吴松花　张建华）

思　考　题

1. 在拔罐区出现下列哪种现象不属于拔罐的正常反应：

A. 疼痛明显　B. 冒冷气　C. 有温热感　D. 紫斑或丹痧　E. 微痛

2. 皮肤针循经叩刺常用的部位是：

A. 局部扭伤　B. 五官疾病　C. 关节病　D. 背部　E. 手足部

3. 下列哪一项是常用耳穴肾的标准定位：

A. 耳轮脚消失处　B. 对耳轮下脚下方后部　C. 耳垂正面中央部

D.耳甲艇的后上部　E. 对耳屏内侧面

4. 上肢抖动的频率是每分钟多少次：

A. 250 次左右　B. 120 次左右　C. 100 次左右　D. 50 次左右　E. 180 次左右

5. 雀啄灸属于下列哪种灸法：

A. 瘢痕灸　B. 悬起灸　C. 天灸　D. 直接灸　E. 灯芯灸

6. 中药熏洗法的药液适宜温度一般是：

A. 20～60℃　B. 50～80℃　C. 30～50℃　D. 35～45℃　E. 50～70℃

7. 走罐法可用于下列哪个部位：

A. 头部　B. 面部　C. 背部　D. 上肢　E. 颈部

8. 徒手刮痧法不包括下列哪种方法：

A. 揪痧法　B. 挤痧法　C. 扯痧法　D. 挑痧法　E. 拍痧法

9. 下列哪项不是熏洗法的适用范围：

A. 感冒　B. 外阴瘙痒　C. 痔疮　D. 乳痈　E. 急性传染性疾病

10. 下列最佳的针具器械消毒的方法是：

A. 酒精浸泡消毒　B. 碘酒消毒　C. 高压蒸汽消毒　D. 煮沸消毒　E. 新吉尔灭消毒

第六章　常见病证辨证施护

【学习目标】

掌握　内科、外科、妇科、儿科病证的概念、护治法则、护理措施及健康教育。

熟悉　内科、外科、妇科、儿科病证的病因病机。

了解　内科、外科、妇科、儿科病证的辨证要点。

第一节　内科病证辨证施护

一、感　冒

案例 6-1

患者，男，40 岁，恶寒发热伴头痛、鼻塞、流涕 2 日。患者昨晚因外出受凉而突然出现恶寒、发热，伴头痛、鼻塞、流涕。现症状：恶寒重，发热轻，头痛而无汗，肢体酸重，鼻塞声重，吐痰稀薄色白，遂来就诊。查体：体温 38℃，脉搏 86 次/分，呼吸 19 次/分，血压 120/80mmHg。神志清，精神可，咽部充血，扁桃体Ⅰ度肿大，双肺呼吸音清，未闻及干湿啰音，心率 86 次/分，舌苔薄白而润，脉浮紧。胸片：心肺未见异常。血常规：白细胞总数 7.6×10^9/L，中性粒细胞 72%。

问题

1. 根据病史摘要，请进行中医辨证。
2. 针对疾病的中医辨证，给出相应的护治法则和代表方。
3. 如何做好患者的护理？

（一）概述

感冒（common cold）是因感受风邪，邪犯卫表，以鼻塞、流涕、喷嚏、头痛、恶寒、发热、全身不适等为主要临床表现的常见外感病症。本病俗称“冒风”“冒寒”“伤风”。本病一年四季均可发生，但以冬春二季多见。

感冒首见于北宋杨士瀛所著的《仁斋直指方·诸风》：“感冒风邪，发热头痛，咳嗽声重，涕唾稠粘。”此感冒为感受之意。汉代张仲景在《伤寒论·辨太阳病脉证并治》中，用桂枝汤治太阳表虚证，用麻黄汤治太阳表实证，为后世治疗感冒辨表实、表虚奠定了理论基础。元代朱丹溪在《丹溪心法》中提出“伤风者属肺者多，宜辛温或辛凉之剂散之”，确立了治疗本病的辛温、辛凉两大法则，对后世具有深远的影响。及至明清，对虚人感冒有了进一步认识，提出了扶正达邪的治疗原则。

西医学的普通感冒、流行性感冒、急性上呼吸道感染均属于本病范畴，可参考本病辨证施护。

（二）病因病机

本病为外感病症，分实证和虚症。病位在卫表（皮毛）。卫表不和、肺气失宣是本病的主要病机。

1. 外感风邪疫毒　风寒暑湿燥火六淫之邪或时行疫毒之气，均可侵袭人体而致病。“风为百病之长”，故风邪为感冒的主因。但不同季节，常兼夹其他当令之气伤人，如冬季夹寒，则风寒证；春季夹热，则风热证；夏季夹暑湿，则风暑夹湿证；秋季夹燥，则易出现燥邪伤津症状。若四时之中气候失常，“非其时而有其气”，则易侵入人体发生感冒或引起时行感冒的流行。

2. 正气虚弱，肺卫功能失常　“邪之所凑，其气必虚”，提示正气不足或卫外功能暂时低下与感冒发病密切相关。若起居生活失常、寒暖不调或劳作过度，而致卫外不固，外邪得以乘虚而入。

（三）辨证施护

1. 辨证要点

（1）辨风寒风热：主要从寒热、有汗无汗、咽部红肿及舌脉特点来辨别。恶寒重、发热轻、无汗、头痛、咽痒不肿、苔白，脉浮紧者属风寒，冬季为多；发热重、恶寒轻、咽痛、苔白少津或薄黄、脉浮数者属风热，春季易发。

（2）辨兼夹症：夹湿者以身热不扬、头胀如裹、骨节疼痛为特征，多见于梅雨季节；夹暑者以身热有汗、心烦口渴、苔黄腻为特征，多见于长夏；夹燥者以身热头痛、鼻燥咽干、咳嗽无痰或少痰为特征，多见于秋季。

（3）辨气虚与阴虚：气虚感冒者，在感冒诸症基础上兼有恶寒重，倦怠无力，气短懒言等气虚证；阴虚感冒者，兼见身微热，手足发热，心烦口干，舌红，脉细数等阴虚证。

2. 证候分型

（1）风寒束表证

临床表现：鼻塞声重，喷嚏，流清涕，恶寒重，发热轻，无汗、周身酸痛，咳嗽，痰白质稀，舌苔薄白，脉浮紧。

护治法则：辛温解表。

代表方：荆防败毒散加减。

案例 6-1 分析讨论

1. 中医辨证：风寒袭表。辨证依据：风寒袭表，肺窍不利，则鼻塞流涕；风寒外束，卫阳被郁，则恶寒，无汗，咳痰稀薄色白；正邪相争则发热；足太阳膀胱经主一身之表，寒邪犯表，太阳经气不舒，故头痛，肢节酸重；舌苔薄白而润，脉浮紧为风寒在表之象。

2. 治法：辛温解表。方药：荆防败毒散。

3. 护理：①生活起居上，保持病室清洁、舒适、安静；病室空气新鲜，避免直接吹风；保持床单清洁干燥，同时注意保暖，以防复感。②密切观察患者恶寒发热、口渴、咽喉肿痛、脉搏舌象、体温、汗出及有无变生他症的情况。③饮食宜清淡、富营养的食物，忌油腻之品，鼓励患者多饮热水。④保持情志舒畅，乐观开朗，以利于增强正气，祛邪外达。⑤解表药多为辛散轻扬之品，故汤药宜武火快煎，不宜久煎，以防有效成分散失。患者服发汗药后，忌服酸醋生冷之品，以免收涩，影响发散效果，中病即止，不可过汗，以防伤阴。⑥感受风寒而见恶寒发热无汗者，可行背部捏脊直至背部发热（督脉及膀胱经俞穴）或遵医嘱针刺风池、合谷、大椎、曲池等穴位；鼻塞流涕者，用热毛巾敷鼻额部，或按摩迎香穴、印堂穴。外感暑湿，发热恶寒，兼头身疼痛者，可采用刮痧法（背部两侧膀胱经俞穴）。汗出不畅者，可艾灸大椎、曲池穴以透汗出。

（2）风热犯表证

临床表现：鼻塞喷嚏，流浊涕，发热或高热，微恶心，汗出口干，咽痛，咳嗽痰稠。舌苔薄黄，脉浮数。

护治法则：辛凉解表。

代表方：银翘散加减。

（3）暑湿伤表证

临床表现：发热，汗出热不解，鼻塞流浊涕，头昏重胀痛，身重倦怠，心烦口渴，胸闷欲呕，尿短赤，舌苔黄腻，脉濡数。

护治法则：清暑祛湿解表。

代表方：新加香薷饮加减。

（4）体虚感冒

1）气虚感冒

临床表现：经常感冒，反复不愈。恶寒较甚，发热，无汗，身楚倦怠，咳嗽，咳痰无力，舌苔淡白，脉浮无力。

护治法则：益气解表。

代表方：参苏饮加减。

2）阴虚感冒

临床表现：身热，微恶风寒，少汗，头昏，心烦，口干，干咳少痰，舌红少苔，脉细数。

护治法则：滋阴解表。

代表方：加减葳蕤汤。

3. 护理措施

（1）生活起居护理：保持病室清洁、舒适、安静。病室空气新鲜，避免直接吹风。保持床单清洁干燥，患者汗出热退时，宜用毛巾擦身后更换衣被，使患者舒适，同时注意保暖，以防复感。

（2）病情观察（observation of state of disease）：密切观察患者恶寒发热、口渴、咽喉肿痛、脉搏舌象、体温、汗出及有无变生他症的情况。尤其注意观察服解表药后患者的体温和汗出情况。

（3）饮食护理（diet nursing）：饮食宜清淡、富营养的食物，忌油腻之品，鼓励患者多饮热水。风寒感冒宜热食，忌冷食，多喝热粥或热水。风热感冒者，应多食水果。气虚感冒者，宜选温补易消化的食品。

（4）情志护理（emotional nursing）：指导患者了解本病的发生、发展过程，积极配合治疗，保持情志舒畅，乐观开朗，以利于增强正气，祛邪外达。

（5）用药护理（drug nursing）：解表药多为辛散轻扬之品，故汤药宜武火快煎，不宜久煎，以防有效成分散失。患者服发汗药后，忌服酸醋生冷之品，以免收涩，影响发散效果，中病即止，不可过汗，以防伤阴。

（6）适宜技术：感受风寒而见恶寒发热无汗者，可行背部捏脊直至背部发热（督脉及膀胱经俞穴）或遵医嘱针刺风池、合谷、大椎、曲池等穴位；鼻塞流涕者，用热毛巾敷鼻额部，或按摩迎香穴、印堂穴。外感暑湿，发热恶寒，兼头身疼痛者，可采用刮痧法（背部两侧膀胱经俞穴）。汗出不畅者，可艾灸大椎、曲池穴以透汗出。

（四）健康教育

1. 生活上应慎起居，适寒温。在冬春之际尤应注意防寒保暖，盛夏亦不可贪凉露宿。

2. 注意锻炼，增强体质，以御外邪。

3. 易患感冒者，可坚持每天按摩迎香穴，并服用防治方药。

4. 在流行季节，应尽量少去人口密集的公共场所，外出时带好口罩，室内可用食醋熏蒸，防止交叉感染。

二、心　悸

案例 6-2

患者，男，60 岁，心悸 1 个月。患者平素善惊易恐，1 月前因突受惊吓而引发心悸，惊惕不安，虽经家人宽慰，仍时感心悸。当地医院予以安定口服，心悸未见明显改善，伴多虑，饮食不佳，尤易惊易恐，恶闻声响，坐卧不安，多梦，少寐而易醒，遂来就诊。查体：体温 36.5℃，脉搏 90 次/分，呼吸 20 次/分，血压 110/70mmHg。神志清，精神不振，心率 90 次/分，偶可闻及早搏，未闻及杂音。舌质淡，薄白苔，脉代而虚弦。心电图示：室性早搏。

问题

1. 根据病史摘要，请进行中医辨证。

2. 根据疾病的中医辨证，给出相应的护治法则和代表方。

3. 如何做好患者的护理？

（一）概述

心悸（palpitation）是因阴阳失调，气血失和、心神失养所导致的患者自觉心中悸动、惊惕不安，甚则不能自主的一种病症，临床一般多成阵发性，每因情志波动或劳累过度而发作，且常与失眠、健忘、眩晕、耳鸣等症同时并见。心悸包括惊悸和怔忡。惊悸是因惊恐而诱发的自觉心跳不安的病症。怔忡是不因惊恐而自发的自觉心中悸动、惊惕不安，甚至不能自主的一种病症。

心悸的症状，最早在《黄帝内经》中就有所记载。如《素问·举痛论》之“惊则心无所倚，神无所归，虑无所定，故气乱矣”，《素问·至真要大论》之“心澹澹大动”，《灵枢·本神》之“心怵惕”，都是对心悸症状的描述，但对这一病名没有明确的记载。汉代张仲景在《金匮要略·惊悸吐衄下血胸满瘀血病脉证治》中以惊悸、心动悸为病症命名。

西医学中各种原因引起的心律失常，如心动过速、心动过缓、期前收缩、心房颤动或扑动，及心功能不全、神经症等，凡具有心悸临床表现的，均可参照本病辨证施护。

（二）病因病机

本病分虚实两类。虚者为气血阴阳亏损、心神失养而致；实者多由痰火扰心、水饮凌心及瘀血阻脉、气血运行不畅而引起，虚实之间可以相互夹杂或转化。病位主要在心，与肝、脾、肺、肾关系密切。

1. 体质虚弱　禀赋不足，素体虚弱，或久病失养，劳欲过度，气血阴阳亏虚，以致心失所养，发为心悸。

2. 饮食劳倦　嗜食膏粱厚味，煎炸炙煿，蕴热化火生痰，或伤脾滋生痰浊，痰火扰心而致心悸。

3. 情志所伤　平素心虚胆怯，突遇惊恐，易使心气不敛，心神动摇，不能自主而心悸。长期忧思不解，心气郁结，化火生痰，痰火扰心，心神不宁而心悸。此外，大怒伤肝，肝火上炎，气血逆乱，且可夹痰，上扰于心，而出现心神不宁，心脉紊乱。

4. 感受外邪　风寒湿三气杂至，合而为痹，痹症日久，内舍于心，痹阻心脉，心血运行受阻，发为心悸；或风寒湿热之邪，耗伤心气心阴，亦可引起心悸。温病、疫毒均可灼伤营阴，心失所养，或邪毒内扰心神，如春温、风温、暑湿、白喉、梅毒等病，往往伴见心悸。

5. 药物中毒　药物过量或毒性较剧，损及于心，引起心悸。

（三）辨证施护

1. 辨证要点

（1）分清虚实　虚者指脏腑气血阴阳亏虚，实者多指痰饮、瘀血、火邪之类。临床常虚实夹杂，要详细辨别。

（2）辨脉象变化　心悸常见有数、促、疾、缓、迟、结、代等脉象，临床应结合病史、症状，推断脉症从舍。一般数脉主热，迟脉主寒，脉有力为实，无力为虚，脉见迟、结、代者，多属虚寒。

2. 证候分型

（1）心虚胆怯

临床表现：心悸不宁，善惊易怒，坐卧不安，少寐多梦而易醒，食少纳呆，恶闻声响，舌淡红，苔薄白，脉细略数或弦细。

护治法则：镇惊定志，养心安神。

代表方：安神定志丸加减。

案例 6-2 分析讨论

1. 中医辨证：心虚胆怯。

辨证依据：惊则气乱，气乱则心神不能自主，故发为心悸；心不藏神则善惊易恐，坐卧不安，少寐而易醒；多思虑则伤脾，故饮食不佳；多梦；脉代而虚弦，为心神不安；气血逆乱之象。

2. 治法：镇惊定志，养心安神。方药：安神定志丸加味。

3. 护理方法：①保持环境安静整齐，减少陪客探视，避免噪音，做到说话轻、走路轻、动作轻，减少对患者的不良刺激。根据病情轻重，注意劳逸结合。进餐不宜过饱，保持大便通畅。②观察心悸发作的规律，持续时间及诱发因素，以及心率、心律、血压、脉象等变化，给予心电监护进行监测，做好记录。③饮食宜低脂、低盐，进食营养易消化吸收的食物，忌过饥过饱和偏食。④心悸每因情志刺激诱发，故应加强疏导，关心体贴患者，避免不良情绪刺激。⑤遵医嘱使用各种抗心律失常药，注意观察药物的不良反应。⑥心悸不适，可针刺神门、内关等穴，留针 15～20 分钟，或耳穴埋籽，取穴心、交感、皮质下。

（2）心脾两虚

临床表现：心悸气短，头晕目眩，面色无华，神疲乏力，纳食呆少，腹胀便溏，少寐多梦，健忘，舌淡红，脉细弱。

护治法则：补血养心，益气安神。

代表方：归脾汤。

（3）肝肾阴亏

临床表现：心悸失眠，五心烦热，口干，盗汗，伴头晕目眩、耳鸣、腰酸、舌红少津、苔少或无、脉象细数。

护治法则：滋补肝肾，养心安神。

代表方：一贯煎加减。

（4）心阳不振

临床表现：心悸不安，胸闷气短，动则尤甚，形寒肢冷，舌淡苔白，脉虚弱或沉细无力。

护治法则：温补心阳，安神定悸。

代表方：桂枝甘草龙骨牡蛎汤。

（5）水饮凌心

临床表现：心悸，胸闷痞满，渴不欲饮，小便短少，下肢浮肿，形寒肢冷，伴有眩晕、恶心呕吐、流涎、舌淡苔滑、脉弦滑或沉细。

护治法则：振奋心阳，化气行水。

代表方：苓桂术甘汤。

（6）心血瘀阻

临床表现：心悸，胸闷不适，心痛时作，痛如针刺，唇甲青紫，舌有瘀斑，脉涩或结代。

护治法则：活血化瘀，理气通络。

代表方：桃仁红花煎。

（7）痰浊阻滞

临床表现：心悸气短，胸闷胀满，兼有食少腹胀，恶心呕吐，或伴烦躁失眠，口干口苦，纳呆，小便黄赤，大便秘结，舌苔白腻或黄腻，脉弦滑。

护治法则：理气化痰，宁心安神。

代表方：导痰汤

3. 护理措施

（1）生活起居护理：保持环境安静整齐，减少陪客探视，避免噪音，做到说话轻、走路轻、动作轻，减少对患者的不良刺激。注意季节气候变化，室内空气流通，保持适当的温度和湿度，避免外邪侵袭。根据病情轻重，注意劳逸结合。养成良好的生活习惯，进餐不宜过饱，保持大便通畅，睡前放松身心。

（2）病情观察：观察心悸发作的规律，持续时间及诱发因素，以及心率、心律、血压、脉象等变化，给予心电监护进行监测，做好记录。若心率持续在每分钟 120 次以上或 40 次以下或频发期前收缩，及时报告医师，予以处理。若患者出现胸中绞痛，喘促大汗、面色苍白、四肢厥冷等心阳暴脱危象，应及时配合医师进行抢救。

（3）饮食护理：饮食宜低脂、低盐，进食营养易消化吸收的食物，忌过饥过饱和偏食。虚者可进食大枣、莲子、百合、龙眼肉、山药、猪心、甲鱼等补益气血之品。

（4）情志护理：心悸每因情志刺激诱发，故应加强疏导，关心体贴患者，避免不良情绪刺激。多和患者沟通，疏导患者，使其保持心情愉快，精神乐观，情绪稳定。

（5）用药护理：遵医嘱使用各种抗心律失常药，注意观察药物的不良反应。心阳不振者中药汤剂应趁热服，补益药宜早晚温服，利水药宜空腹或饭前服用，安神药宜睡前服用。静脉输注抗心律失常药物和血管扩张药物时，应严格遵医嘱控制剂量和滴速，密切观察心率、心律、血压情况。使用利尿剂的患者，要准确记录出入量。

（6）适宜技术：心悸不适，可针刺神门、内关等穴，留针 15～20 分钟，或耳穴埋籽，取穴心、交感、皮质下。发作时，每次按揉 3～5 分钟。心慌气急时，给予氧气吸入，每分钟 3～4 升。

（四）健康教育

1. 生活起居有常，保持充足的睡眠和休息，适寒温，预防外邪的侵袭，避免剧烈活动。

2. 重视自我情志调节，保持乐观开朗的情绪，避免不良情绪刺激。

3. 饮食有节，进食营养易消化食物，宜低脂、低盐饮食。平素多吃新鲜蔬菜、水果等，保持大便通畅。

4. 积极治疗原发病，在医师指导下合理应用药物。随身携带急救药品，如硝酸甘油等。

三、中　　风

案例 6-3

患者，女，50 岁，左半身不遂 1 小时。患者平素头晕、耳鸣、不寐而多梦。于 1 小时前因早晨起床出现一过性的头晕后，出现左半身不遂而来诊。现症：左半身不遂，口舌㖞斜，舌强语謇。查体：体温 36.7℃，呼吸 75 次/分，脉搏 19 次/分，血压 175/110mmHg，意识清楚，精神尚可，口角左偏，伸舌右偏，混合性失语，颈软，双肺未见异常，心脏听诊主动脉瓣区第二心音略亢进，左侧上下肢肌力 0 级，肌张力减弱，左侧肢体巴宾斯基征阳性，右侧肢体正常，舌红，苔腻，脉弦而细。既往高血压史 8 年。头颅 CT 示：多发性脑梗死。

问题

1. 根据病史摘要，请进行中医辨证。
2. 根据疾病的中医辨证，给出相应的护治法则和代表方。
3. 如何做好患者的护理？

（一）概述

中风（apoplexy）又称卒中，是由于气血逆乱，产生风、火、痰、瘀，导致脑脉痹阻或血溢于脑脉之外。临床上以突然昏仆，半身不遂，口舌㖞斜，言语謇涩或不语，偏身麻木为主症。中风具有起病急、变化快的特点，多见于中老年人，四季皆可发病，冬春多见。

中风一病始见于《黄帝内经》，虽未有“中风”之名，但对卒中、昏迷有“仆击”“大厥”“薄厥”等描述，《金匮要略》首创“中风”之名。在病因方面，唐宋以前多以“内虚邪中”立论。唐宋以后，对中风的病因学说有了很大的发展，其中刘河间提出“心火暴盛”；李东垣认为“正气自虚”；朱丹溪论述“湿痰生热”；王履从病因学角度将中风分为“真中”和“类中”；李中梓又将中风明确分为“闭证、脱证”；叶桂首创“肝阳化风”学说；王清任则提出“气虚血瘀”。晚晴及近代医家认识到中风病的发生主要是阴阳失调，气血逆乱、直冲犯脑。

西医学的出血性或缺血性脑血管病均可参考本病辨证论治。

（二）病因病机

本病属于本虚标实、上盛下虚，分为中经络和中脏腑两类。本病病位在脑，与肝、脾、肾、心关系密切。其主要病机是气血逆乱，上犯于脑。

1. 积损正衰 年老体弱，或久病气血亏虚，元气耗伤，脑脉失养，若遇诱因，则气血逆乱，直冲犯脑，发为本病。

2. 劳倦内伤 烦劳过度，易使阳气升动，引动风阳，内风旋动，则气火俱浮，或兼夹痰浊、瘀血上壅清窍脉络。

3. 饮食不节 过食肥甘醇酒，脾失健运，聚湿生痰，痰湿化热，引动肝风，夹痰上扰，可致发病。尤以酗酒诱发最烈。

4. 情志所伤 七情失调，肝失条达，气机郁滞，血行不畅，瘀结脑脉；暴怒伤肝或心火暴盛，血随气逆，上冲犯脑。尤以暴怒引发本病者为多见。

（三）辨证施护

1. 辨证要点

（1）辨中经络与中脏腑：根据病位浅深、病情的轻重缓急，中风分为中经络和中脏腑，两者可以相互转化。中经络一般无神志改变，病情轻，表现为不经昏仆而猝发口眼㖞斜、语言不利、半身不遂；中脏腑病情重，表现为突然昏仆、不省人事或神志昏迷，而伴见口眼㖞斜、半身不遂。

（2）辨闭证与脱证：中脏腑者，因邪正虚实的不同，有闭证和脱证之分，均为危重症。闭证（excess symdrome of stroke）为邪气内闭清窍，症见神昏、牙关紧闭、口噤不开、肢体强痉，多属实证；脱证为正气外脱，症见昏愦无知、目合口开、鼻息低微、四肢瘫软、二便自遗，属虚证，多为中风危候。

2. 证候分型

（1）中经络

1）风痰入络

证候表现：半身不遂，口眼㖞斜，舌强言謇或不语，偏身麻木，头晕目眩，舌质暗淡，苔白或白腻，脉弦滑。

护治法则：祛风化痰通络。

代表方：真方白丸子。

2）风阳上扰

证候表现：素有眩晕头痛，突然发生口眼㖞斜，半身不遂，偏身麻木，舌强言謇或不语，口苦咽干，心烦易怒，苔薄黄，脉弦有力。

护治法则：平肝潜阳，通络息风。

代表方：天麻钩藤饮。

3）阴虚风动

证候表现：素有眩晕耳鸣，腰膝酸软，烦躁失眠，五心烦热，突现半身不遂，口眼㖞斜，言语不利，舌暗红，少苔，脉细弦。

护治法则：滋阴潜阳，息风通络。

代表方：镇肝熄风汤。

案例 6-3 分析讨论

1. 中医辨证：中经络阴虚风动。辨病辨证依据：肾阴素亏则头晕耳鸣，心肾不交则少寐多梦，肝阳上亢，风阳内动，挟痰走窜经络，脉络不畅，故半身不遂，口舌㖞斜，舌强语謇；舌红、苔腻，脉弦而细为肝肾阴虚、风阳上扰之候。

2. 治法：滋阴潜阳，息风通络。方药：镇肝熄风汤加减。

3. 护理方法：①保持病室环境安静，光线柔和，温湿度适宜。减少探视，急性期卧床休息，注意患肢保暖。注意保持肢体功能位。②密切观察瞳孔、面色、呼吸、汗出、脉象变化，如患者渐至神昏，瞳孔变化，说明正气渐衰，病情加重。③饮食宜清淡、低盐、易消化为原则，忌肥甘、辛辣食物，戒烟酒。④避免暴怒、焦虑、恐惧等不良情绪刺激，使患者心平气和，情绪稳定。恢复期，要详细、耐心地讲解肢体及语言康复的重要性和方法，取得家属和患者的配合。⑤中药汤剂应偏凉服，少量频服。丸、片、丹剂型的药物应研碎水源后满服或鼻饲，避免因吞咽不利而咳呛，造成误吸。⑥骤然中风昏迷者可针刺人中、十宣、合谷等穴；脱证者加灸气海、关元、膻中等穴。

（2）中脏腑

1）闭证：一般症状是突然昏仆，不省人事，牙关紧闭、口噤不开、两手握固、大小便闭，肢体强痉。又有痰火与痰湿的不同。闭证分为阳闭、阴闭两种。

A. 阳闭

临床表现：除闭证一般症状外，兼见面赤身热，呼吸急促，口臭气促，烦躁不安，大便燥结，唇舌色红，舌苔黄腻，脉弦滑而数。

护治法则：辛凉开窍，平肝熄风。

代表方：至宝丹、羚羊角汤。

B. 阴闭

临床表现：除闭证一般症状外，兼见面白唇暗，静卧不烦，四肢不温，痰涎壅盛，舌苔白腻，脉沉滑缓。

护治法则：辛温开窍，豁痰息风。

代表方：苏合香丸、导痰汤。

2）脱证

临床表现：突然昏扑，不省人事，半身不遂，肢体瘫软，口眼㖞斜，言语不利，目合口张，手撒肢冷，大小便自遗，舌痿软，脉细弱。

护治法则：益气回阳，救逆固脱。

代表方：参附汤合生脉散。

（3）恢复期

1）风痰瘀阻

临床表现：半身不遂，口眼㖞斜，舌强言謇，舌紫，苔腻，脉弦滑。

护治法则：搜风化痰，行瘀通络。

代表方：解语丹。

2）气虚络瘀

临床表现：半身不遂，口眼㖞斜，口角流涎，偏身麻木，面色萎黄，气短乏力，舌质淡紫，苔薄白，脉沉细涩。

护治法则：益气养血，化瘀通络。

代表方：补阳还五汤。

3）肝肾亏虚

临床表现：半身不遂，患肢僵硬，口眼㖞斜，言语不利，眩晕耳鸣，腰膝酸软，舌质红，少苔，脉细弦。

护治法则：滋养肝肾。

代表方：左归丸、地黄饮子。

3. 护理措施

（1）生活起居护理：病室环境安静，光线柔和，温湿度适宜。减少探视，急性期卧床休息，注意患肢保暖。头稍垫高，有痰时头偏向一侧，痰多不能自主咳嗽者予以翻身拍背。脱证者，头部放平，下肢稍抬高，减轻水肿。卧床期间加强生活护理及基础护理，预防感染及压疮。注意保持肢体功能位。

（2）病情观察：密切观察瞳孔、面色、呼吸、汗出、脉象变化，如患者渐至神昏，瞳孔变化，说明正气渐衰，病情加重。如神志转清，半身不遂未再加重，病情由重转轻，预后多好。若目不能视，或突见呃逆频频，或突然昏愦，一侧瞳孔改变等症状时，为脑疝先兆，立即报告医师，协助抢救。

（3）饮食护理：饮食宜清淡、低盐、易消化为原则，忌肥甘、辛辣食物，戒烟酒。

（4）情志护理：避免暴怒、焦虑、恐惧等不良情绪刺激，使患者心平气和，情绪稳定。恢复期，要详细、耐心地讲解肢体及语言康复的重要性和方法，取得家属和患者的配合。

（5）用药护理：中药汤剂应偏凉服，少量频服。丸、片、丹剂型的药物应研碎水源后满服或鼻饲，避免因吞咽不利而咳呛，造成误吸。

（6）适宜技术：骤然中风昏迷者可针刺人中、十宣、合谷等穴；脱证者加灸气海、关元、膻中等穴。口噤不开者，可用乌梅、胆南星研磨擦舌，或用开口器。失语者针廉泉、哑门、绝骨、承浆、大椎。

（四）健康教育

1. 起居有常，避免过劳，谨避外邪，以防复发。病情恢复后，可适当进行体育锻炼，使气机宣畅，血脉畅通。

2. 平素饮食宜清淡易消化，忌食肥甘厚味、动风、辛辣刺激之品，戒烟酒。多食瓜果蔬菜，保持大便通畅。发生便秘时，切忌努责。

3. 保持心情舒畅，戒恼怒、忧思等不良情绪。

4. 积极治疗原发病，原有高血压、高血脂、糖尿病、冠心病等患者，坚持遵医嘱服药。

四、胃　脘　痛

案例 6-4

患者，男，27岁，中上腹疼痛1个月，加重3天。患者近1个月来常感中上腹疼痛，多于进食后疼痛发作，伴有泛酸、恶心，服用制酸类症状可缓解。昨日与朋友聚会，大量饮酒、进食后，当晚胃痛发作，脘腹胀满不舒，伴有嗳腐吞酸，呕吐不消化食物一次，吐后疼痛稍减，大便不爽，无腹泻、发热症状，遂来就诊。查体：体温37.2℃，呼吸18次/分，脉搏82次/分，血压125/85mmHg，神清，精神可，心肺未见异常，腹平软，中上腹有压痛，无反跳痛和肌紧张，肝脾肋下未触及，胃震水音未见异常，肠鸣音4次/分，舌者淡红，厚腻苔，脉滑。血常规：白细胞总数 10.4×10^9/L，中性粒细胞计数70%，红细胞计数 4.12×10^{12}/L，血红蛋白计数140g/L；血淀粉酶正常；腹部B超：肝胆胰未见异常；胃镜：胃小弯见一0.5cm×0.6cm溃疡，表面覆有白苔。

问题

1. 根据病史摘要，请做出中医辨证。
2. 根据疾病的中医辨证，给出相应的护治法则和代表方。
3. 如何做好患者的护理？

（一）概述

胃脘痛（epigastric pain）由外感邪气、内伤饮食情志、脏腑功能失调等导致气机郁滞，胃失所养，以上腹胃胃脘部近歧骨处疼痛为主症的病证。本病又称“胃气痛”“肝胃气痛”。

《黄帝内经》始有记载。《灵枢·邪气脏腑病形》中说：“胃病者，腹䐜胀，胃脘当心而痛。并已认识胃痛发病与肝郁、寒邪有关。《素问·六元正纪大论》载：“木郁之发……民病胃脘当心而痛。”此后，医家所论本病多归属心痛范畴，如《外台秘要·心痛方》曰：“足阳明为胃之经，气虚逆乘心而痛，其状腹胀归于心而痛甚，谓之胃心痛也。”

本病相当于西医学的急、慢性胃炎，消化性溃疡，胃痉挛，胃神经官能症，胃下垂等疾病。

（二）病因病机

本病病机关键：胃失和隆，不通则痛。

1. 寒邪客胃　外感寒邪、脘腹受凉，寒邪内客于胃；过服寒凉，寒凉伤中，致使气机凝滞，胃气不和，收引作痛。

2. 饮食伤胃　饮食不节，暴饮暴食，内生食滞，致使胃中气机阻滞，胃气失和而疼痛；或五味过极，则蕴湿生热，伤脾碍胃气机壅滞，脘闷胀痛。

3. 肝气犯胃　忧思恼怒，情志不遂，肝失疏泄，气机阻滞，横逆犯胃，胃失和降，而发胃痛。若肝失疏泄，气机不畅，气滞日久，血行瘀滞，或久痛入络，胃络受阻，均可导致瘀血内停，发生胃痛。

4. 脾胃虚弱　素体不足，或劳倦过度，或服药不当，或饮食所伤，或久病脾胃受或肾阳不足，失于温煦，均可引起脾胃虚弱、中焦虚寒，致使胃失温养作用。

（三）辨证施护

1. 辨证要点

（1）辨寒热：寒则拘急而痛，得温痛减，遇寒痛剧，苔白，脉弦紧。热则灼痛，痛势急迫，常伴口臭、便秘，得冷饮则舒，苔黄少津，脉弦数。

（2）辨虚实：虚证多为久病，痛势绵绵，喜按，得食痛减，痛处不定。实证则疼痛暴作，痛势剧烈，拒按，食后痛减，痛有定处。

（3）辨气血：在气者多是新病，以胀痛为主，疼痛不定。在血者多为久病，以刺痛为主，痛有定处，夜间加重。

（4）辨缓急：缓，渐发，多见于脾胃虚弱或情志所伤。急，暴发，多见于感受外邪和饮食所伤。

2. 证候分型

（1）寒邪客胃

临床表现：胃痛暴作，恶寒喜暖，得温痛减，遇寒加重，口淡不渴，或喜热饮。

护治法则：温胃散寒，理气止痛。

治疗代表方：良附丸。

（2）饮食停滞

临床表现：胃脘疼痛，胀满拒按，暖腐吞酸，其味腐臭，吐后痛减，不思饮食，大便不爽，得矢气及便后稍舒，苔厚腻，脉滞。

护治法则：消食导滞，和胃止痛。

治疗代表方：保和丸。

案例 6-4 分析讨论

1. 中医辨证：饮食停滞。辨证依据：暴食多饮，饮食停滞，胃中气机阻塞，故胃痛，脘腹胀满；脾失健运，胃失腐熟，谷浊之气不得下行而上逆，故嗳腐吞酸，吐不消化食物；吐则宿食上越，故吐后痛减；胃中饮食停滞，故大便不爽；苔厚腻为食滞之象，脉滑为宿食之征。

2. 治法：消食导滞。方药：保和丸加减。

3. 护理方法：①保持病室安静、整洁、空气清新，温湿度适宜。生活规律，劳逸结合，适当运动，保证睡眠。急性发作时宜卧床休息。指导患者注意保暖，避免腹部受凉，根据气候变化及时增减衣服。②观察疼痛的部位、性质、程度、持续时间、诱发因素及伴随症状。出现疼痛加剧，伴呕吐、寒热，或出现厥脱先兆症状时应立即报告医师，采取应急处理措施。③饮食以质软、少渣、易消化、定时进食、少量、多餐为原则，忌食辛辣、肥甘、过咸、过酸、生冷之品，戒烟酒、浓茶、咖啡。④责任护士多与患者沟通，了解其心理状态，指导其保持乐观情绪。

（3）肝气犯胃

临床表现：胃脘胀痛，攻撑作痛，脘痛连胁，胸闷嗳气，善太息，得嗳气、矢气则舒，遇烦恼郁怒则痛作或痛甚，大便不畅，苔薄白脉弦。

护治法则：疏肝理气，和胃止痛。

治疗代表方：柴胡疏肝散。

（4）肝胃郁热

临床表现：胃脘灼痛，痛势急迫，心烦易怒，泛酸嘈杂，口干口苦，舌红若黄，脉弦数。

治疗代表方：丹栀逍遥散。

（5）瘀血停滞

临床表现：胃痛如刺似割，痛有定处，按之痛甚，食后加剧，入夜尤甚，舌质紫暗，脉涩。

护治法则：活血化瘀，和胃止痛。

治疗代表方：失笑散合丹参饮。

（6）湿热中阻

临床表现：胃脘疼痛，嘈杂灼热，渴不欲饮，身重肢倦，纳呆恶心，大便不畅，舌苔黄腻，脉滑数。

护治法则：清热化湿，理气和胃。

治疗代表方：清中汤。

（7）胃阴亏虚

临床表现：胃脘隐痛，饥而不欲食，口燥咽干，五心烦热，消瘦乏力，口渴思饮，大便干结，舌红少津，脉细数。

护治法则：滋阴益胃，和中止痛。

治疗代表方：一贯煎合芍药甘草汤。

（8）脾胃虚寒

临床表现：胃痛隐隐，喜温喜按，空腹痛甚，得食则缓，劳累或受凉后发作或加重，泛吐清水，神疲纳呆，大便溏薄，舌淡苔白，脉虚弱。

护治法则：温中健脾，和胃止痛。

治疗代表方：黄芪建中汤。

3. 护理措施

（1）生活起居护理：保持病室安静、整洁、空气清新，温湿度适宜。生活规律，劳逸结合，适当运动，保证睡眠。急性发作时宜卧床休息。指导患者注意保暖，避免腹部受凉，根据气候变化及时增减衣服。

（2）病情观察：观察疼痛的部位、性质、程度、持续时间、诱发因素及伴随症状。出现疼痛加剧，伴呕吐、寒热，或出现厥脱先兆症状时应立即报告医师，采取应急处理措施。

（3）饮食护理：饮食以质软、少渣、易消化、定时进食、少量、多餐为原则；宜细嚼、慢咽，减少对胃黏膜的刺激；忌食辛辣、肥甘、过咸、过酸、生冷之品，戒烟酒、浓茶、咖啡。

（4）情志护理：责任护士多与患者沟通，了解其心理状态，指导其保持乐观情绪，指导患者采用移情相制疗法，转移其注意力，淡化甚至消除不良情志鼓励家属多陪伴患者，给予患者心理支持。指导患者和家属了解本病的性质，掌握控制疼痛的简单方法，减轻身体痛苦和精神压力。

（5）用药护理：中药汤剂分少量多次服用，避免一次服用过多引起呕吐。寒邪犯胃者汤剂宜热服，呕吐频繁可用鲜生姜煎汤加红糖适量热服。胃阴不足者，适当加服药的次数和量。

（6）适宜技术：调摄精神，指导患者采用有效的情志转移方法，如深呼吸、全身肌肉放松、听音乐等。遵医嘱穴位贴敷，取穴：中脘、胃俞、足三里、梁丘等。按摩，取穴：中脘、天枢、气海等。遵医嘱耳穴贴压（耳穴埋豆），根据病情需要，可选择脾、胃、交感、神门、肝胆、内分泌等穴位。

（四）健康教育

1. 生活规律，劳逸结合，适当运动，保证睡眠。急性发作时宜卧床休息。

2. 了解其心理状态，指导其保持乐观情绪。

3. 鼓励患者建立良好的生活方式。

4. 指导患者和家属了解本病的性质，掌握控制疼痛的简单方法，减轻身体痛苦和精神压力。

五、水　肿

案例 6-5

患者，男，25 岁，颜面及双下肢水肿 3 日。

患者 16 日前出现发热，咽喉疼痛，经治疗体温正常。3 日前突然出现颜面部及双下肢水肿，尿量减少，浓茶色小便，咽部疼痛不适。查体：体温 36.9℃，呼吸 80 次/分，脉搏 25 次/分，血压 140/90mmHg。神志清，精神可，面部明显水肿，咽部红肿，双下肢凹陷性浮肿，舌质色红，脉浮而滑数。尿蛋白（++），尿红细胞（+++）。双肾 B 超：未见异常。

问题

1. 根据病史摘要，请做出中医辨证。
2. 根据疾病的中医辨证，给出相应的护治法则和代表方。
3. 如何做好患者的护理？

（一）概述

水肿（edema）是指体内水液潴留、泛溢肌肤引起的以眼睑、头面、四肢、腹背甚至全身浮肿为主要临床表现的一类病证。水肿既是一个有独立意义的病证，又是多种疾病的一个症状。水肿有阴水、阳水之分，阳水易治，阴证难除，久则反复发作，不宜速愈，甚至危及生命。

本病在《黄帝内经》中称为“水”，并根据不同症状分为“风水”“石水”“涌水”。宋代严用和将水肿分为阴水、阳水两大类。《素问·至真要大论》指出：“诸湿肿满，皆属于脾。”《金要略·水气病脉证并治》以表里上下为纲分风水、皮水、石水、正水、黄汗五类。

西医学中的急慢性肾小球肾炎、肾病综合征、心源性水肿、营养不良及内分泌失调引起的水肿，均可参照本节辨证施护。

（二）病因病机

本病病机关键：肺脾肾三脏功能失调，水液代谢受阻，泛滥成肿。病性总属本虚标实。阳水易消，阴水难除。

1. 风邪袭表　风为百病之长，每夹寒夹热，侵袭肺卫，邪客玄府，肺失宣降，通调失司，以致风遏水阻，风水相搏，泛溢肌肤，发为水肿。

2. 疮毒内侵 身患疮痍，未能清解消透，损伤肺脾，津液气化失常。

3. 感受水湿 久居湿地，冒雨涉水，汗出渍衣，以致水湿内侵产生水肿。

4. 饮食不当 嗜食肥甘，饮酒无制，损伤脾胃；或饮食失于调摄，脾气虚弱，脾失转输，水湿壅塞，发为水肿。

5. 劳欲体虚 久病喘、咳、疟、痢或产后，或劳倦过度，纵欲无节，生育过多等，损伤脾肾，发为水肿。

（三）辨证施护

1. 辨证要点

（1）辨阳水与阴水：凡因风、湿、热、毒邪侵袭，起病急骤，病程短，水肿以上半身为甚，伴有外感症状者属阳水。由肺脾肾亏损所致，或阳水失治日久转化，起病慢，病程长，反复发作，水肿以下半身为甚，伴有正气亏虚表现者属阴水。阳水多为实证、热证；阴水多属虚症、寒症。水肿以寒热夹杂，虚实互见者为多。

（2）辨外感和内伤：外感常有恶寒发热、头痛、脉浮等表证；内伤多由内脏亏虚、正气不足所致。外感多实，内伤多虚。外感日久不愈也可由实转虚；内伤正气不足，表卫虚弱，又易招致外感。

（3）辨脏腑：有在肺、脾、肾、心之差异。若水肿较甚，咳喘较急，不能平卧者，病变部位多在肺；若水肿日久，纳食不佳，四肢无力，身重，苔腻，病变部位多在脾；若水肿反复，腰膝酸软，耳鸣眼花者，病变部位多在肾；若水肿下肢明显，心悸怔钟，胸闷烦躁，甚则不能平卧，病变部位多在心。

2. 证候分型

（1）阳水

1）风水泛滥

临床表现：先见眼睑及颜面浮肿，继则四肢、全身皆肿，来势迅速，兼见恶风，发热，小便不利，苔薄，脉浮。

护治法则：疏风解表，宣肺利水。

治疗代表方：越婢加术汤。

案例 6-5 分析讨论

1. 中医辨证：阳水的风水泛滥。辨证依据：风邪袭表，肺失宣降，不能通调水道，下输膀胱，故见小便不利，全身浮肿；风邪兼热，则咽喉红肿疼痛，舌质红，脉浮滑数。

2. 治法：散风清热，宣肺行水。方药：越婢加术汤加减。

3. 护理方法：①保持病室整洁、安静。脾阳不振者病室温暖向阳，防寒保暖，预防外邪侵袭。急性期和病情严重者应绝对卧床休息，眼睑及头面部水肿较甚者，宜抬高头部；胸腹腔积水者，宜取半坐卧位；下肢肿甚者，应抬高下肢。②观察水肿的起始部位、程度、消长规律及小便的色、质、量、次数，记录 24 小时出入量。③饮食宜清淡、易消化、低盐或无盐，少食多餐，忌辛辣、鱼、虾、海腥等发物，摄水量应遵循量出为入的原则。④多体贴关心患者，及时做好解释，使病情稳定，配合治疗。⑤疏风利水剂不可久煎，趁热服下，以助药力；水湿浸渍者，服药时易犯恶欲吐，应少量多次服药；攻下逐水汤剂，药宜浓煎，空腹少量频服，记录大便的量及次数，中病即止。⑥水肿者可行耳穴压豆法，取脾、肾、胃等穴。湿毒浸淫已有溃疡者，可外敷拔毒膏，或行中药洗浴。

2）湿毒浸淫

临床表现：眼睑头面浮肿，延及全身，身患疮痍，甚者溃烂，尿少色赤，伴恶风，发热，舌红，苔薄黄，脉浮数。

护治法则：宣肺解毒，利湿消肿。

治疗代表方：麻黄连翘赤小豆汤合五味消毒饮。

3）水湿浸渍

临床表现：起病缓，病程长，四肢或全身浮肿，下肢为甚，按之没指，小便短少，身重体倦。苔白腻，脉沉缓。

护治法则：健脾化湿，通阳利水。

治疗代表方：五皮饮合胃苓汤。

4）湿热壅盛

临床表现：遍体浮肿，肿势多剧，皮肤绷紧光亮，胸脘痞闷，烦热口渴，小便短赤，大便干结。舌红，苔黄腻，脉沉数。

护治法则：清热利湿，疏理气机。

治疗代表方：疏凿饮子。

（2）阴水

1）脾阳虚衰

临床表现：身肿，腰以下为甚，按之凹陷难复，脘闷纳减，尿清便溏，畏寒肢冷，面色萎黄，神倦乏力。苔白腻，脉沉缓。

护治法则：温阳健脾，利水祛湿。

治疗代表方：实脾饮。

2）肾阳衰微

临床表现：面浮身肿，腰以下为甚，按之凹陷不起，甚至心悸喘促，腰冷酸痛，尿少或反增多。

护治法则：温肾助阳，化气行水。

治疗代表方：真武汤。

3. 护理措施

（1）生活起居护理：保持病室整洁、安静。脾阳不振者病室温暖向阳，防寒保暖，预防外邪侵袭。急性期和病情严重者应绝对卧床休息，眼睑及头面部水肿较甚者，宜抬高头部；胸腹腔积水者，宜取半坐卧位；下肢肿甚者，应抬高下肢。

（2）病情观察：观察水肿的起始部位、程度、消长规律及小便的色、质、量、次数，记录 24 小时出入量。定时测量腹围、血压、体重。阳虚水泛者，观察有无胸闷、气急等症状，喘促者予半坐卧位，给予氧气吸入。瘀水交阻者，加强 24 小时出入量的观察。

（3）饮食护理：饮食宜清淡、易消化、低盐或无盐，少食多餐，忌辛辣、鱼、虾、海腥等发物，摄水量应遵循量出为入的原则。风水泛滥者可食用芹菜饮、冬瓜汤、赤小豆粥等以清热利水；浮肿尿少者可频饮赤小豆汤以利消肿；湿毒浸渍者可选食豆类、瓜类、菠菜等清热化湿之品；水湿浸渍者饮食宜健脾利水渗湿舒筋之品，可食薏苡仁粥、鲤鱼赤豆汤等；尿少尿黄时可食绿豆汤、西瓜汁等清热解毒、利水消肿；脾阳不振者忌生冷，烈酒，少食产气食物；肾虚水泛者，予补肾利水之品，如黑芝麻、核桃等；湿热壅结者，饮食宜清淡，多食冬瓜粥等，以清热利水。

（4）情志护理：多体贴关心患者，及时做好解释，使病情稳定，配合治疗。水湿浸渍、脾肾阳虚者，起病缓慢、久病不愈，往往对治疗信心不足，应耐心鼓励、劝导患者，避免过度情志刺激而加重病情。指导家属给予精神安慰，给予患者心理支持。

（5）用药护理：疏风利水剂不可久煎，趁热服下，以助药力；水湿浸渍者，服药时易犯恶欲吐，应少量多次服药；攻下逐水汤剂，药宜浓煎，空腹少量频服，记录大便的量及次数，中病即止。湿热壅盛者可行保留灌肠，以清热软坚。正确指导患者服用降压药和免疫抑制剂，及时观察不良反应。大量使用利尿药后，注意尿量和电解质的变化。

（6）适宜技术：水肿者可行耳穴压豆法，取脾、肾、胃等穴。湿毒浸淫已有溃疡者，可外敷拔毒膏，或行中药洗浴。肾虚水泛、脾阳不振者，可艾灸脾俞、肾俞、三阴交、命门、阳陵泉等穴，以温补肾阳，或行拔火罐、药熨、热敷、远红外照射等疗法。湿热蕴结者可行中药保留灌肠。局部水肿部位可用芒硝外敷，以利水消肿。脘腹胀闷、泛恶欲呕者可指压内关、合谷等穴降逆止呕，或在舌上滴生姜汁以助止呕。

（四）健康教育

1. 调适生活起居，注意四时气候变化，防止外邪侵袭。节欲保精，休息勿劳，注意个人卫生。

2. 加强饮食调摄，限制水钠摄入。

3. 保持情志舒畅，释放不良情绪。

4. 积极治疗心悸、臌胀、癃闭等原发病。

六、消　渴

案例 6-6

患者，男，45 岁，口渴多饮伴尿量多 6 个月。

患者 6 个月前出现烦渴、多饮，唇干舌燥，尿频量多，大便干燥，食量也倍于常人。曾在当地就诊，症状缓解不明显，遂来就诊。现患者烦渴多饮，尤喜饮冰水，不久复又口渴。查体：体温 36.5℃，呼吸 92 次/分，脉搏 18 次/分，血压 110/85mmHg。神志清楚，形体消瘦，舌边尖质红，苔薄黄，脉洪数。尿酮阴性，尿糖（++）。空腹血糖 13mmol/L。肝、胆、胰、肾 B 超未见异常。

问题

1. 根据病史摘要，请做出中医辨证。
2. 根据疾病的中医辨证，给出相应的护治法则和代表方。
3. 如何做好患者的护理？

（一）概述

消渴（consumptive thirst）是因先天禀赋不足，复因饮食不节、情志失调等导致机体阴虚燥热，以多饮、多尿、倦怠乏力、形体消瘦为主要临床表现的病症。根据本症“三多”症状的主次，可分为上消、中消、下消。消渴多发于中年以后，其发病与禀赋不足、嗜食肥甘厚味有关，病情初起多形体肥丰，日久渐之肌肉消瘦，疲乏无力，并可出现多种并发症，严重危害人体健康。

消渴之病名首见于《素问·奇病论》。《金匮要略》有消渴专篇，提出三消症状及治疗方药。《诸病源候论·消渴病诸候》提出消渴可并发痈疽等症。《证治准绳·消瘅》提出渴而多饮为上消（经谓膈消）；消谷善饥为中消（经谓消中）；渴而便数有膏为下消（经谓肾消）。

西医学中的糖尿病、尿崩症等疾病，以口渴、善饥、尿多、消瘦为主要表现者，均可参照本节辨证施护。

（二）病因病机

消渴的病机主要在于阴津亏损，燥热偏胜，而以阴虚为本，燥热为标。病变的脏腑主要在肺、胃、肾，尤以肾为关键。

1. 禀赋不足　先天禀赋不足，是引起消渴病的重要内在因素。《灵枢·五变》说：“五藏皆柔弱者，善病消瘅”，其中尤以阴虚体质最易罹患。

2. 饮食失节　长期过食肥甘，醇酒厚味，辛辣香燥，损伤脾胃，致脾胃运化失职，积热内蕴，化燥伤津，消谷耗液，发为消渴。

3. 情志失调　长期过度的精神刺激，如郁怒伤肝，肝气郁结，或劳心竭虑，营谋强思等，以致郁久化火，消灼肺胃阴津而发为消渴。

4. 劳欲过度　房室不节，劳欲过度，肾精亏损，虚火内生，则火因水竭而益烈，水因火烈而益干，终致肾虚肺燥胃热俱现，发为消渴。

（三）辨证施护

1. 辨证要点

（1）辨病位：消渴病的“三多”症状，往往同时存在，但根据其程度的轻重不同，而有上、中、下三消之分，以及肺燥、胃热、肾虚之别。通常对以肺燥为主，多饮症状较突出者，为上消；以胃热为主，多食症状较为突出者，称为中消；以肾虚为主，多尿症状较为突者称为下消。

（2）辨标本：本病以阴虚为主，燥热为标，两者互为因果。常因病程长短及病情轻重不同，而阴虚和燥热之表现各有侧重。一般初病多以燥热为主，病程较长者则阴虚与燥热互见，日久则以阴虚为主，进而由于阴损及阳，导致阴阳俱虚。

（3）辨本症与并发症：多饮、多食、多尿和乏力、消瘦为消渴病的基本临床表现，而易发生诸多并发症为本病的另一特点。本病常见并发症有眼疾、痈疽、肺痨、心脑疾病、水肿、股体麻木等。本症与并发症的关系，一般以本症为主，并发症为次。多数患者，先见本症，随病情的发展而出现并发症。但亦有少数患者与此相反，如少数中老年患者，“三多”及消瘦的本症不明显，常因眼疾、心脑病证等为线索，最后确诊为本病。

2. 证候分型

（1）上消：肺热津伤。

临床表现：口渴多饮，口舌干燥，尿频量多，肺脏燥热，津液失布，烦热多汗。舌边尖红，苔薄黄，脉洪数。

护治法则：清热润肺，生津止渴。

治疗代表方：消渴丸。

案例 6-6 分析讨论

1. 中医辨证：上消肺热津伤。辨病辨证依据：肺热炽盛，耗伤津液，故烦渴多饮，口干舌燥；肺主治节，燥热伤肺，治节失职，水不化津，直趋于下，故尿频量多；舌边尖质红，苔薄黄，脉洪数，均为内热炽盛之象。

2. 治法：清热润肺，生津止渴。方药：消渴丸加减。

3. 护理方法：①应慎起居，劳逸结合，不宜食后即卧或终日久坐。保持一定的日运动量，以不感到疲劳为度。②注意观察饮水量、进食量，以及种类、尿量及体重等变化，并做好记录。③控制饮食是消渴病最基本的治症措施。嘱患者遵医嘱严格控制饮食，定时、定量进食，避免随意添加食物，忌食甜食、油腻、辛辣、烟酒。主食提倡粗制米面和适量杂粮，多食新鲜蔬菜。④既要消除患者紧张、担忧心情，又要引导患者消除轻视、麻痹、无所谓的思想，认识疾病的性质和防治方法，养成良好的行为习惯。⑤中药汤剂一般宜温服。用药后注意观察药物疗效及不良反应。⑥不宜针刺，肾阴亏损患者可按压足少阴肾经、足厥阴肝经及任、督两脉，取肾俞、太白、太溪、涌泉、三阴交等穴位，以达到疏通脉络、舒筋活血的作用。

（2）中消

1）胃热炽盛

临床表现：多食易饥，口渴，尿多，形体消瘦，大便干燥。苔黄，脉滑实有力。

护治法则：清胃泻火，养阴增液。

治疗代表方：玉女煎。

2）气阴亏虚

临床表现：口渴引饮，能食与便溏并见，或饮食减少，精神不振，四肢乏力，体瘦。舌质淡红，苔白而干，脉弱。

护治法则：益气健脾，生津止渴。

治疗代表方：七味白术散。

（3）下消

1）肾阴亏虚

临床表现：尿频量多，混浊如脂膏，或尿甜，腰膝酸软，乏力，头晕耳鸣，口干唇燥，皮肤干燥，瘙痒。舌红苔少，脉细数。

护治法则：滋阴固肾。

治疗代表方：六味地黄丸。

2）阴阳两虚

临床表现：小便频数，混浊如膏，甚至饮一溲一，面容憔悴，耳轮干枯，腰膝酸软，畏寒肢冷，阳痿或月经不调。舌苔淡白而干，脉沉细无力。

护治法则：滋阴温阳，补肾固涩。

治疗代表方：金匮肾气丸。

3. 护理措施

（1）生活起居护理：应慎起居，劳逸结合，不宜食后即卧或终日久坐。合理安排规律的体育锻炼，保持一定的日运动量，以不感到疲劳为度。重症患者应卧床休息。寒冷季节应注意保暖，以血行瘀滞。

（2）病情观察：注意观察饮水量、进食量，以及种类、尿量及体重等变化，并做好记录。应密切注意有无低血糖反应，若患者出现心慌、头晕、汗出过多、面色苍白、饥饿、软弱无力、视力模糊等症状应立即进食高糖食物，如糖水、糖块等。

（3）饮食护理：控制饮食是消渴病最基本的治症措施。嘱患者遵医嘱严格控制饮食，定时、定量进食，避免随意添加食物，忌食甜食、油腻、辛辣、烟酒。主食提倡粗制米面和适量杂粮，多食新鲜蔬菜。燥热伤肺患者饮食宜清淡，多食能清热养阴生津之品，如黄瓜、番茄、菠菜、鳝鱼等，也可用鲜芦根、麦冬、沙参等泡水代茶饮；胃燥阴伤患者尤需节制饮食，一般主食应控制在每日300～400g，可多食燕麦片、莜麦面等粗杂粮，适量食用瘦肉、蛋类、鱼类、乳类食品，以补充营养。不可过食生冷之品，以防再伤脾胃；肾阴亏虚患者可选用地黄粥、枸杞粥等，以滋阴补肾；阴阳两虚者，可用猪肾、黑豆、黑芝麻等补肾助阳。

（4）情志护理：既要消除患者紧张、担忧心情，又要引导患者消除轻视、麻痹、无所谓的思想，认识疾病的性质和防治方法，养成良好的行为习惯。

（5）用药护理：中药汤剂一般宜温服。燥热伤肺、口干烦渴者，可口服玉泉丸，或用鲜芦根煎汤代茶，或用生地黄、玄参、花粉泡水代茶。便秘者可用番泻叶泡服。肾阴亏虚考面服用知柏地黄丸，或枸杞子煎水代茶，以滋养肝肾。阴阳两虚者汤剂宜文火久煎，顿服或长期服用金匮肾气丸和消渴丸。用药后注意观察药物疗效及不良反应。

（6）适宜技术：不宜针刺，肾阴亏损患者可按压足少阴肾经、足厥阴肝经及任、督两脉，取肾俞、太白、太溪、涌泉、三阴交等穴位，以达到疏通脉络、舒筋活血的作用。防止烫伤、冻伤及各种外伤，保持皮肤、口腔、外阴清洁，以免发生感染。皮肤干燥可用润肤类油膏涂擦；阴部瘙痒用苦参、蛇床子煎水坐浴或熏洗。肢痛、肢麻者用中药沐足或熏洗。

（四）健康教育

1. 合理安排生活，根据病情适当户外活动，养成良好的生活习惯，坚持有规律的体育锻炼，如散步、打太极拳、练养生功等，运动量以不感到疲乏为宜。

2. 注意饮食宜忌，饮食以清淡为主，不可过饱，平时可常用山药煮熟代食，具有养阴生津止渴作用，口渴多饮时可用鲜芦根煎汤代茶饮用。

3. 加强个人卫生习惯，注意皮肤、口腔、足部的清洁卫生，预防感染的发生，寒冷季节应注意四肢末端的保暖，预防糖尿病足的发生。

4. 自我检测血糖，正确使用胰岛素注射笔，学会处理低血糖反应。掌握预防酮症酸中毒的知识，按医嘱定时服药或注射胰岛素，防止并发症的发生。

第二节 外科病证辨证施护

一、痈

案例 6-7

杨某，男，24岁，主诉：背部一肿块肿痛5日。5日前，患部结块，形如鸡卵，皮色正常，有肿胀、灼热痛感，活动度不明显，伴有发热、头痛、口渴。舌鲜红，苔黄，脉滑而数。曾注射青霉素，未能控制病情，昨日患处红肿高突，疼痛加剧，有鸡啄感，中部软塌按之应指，伴壮热，头痛，食少，口渴，少尿，便秘。舌质红，苔黄厚，脉洪数。

问题

1. 上述案例的调护原则是什么？
2. 分析上述案例的用药及针灸取穴。

（一）概述

痈（carbuncle）是气血为毒邪壅塞而不通的意思，有“内痈”与“外痈”之分。内痈生在脏腑，外痈生在体表，这里仅介绍外痈。外痈是发生在皮肉之间的急性化脓性疾患，其特征是局部光软无头，红肿热痛（少数初起皮色不变），结块范围多在6～9cm，发病迅速，易肿、易脓、易溃、易敛，或有恶寒发热，口渴等全身症状，一般不会损伤筋骨。西医学中的体表浅部脓肿、急性化脓性淋巴结炎、蜂窝组织炎及卵黄管残留症、脐尿管闭合不全引起的继发性感染等疾病，均可参照本病辨证施护。

（二）病因病机

外感六淫邪毒，或皮肤受外来伤害感染毒邪，或过食膏粱厚味，聚湿生浊，邪毒湿浊留阻肌肤，郁结不散，可使营卫不和、气血凝滞、经络壅遏、化火成毒而成痈肿。

（三）辨证施护

1. 辨证要点 痈的辨证主要是辨“脓”，脓成按之“应指”。

（1）脓未成：为痈的初起。病机为气血被邪毒壅聚。表现为局部“红”、“肿”、“热”、“痛”，全身表现可见内热炽盛。

（2）脓成未溃：为痈的中期。病机为热盛肉腐或正虚无力托毒外出。局部表现为局部红肿高突、痛如鸡啄或疮形平塌、根脚散漫不收，但可见按之“应指”、难溃难腐；溃后脓出则肿痛消退。

（3）溃后期：为痈的后期。病机为毒去正伤。其表现为气血及肝肾不足、脾胃虚弱。

2. 证候分型

（1）初起期

临床表现：初起患部结块，形如鸡卵，皮色不变，肿胀，灼热，疼痛，活动度不大，或伴有恶寒发热、头痛、口渴、尿赤、便秘等。舌质红，苔黄燥，脉滑数。

护治法则：解毒散结。

代表方：内服选用连翘败毒丸（膏）或牛黄解毒丸（片）；外治敷金黄膏。

（2）成脓期

临床表现：患处皮色转红，肿势高突，疼痛加剧如鸡啄状，按之中软而有波动感，常伴有壮热不退、头痛、食少、口渴、尿赤、便秘等。舌质红，苔黄厚，脉洪数。

护治法则：和营清热，透脓托毒。

代表方：内服选用透脓散，外治脓成则切开排脓，用九一丹或八二丹药线引流，外盖金黄膏或红油膏。

（3）溃后期

临床表现：患处脓出毒泄，红肿热痛明显减轻、消失。腐去新生，疮口收敛。亦有溃后脓水稀薄，创面肉芽不生，或四周根盘坚硬不消者。

护治法则：益气养血，生肌收口。

代表方：一般不需内治，若体虚者可服四君子丸；外用生肌散、白玉膏。

3. 护理措施

（1）生活起居护理：注意卫生，保持皮肤清洁，疮口皮肤更应保持清洁，可用淡盐水洗涤。切忌挤压。患在上肢者宜以三角巾悬吊；在下肢者宜抬高，并减少行动。高热时应卧床休息。并注意防止跌跤，以免碰伤患部。注意适当活动，以锻炼身体，增强体质。

（2）病情观察：观察局部皮肤，红肿热痛、皮色变化、结节活动度，结块范围及全身反应。记录脓液的色、质、量。

（3）饮食指导：饮食宜素净清淡，易于消化。多食绿豆芽、西瓜皮、菊花、小麦粉等清凉食物。疮口破溃宜食蛋花汤、猪肝汤、藕粉、绿豆粥等，以增加营养。高热时应多饮开水和药茶。忌食鱼腥、辛辣刺激性食物，以及甜腻食物，如葱、韭菜、芹菜、辣椒、鱼虾、烟酒等。初起期选用银花粥，将金银花 50g 煎汤取汁再加入适量水烧开，将洗净的大米放入水中，文火煎成稀粥即可食用。成脓期选用甘草三豆汤。将水煎甘草 10g 去渣加绿豆、赤小豆、黑大豆各 30g，煮至豆烂，吃豆喝汤。溃后期选用黄芪乳鸽汤：先将乳鸽去毛和内脏，与黄芪 30g、枸杞子 15g 同放碗中加水适量，隔水炖烂熟，去药渣，调味，吃鸽肉喝汤。

（4）情志护理：注意情志的调节，消除紧张烦躁情绪，讲解本病相关知识，使患者心情平静，积极配合治疗。可听舒缓轻松的音乐以分散注意力。

（5）用药护理：外敷膏药时宜将皮肤清洁干净，贴于患处，掺药时药粉要散布均匀，箍围药时干湿度适宜。

（6）适宜技术：初起期取委中穴，以三棱针点刺出血，每日 1 次；或用大蒜捣烂摊于患处约 3mm 厚，以艾条隔蒜灸 20～30 分钟，每日 2 次，能促进痈的消散。成脓期和溃后期取足三里穴，毫针刺用补法，再用艾条直接灸患处，每日 2 次，可促使疮口早期愈合。

案例 6-7 分析讨论

1.患者患痈肿已 5 日余，由于治不得法，进入成脓期，即脓成未溃。表现为局部红肿，壮热头痛、神疲食少、口渴、便秘等症。为脓已成，热毒未清，瘀滞络阻所致。故护理原则为益气活血，通络排脓。

2. 用药：内服选用透脓散，外治脓成则切开排脓，用九一丹或八二丹药线引流，外盖金黄膏或红油膏。针灸取穴：取足三里穴，毫针刺用补法，再用艾条直接灸患处，每日 2 次，可促使疮口早期愈合。

（四）健康教育

1. 使患者了解痈的并发症及其严重结局，了解早期治疗的重要性。

2. 居室应保持清洁，通风，温度适宜；不坐湿地；要讲究卫生。

3. 养成良好的生活习惯。应劳逸结合，保证充足睡眠；房事有节；保持大便通畅。

二、痔

案例 6-8

张某，男，37 岁，工人，平素有烟酒嗜好。自述平时肛门右侧有一赘生物，近 1 年来时常肿痛，且大便时下血，色鲜，量多，肛门灼热感，肛内有肿物脱出，便后能自行回缩。舌质淡红，舌体胖大，舌苔黄腻，脉弦数。专科检查见：截石位 3 点肛门缘有一花生米大赘生物，质软，压痛不明显，肛镜见齿线上7点处有一棟子大肿物，色紫暗，表面有糜烂及出血点。如果你是责任护士，请问：

问题

1. 上述案例的调护原则什么？
2. 分析上述案例的用药方法及针灸取穴。

（一）概述

痔（haemorrhoids）是直肠末端黏膜下和肛管皮肤下的直肠静脉丛发生扩大、曲张所形成的柔软的静脉团。男女老幼皆可发病。根据发病部位的不同，又可分为内痔、外痔和混合痔。本节仅介绍内痔与外痔。内痔生于齿线以上好发于截石位的3、7、11点处。其特点是便血，痔核脱出，肛门不适感；外痔发于齿线以下，其特点是自觉肛门坠胀，疼痛，有异物感。西医学中的各期内痔及炎性外痔，均可参照本病证辨证施护。

（二）病因病机

本病的发生多因饮食不节，过食辛辣刺激食物，长期便秘；或久泻、久痢，或久坐久立、负重远行等导致湿热下注，风热肠燥，气虚下陷使经络阻滞，瘀血浊气下注肛门而形成本病。

（三）辨证施护

1. 辨证要点

（1）辨部位：以齿线为界限，发于上者为内痔，发于下者为外痔，上下均见、并融为一体者为混合痔。

（2）内痔辨病程：Ⅰ度为风热肠燥证，便血为主，舌红苔薄白，脉浮数；Ⅱ度为湿热下注证，血量增多，痔核脱出可自行回纳，舌红苔薄黄腻，脉弦数；Ⅲ度为脾虚气陷证，痔核脱出需手法复位，舌胖淡，边有齿痕，苔薄白，脉弱无力；或出现气滞血瘀证，痔核脱出、嵌顿，充血、水肿和血栓形成，舌暗红，苔白或黄，脉弦细涩。

（3）外痔辨病机：湿热下注者，坠胀明显，甚则灼热疼痛或有滋水，舌红苔黄腻，脉滑数；血热瘀阻证突起，痛剧，硬节，色暗紫，伴阳明实证，舌紫苔淡黄，脉弦涩。

2. 证候分型

（1）内痔

1）内伤肠络

临床表现：大便带血、滴血或喷射状出血，血色鲜红，或有肛门瘙痒，舌红苔薄白，脉浮数。

护治法则：清热凉血祛风。

代表方：内服选用地榆槐角丸；外用五倍子汤、苦参汤。

2）湿热下注

临床表现：便血色鲜，量较多，肛内肿物外脱，可自行回缩，肛门灼热，苔薄黄腻，脉弦数。

护治法则：清热燥湿止血。

代表方：内服选用脏连丸；外治同内伤肠络证。

3）气滞血瘀

临床表现：肛内肿物脱出，甚或嵌顿，肛管紧缩，坠胀疼痛，甚则肛缘有水肿，触痛明显，舌暗红苔白或黄，脉弦细涩。

护治法则：活血行气，通络止痛。

代表方：内服选用止红肠游丸；外治用消痔散。

4）脾虚气陷

临床表现：肛门下坠感，痔核脱出需手法复位，便血色鲜或淡，面色少华，神疲乏力，纳少便溏，舌淡胖边有齿痕，苔薄白，脉弱。

护治法则：补中益气、升阳举陷。

代表方：内服选用补中益气丸；外治用消痔膏、五倍子散等。

（2）外痔

1）湿热下注

临床表现：便后肛缘肿物隆起不缩小，坠胀明显，甚则灼热疼痛或有滋水，便干或便溏，舌红苔黄腻，脉滑数。

护治法则：清热燥湿，消肿止痛。

代表方：内服同内痔湿热下注证。外治若肿胀明显，用苦参汤水煎先熏后洗；或外敷消痔膏、黄连膏等。

2）血热瘀阻

临床表现：肛缘肿物突起，肿痛剧烈难忍，肛门坠胀疼痛，局部可触及硬性结节，其色暗紫。伴便秘、口渴、烦热。舌紫苔淡黄，脉弦涩。

护治法则：活血祛瘀，散结止痛。

代表方：内服选用地榆槐角丸；外敷消痔膏。

3. 护理措施

（1）生活起居护理：保持肛门清洁，坚持每晚热水或中药液坐浴。养成定时排便习惯，避免排便时间过长。习惯性便秘患者，多食粗纤维食物，保持大便通畅。避免肛门局部刺激，便纸宜柔软，不穿紧身裤和粗糙内裤。忌久坐、久立或久蹲，最好选用软坐垫。勿负重远行，防止过度劳倦，进行适当锻炼，可指导患者进行提肛运动，对于改善肛门局部血液循环，锻炼肛门括约肌功能有积极的作用。发现排便困难者应及时到医院复诊。

（2）病情观察：密切观察病情变化，排便有无疼痛、便血、便后有无肿块脱出等。

（3）饮食指导：多食蔬菜水果，忌烟限酒，忌食辛辣。内痔内伤肠络证，选用鸡冠花粥。先将鲜鸡冠花 45g 洗净，水煎，去渣取汁加水与糯米同煮为粥服食。内痔湿热下注证，选用绿豆粥。先煮绿豆至熟，再加入米熬成粥服用。内痔湿热下注证，选用木耳粥。先将黑木耳浸泡半日，与米同煮为粥服用。内痔脾虚气陷证选用僵蚕莲藕汤。将莲藕洗净，与僵蚕 10g 同煮，加红糖调味，吃莲藕喝汤。外痔湿热下注证，选用绿豆汤、西瓜水，或以鲜菊花、车前草、蒲公英、金银花水煎代茶。外痔血热瘀阻证，选用木耳柿饼汤。将黑木耳、柿饼去蒂，红糖适量同置锅中，加水适量煮汤饮用。

（4）情志护理：调整好精神状态，解除一切顾虑，消除紧张情绪，确立战胜疾病的信念。

（5）用药护理：外用药在排便以后，清洗肛门把药涂在患处，能很好地缓解疼痛，如果出现痔疮的感染，可内服活血化瘀消炎止痛药物，同时进行配合外用药治疗，效果最好。

（6）适宜技术：取长强、承山等穴，毫针刺用泻法。也可艾灸百会穴。

案例 6-8 分析讨论

1. 此属湿热下注型内痔，清热利湿止血。

2. 药物调护：内服选用脏连丸，以清热燥湿，解毒消肿；外治同内伤肠络证，亦可用痔疮锭塞入肛内。针灸调护：取长强、承山等穴，毫针刺用泻法。

（四）健康教育

1. 患者应做到饮食有节。避免暴饮暴食；饮食种类应多样，搭配合理。

2. 患者应做到起居调摄，劳逸结合。常锻炼身体，增强体质，提高正气。

3. 使患者了解预防便秘的方法，养成良好的排便与卫生习惯。排便时集中注意力，避免蹲厕过久。尤其是妇女在妊娠期和产后应保持大便通畅，保持肛周卫生，用柔软清洁的手纸擦拭，用温水清洗肛门，亦可常用温盐水坐浴；做好便后的肛周保健，如自行按摩肛周或伸缩肛门。

4. 告知患者如出现便血、肛周持续疼痛、肛门渗液恶臭、持续便秘等症状应及时复诊，以免延误病情。

三、湿　疹

案例 6-9

张某，男，37 岁。全身泛发皮疹，反复不愈已 3 年。3 年前冬季开始在两小腿起两小片集簇之丘疱疹，发痒，搔破后渗水，久治不愈，范围逐渐扩大至胸、腹、背部。纳差，食后腹胀，便溏，日二三次。舌质淡，苔薄白腻，脉缓滑。

问题

1. 上述案例的调护原则什么？
2. 分析上述案例的用药方法及针灸取穴。

（一）概述

湿疹（eczema）是一种过敏性炎症性皮肤病。其特点是具有对称分布，多形损害，剧烈瘙痒，倾向湿润，反复发作，易成慢性等。

（二）病因病机

1. 外邪袭表　腠理素虚，加之经常涉水浸湿，湿性黏滞聚于肌腠，影响卫气宣发，营卫失和，血行不畅，外卫不固，易受风热之邪入侵，湿与风、热三邪互相搏结，充于肌腠，浸淫肌肤，发为湿疹。

2. 湿热内蕴　素体阳盛，嗜食炙煿厚味、酒、烟、浓茶、辛辣之品，脾胃受伐，运化失常，水湿内停，郁久化热，湿热互结壅于肌肤，影响气血运行，而发湿疹。

3. 血燥风胜　向为血热之躯，因七情过度，致心火炽盛，内扰心营，暗耗心血，血虚风胜，交织于肌肤，致肌腠失荣，疮疹叠起。

4. 脾虚湿阻　脾胃素虚，或因饮食失节，损伤脾胃，致脾失健运，津液不布，水湿蓄积，停滞于内，浸淫肌肤，而发湿疹。

（三）辨证施护

1. 辨证要点

（1）辨病机：急性期、亚急性期为湿热蕴肤，慢性期为脾虚湿蕴或血虚风燥。

（2）辨虚实：实证发病快、局部灼热，伴全身热证，舌红、苔薄白或黄，脉滑或数；虚证病程久、缠绵，局部糜烂、皮损肥厚粗糙、脱屑，舌淡苔白，脉濡缓或弦细。

2. 证候分型

（1）湿热浸淫

临床表现：发病急，皮损潮红灼热，瘙痒无休，渗液流汁，伴身热、心烦、口渴、大便干、尿短赤，舌红苔黄腻，脉滑或数。

护治法则：清热燥湿止痒。

代表方：内服选用龙胆泻肝丸或三妙丸。外治用青黛散或黄连软膏。

（2）脾虚湿蕴

临床表现：发病较缓，皮损潮红，瘙痒，抓后糜烂渗出，可见鳞屑，伴有纳少、神疲、腹胀、便溏，舌淡胖，苔白腻，脉弦缓。

护治法则：健脾利湿止痒。

代表方：内服选用参苓白术丸，以补脾祛湿。外治用三黄洗剂或黄柏霜。

（3）血虚风燥

临床表现：病程日久，皮损色暗或色素沉着，剧痒，或皮损粗糙肥厚，伴口干不欲饮、纳差腹胀，舌淡苔白，脉细弦。

护治法则：养血润肤，祛风止痒。

代表方：内服选用当归饮子或四物消风饮。

3. 护理措施

（1）生活起居护理：保持病室内空气新鲜，环境安静、整洁、舒适；湿度宜干燥，脾虚湿蕴者室温宜略高；床单、被套定期消毒；及时修剪指甲，避免抓破皮肤引起感染。

（2）病情观察：注意观察患者皮肤形态、瘙痒部位、性质、程度。

（3）饮食指导：注意饮食调理，饮食宜清淡、消化、多食蔬菜、水果，忌食辛辣及生发之物。湿热浸淫选用赤小豆粥。先煮赤小豆 30g 至熟，再加入白米 50g 煮粥，或将赤小豆浸泡半日后用粳米煮粥即可服用。脾虚湿蕴选用赤小豆薏米粥。先用砂锅煮赤小豆 30g 至烂，再入薏苡仁 50g 煮粥服用。血虚风燥选用桑椹百合汤。将桑椹 15g，百合 15g，红枣 5 枚，青果 10g 加水适量同煎汤饮用。

（4）情志护理：由于病程较长，患者易丧失信心，应向患者讲解本病的预防知识，解除患者思想顾虑，保持情绪稳定，避免精神紧张或忧郁，增强战胜疾病的信心。

（5）用药护理：进行药浴时注意水温，以免烫伤。患病期间，暂缓预防注射。

（6）适宜技术：取大椎、曲池、足三里、血海、三阴交、合谷等穴，毫针刺用平补平泻法；或用艾条烟熏患处止痒。

案例 6-9 分析讨论

1. 此为脾虚湿蕴型湿疹，护理原则为补气健脾、祛湿止痒。

2. 药物调护：内服选用参苓白术丸，以补脾祛湿。外治用三黄洗剂或黄柏霜。针灸取穴：选足三里、太白，顺经络方向斜刺；丰隆，逆经络方向斜刺。

（四）健康教育

1. 患者应勤沐浴，保持皮肤干燥、清洁，穿宽松、柔软的纯棉内衣。应勤剪指甲，避免搔抓。急性期忌用热水或肥皂等刺激物擦拭皮肤，以免诱发疾病。

2. 急性期应注意休息，保证充足睡眠。保持乐观心态，避免思虑太过。

3. 应注意饮食卫生。饮食宜清淡，忌辛味、刺激、膏粱厚味煎炸之品以及鱼腥等发物。

4. 患者应加强体育锻炼，提高抗病及康复能力。

5. 避免接触致敏物质。注意观察，寻找过敏原。湿疹发作期，应停止预防接种。

第三节　妇科病证辨证施护

一、月经不调

案例 6-10

王某，女，30 岁。初诊日期：2011 年 12 月 2 日。主诉：月经周期错后 5 个月。现病史：患者近 5 个月来月经每次均错后八九天来潮，末次月经 10 月 22 日，经期再次错后，经量少，色淡质稀，小腹空痛，头晕眼花，心悸失眠，神疲倦怠，食少，便溏，面色苍白或萎黄，舌淡苔薄，脉细无力。

问题

1. 上述案例的调护原则什么？

2. 分析上述案例的用药方法及针灸取穴。

（一）概述

月经不调（menstruation to be not moved）是指凡月经周期或经量出现异常者，是妇科常见病之一。月经周期提前 7 天以上，甚至 1 个月 2 次者，称为“月经先期”，亦称“经期超前”或“经早”；月经周期错后 7 天以上者，甚至两三个月一行者，称为“月经后期”，或称“经期错后”或“经迟”；月经周期或先或后，未按周期来潮者，称为“月经先后无定期”，又称“经水先后无定期”、“月经愆期”或“经乱”；月经周期正常，而经量明显增多或行经时间延长者，称为“月经过多”，亦称“经水过多”或“月水过多”；月经周期正常，经量明显减少或行经时间不足2天者，称为“月经过少”，亦称“经量过少”或“经水涩少”。若月经偶有异常，且无明显症状者，一般不属月经不调。

（二）病因病机

本病发生的主要病因病机是外感邪气、内伤七情、房劳多产、饮食不节、体质因素等导致脏腑功能失调，气血不和，冲任二脉损伤而发病。西医学中的排卵型功能失调性子宫出血、盆腔炎、子宫肌瘤、子宫内膜异位症、性腺功能低下、子宫内膜结核等疾病均可参照本病证辨证施护。

（三）辨证施护

1. 辨证要点

（1）分清虚实：虚者指脏腑气血阴阳亏虚，实者多指痰饮、气滞、瘀血、火邪之类。临床常虚实夹杂，要详细辨别。

（2）辨脉象变化：月经不调常见有数、细、滑、弦、迟、沉、涩、虚等脉象，临床应结合病史、症状，推断脉症从舍。一般数脉主热，迟脉主寒，脉有力为实，无力为虚，脉见涩者，多属瘀滞，脉见弦者，主肝郁。

2. 证候分型

（1）气虚

临床表现：经期提前，或量多，色淡质稀，神疲乏力，气短懒言，小腹空坠，纳少便溏，舌淡苔薄，脉细无力。

护治法则：补脾益气调经。

代表方：选用归脾丸或补中益气丸。

（2）血热

1）阴虚血热

临床表现：经期提前，月经量少，色红质稠，颧赤唇红，手足心热，舌红少苔，脉细数。

护治法则：滋阴清热调经。

代表方：选用乌鸡白凤丸或六味地黄丸及两地汤加减。

2）阳盛血热

临床表现：经期提前，月经量多，色紫质稠，或夹血块，心胸烦闷，渴喜冷饮，小便短赤，大便燥结，舌红苔黄，脉滑数。

护治法则：清热合营调经。

代表方：清经汤或固经丸加减，也可用宫泰冲剂。

3）肝郁血热

临床表现：经期提前，量多或少，经色紫红，质稠有块，经前乳房、胸胁、少腹胀痛，烦躁易怒，口苦咽干，舌质苔黄，脉弦数。

护治法则：疏肝泻热，凉血调经。

代表方：选用丹栀逍遥丸加减。

（3）血虚

临床表现：经期错后，经量少，色淡质稀，小腹空痛，头晕眼花，心悸失眠，面色苍白或萎黄，舌淡苔薄，脉细无力。

护治法则：养血调经。

代表方：选用大补元煎加减，或人参养荣汤、八珍益母丸、十全大补丸、当归补血丸任选一种，或两种交替服用。

（4）血寒

临床表现：经期错后，量少色黯，或夹血块，小腹冷痛，喜温喜按，腰膝酸冷，神疲乏力，舌淡苔白，脉沉迟或沉紧。

护治法则：暖宫散寒，调经止痛。

代表方：内服艾附暖宫丸或女金丹。

（5）气滞

临床表现：经期错后，月经量少，经色暗红，或有血块，精神抑郁，胸闷不舒，乳胀胁痛，小腹胀痛，舌苔正常，脉弦。

护治法则：疏肝调经。

代表方：取七制香附丸或得生丹、活血调经片。

（6）血瘀

临床表现：经行量或多或少，或持续难净，经色紫黯，质稠有块，经行腹痛，舌质紫暗或有瘀点，脉涩有力。

护治法则：活血调经。

代表方：选调经活血片或妇女痛经丸、少腹逐瘀汤、桃红四物汤加减，经前温服。若小腹胀满加枳壳、香附、川楝子；小腹冷痛加肉桂、炮姜。

（7）肾虚

临床表现：经行或先或后，量少、色淡、质稀，头晕耳鸣，腰膝酸软，小便频数，舌淡苔薄，脉沉细。

护治法则：补肝肾，固冲任，调经。

代表方：选用固阴煎、金匮肾气丸或归肾丸加减。

（8）痰湿

临床表现：经期错后，月经量少，色淡质黏，形体肥胖，心悸气短，胸闷恶心，带下量多，舌淡，苔腻，脉滑。

护治法则：燥湿化痰、行气调经。

代表方：选用二陈汤合芎归汤或苍附导痰丸。

3. 护理措施

（1）生活起居护理：注意环境变化，适时增减衣被，避免感受外邪，损伤气血，引起月经不调。经期应避免剧烈运动和劳累，勿受寒湿。节育及节欲，以免损伤冲任、精血、肾气，引起月经不调。配合气功、太极拳等体育锻炼，以助气血运行，维持妇女的正常生理功能。

（2）病情观察：观察月经的周期的长短，经血的量、质、色及气味和伴随症状。如出现面色苍白、大汗淋漓、四肢厥冷、脉沉细等应立即报告医师，及时处理。

（3）饮食指导：节制饮食，忌食生冷、寒凉之品以防胞宫受寒，导致月经过少、闭经。少食辛香、肥甘厚味损伤脾胃，聚湿成痰，造成月经不调。加强饮食调养，多食用血肉有情之品或补血之品，如牛奶、鸡蛋、猪肝、豆浆、菠菜、红枣、桂圆、黑木耳等；忌食生冷及辛辣食物。气虚选用参芪白莲粥，阴虚血热选用地黄粥，阳盛血热选用鲜藕粥，肝郁血热选用月季花粥，血虚可服用当归粥，血寒可选用艾叶粥，气滞可用月季花茶，血瘀选用益母草粥，肾虚选用肉桂粥，痰湿选用薏苡仁粥。

（4）情志护理：调节情志，保持心情舒畅，以利于肝气通达、血液循环正常。医护人员要多关心、体贴患者，给予精神安慰，让患者安心治疗；同时让患者了解情志变化与疾病发生的关系，保持心情舒畅。

（5）用药护理：用药期间忌食炙煿动火之物，以免破血妄行。服药期间注意有无口渴、咽干、口鼻生疮、大便秘结、头目胀痛等现象。

（6）适宜技术：取关元、血海、气海、太冲、隐白、气海、三阴交、足三里等穴，气虚用补法并可配合灸法，出血多时重灸隐白、百会；纳差、便溏者加灸脾俞、神阙；小腹有空坠感者加灸气海、百会；血热用泻法，心胸烦闷加内关；大便秘结加支沟；胸胁胀痛者加内关、期门；小腹胀痛者加气海、三阴交；心烦者加神门、间使。血虚取肝俞、肝俞、气海、血海、三阴交、足三里、天枢、归来等穴，针灸并用，补法。血寒艾灸关元、气海、天枢、归来等穴，毫针刺以平补平泻法；小腹疼痛者，可用热水袋温熨。气滞取三阴交、足三里、血海、归来、气海、太冲、蠡沟等穴，毫针刺以平补平泻法。血瘀取血海、行间、三阴交、中极、次髎、地机等穴，针灸并用。也可热熨少腹部，促进瘀血下行排出。腹痛胀满加天枢、气海；胁肋胀痛加阳陵泉、期门；胸闷加膻中、内关。肝郁取肝俞、期门、太冲、行间、关元、肾俞、气海、三阴交等穴，毫针刺以泻法。经行不畅加蠡沟，胸胁胀痛加支沟、内关。肾虚取肾俞、关元、太溪、三阴交等穴，毫针刺以用补法，并可配合灸法。痰湿选取气海、中脘、三阴交、丰隆等穴，用补法或平补平泻法，并可配合灸。小腹痛加灸关元、中极；白带量多加次髎穴。

案例 6-10 分析讨论

1. 此属气血两亏型月经后期，治宜益气养血调经。

2. 药物调护：选用大补元煎加减，或人参养荣汤、八珍益母丸、十全大补丸、当归补血丸任选一种，或两种交替服用，以补血调经。汤药宜温服。若气虚乏力加炙黄芪、白术；心悸失眠加炒酸枣仁、远志。针灸调护：取肝俞、肝俞、气海、血海、三阴交、足三里、天枢、归来等穴，针灸并用，补法。

（四）健康教育

1. 应注意劳逸结合，加强体育锻炼，增强体质。但月经期应避免过劳和剧烈运动，如游泳、抬重物等。避免涉水淋雨、冷水浴等。

2. 应加强饮食调护。根据不同病情科学合理膳食。

3. 保持心情舒畅，避免忧郁或情绪激动。

4. 对已婚妇女做好计划生育宣教工作，指导患者采取有效的节育措施。指导患者了解房事节制的重要意义。

5. 告知患者及早治疗血液病、肿瘤等月经不调相关的疾病，防患于未然。

二、痛　经

案例 6-11

患者，女，20 岁，学生。经行腹痛 5 年。患者 14 岁月经初潮，周期正常，但每于经前，经期小腹胀痛拒按，经前 1 周出现胸肋乳房胀痛。刻诊正值行经第 1 天，量不多，色紫暗有块，块下痛减，伴急性易怒乳房胀痛，舌紫暗，脉弦。

问题

1. 上述案例的调护原则什么？

2. 分析上述案例的用药方法及针灸取穴。

（一）概述

痛经（dysmenorrhea）是妇女经期或经行前后，出现周期性小腹疼痛，或痛引腰骶，甚至剧痛昏厥，影响工作和学习者的一种，亦称“经行腹痛”。

（二）病因病机

（1）情志不遂，忧思恼怒，内伤脏腑，肝郁气滞，血行不畅，瘀血阻滞胞宫，使经行不畅而发病。

（2）六淫为害，经期感受风寒湿冷，或起居不慎，或恣食生冷，寒湿客于冲任，阻于胞脉，使经行不畅，发为痛经。

（3）素体阳虚，或房劳过度，或早婚多产，或大病、久病耗伤阳气，阳虚生寒，不能温运胞宫，经行不畅，发为痛经。

（4）平素脾胃虚弱，气血生化不足，或大病、久病之后，耗伤气血，冲任不足，血海空虚，胞脉失养，发为痛经。

（三）辨证施护

1. 辨证要点

（1）分清虚实：虚者指脏腑气血阴阳亏虚，实者多指痰饮、气滞、瘀血、火邪之类。临床常虚实夹杂，要详细辨别。

（2）辨脉象变化：痛经常见有数、细、滑、弦、迟、沉、涩、虚等脉象，临床应结合病史、症状，推断脉症从舍。一般数脉主热，迟脉主寒，脉有力为实，无力为虚，脉见涩者，多属瘀滞，脉见弦者，主肝郁。

2. 证候分型

（1）气滞血瘀

临床表现：经前或经期，小腹胀痛，或刺痛拒按，胸胁、乳房胀痛，经行不畅，经色紫暗，夹有血块，块下痛减，舌质紫暗，或有瘀点、瘀斑，脉弦或弦涩有力。

护治法则：活血行气、调经止痛。

代表方：气滞较重者，用七制香附丸或坤顺丹；血瘀较重者，用少腹逐瘀汤或妇女痛经丸、膈下逐瘀汤加减。

（2）寒湿凝滞

临床表现：经前或经期小腹冷痛，得热痛减，经血量少，色暗有块，畏寒肢冷，面色青白，舌暗苔白，脉沉紧。

护治法则：温经散寒，调经止痛。

代表方：艾附暖宫丸或温经丸。

（3）湿热蕴结

临床表现：经前或经期，小腹灼痛拒按，痛连腰骶，经色紫红，质稠有块，或伴低热，或有带下黄稠，小便黄赤，舌红苔黄腻，脉弦数或濡数。

护治法则：清热燥湿，调经止痛。

代表方：选用龙胆泻肝丸合服调经活血片。

（4）气血虚弱

临床表现：经期或经后，小腹隐痛喜按，月经量少，色淡质稀，神疲乏力，头晕心悸，舌淡苔薄，脉细弱。

护治法则：补益气血，调经止痛。

代表方：选用人参养荣丸、十全大补丸或圣愈汤加减。

（5）肝肾亏损

临床表现：经期或经后，小腹隐痛喜按，月经量少，色淡质稀，头晕耳鸣，腰膝酸软，舌淡苔薄，脉沉细。

护治法则：补益肝肾，调经止痛。

代表方：选用调肝汤加减，或安坤赞育丸。

3. 护理措施

（1）生活起居护理：经期注意适当休息，不要过度疲劳，生活规律、睡眠充足，近经期避免过度劳累及剧烈运动。注意腹部保暖，腹部可做局部热敷。加强体育锻炼，增强体质和抗病能力。同时保持外阴清洁，预防感染，勤换内裤、卫生巾，行经期间忌盆浴、房事、游泳。行经期间绝对禁止房事。

（2）病情观察：痛经发作时，注意观察面色、汗出、脉搏等情况，以免发生晕厥。如有面色苍白、大汗淋漓、脉细弱，血压下降等情况，立即报告医师，及时处理。

（3）饮食指导：饮食宜清淡、营养丰富。经期或经前期忌食生冷、辛辣、寒凉、酸涩等食物，以免收敛、凝滞气血。宜多喝热饮，如热汤、热茶。忌食辛辣、生冷等刺激性食物。气滞血瘀选用桃仁生地粥；寒湿凝滞选用桂浆粥，亦可用姜糖饮；湿热蕴结选用栀子仁粥；气血虚弱选用阿胶汤；肝肾亏损选用菟丝子粥。

（4）情志护理：向患者宣讲月经期生理卫生相关知识，避免由于知识缺乏导致患者过度紧张。注意调节心理状态，切勿暴怒、忧郁。适当给予精神安慰，开导其乐观对待生活，保持心情舒畅，解除心理负担，使肝气调达、气血调和。

（5）用药护理：经前、经期可服益母草冲剂，或红糖汤以助经血顺利排出，服药需温服或热服，掌握用药时间，原发性痛经可在经前5～7天开始服药，镇痛剂在医护指导下，使患者身体放松，转移注意力，必要时服用。

（6）适宜技术：气滞血瘀取中极、气海、血海、三阴交、太冲、合谷、次髎、地机等穴，毫针刺以泻法。腹痛胀满加天枢、气海；胁肋胀痛加阳陵泉、期门；胸闷加膻中、内关；寒湿凝滞选取关元、三阴交、公孙、筑宾、解溪等穴，用补法并可配合灸法。亦可用热熨、药熨小腹部。小腹剧痛加次髎；腹痛牵连腰脊者加命门、肾俞。艾灸气海、关元、阿是穴；湿热蕴结选取带脉、中极、三阴交、下廖、足临泣、血海、气海、行间等穴，用泻法。若伴阴道痒痛加蠡沟、太冲。毫针刺用泻法；气血虚弱取气海、关元、命门、肾俞、次髎、足三里等穴，毫针刺以补法。亦可热熨小腹部以缓急止痛。耳针子宫、交感、神门、内分泌，每次选用2～4穴，用中、强刺激，留针15～20分钟。也可用耳针埋针；肝肾亏损可针灸调护：取关元、肾俞、肝俞、太溪、三阴交、太冲等穴，针灸并用，用补法；亦可热熨小腹部以缓急止痛。若头晕、耳鸣加百会、翳风、太溪、悬钟。

案例6-11分析讨论

1. 此属气滞血瘀型痛经，治宜行气活血、通经止痛。

2. 药物调护：气滞较重者，用七制香附丸或坤顺丹；血瘀较重者，用少腹逐瘀汤或妇女痛经丸、膈下逐瘀汤加减，以活血化瘀、行气止痛。汤药宜温服。若兼口苦，苔黄，月经期延长，经色紫暗，经质黏稠，为肝郁化热之象，当佐以清泄肝热之品，上方加栀子、夏枯草、益母草；痛时亦可服延胡索粉1.5g，每日2次。外治法：丁香、肉桂、元胡、木香各10g，研末和匀，于经前2天或疼痛发作时，取2g药粉置胶布上，贴关元穴；若疼痛不止，加贴双侧三阴交穴。针灸调护：取中极、气海、血海、三阴交、太冲、合谷、次髎、地机等穴，毫针刺以泻法。

（四）健康教育

1. 患者应做好经期保健。注意经期卫生，勤换内裤，忌盆浴，保持会阴清洁；注意起居有常，保证充足睡眠；经期禁止房事。

2. 经期勿冒雨、涉水、游泳，注意腹部保暖，避免感寒；预防感冒。

3. 平素注意饮食调护，经期加强营养。饮食宜补益气血之品，忌生冷、辛辣刺激之物。

4. 重视情志护理，告知患者月经期可能有一些生理反应以及小腹坠胀、轻度腰酸等症状，以减少患者的顾虑，增强患者战胜疾病的信心。

5. 告知子宫内膜异位症、盆腔炎等继发性痛经的患者，应积极治疗原发病。

三、产后恶露不绝

案例 6-12

患者，女，30 岁。初诊日期：2012 年 5 月 5 日。主诉：产后 35 天，阴道持续下血不止。现病史：患者于 2 月 26 日顺产一男婴，哺乳，产后阴道出血不止，量多，色淡，如血水样，小腹隐痛，下坠，气短懒言，四肢无力，舌淡，苔白，脉细。

问题

1. 上述案例的调护原则什么？
2. 分析上述案例的用药方法及针灸取穴。

（一）概述

产后恶露（postpartum lochia）是指正常情况下，妇女分娩后 2～3 周内，有少量暗红色血性液体从阴道内排出。恶露随产后天数的增加而逐渐减少，2 周左右即可排尽；如果产后 3 周以上仍有阴道断续流血，称为“恶露不绝”，亦称“恶露不尽”。气虚冲任不固、血热损伤冲任、血瘀冲任失畅，致血不归经，均可导致恶露不尽。现代医学中的子宫复旧不良，胎盘、胎膜残留，可参照本病证辨证施护。

（二）病因病机

本病发病机理主要为冲任不固。恶露乃血所化，出于胞中而源于血海，气虚冲任不固，或血热损伤冲任，或血瘀冲任，血不归经，均可导致恶露不绝。

1. 气虚 素体虚弱，产时气随血耗，其气益虚，或产后操劳过早，损伤脾气，中气虚陷，冲任失固，血失统摄，以致恶露日久不止。

2. 血热 产妇素体阴虚，因产亡血伤津，营阴更亏，阴虚则内热，或产后过食辛辣温燥之品，或肝气郁滞，久而化热，热伤冲任，迫血妄行，而致恶露不绝。

3. 血瘀 产后胞宫、胞脉空虚，寒邪乘虚而入，血为寒凝，结而成瘀，或七情内伤，气滞而血瘀，瘀阻冲任，新血难安，以致恶露淋漓不绝。

（三）辨证施护

1. 辨证要点

（1）辨气血：气亏则冲任失固，血失统摄；血热则热伤冲任，迫血妄行；瘀阻冲任，新血难安。

（2）辨脉象变化：产后恶露常见有缓、弱、数、细、弦、涩等脉象，临床应结合病史、症状，推断脉症从舍。一般数脉主热，脉缓弱主虚，脉弦主郁，细而无力为虚，脉见涩者，多属血瘀。

2. 证候分型

（1）气虚

临床表现：产后恶露过期不止，量多，色淡质稀，无臭味，精神倦怠，气短懒言，小腹空坠，面色无华，舌淡苔薄白，脉缓弱。

护治法则：补气养血，摄血止血。

代表方：选用补中益气汤或人参归脾丸等加减。

（2）血热

临床表现：产后恶露过期不止，量较多，色深红，质黏稠，气臭秽，口燥咽干，面色潮红，舌红，苔少，脉细数。

护治法则：清热凉血止血。

代表方：选用保阴煎加减；也可选用乌鸡白凤丸合服四红丹或荷叶丸。

（3）血瘀

临床表现：产后恶露过期不止，淋漓量少，色暗有块，小腹疼痛拒按，舌紫暗或有瘀点，脉弦涩。

护治法则：活血止痛，化瘀止血。

代表方：选用生化汤加减，或乌金丸、妇科回生丹、益母草膏。

3. 护理措施

（1）生活起居护理：慎起居，勿过劳。恶露量多时宜卧床休息，取半卧位，以利恶露排放；注意保暖，避风寒，以防外邪乘虚而入。血热者衣被适中，不宜过暖。注意个人卫生，保持外阴清洁，勤换内裤，严防邪毒内侵。忌盆浴，戒房事。高热患者，应多饮水，暂停哺乳，定时吸空乳汁；便秘患者适当给予润肠通便中药或麻油、蜂蜜、黑芝麻等，以保持大便通畅。

（2）病情观察：观察恶露的量、质、色、气味及伴随症状，恶露量多，色红并伴有血块腹痛者应立即报告医师，做好清理子宫的手术准备。

（3）饮食指导：饮食宜营养丰富，尤以高蛋白食物为佳，这样有利于产褥期机体的恢复。忌食辛辣、生冷、黏滞、油腻之品。气虚选用黄芪大枣粥：以水煎黄芪去渣取汁，入大枣、粳米煮粥服用。血热选用鲜藕粥，或用生藕捣烂取汁，放热开水中炖温服用。血瘀可用益母草 30g 煎汤温服，以活血化瘀；选用益母草汁粥。

（4）情志护理：调情志，宣传产褥期生理卫生常识，鼓励患者起床活动，有助于气血运行和积滞在胞宫内余血浊液排出，促进子宫收缩。避免情绪激动，防止五志化火。

（5）用药护理：中药汤剂宜温服，并注意观察服药后恶露排出情况，血瘀者可在服中药汤剂后加服红糖水。腹痛剧烈者，遵医嘱可给予止痛药物，也可可给予针灸或中药止痛。

（6）适宜技术：气虚取隐白、气海、血海、足三里、脾俞、关元、中极、三阴交等穴，用补法。大便溏泄者加天枢、下血多者加百会；并可加用灸法，艾灸天枢、气海、归来等穴。血热选取中极、隐白、三阴交、气冲、血海、大敦等穴，用泻法。发热者加大椎、曲池；心烦者加内关。血瘀选取地机、太冲、血海、三阴交、中极等穴，用泻法。小腹痛极者加足三里、关元。

案例 6-12 分析讨论

1. 此属气虚血亏，冲任不固型产后恶露不尽，治应益气养血、固冲任止血。

2. 药物调护：选用补中益气汤或人参归脾丸等加减，以补气养血、摄血止血。若恶露日久不止，量较多，腰酸肢软，头晕耳鸣者，加鹿角胶、金樱子、续断、巴戟天补肝肾、固冲任。针灸调护：取隐白、气海、血海、足三里、脾俞、关元、中极、三阴交等穴，用补法。大便溏泄者加天枢、下血多者加百会；并可加用灸法，艾灸天枢、气海、归来等穴。

（四）健康教育

1. 患者应注意卧床休息，采用半卧位，促进恶露排出。

2. 加强产后护理。注意产褥期卫生，保持外阴清洁，勤换内裤及卫生巾，禁止盆浴，严禁房事；产后应检查胎盘胎膜是否完整，如有缺损应立即处理，以防加重出血。

3. 注意起居调摄。避风寒；注意饮食调护，饮食宜清淡，忌寒凉或辛辣食物。

第四节　儿科病证辨证施护

一、肺炎喘嗽

案例 6-13

宋某，女，5 岁，因“发热咳嗽 4 天”为主诉入院，入院前曾服抗生素，未奏效。现症见：发热，体温 38℃，咳嗽，夜间有甚，微喘，气急鼻煽，喉间痰鸣，痰色黄，不易咯出，纳差，大便数日一行，舌红苔黄，脉弦滑。查体见：咽红，双扁桃体Ⅰ度肿大，无渗出物，两肺布满细小水泡音。

问题

1. 上述案例的调护原则什么？
2. 分析上述案例的用药方法及针灸取穴。

（一）概述

肺炎喘嗽（pneumonia asthma）是以发热、咳嗽、气急、鼻煽为主要临床表现的一种小儿肺部疾患，本病四季均可发病，以冬春季节发病最为常见。本病好发于儿童，尤以 3 岁以下小儿为多见。而且年龄愈小发病率愈高。本病具有发病急，变化快的特点，常继发感冒、麻疹或其他相关性疾病。小儿肺炎可参照本病护理。

（二）病因病机

肺炎喘嗽的形成，感受外邪是其外因，导致肺气郁阻，痰热痈壅塞，或由他病传变而来。而内因则是小儿气血未盛，形气未充，肺脏娇嫩，卫外不固。本病病变部位在肺，常累及脾，严重者可内窜心肝。本病病机主要是肺气闭阻，而至痰热。邪盛正虚者，容易出现心阳虚衰，邪陷厥阴。病重体弱，正虚邪恋，常致病情缠绵不愈。

（三）辨证施护

1. 辨证要点

（1）辨寒热：主要从寒热、有汗无汗、咽部红肿及舌脉特点来辨别。恶寒重，发热轻，无汗，头痛，咽痒不肿，苔白，脉浮紧者属风寒，冬季为多；发热重，恶寒轻，咽痛，苔白少津或薄黄，脉浮数者属风热，春季易发。

（2）辨兼夹症：夹湿者以身热不扬，头胀如裹，骨节疼痛为特征，多见于梅雨季节；夹暑邪者以身热有汗，心烦口渴，苔黄腻为特征，多见于长夏；夹燥者以身热头痛，鼻燥咽干，咳嗽无痰或少痰为特征，多见于秋季。

（3）辨虚实：肺脾两虚者，表现为喘促气短、气怯声低、咳声低弱、痰稀色白、自汗畏风、易于感冒、舌淡苔白、脉虚弱。

2. 证候分型

（1）风寒闭肺

临床表现：恶寒发热，头痛无汗，不渴，喘息气促，咳嗽痰多，色白清薄，指纹浮红。舌质不红苔薄白，脉浮紧。

护治法则：祛风散寒，宣肺止嗽。

代表方：选用三拗合葱豉汤或华盖散加减。

（2）风热闭肺

临床表现：咳逆上气、胸胀或痛，喘促气粗，甚则鼻翼扇动，咳而不爽，痰多黏稠，身热烦闷，口渴，身痛，有汗或无汗，舌红，苔薄白或薄黄，脉浮数或滑数。

护治法则：宣肺泄热，平喘止嗽。

代表方：选用麻杏石甘汤加减。

（3）痰热闭肺

临床表现：喘咳气涌，胸部胀痛，痰多黏稠色黄，或夹血色，伴有胸中烦热，身热，有汗，渴喜冷饮，面红，咽干，尿赤，大便或秘，苔黄或腻，脉滑数。

护治法则：清热化痰，宣肺止嗽。

代表方：选用桑白皮汤加减。咳痰困难者，可给予牡油胶丸。

（4）痰浊阻肺

临床表现：气喘咳嗽，痰涎涌盛，量多色白而黏，咯出不爽，胸满窒闷，口黏不渴，或恶心纳呆，舌苔白厚腻，脉滑。

护治法则：调肺理脾，化痰止嗽。

代表方：选用二陈汤合三子养亲汤加减或用橘红化痰丸。

（5）肺脾气虚

临床表现：喘促气短，气怯声低，咳声低弱，痰稀色白，自汗畏风，易于感冒，舌淡苔白，脉虚弱。

护治法则：补脾益肺，固表止嗽。

代表方：选用补肺汤合玉屏风散加减或用蛤蚧定喘丸。

3. 护理措施

（1）生活起居护理：起居有常，注意四时气候变化，防寒保暖，避免直接吹风，保护胸背部免受风寒侵袭。室内应保持安静，室温应在 18～20℃，床铺保持整洁，勤翻身。发热咳喘期，应卧床休息，减少活动，喘憋明显者，取半卧位，经常给予翻身，变换体位。保持呼吸道通畅，痰多时轻拍背部，促使痰液排出。伴表证发热时，可用针刺或柴胡注射液降温，不宜物理降温。

（2）病情观察：观察体温、呼吸咳嗽、痰喘、腹部胀气、神色、汗出、二便。出现呼吸困难、面唇发绀时，应立即吸氧。并密切观察体温、心率、呼吸及血压的变化。出现体温骤降或超高者，心率超过 140 次/分或间歇脉时，应立即报告医生，并配合及时处理。

（3）饮食指导：饮食宜清淡，易消化的半流食。忌食肥干厚味辛辣之品，鼓励发热患儿多饮水。风寒闭肺宜温热宣通，多食姜、葱白、淡豆豉、胡椒、杏子、洋葱、荔枝等；忌生冷、肥甘、鱼虾等食品。可用杏仁粥（杏仁 10g，粳米适量煮粥服食）。风热闭肺宜清淡凉润，多食梨、藕、萝卜、枇杷、荸荠、柑橘、蜂蜜等；忌食辛辣、厚味食品。痰热闭肺宜清淡流质为主，青萝卜丝煮水加白蜜频服，可清热化痰，宣肺止咳。少进食甜食和饮料，以免助湿生痰。痰浊阻肺宜清淡易消化，多食山药、茯苓、柑橘、薏苡仁、白萝卜、白扁豆等；忌食辛辣、生冷、肥甘食品。可食薏苡仁粥，取薏苡仁 30g，粳米适量，煮粥服食，或陈皮 10g 泡水代茶饮。肺脾气虚宜清淡甘润，营养丰富，常食百合、白果、山药、茯苓等；忌辛辣、温燥及寒凉食品。可食山药茯苓粥，取山药 60g，茯苓 15g，粳米适量，煮粥服食。

（4）情志护理：避免情志刺激，消除患儿的忧虑和精神紧张。给患儿以精神安慰，稳定患儿情绪，避免烦躁，积极配合治疗。

（5）用药护理：中药宜温服或频服，药后可给予热粥或热汤，以助药性，微汗而出。痰多黏稠不易咳出，鼓励患儿用力咳痰，或应遵医嘱中药雾化吸入使痰液易于排出。也可给予半夏露、复方甘草合剂。

（6）适宜技术：风寒闭肺选取大椎、风门、定喘、肺俞、膻中、尺泽、列缺、合谷等穴，用泻法。推拿点按定喘、风门、肺俞、肩中俞穴，直擦背部膀胱经，以温热为度。风热闭肺选取肺俞、大椎、风门、膻中、中府、尺泽、列缺、合谷、丰隆等穴。喘重者加天突、定喘穴，用泻法。推拿点按定喘、风门、肺俞、肩中俞穴，直擦背部膀胱经。痰热闭肺选取膻中、列缺、肺俞、尺泽、定喘等穴，宜用泻法。痰浊阻肺选取肺俞、脾俞、膻中、中脘、内关、足三里、丰隆等穴，用平补平泻法。推拿点按定喘、风门、肺俞、肩中俞、足三里、丰隆穴。肺脾气虚选取肺俞、定喘、膏肓俞、膻中、太渊等穴，用补法，或加灸。推拿横擦胸部及背部心俞、肺俞区域，以透热为度，按揉肺俞、肾俞、脾俞穴。

案例 6-13 分析讨论

1. 此属风热闭肺型小儿肺炎咳嗽，治应宣肺散热、祛痰止咳。

2. 药物调护：选用麻杏石甘汤加减，以祛风泄热、宣肺平喘。宜轻煎温服。针灸调护：选取肺俞、大椎、风门、膻中、中府、尺泽、列缺、合谷、丰隆等穴。喘重者加天突、定喘穴，用泻法。

（四）健康教育

1. 居室应保持清洁，空气清新、流通，远离雾霾刺激。冬春季节，寒温巨变时，注意防寒保暖，以免受邪。不带孩子到人群聚集的公共场所。

2. 注意膳食与营养，养成良好的饮食习惯，避免饮食偏嗜。

3. 告知患儿应多参加户外活动，加强体育锻炼，增强体质，提高抗病能力。

4. 注意讲究卫生，勤洗手，咳嗽时用纸巾或手帕捂嘴，不随地吐痰，以免传染他人。

二、痄　　腮

案例 6-14

赵某，男，4岁，发热2天，右侧耳下肿痛半天，微恶寒，轻咳，2日前突觉发热，微恶寒，咽干不适，体温持续于37.8～38.3℃，今发现右侧耳下肿痛，张口及咀嚼时疼痛，自服退热药未获好转而来诊，症见右耳垂下肿胀，压痛，边缘不清，右侧口腔臼齿上方黏膜可见红肿充血点，咽充血阳性，扁桃体肿大Ⅰ度，心肺正常，舌红，苔薄微黄，脉浮数。

问题

1. 上述案例的调护原则什么？
2. 分析上述案例的用药方法及针灸取穴。

（一）概述

痄腮（mumps）是由风温邪毒引起的急性传染病。本病发病急骤，以发热，耳下腮部肿胀疼痛为特征。一年四季均可散发，以冬春两季多见，学龄儿童发病率较高，一般预后良好。年长儿童可并发睾丸肿痛等症。民间称本病为“蛤蟆瘟”“鸬鹚瘟”。一次患病后，可产生持久免疫。其病因为外感风温毒邪致气血郁滞所致。现代医学“流行性腮腺炎”可参照本病证辨证施护。

（二）病因病机

本病主要是外感风温邪毒，从口鼻而入，壅阻少阳经脉，郁而不散，结于腮部。气血流行受阻，故漫肿而有痛感。若受邪较重，邪结厥阴，较大儿童可并发少腹疼痛，睾丸肿痛。若温毒炽盛，热极生风，内窜心肝，扰乱神明，则可出现高热，昏迷，痉厥等变证。

（三）辨证施护

1. 辨证要点

（1）辨表里：舌质稍红，舌苔薄白或微黄，脉浮数，热轻，局部漫肿为湿毒在表；舌质红，舌苔黄腻，脉滑数，热剧，局部肿胀为热毒蕴结于内。

（2）辨并发症：左胁下、上腹部疼痛较剧，伴消化道症状为热结少阳（急性胰腺炎）；睾丸肿胀疼痛，或有下腹部疼痛，伴发热、寒战为毒聚睾丸（睾丸炎）；伴有脑膜炎刺激症状为邪陷心肝（脑膜炎症）。

2. 证候分型

（1）温毒在表

临床表现：轻微发热，一侧或两侧耳下腮部漫肿疼痛，咀嚼不便，或有咽红，舌质稍红，舌苔薄白或微黄，脉浮数。

护治法则：清热燥湿，泻火解毒。

代表方：选用板蓝根冲剂；或银翘解毒丸；亦可选用清开灵冲剂。若无全身症状时仅有腮部症状，就可以选用青黛散、如意金黄散、紫金锭等中药外敷。

（2）热毒蕴结

临床表现：壮热烦躁，头痛，口渴，呕吐，腮部肿胀明显，拒按，咀嚼困难，咽红，舌质红，舌苔黄腻，脉滑数。

护治法则：清热解毒，消肿止痛。

代表方：选用普济消毒饮；亦可选用五福化毒丹、六神丸或清开灵注射液。

3. 并发症

（1）热结少阳（急性胰腺炎）

临床表现：左胁下、上腹部疼痛较剧，腹胀，恶心呕吐，便秘或腹泻，舌质红，苔黄腻，脉弦数或滑数。

护治法则：和解少阳，调中止痛。

代表方：选用大黄粉或羚羊角粉。

（2）毒聚睾丸（睾丸炎）

临床表现：一侧或两侧睾丸肿胀疼痛，或有下腹部疼痛，伴发热寒战，舌质红，苔黄，脉数。

护治法则：活血止痛

代表方：内服六神丸；外治用青黛散、如意黄金散或六合丹。

（3）邪陷心肝（脑膜炎症）

临床表现：壮热，头痛剧烈，呕吐，颈项强直，烦躁不安，甚至嗜睡、昏迷、舌红、苔黄脉数。

护治法则：清热开窍，醒神。

代表方：选用羚羊角粉；或用至宝丹、紫雪丹、安宫牛黄丸。

4. 护理措施

（1）生活起居护理：隔离病儿直至腮腺肿胀完全消退。居室要定时通风换气，保持空气流通，其生活用品、玩具、文具等采取煮沸或暴晒等方式进行消毒。卧床休息，病情轻者或退热后可适当活动。高热者给予温水擦浴。注意口腔卫生防止继发感染。加强体育锻炼，增强体质，预防各种疾病。并发睾丸炎，可采用“丁”字带（提睾带）将阴囊托起，

（2）病情观察：观察腮部的肿胀程度、神志、面色、瞳孔及生命体征和二便等情况，重点观察睾丸肿胀疼痛变化并加强监护，出现突发壮热、头痛项强、呕吐、嗜睡、昏迷、抽搐应立即报告医师，及时处理

（3）饮食指导：多食有营养养、易消化之品。忌食海带、鱼虾、香椿等发物。温毒在表选用牛蒡子粥：牛蒡子 10g 加水煎汁，去渣，入粳米同煮粥，加冰糖调味，分两次服；亦可选用石膏银花绿豆饮：石膏 15g，绿豆 30g 加水煮至豆熟，放入金银花，以蜂蜜调味，分三次服。热毒蕴结选用蒲公英粥：取干蒲公英 30g 或新鲜蒲公英 120g，洗净切碎，煎取药汁去渣，入粳米同煮为粥；将西瓜、番茄切碎，捣烂，绞取汁液，频饮。热结少阳（急性胰腺炎）急性发作期应禁食（可补液），可进食时选用金玉鸡金饮；选用羚羊角钩藤冲藕粉适量冲服。毒聚睾丸（睾丸炎），选用滑石粥：先把滑石 30g 用布包扎，然后入砂锅煎汁，去渣，入粳米煮为稀粥；或选葡萄藕地汁：新鲜葡萄、鲜藕各 100g，生地黄 5～10g，葡萄、藕捣烂绞汁，生地黄煎水，合并，分 5～8 次饮。邪陷心肝（脑膜炎症）选用羚羊角钩藤冲藕粉：钩藤 15 克煎水，去渣取汁，入羚羊角、藕粉适量冲服。

（4）情志护理：保持情绪稳定，向患儿的及家长宣教疾病相关知识，使之积极主动地配合治疗，有利于疾病的恢复。

（5）用药护理：接种流行性腮腺炎病毒减毒活疫苗。并发睾丸炎局部冷敷；或用蒲公英、马齿苋、金银花煎煮待温后熏洗。

（6）适宜技术：温毒在表取合谷、外关、曲池、少商、商阳、翳风等穴，每次选 2～3 穴，用泻法；也可用氦-氖激光穴位照射，主穴：少商、合谷、阿是穴（肿大的腮腺局部），每穴照射 5～10 分钟，一日一次，连续 3～5 日。热毒蕴结取翳风、太冲、外关、颊车、合谷、曲池等穴，

可用激光方法。发热加曲池、大椎；睾丸肿痛加血海、三阴交，每日一次。热结少阳（急性胰腺炎）取曲池、大椎、十宣放血。呕吐取内关，抽搐取合谷、人中、太冲等穴。毒聚睾丸（睾丸炎）取外关、太冲、合谷、曲池、足三里、少阳、商阳、颊车、风池、血海、三阴交等穴，每次选 2～3 穴，用泻法。邪陷心肝（脑膜炎症）取曲池、大椎、少商、商阳、风池，强刺激，捻转进针，不留针，抽搐取合谷、人中、太冲等穴；取曲池、大椎、十宣放血。呕吐取内关。抽搐取合谷、人中、太冲等穴。

案例 6-14 分析讨论

1. 此属湿毒在表型小儿痄腮，治应解表祛湿，解毒消肿

2. 药物调护：选用板蓝根冲剂，每次 1 包，每日 3 次口服；或银翘解毒丸每次 0.5 丸，每日 2～3 次口服；亦可选用清开灵冲剂。若无全身症状时仅有腮部症状，就可以选用中药外敷，如青黛散等，用醋调后敷于腮部；亦可用鲜马齿苋、野菊花、鲜仙人掌捣烂敷于腮部。初期发热时，鼓励患儿多饮水，轻者可用夏枯草 10g，菊花 6g，泡水代饮，不必服汤药。针灸调护：取合谷、外关、曲池、少商、商阳、翳风等穴，每次选 2～3 穴，用泻法；也可用氦-氖激光穴位照射，主穴：少商、合谷、阿是穴（肿大的腮腺局部），每穴照射 5～10 分钟，一日一次，连续 3～5 日。

（四）健康教育

1. 居室保持清洁卫生，温度、湿度适宜。做好室内通风，保持空气清新。

2. 指导患儿家长做好隔离、消毒、饮食等护理。对患儿进行隔离，可至腮腺肿胀消退后 3～7 天。采用暴晒或煮沸等方法对患儿的用品进行消毒。患儿饮食宜清淡，忌辛辣，多饮水。

3. 指导患儿家长做好用药护理。敷药时，注意保护皮肤，药物不可涂擦过多，以免药物干裂后损伤皮肤。痄腮流行季节，可口服板蓝根冲剂或金银花煎服，以防传染。对已经接触患儿的孩子，可接种痄腮相关疫苗进行预防。

4. 对年长儿应注意有无腹痛、睾丸肿痛等症状，如病情加重，应及早就医，以防产生并发症。

三、遗　尿

案例 6-15

患者，男，8 岁，因遗尿就诊。现病史：患儿每晚遗尿一次以上，醒后方觉。症见：面色苍白，神疲乏力，饮食欠佳，肢冷畏寒，小便清长，智力较差，舌淡苔白脉细弱。

问题

1. 上述案例的调护原则什么？
2. 分析上述案例的用药方法及针灸取穴。

（一）概述

遗尿（enuresis） 凡 3 岁后经常发生或 5 岁以后有时在睡梦中不自主地排尿者，称为遗尿症或夜尿症。本病多由肾气不足、肺脾气虚及肝经湿热而致。以不能自主控制排尿，熟睡时经常遗尿，轻者数夜一次，重者可一夜数次为临床主要特征。西医学的遗尿症可参本证辨证施护。

（二）病因病机

饮食入胃，经消化后，其中精微散布到脾，由脾上输于肺，通过肺的宣发肃降，使水道通畅，而体内多余的水分，则下输至膀胱成为尿，然后排出体外，这是水液代谢的过程；且肾主水，与膀胱互为表里，膀胱的气化有赖于肾气充足温煦；另外，三焦是“决渎之官，水道出焉”，是人体最

大的水液代谢器官。由此可见，尿液的生成与排泄，与肺、脾、肾、三焦、膀胱有着密切关系。遗尿的发病机制虽主要在膀胱失于约束，然与肺、脾、肾功能失调，以及三焦气化失司都有关系。其主要病因为肾气不固、脾肺气虚、肝经湿热。

（1）肾气不固是遗尿的主要病因，多由先天禀赋不足引起，如早产、双胎、胎怯等，使元气失充、肾阳不足、下元虚冷，不能温养膀胱，膀胱气化功能失调，闭藏失职，不能制约尿液，而为遗尿。

（2）脾肺气虚，素体虚弱，屡患咳喘泻利，或大病之后，脾肺俱虚。脾虚运化失职，不能转输精微，肺虚治节不行，通调水道失职，三焦气化失司，则膀胱失约，津液不藏，而成遗尿。若脾虚失养，心气不足，或痰浊内蕴、困蒙心神，亦可使小儿夜间困寐不醒而遗尿。

（3）肝经湿热，平素性情急躁，所欲不遂，肝经郁热，或肥胖痰湿之体，肝经湿热蕴结，疏泄失常，且肝之经络环阴器，肝失疏泄，影响三焦水道的正常通利，湿热下注膀胱而致遗尿。

此外，亦有小儿自幼缺少教育，没有养成夜间主动起床排尿的习惯，任其自遗，久而久之，形成习惯性遗尿。

（三）辨证施护

1. 辨证要点

（1）辨虚实：舌淡苔白脉细弱，伴虚弱症状为虚；舌红苔黄脉弦数，伴热证为实。

（2）辨脏腑：肢冷、智差责之肾；易感冒、频咳喘，兼气短无力、纳呆腹泻责之肺脾；便黄少，烦躁，多梦，磨牙，责之肝。

2. 证候分型

（1）肾气不足

临床表现：睡中遗尿，醒后方觉，每晚 1 次以上，小便清长，面色苍白，神疲乏力，肢冷畏寒，智力较差，舌淡苔白脉细弱。

护治法则：温阳补肾，涩尿。

代表方：桑螵蛸散合巩堤丸加减；或选用缩泉丸、金匮肾气丸。

（2）肺脾气虚

临床表现：睡中遗尿，白天尿频，经常感冒，咳嗽痰喘屡作，气短自汗，面白少华，四肢无力，食欲不振，大便溏泄，舌淡苔白脉细弱。

护治法则：补脾益肺，涩尿。

代表方：补中益气汤合缩泉丸。

（3）肝经湿热

临床表现：睡中遗尿，小便黄而量少，性情急躁，夜梦纷纭，或夜间磨牙，口渴欲饮，面赤唇红，舌红苔黄脉弦数。

护治法则：清利肝胆，涩尿。

代表方：龙胆泻肝丸。

3. 护理措施

（1）生活起居护理：注意保暖，尿床后及时更换衣被，保持皮肤清洁卫生；睡姿不宜仰卧和俯卧，以侧卧为宜；被盖不要过紧，双脚不宜过温或受压；安排合理作息时间，养成午睡习惯，不过度疲劳，睡前尽量排空膀胱，少食有利尿作用的饮料和食品；训练定时排尿，逐渐建立良性的排尿条件反射；尽量寻找引起遗尿的原因，采取对因施护。积极预防和治疗引起遗尿的各种原发病。

（2）病情观察：观察遗尿的时间及尿床后是否熟睡，夜间定时唤醒患儿小便并将唤醒时间渐次后延至晨起。

（3）饮食指导：饮食宜清淡晚饭后或睡前不宜进食流食。肾气不足选用雀儿药粥。先把菟丝子、覆盆子、枸杞子各 10g 一同放入砂锅内煎取药汁，去掉药渣，再将麻雀去毛及肠杂，洗净用酒炒，然后与粳米、药汁加适量水一并煮粥，欲熟时加入盐、葱白、生姜，煮成稀粥服食；冬季食用为最好，3～5 日为 1 个疗程。肺脾气虚选用金樱子粥：先煎金樱子 15g，取浓汁，去渣，入芡实 10g，同粳米 30g 煮粥，粥成后加白糖调味，分 2 次服。肝经湿热选用蒲公英粥：取干蒲公英 30g 或新鲜蒲公英 60g，洗净切碎，去渣取药汁，入粳米同煮为稀粥，每日分 2 次服食。还可用西瓜汁、苦瓜汁代茶饮。

（4）情志护理：正确理解本病，减轻心理负担。多参加文体活动，保持良好心态。患儿经常遗尿，情绪低落，或悲观、惊恐、紧张，医护人员及家长不要责怪患儿，要耐心开导、消除患儿惊恐、紧张情绪，以减轻精神负担，积极配合治疗。

（5）用药护理：中药汤剂宜少量多次温服。

（6）适宜技术：肾气不足取穴关元、气海、三阴交、阴陵泉、足三里等，每次选 2～3 穴，6 岁以下用迅速浅刺法，不留针，6 岁以上用补法。亦可用艾炷直接灸关元、三阴交、神门等穴；或神阙、关元等穴拔罐，留罐 3～5 分钟，每日或隔日 1 次；或取关元、三阴交等穴，每穴注入 5% 当归注射液 0.3～0.5 ml，每日 2 次，10 日为 1 个疗程。推拿耳穴按摩，将胶布剪成约 0.5cm^2 的小块，中间贴 1 粒未开化的王不留行籽，贴在耳廓所需推拿的穴位上，如肾、膀胱、皮质下、枕、耳尖、外生殖器、交感等穴。每日早晚按摩 1 次，每次 20 分钟，第 1 日晚按摩 40 分钟，手法由轻到重，以不痛为度，使耳部发热。7 日后换贴对侧耳穴，1～4 周为一疗程。肺脾气虚用艾炷直接灸法；或选神阙、关元穴拔罐，留罐 3～5 分钟。亦可采用穴位照射疗法：取关元、气海、百会、足三里、三阴交以 1.5～2.0 mW 的氦-氖激光照射，每穴照 1～2 分钟，每日或隔日 1 次，6～10 日为 1 个疗程，一般连用 2～3 个疗程。

案例 6-15 分析讨论

1. 此属肾气不足小儿遗尿，兼见脾虚，故治宜固肾健脾止遗。

2. 药物调护：①桑螵蛸散合巩堤丸加减口服。或益智仁 10g 醋炒，研成细末，分 3 次开水冲服，每天 1 剂；或乌梅 20g、桑螵蛸 9g，每日 1 剂，水煎服；还可选用缩泉丸或金匮肾气丸。熟睡不易醒者，加石菖蒲、远志、莲子心以清心；气虚明显，加黄芪、党参以助气。②外治法：黑胡椒适量，风湿膏 1 张，每晚睡前将适量黑胡椒填入脐窝中，填满为度，用风湿膏贴好压紧，2 小时后去掉或更换，7 次为 1 个疗程。③针灸调护：可用艾炷直接灸关元、三阴交、神门等穴；或神阙、关元等穴拔罐，留罐 3～5 分钟，每日或隔日 1 次；或取关元、三阴交等穴，每穴注入 5% 当归注射液 0.3～0.5 ml，每日 2 次，10 日为 1 个疗程。

（四）健康教育

1. 应加强患儿的饮食护理，晚饭后应注意控制饮水量。

2. 养成良好的排尿习惯。每晚临睡前提醒患儿起床排尿，睡眠中定时唤醒患儿排尿 1～2 次，以助形成自行排尿的习惯。

3. 患儿白天不宜游玩过度，以免疲劳贪睡，影响定时排尿。

4. 做好患儿的精神护理，鼓励患儿消除怕羞、紧张的情绪，增强战胜疾病的信心。

（穆葆慧　陈　东）

思　考　题

1. 感冒是由于六淫、时行病毒侵袭人体而致病，以哪种邪气为主因：

A. 风　　B. 寒　　C. 暑　　D. 湿　　E. 火

2. 感冒的主要病性是：

A. 实证　　B. 表实证　　C. 表虚证　　D. 虚实夹杂证　　E. 里证

3. 恶寒重，发热轻，肢节酸痛，鼻塞流清涕，口不渴或渴喜热饮，苔薄白，证属：

A. 气虚感冒　　B. 风热感冒　　C. 暑湿感冒　　D. 时行感冒　　E. 风寒感冒

4. 下列感冒的护理措施中哪项是不正确的：

A. 外感风寒汤药宜热服，服药后卧床休息，盖被以利汗出

B. 服发汗药后忌服酸醋、生冷之品

C. 外感发热邪在卫分者可用酒精擦浴或冷敷

D. 恶寒、发热无汗者，可行背部捏脊，或按揉风池、合谷、大椎、曲池等穴

E. 感冒时，饮食宜清淡易消化

5. 水肿的病位在：

A. 肺脾肾　　B. 心肝肾　　C. 心脾肾　　D. 肝脾肾　　E. 脾胃肺

6. 中风之中经络与中脏腑的辨证要点是：

A. 口眼㖞斜　　B. 语言不利　　C. 半身不遂　　D. 神志不清　　E. 肢体麻木

7. 消渴病日久不愈，热灼津液为痰，痰阻经络，蒙蔽心窍，可出现的并发症是：

A. 水肿　　B. 白内障，雀目　　C. 肺痨　　D. 疮疖痈疽　　E. 中风

8. 便血颜色污浊，量较多，肛内肿物外脱，肛门灼热，舌红，苔黄或腻，脉弦滑或弦数辨证属于内痔中：

A. 风伤肠络　　B. 气滞血瘀　　C. 脾虚气陷　　D. 湿热下注　　E. 阴虚津亏

9. 小儿遗尿肾气不足证的治法为：

A. 补肾纳气，升提固摄　　B. 温补脾肾，固涩膀胱

C. 补肾益气，升提固摄　　D. 温补肾阳，固涩小便

E. 益气滋肾，固涩小便是

10. 痛经是妇女常见的病症，最常出现在妇女：

A. 初潮后 1 或 2 年　　B. 初潮后 1 年　　C. 初潮后 2～3 年

D. 初潮后 1～3 年　　E. 初潮后 3～4 年

实 践 指 导

护士在进行各项护理操作前，都要求服装鞋帽整洁；仪表大方，举止端庄，修饰得体；语言亲切、恰当，态度和蔼可亲。

操作前评估环境，保证安静整洁、室温适宜、光线充足、安全私密。

实践一　人体经脉模型观察

【实践目的】

1. 熟悉　十四经的体表循行路线。

2. 掌握　十二正经的体表分布规律、交接规律。

【实践准备】　人体经络模型、屏风。

【实践学时】　2学时。

【实践方法】

（1）学生分组初步观察模型。

（2）教师讲解十四经的体表循行路线，学生对照模型观察。

（3）学生总结十二正经的体表分布规律、交接规律，教师指正。

（4）学生结合模型在自身或小组成员身体上初步探索十四经脉。

（5）教师针对学生在人体上探索发现的问题进行指导。

【注意事项】

（1）实体操作时注意保护隐私。

（2）修剪指甲。

实践二　常用腧穴定位

【实践目的】

1. 熟悉　常用腧穴的主治规律。

2. 掌握　常用腧穴的定位。

【实践准备】　人体经络模型、屏风。

【实践学时】　2学时。

【实践方法】

（1）学生分组初步观察模型。

（2）教师讲解列缺、尺泽、合谷、曲池、天枢、足三里、隐白、神门、少泽、肺俞、心俞、膈俞、肝俞、胆俞、脾俞、胃俞、三焦俞、肾俞、大肠俞、小肠俞、膀胱俞、委中、涌泉、内关、外关、风池、肩井、阳陵泉、太冲、大椎、百会、水沟、神阙、中脘、膻中、夹脊、十宣的定位与主治，学生对照模型观察。

（3）学生在模型上依次找出上述穴位，教师随机抽查。

（4）学生结合模型在自身或小组成员身体上指出相应穴位。

（5）教师针对学生在人体上点穴所存在的问题进行指导。

【注意事项】

（1）实体操作时注意保护隐私。

（2）修剪指甲。

实践三　病情观察

【实践目的】

1. 熟悉　病情观察的目的和要求。

2. 掌握　病情观察的方法。

【实践准备】　人体模型、标准化患者、屏风。

【实践学时】　2 学时。

【实践方法】

（1）学生分组，根据要求初步观察模型。

（2）教师讲解病情观察的目的和要求，学生对照模型观察。

（3）学生总结病情观察的方法和内容，教师指正。

（4）学生结合模型在同组学生或标准化患者身体上进行病情观察。

（5）教师针对学生在人体上探索发现的问题进行指导。

【注意事项】

（1）问诊用语要通俗易懂

（2）注意保护隐私。

实践四　中药煎煮法

【实践目的】

1. 了解　中药煎煮的一般方法。

2. 掌握　如何正确选择煎煮器皿、煎煮用水、煎煮时间及煎煮注意事项等。

【实践准备】　煎煮所需器皿、水、中药等。

【实践学时】　2 学时。

【实践方法】

（1）学生分组，选择煎煮用具。

（2）教师讲解如何选择煎煮用具，煎煮的禁忌用具。

（3）选择煎煮用水，老师讲述煎煮水质、水量、火候、煎煮时间及特殊煎煮法。

（4）学生分组练习中药传统煎煮方法，老师检查并校正。

（5）煎煮药渣的处理。

【注意事项】

（1）特殊药物的煎煮方法。

（2）注意煎煮时加水量不足或者时间过长导致中药变性。

实践五　诊　法

【实践目的】

1. 掌握　望神、望面色、望舌的内容、方法及其注意事项。

2. 掌握　问诊的内容、方法及注意事项。

3. 掌握 切脉方法及其注意事项，正确辨识常见脉象。

【实践准备】 脉枕、脉诊仪、舌诊模型、望诊多媒体典型图片或视频、中医护理典型案例、标准化患者、笔、纸张。

【实践学时】 2学时。

【实践方法】

（1）教师结合典型案例边讲解边演示望诊、问诊、切诊的内容、方法及其注意事项。

（2）学生分组，在带教教师指导下利用模拟教具、图片或视频在同学之间或对标准化患者进行模拟练习。

（3）学生填写望诊、问诊、切诊技能训练记录。

（4）根据典型案例，教师进行终结评价，并答疑。

【注意事项】

（1）脉枕的应高度适宜，不宜过大、过小或过硬。以免使患者的手腕不自然而影响脉象的真实性。

（2）切脉时，护理人员应修剪指甲，以免划伤患者的皮肤。切脉前先行捂暖自己的手，以免刺激患者的皮肤，甚至引起患者的反感。

（3）望舌时，应以充足柔和的自热光线为宜，患者面对光线，使光线充分照射入口内。嘱咐患者适当伸舌，如过分用力或舌体卷曲或舌体伸出不足，均会影响舌体望诊而出现假象。望舌时间不宜过长，应不超过30秒，应迅速敏捷、全面准确。望舌前，与患者沟通，排除舌诊的干扰因素。

（4）望面色时，模拟患者的学生或标准化患者不应化妆，以免误诊。

（5）问诊时，护理人员语气应和蔼，避免使用专业术语，不应诱导提问。而且要注意保护患者的隐私。问诊应围绕主诉，即全面，又有的放矢。

实践六　灸　　法

【实践目的】

1. 熟悉 灸法的种类和作用特点。

2. 掌握 悬灸的方法。

【实践准备】

1. 患者准备 评估患者的病情、血压、合作情况、情绪、饮食、运动、冷热、出汗等。

2. 用物准备 治疗盘、艾条、艾绒、打火机等。

【实践学时】 1学时。

【实践步骤】

步骤	要点与说明
1. 洗手，戴口罩	按六步洗手法洗手，戴好帽子、口罩
2. 检查用物	核对床号、姓名；检查待用物品是否齐备
3. 摆体位	根据患者施术部位，暴露局部皮肤，摆放体位
4. 施术	点燃艾条，手持艾条，以患者感觉温热为度，保持距离。依据先上后下，先背后腹，先左后右，先阳后阴的施灸原则，根据病情选择穴位，依次进行施灸
5. 观察	观察患者有无不适，局部皮肤无有烫伤，水泡
6. 整理	施术完毕，整理用物，分类处理
7. 洗手	
8. 宣教	操作后核对，根据患者情况告知相关知识及注意事项
9. 记录	在登记本上记录患者的情况，有无不良反应

【注意事项】

（1）对五官、面部及关节活动部位，不宜采取瘢痕灸。

（2）孕妇的腹部和腰骶部不宜施灸。

（3）灸前做好说明解释工作，若瘢痕灸，需征得患者同意，灸后处理好灸疮。

（4）施灸完毕，须将艾条或艾柱完全熄灭，防止复燃，引起火灾。

实践七 拔 罐 法

【实践目的】

1. 熟悉 拔罐治疗的注意事项。

2. 掌握 拔火罐的方法。

【实践准备】

1. 患者准备 评估患者的病情、合作情况、局部皮肤情况等。

2. 用物准备 治疗盘、玻璃火罐、95%乙醇溶液、打火机、医用燃烧棒等。

【实践学时】 1学时。

【实践步骤】

步骤	要点与说明
1. 洗手，戴口罩	按六步洗手法洗手，戴好帽子、口罩
2. 检查用物	核对床号、姓名等；检查罐是否处于完好状态，检查打火机和燃烧棒等是否可用
3. 摆体位	根据患者施术部位，暴露局部皮肤，摆放体位
4. 施术	点火，左手持罐，罐口朝下，右手持燃烧棒，快速闪火后撤出，左手快速将罐吸拔到施术部位，摇动罐，确认吸拔紧致，松手，熄火，留罐，观察，起罐
5. 观察	观察患者有无不适、局部皮肤无有烫伤，水泡等
6. 整理	施术完毕，协助患者穿衣，整理用物，分类处理
7. 洗手	
8. 宣教	操作后核对，根据患者情况告知相关知识及注意事项
9. 记录	在登记本上记录患者的情况，有无不良反应

【注意事项】

（1）拔罐时要选择肌肉丰满的部位和适当的体位。拔罐后避免身体移动。

（2）用火罐时应注意避免灼伤或烫伤皮肤。若因烫伤或留罐时间太长而致皮肤起水泡，小的水泡无须处理，防止擦破即可。水泡较大时，用消毒针将水放出，涂以甲紫药水，或用消毒纱布包敷，以防感染。

（3）拔罐前，根据所拔部位面积的大小而选择适宜规格的罐。

（4）皮肤有溃疡、过敏、水肿及大血管、心脏分布部位，不宜拔罐。不明原因高热抽搐者，以及孕妇的腹部、腰骶部位，也不宜拔罐。

（5）体毛重者须备皮后才可拔。

实践八 耳穴压籽法

【实践目的】

1. 熟悉 耳穴压籽的注意事项。

2. 掌握 耳穴压籽的方法。

【实践准备】

1. 患者准备 评估患者的病情、血压、合作情况、情绪、饮食、运动、冷热、出汗等。

2. 用物准备 治疗盘、王不留行籽、医用胶布、镊子、聚伏酮碘棉棒等。

【实践学时】 1学时。

【实践步骤】

步骤	要点与说明
1. 洗手，戴口罩	按六步洗手法洗手，戴好帽子、口罩
2. 检查用物	核对床号、姓名等；检查待用物品是否完备
3. 摆体位	根据患者施术部位，暴露局部皮肤，摆放体位
4. 施术	进行耳穴探查，找出阳性反应点，根据病情，确定穴位处方，以酒精棉球轻擦消毒，左手托持耳廓，右手用镊子夹取割好的方块胶布，中心粘上准备好的药豆，对准穴位贴压其上，并轻轻揉按固定
5. 观察	观察是否固定，患者有无不适等
6. 整理	施术完毕，整理用物
7. 洗手	
8. 宣教	操作后核对，根据患者情况告知相关知识及注意事项
9. 记录	在登记本上记录患者的情况，有无不良反应

【注意事项】

（1）贴压耳穴应注意防水，以免脱落。

（2）夏天易出汗，贴压耳穴时间不宜过长，以防胶布潮湿或皮肤感染。

（3）如对胶布过敏者，可用黏合纸代之。

（4）耳廓皮肤有炎症或冻伤者慎用；习惯性流产者慎用。

（5）过度饥饿、疲劳、精神高度紧张、年老体弱、孕妇按压宜轻；急性疼痛性病症手法宜重。

实践九　穴位推拿法

【实践目的】

1. 熟悉 推拿前准备及不同类型推拿用具和介质。

2. 掌握 常用穴位推拿手法的操作。

【实践准备】 治疗盘、治疗巾、大浴巾、按摩油，必要时备屏风。

【实践学时】 2学时。

【实践方法】

（1）老师讲解并展示不同推拿手法所需的介质的使用方法。

（2）老师讲解推拿前准备事项，学生按要求准备。

（3）老师演示常用穴位推拿手法的操作，学生进行观摩。

（4）学生分组，相互在对方体表上进行操作练习，老师进行巡回指导。

（5）老师抽查，并针对学生在推拿手法操作中的问题进行修正。

【注意事项】

（1）操作前修剪指甲。

（2）推拿时注意手法轻重。

（3）操作过程中密切观察对方反应。

实践十 刮 痧 法

【实践目的】

1. 熟悉 刮痧前准备及不同类型刮痧用具和介质。

2. 掌握 刮痧基本操作。

【实践准备】 治疗盘、内盛温水或植物油的治疗碗、弯盘、纱布、刮具，必要时备浴巾、屏风。

【实践学时】 1学时。

【实践方法】

步骤	要点与说明
1. 洗手，戴口罩	按六步洗手法洗手，戴好帽子、口罩
2. 核对、评估及检查用物	1. 核对　床号、姓名、诊断、腕带、部位等，介绍刮痧法的作用、操作方法、时间及局部皮肤感觉，患者理解与配合 2. 评估　当前主要症状、既往史及药物过敏史、患者体质及刮痧部位的皮肤情况、皮肤敏感度及疼痛耐受程度、心理状况、环境 3. 检查　待用物品包装完整性及有效期
3. 摆体位	再次核对；根据患者刮痧部位，暴露局部皮肤，摆放体位，注意保暖
4. 施术	刮痧局部做清洁处理；手持刮具蘸取介质在确定的刮痧部位皮肤上按照医嘱进行刮擦，方向单一，用力均匀，刮至皮肤呈现红、紫色痧点为宜。
5. 观察	询问患者全身症状及有无瘙痒，疼痛难忍感觉，若有过敏反应或疼痛剧烈，应停止刮痧，并通知医师
6. 整理	操作完毕，协助患者衣着，取舒适卧位，整理床单元。用物终末处理
7. 洗手	
8. 宣教	操作后核对，根据患者情况告知相关知识及注意事项
9. 记录	在登记本上记录患者的刮痧情况，有无不良反应

【注意事项】

（1）实施刮痧治疗时，室温要适中，要避开对流风处刮痧，以防复感风寒。

（2）刮痧前要对患者刮拭部位和施刮者双手常规消毒，刮痧板最好一人一板，以免交叉感染，刮痧板每次用完后要消毒，并妥善保管。

（3）不可在过饥、过饱、过度紧张、过度疲劳或酒后刮治以免发生晕刮。

（4）不可强求出痧。

（5）刮痧治疗后要饮水，补充消耗的水分，促进新陈代谢，加速代谢产物的排除。

（6）刮痧治疗后2～3小时方可洗浴，洗浴时水温不要过低或过高。

（7）一般两次刮痧间隔3～5日，以痧痕是否退尽决定下次刮治时间。

实践十一 敷 药 法

【实践目的】

1. 熟悉 各种剂型的敷药方法。

2. 掌握 敷药法的操作流程及注意事项。

【实践准备】

1. 患者准备 评估患者的病情、合作情况、过敏史、皮肤情况及疼痛耐受程度、情绪等。

2. 用物准备 治疗车、治疗盘、遵医嘱备药、0.9%生理盐水棉球、油膏刀、无菌棉垫或纱布块、棉纸、胶布、绷带、医嘱本、治疗单、速干手消毒液、医疗垃圾桶、生活垃圾桶。必要时备中单、屏风等。

【实践学时】 2学时。

【实践方法】

步骤	要点与说明
1. 洗手，戴口罩	按六步洗手法洗手，戴好帽子、口罩
2. 核对、评估及检查用物	1. 核对　床号、姓名、诊断、腕带、部位等，介绍敷药疗法的作用、操作方法、时间及局部皮肤感觉，患者理解与配合 2. 评估　当前主要症状、既往史及药物过敏史、患者体质及敷药部位的皮肤情况、皮肤敏感度及疼痛耐受程度、心理状况、环境 3. 检查　待用物品包装完整性及有效期
3. 摆体位	再次核对；根据患者敷药部位，暴露局部皮肤，摆放体位，注意保暖
4. 施术	敷药局部做清洁处理；遵医嘱使用已配制的药物，并根据敷药面积区大小合适的棉垫或纱布，用油膏刀将药物均匀平摊于棉垫或纱布上，并在药物上面加一大小相等的棉纸或纱布；将药物敷于患处，用胶布或绷带固定，松紧适宜
5. 观察	询问患者全身症状及有无瘙痒难忍感觉，若有过敏反应，应停止敷药，并通知医师
6. 整理	操作完毕，协助患者衣着，取舒适卧位，整理床单元。用物终末处理
7. 洗手	
8. 宣教	操作后核对，根据患者情况告知相关知识及注意事项
9. 记录	在登记本上记录患者的敷药情况，有无不良反应

【注意事项】

（1）实体操作时关闭门窗，保持室温，以防受凉，并注意保护隐私。

（2）敷药时必须注意厚薄均匀，固定应松紧适宜。

（3）疮疡初起，药物宜敷满整个病变部位，并超过肿块1～2cm以利消散；若毒已结聚或溃后余肿未消，敷药时应在疮头或溃疡面中间留有空隙，使邪有出路。

（4）夏天如以蜂蜜、饴糖作为赋形剂时，应加入量0.1%～0.2%的苯甲酸，以防发酵变质。

（5）观察患者全身及局部情况，敷药后如局部有红疹、瘙痒、水泡等过敏现象，应停止敷药，并通知医师，配合处理。

（6）妇女孕期禁用有堕胎及致畸作用的药物；小儿皮肤娇嫩，不宜使用刺激性强的药物，用药时间不宜过长，加强护理，防止小儿将所敷药物抓脱。

实践十二　热　熨　法

【实践目的】

1. 了解　常用的热熨疗法种类。

2. 掌握　热熨法的操作流程及注意事项。

【实践准备】

1. 患者准备　评估患者的病情、合作情况、过敏史、皮肤情况、皮肤对热和疼痛敏感程度、情绪等。

2. 用物准备　治疗车、治疗盘、遵医嘱准备药物及器具、凡士林、白酒或醋、棉签、双层纱布袋2个、大毛巾、炒具（竹铲或竹筷）、炒锅、电炉、温度计、速干手消毒液，必要时备屏风、毛毯等。

【实践学时】 1学时。

【实践方法】

步骤	要点与说明
1. 洗手，戴口罩	按六步洗手法洗手，戴好帽子、口罩
2. 核对、评估及检查用物	1. 核对　床号、姓名、诊断、腕带、部位等，介绍热熨疗法的作用、操作方法、时间及局部皮肤感觉，患者理解与配合 2. 评估　当前主要症状、既往史及药物过敏史、患者体质及敷药部位的皮肤情况、皮肤对热和疼痛敏感程度、心理状况、环境 3. 检查　待用物品包装完整性及有效期
3. 摆体位	备齐用物，携至床旁；再次核对；取适宜体位，暴露热熨部位，注意保暖，必要时屏风遮挡患者
4. 施术	遵医嘱配制的药物用少许白酒或食醋搅拌后置于锅中，用文火炒后，装入布袋，用大毛巾保温备用；先用棉签在热熨部位涂一层凡士林，将药袋放到患处或相应穴位处用力来回推熨，开始时力度要轻，而后速度加快，以患者能耐受为宜；随着药袋温度的降低，力量可增大，同时速度减慢。药袋温度过低时，及时更换药袋或加温
5. 观察	热熨操作过程中注意观察患者局部皮肤的颜色情况，及时询问患者对温度的反应，防止烫伤
6. 整理	操作完毕，协助患者衣着，取舒适卧位，整理床单元。用物终末处理
7. 洗手	
8. 宣教	操作后核对，根据患者情况告知相关知识及注意事项
9. 记录	在登记本上记录热熨治疗后的评估情况，有无不良反应

【注意事项】

（1）实体操作时注意保护隐私。

（2）热熨时注意温度不易过高，以免烫伤。

（3）过敏性体质注意药物过敏。

（4）感觉障碍的患者皮肤变化。

（5）热熨操作过程中注意手法，与者积极沟通，观察患者情况。

（6）操作结束告知患者，不宜食用生冷，不易消化的食物，避免受凉。

实践十三　熏　洗　法

【实践目的】

1. 熟悉　熏洗法的种类与特点。

2. 掌握　局部熏洗的方法和注意事项。

【实践准备】

1. 患者准备　评估患者的病情、基础血压、合作情况、情绪、饮食、运动、冷热、出汗等。

2. 用物准备　治疗盘、药液、熏洗盆、浴巾、水温计、弯盘、镊子、纱布，毛巾，眼部熏洗时另备治疗碗、洞巾等，使用熏蒸治疗仪时另备治疗巾、盖被、消毒液等。

【实践学时】　1 学时。

【实践步骤】

步骤	要点与说明
1. 洗手，戴口罩	按六步洗手法洗手，戴好帽子、口罩
2. 检查药物、用物	核对床号、姓名、药液、用法等，检查药液温度；检查待用物品是否处于完好状态，检查仪器运行是否正常
3. 摆体位	根据患者熏蒸部位，暴露局部皮肤，摆放体位。①眼部熏洗：患眼对准治疗碗碗口；②四肢熏洗：患肢置于熏蒸盆药液蒸汽的上方；③坐浴：坐于熏蒸盆上方；④躯干四肢：卧于熏蒸治疗床上，熏蒸部位置于蒸汽孔上方

续表

步骤	要点与说明
4. 施术	温度适宜时，操作中核对，进行相应的治疗。如淋洗患眼；将患肢浸入药液，淋洗患处；坐在熏蒸盆内，淋洗臀部；熏蒸治疗仪上进行相应部位的熏蒸
5. 观察	观察患者有无虚脱、不适等；局部皮肤无有烫伤，水泡
6. 整理	熏洗完毕，协助患者擦干局部皮肤，穿衣。整理用物，分类处理
7. 洗手	
8. 宣教	操作后核对，根据患者情况告知相关知识及注意事项
9. 记录	在登记本上记录患者的熏蒸情况，有无不良反应

【注意事项】

（1）熏洗前，将室温调至适宜温度；熏洗时，冬季适当保暖，夏季避免受风寒，暴露的部位要加盖被服；熏洗后，及时擦干局部皮肤，嘱咐患者不要立即外出。

（2）药液温度适宜，一般为 50～70℃掌握好患部与熏蒸盆的距离，或熏蒸治疗床的温度；不宜过热，容易避免皮肤烫伤或灼伤；不宜过冷，会影响疗效。

（3）使用熏蒸治疗仪要在操作前检查机器是否正常，有无漏电，防止意外发生。

（4）熏蒸过程中防止出汗过多导致虚脱，可在熏蒸前饮 500ml 糖盐水，熏洗过程中及时补充水分。

（5）有伤口的部位熏洗时，要严格执行无菌技术；有敷料包扎的部位熏洗时，需揭去敷料，待熏洗后更换敷料。

（6）孕妇及月经期禁止坐浴。

（7）治疗用具每人 1 套，用后清洁消毒，避免交叉感染。

实践十四　中医体质辨识

【实践目的】

1. 掌握　成年人及老年人中医体质辨识方法。

2. 掌握　中医体质的调护方法，具备根据中医体质类型为患者及社区人群提供中医养生保健服务的能力。

【实践准备】

1. 拟定中医体质评估的对象　1 位成年人、1 位老年人。

2. 印制　由中华中医药学会于 2009 年发布的《中医体质分类与判定表》及国家中医药管理局发布的《老年人中医药健康管理服务记录表》。

3. 准备　纸张、中性笔、橡皮或中医体质辨识软件。

【实践学时】　2 学时。

【实践方法】

（1）要求被评估者根据近一年的体验及感觉对《中医体质判定表》中九个子量表或《老年人中医药健康管理服务记录表》的每一个问题进行作答。或采用中医体质辨识一体机或中医体质辨识软件进行作答。

（2）评估人员现场检查答题是否有遗漏，对遗漏问题当场进行补充回答。使用仪器设备及软件作答，经检查无误后提交问卷，输出中医体质判定结果。

（3）纸质版评估时，根据量表评分标准，每一个问题按 5 级评分，计算每一个子量表的得分。对于成人用中医体质判定量表，根据转化分数计算公式，将原始分进行转化。并依据中医体质判定标准判定中医体质类型。

（4）根据判定的中医体质类型，为被评估者制定中医养生保健方案，提供中医药健康咨询。

【注意事项】

（1）中医体质辨识时，原则上要求被测试者本人对量表问题进行作答。对文化程度低或老年人不能自行填写量表时，可由调查人员根据被调查者口述内容代替作答。

（2）被评估者必须根据近一年的体验及感觉回答量表问题。采集信息时要能够反映被评估者平时的感受、避免采集即时感受、避免主观引导被评估者的选择。

（3）对较为复杂的兼夹偏颇体质，应咨询专业中医师，结合诊断结果，进行综合判断。

（4）制订中医养生保健方案，应在中医理论指导下，从生活起居、饮食、情志、运动、常用养生保健技术及药膳等方面提出可行性的方案。语言要通俗易懂，深入浅出，避免使用中医学专业术语。

（5）为被评估者提供联系方式，以便进一步获得中医药健康咨询与指导。

实践十五　常见病证辨证施护

【实践目的】

1. 通过病房的见习，获得常见病护理的感性认识，巩固所学的基本知识和基本理论。

2. 通过观察、交谈及阅读病历等途径收集患者资料，列出护理问题，确定护理目标，提出护理措施。

【实践准备】　记录本、笔。

【实践学时】　4 学时。

【实践方法】

（1）根据学生分组灵活安排：内科（喘证、心悸、中风、胃脘痛、消渴）、外科（痈、痔、湿疹）、妇科（月经不调、痛经、产后恶露）、儿科（肺炎喘嗽、痄腮、遗尿）患者的护理。

（2）阅读相关病例。

（3）在教师指导下对护理的患者进行评估。

（4）在教师指导下根据收集的资料，提出护理问题、制订护理计划、针对计划实施护理操作及健康教育，并进行评价。

（5）教师针对学生对常见病给予的护理程序及方法做出总结、评价和指导。

【注意事项】

（1）实体操作时注意保护隐私。

（2）修剪指甲。

参考文献

陈文松，2011. 中医护理学. 2 版. 北京：人民卫生出版社.

房敏，宋柏林，2016. 推拿学. 4 版. 北京：中国中医药出版社.

高学清，姚洁，2014. 中医护理学. 北京：人民卫生出版社.

何清湖，2009. 亚健康临床指南. 北京：中国中医药出版社.

胡志希，刘燕平，2011. 中医诊断临床技能实训. 长沙：湖南科学技术出版社.

贾春华，2006. 中医护理. 北京：人民卫生出版社.

李德新，2011. 中医基础理论. 2 版. 北京：人民卫生出版社.

李家邦，2008. 中医学. 7 版. 北京：人民卫生出版社.

刘革新，2009. 中医护理学. 2 版. 北京：人民卫生出版社.

全国科学技术名词审定委员会，2011. 中医药学名词内科学　妇科学　儿科学（2010）. 5 版. 北京：科学出版社.

孙广仁，郑洪新，2012. 中医基础理论. 3 版. 北京：中国中医药出版社.

孙秋华，2012. 中医护理学. 3 版. 北京：人民卫生出版社.

孙秋华，陈莉军，2016. 中医内科学. 3 版. 北京：人民卫生出版社.

孙秋华，陈佩仪，2012. 中医临床护理学. 5 版. 北京：中国中医药出版社.

孙秋华，李建美，2011. 北京：中国中医药出版社.

孙秋华，孟繁洁，2012. 中医护理学. 北京：人民卫生出版社.

王琦，2007. 中医临床病症护理学. 北京：人民卫生出版社.

王琦，2009. 中医体质学. 北京：人民卫生出版社.

温茂兴，2015. 中医护理. 3 版. 北京：高等教育出版社.

翁心植，胡亚美，孟和，2008. 英汉汉英医学分科词典中医药学分册. 2 版. 北京：世界图书出版公司.

吴敦序，2014. 中医基础理论. 上海：上海科学技术出版社.

吴勉华，王新月，2012. 中医内科学. 3 版. 北京：中国中医药出版社.

冼绍祥，全小明，2012. 中医专科专病护理常规（临床护理操作必读）. 北京：人民军医出版社.

徐桂华，胡慧，2016. 中医护理学基础. 3 版. 北京：中国中医药出版社.

薛博瑜，吴伟，2016. 中医内科学. 3 版. 北京：人民卫生出版社.

印会河，2006. 中医基础理论. 2 版. 上海：上海科学技术出版社.

俞平，2005. 中医儿科护理学. 北京：学苑出版社.

张俊平，2014. 中医护理学. 北京：科学出版社.

张玫，韩丽沙，2002. 中医护理学. 北京：北京医科大学出版社.

张文信，余利忠，2016. 中医护理学. 北京：人民卫生出版社.

张秀勤，2011. 张秀勤刮痧全书. 长春：吉林科学技术出版社.

赵吉平，2013. 针灸临床技能实训. 北京：人民卫生出版社.

赵吉平，李瑛，2016. 针灸学. 3 版. 北京：人民卫生出版社.

中华中医药学会，2006. 中医护理常规技术操作规程. 北京：中国中医药出版社.

中华中医药学会，2009. 中医体质分类与判定. 北京：中国中医药出版社.

中英文索引

A

阿是穴（ashi point） 41
嗳气（belching） 76
安神药（drugs for tranquilizing mind） 92
艾炷灸（moxa-cone moxibustion） 151
艾条灸（moxa stick moxibustion） 151

B

八纲辨证(syndrome differentiation of eight principles） 81
拔罐法（cupping method） 152
瘢痕灸（scarring moxibustion） 149
闭证（excess symdrome of stroke） 189
辨证（discriminate dialectical） 104
辨证施护（planning nursing according to diagnosis） 9, 104
辩证求因（looking for cause of disease on basis of overall analysis of symptoms and signs） 64
标本同护治（nursing the branch and the root simultaneously） 106
表证（exterior syndrome） 81
病机（pathogenesis） 69
病情观察（observation of state of disease） 108, 185
补虚药(drugs for restoring deficiency syndrome） 93

C

藏象（state of viscera） 20
藏象学说（viscera-state theory） 20
产后恶露（postpartum lochia） 210
臣药（minister drug） 95
出针（withdrawing needle） 143
刺血拔罐(blood-letting puncturing and cupping） 154

D

灯火灸（burning rush moxibustion） 151
督脉（du channel） 61
断针（breaking of needle） 144

E

恶寒（aversion to cold） 77

F

反治与反护法（contrary nursing） 106
肺（lung） 22
肺炎喘嗽（pneumonia asthma） 212
风（wind） 65
敷药法（Topical application） 11
扶正（supporting the healthy） 106

G

肝（liver） 24
感冒（common cold） 183
隔附子饼灸（indirect monkshood moxibustion） 150
隔姜灸（ginger moxibustion isolation） 149
隔蒜灸（separated moxibustion garlic） 149
隔盐灸（salt partitioned moxibustion） 150
骨度折量定位法（proportional bone measurement） 42
刮痧法（cutaneous scraping therapy） 167
归经（channel tropism） 88

H

寒热往来（alternate attacks of chill and fever） 77
寒因寒用（using cold for cold） 106
寒证（cold syndrome） 82
汗法（diaphoresis） 117
毫针（filiform needle） 143
恒动观念（concept of dynamics） 8
护病求本（nursing aiming at the root aspect of a disease） 105
化痰止咳平喘药（drugs for eliminating sputum） 93
缓则护治其本（nursing the root for chronicity） 106
回旋灸（revolving moxibustion） 150
活血化瘀药(drugs for promoting blood circulation and removing blood stasis） 92

火（fire） 66

J

急则护治其标（nursing the branch for demergency） 106
夹持进针法（gripping pressing manipulation） 143
假神（false vitality） 72
间接灸（indirect moxibustion） 149
解表药（drugs for exterior syndrome） 90
津液（body fluid） 35
经络（meridians and collaterals） 38
经脉（meridian） 38
经外奇穴（extra points） 63
经穴（meridian point） 41
灸法（moxibustion technique） 148
君药（sovereign drug） 95

K

开窍药（drugs for inducing resuscitation） 93

L

里证（interior syndrome） 81
理气药（drugs for regulating Qi） 91
利水渗湿药（drug for inducing diuresis and excreting dampness） 91
留罐（retaining cup） 153
留针（retaining needle） 143
留针拔罐（retaining needle and cupping） 153
六腑（six Fu-organs） 27
六气（six kind of natural factors） 64
六淫（six evils） 64
络脉（collateral） 38

P

皮肤针（skin needle） 146
皮内针（intradermal needle） 148
脾（spleen） 23
平肝息风药（drugs for calming liver and checking endogenous wind） 92

Q

七情（seven emotions） 67, 88
奇经八脉（eight extraordinary meridians） 39
奇穴（extra point） 41
气闭（dysfunction of Qi activity） 33
气化（Qi functional activity） 33
气机（functional activities of Qi） 32
气机失调（Qi disorder） 33
气逆（reversed flow of Qi） 33
气脱（Qi exhaustion） 33
气陷（Qi collapse） 33
气虚（qi deficiency） 82
气郁或气结（Qi stagnation） 33
气滞（Qi stagnation） 33
切诊（pulse feeling and palpation） 79, 109
清热药（drugs for clearing away heat） 90
情志（emotion） 121
情志护理（emotional nursing） 121, 185
驱虫药（anthelmintics） 94
祛风湿药（drugs for eliminating wind-dampness） 91
祛邪（eliminating the evil） 107
雀啄灸（bird pecking moxibustion） 150

R

热因热用（using heat for heat） 106
热熨法（hot compress） 174
热证（heart syndrome） 82
任脉（ren channel） 62

S

塞因塞用（filling for the stuffed） 106
三焦（Triple energizer） 28
三因制宜（nursing suitable for the season，locality and individual） 107
痧（acute filthy disease） 167
闪罐（successive flash cupping） 153
舌苔（coating on the tongue） 74
肾（kidney） 25
升降浮沉（action of lifting、lowering、floating and sinking） 16
生活起居护理（daily life nursing） 129
失神（loss of vitality） 72
湿（damp） 66
湿疹（eczema） 204
十二经别（twelve divergent meridians） 39
十二经筋（twelve aponeurotic system） 40
十二经脉（twelve regular meridians） 38
十二皮部（twelve dermal parts） 40
十五络脉（fifteen collaterals） 40
实按灸（pressing moxibustion） 150

实证（excess syndrome） 82
使药（envoy drug） 95
收涩药（drugs for arresting secretion） 94
手厥阴心包经（pericardium channel of hand-Jueyin） 55
手少阳三焦经（tri-energizer channel of hand-Shaoyang） 56
手少阴心经（heart channel of hand-Shaoyin） 49
手太阳小肠经（small intestine channel of hand-Taiyang） 50
手太阴肺经（lung channel of hand-Taiyin） 44
手阳明大肠经（large intestine channel of hand-Yangming） 45
舒张进针法（inserting needle with fingers stretching skin） 143
腧穴（acupoint） 41
水肿（edema） 194
四气（four properties） 16, 86

T

痰饮（retention of phlegm and fluid） 68
提捏进针法（mention to knead into the stitch） 143
贴敷法（sticking therapy） 178
通因通用（opening for opened） 106
同病异护（different nursing for the same disease） 107
痛经（dysmenorrhea） 208
涂药法（coating method） 173

W

弯针（bending of needle） 144
望舌质（tongue quality） 73
望诊（inspection） 71, 109
卫气（Wei-Qi） 34
胃脘痛（epigastric pain） 192
温和灸（Mild-warm moxibustion） 150
温灸器灸（thermal box moxibustion） 151
温针灸（warming needle moxibustion） 150
闻诊（auscultation and olfaction） 76, 109
问诊（interrogation） 76, 109
无瘢痕灸（non-scarring moxibustion） 149
五味（five-kind flavors） 16, 87
五行（five elements） 16
五脏（five zang organs） 20

X

相乘（subjugation） 18
相侮（reverse restriction） 18
消渴（consumptive thirst） 197
消食药（drugs for improving appetite and digestion） 91
邪气（pathogen） 69
邪正盛衰（activation or diminution of pathogen over vital-Qi） 69
泻下药（purgative drugs） 90
心（heart） 21
心悸（palpitation） 186
虚证（deficiency syndrome） 82
穴位推拿法（acupuncture point massage） 157
穴位注射法（point injection） 145
血（blood） 34
血虚（blood deficiency） 82
血肿（edema due to bleeding） 144
熏洗法（fumigation） 175

Y

阳虚（deficiency of Yang） 82
阳证（Yang syndrome） 82
养生（health preservation） 16
遗尿（enuresis） 216
异病同护（same nursing for different disease） 107
因地制宜（suiting nursing to the locality） 107
因人制宜（suiting nursing to the individual） 107
因时制宜（suiting nursing to the season） 107
阴虚（deficiency of Yin） 82
阴阳（Yin and Yang） 13
阴阳失调（Yin-yang imbalance） 69
阴阳学说（Yin-yang theory） 12
阴证（Yin syndrome） 82
饮食护理（diet nursing） 125, 185
营气（Ying-Qi） 34
痈（carbuncle） 200
用药护理（drug nursing） 110, 185
瘀血（blood stasis） 34, 68
元气（primordial Qi） 33
月经不调（menstruation to be not moved） 205
晕针（fainting during acupuncture） 144

Z

脏腑（Zang and Fu 或 viscera） 20
脏腑辨证（differentiation of diseases according to pathological changes of zang and fu and their interrelations） 82
燥（dryness） 66
痄腮（mumps） 214
整体观念（concept of wholism） 7
正气（vital-Qi） 69
正治与正护法（routine nursing） 105
直接灸（direct moxibustion） 149
止血药（drugs for arresting bleeding） 92
痔（haemorrhoids） 202
滞针（sticking of needle） 144
中风（apoplexy） 188
中药保留灌肠法（Chinese medicine retention enema method） 179
中药的升降浮沉（action of lifting，lowering，floating and sinking） 87
中药离子导入法（Chinese medicine iontophoresis method） 180
中医体质(constitution of traditional chinese medicine） 135
宗气（pectoral Qi） 33
走罐（movable cupping） 153
足厥阴肝经（liver channel of foot-Jueyin） 59
足少阳胆经（gall bladder channel of foot-Shaoyang） 57
足少阴肾经（kidney channel of foot-Shaoyin） 54
足太阳膀胱经（urinary bladder channel of foot-Taiyang） 51
足太阴脾经（spleen channel of foot-Taiyin） 47
足阳明胃经（stomach channel of foot-Yangming） 46
佐药（assistant drug） 95
坐浴法（sitz bath） 177

参考答案

第一章　1. A　2. B　3. A　4. D　5. E　6. C　7. D　8. C　9. B　10. B

第二章　1. A　2. A　3. D　4. E　5. C　6. B　7. E　8. D　9. D　10. C

第三章　1. E　2. D　3. B　4. B　5. C　6. E　7. A　8. A　9. C　10. E

第四章　1. D　2. C　3. B　4. B　5. D　6. E　7. A　8. C　9. A　10. B

第五章　1. A　2. D　3. B　4. A　5. B　6. E　7. C　8. D　9. E　10. C

第六章　1. A　2. B　3. E　4. C　5. A　6. D　7. E　8. D　9. D　10. C